A todos aquellos que lo habéis hecho posible,

ya fuera yo "El Brujo", "El Perro Verde"

o "El Alma Vieja", os doy las gracias.

Al leer este libro, comprenderéis...

ALÉTHEIA, O LA INQUIETA MADUREZ

DIEGO CANÓS BENAJAS

Copyright: © 2016 Diego Canós Benajas

Editor: Diego Canós Benajas

Derechos de propiedad: Diego Canós Benajas

Depósito legal:

*-Black Sheep (**Momentos**):*

V-1109-15

*-Green Dog (**Mi Nueva Vida**):*

V-1420-15

*-Alma Vieja (**Happenings**):*

V-76-16

ISBN: 978-84-608-5523-1

País: España

Edición: Primera

Fotografía: *The Düsseldorf Smoking Room,* por DCB

PRÓLOGO A LA EDICIÓN

Alétheia, o La inquieta madurez es una novela muy particular de DCB, que ha sido completada en el transcurso de la escritura de tres libros previos, que el autor consideró como sus últimos trabajos, por motivos que esta labor estudiará sobradamente.

Estos tres extraños trabajos, titulados *Black Sheep (Momentos)*, *Green Dog (Mi Nueva Vida)* y *Alma Vieja (Happenings)*, fueron llevados a término durante la temporada 2014-2016 de su vida, en su mayor parte.

En un principio, cada cual pretendía resultar en un final desenlace a las recientes inquietudes y cambios que DCB había experimentado durante este tiempo, tiempo que marcó el capítulo subsiguiente, a un retiro de tres años, en que "El adolescente" se dedicó por completo a lo que más amaba: Escribir. Percatándose, en su regreso al mundo, que ya era antes un hombre, que un joven. Sin embargo, como cada edad tiene sus problemas, la madurez resultaría en nuestro protagonista, siempre a medio camino entre la fantasía y la realidad, todo un nuevo reto...

A través de esta nueva existencia relatada en tres actos, DCB homenajea a las personas que más hondo calaron en su vida, para bien y para mal, personajes reales que van enunciándose poco a poco, en cada uno de estos tres títulos hechos uno, siempre en la clara tentativa de exorcizar por fin sus demonios interiores, y aniquilar por entero las huellas de su pasado.

Aquí se nos ofrece una ficción real dividida en tres partes, como el propio autor declararía en cierto momento, una suerte de sueño hiperrealista, y fundamentalmente psíquico, feérico, en que nuestro peculiar guardián de palabras desenvuelve nuestra atención en una infinidad de marcos distintos, pero descarnadamente íntimos y personales.

Al fin y al cabo, *Alétheia, o La inquieta madurez* responde a la identidad de "terapia definitiva" para el autor. Un laberíntico entretenimiento de grandes proporciones, lúdico, y en ocasiones, retorcidamente complejo, en que un amante del cine, la literatura, la tentación y la vida vuelca por completo su esencia, ejerciendo al mismo tiempo como escatológico, quizá perverso, oscuro e inquietante maestro de ceremonias sólo enamorado de "La verdad".

Este libro constituye, por tanto, un inextinguible cúmulo de sensaciones transmitidas, algunas necesarias, y otras no tanto, pero, a pesar de todo, decididas, y guiadas por un objetivo básico: El amor deseado, alcanzada la madurez inquieta, la verdad de su musa Alétheia...

Y, temido fin de los folios o no, para el propio autor, hay que decir que esta sincera despedida merece ser leída, o por lo menos, curioseada. Ya que significa su final diario ofrecido sin paliativos, y asimismo, su personaje central, un misterio imposible de resolver. Puedo asegurarles que *Alétheia, o La inquieta madurez* es toda una experiencia...

Están a punto de encontrarse ante un trabajo al que incluso sus más acérrimos detractores se refirieron como "una chapuza inclasificable, única, original, y con cierta gracia". Cuando es un libro en el que se entrevé un genio truncado, una sensibilidad cansada y cáustica, pero, sin duda alguna, profunda...

Esta búsqueda de la verdad de DCB es desafiante e inapelable, sea justificada o no...Un autorretrato tan decadente, como esperanzador y puramente romántico. Altamente evocador...

Pero, ¿quién conoce a DCB?, sería la ideal cuestión ante este prólogo...Yo lo conozco, sé cómo vive, lo que siempre sintió, y sentirá...Y ustedes están a un paso de hacerlo...

Sir Kingston Eldridge

ÍNDICE GENERAL

Black Sheep **(Momentos)...17**

Green Dog **(Mi Nueva Vida)...267**

Alma Vieja **(Happenings)...531**

Una vez preguntaron a T.E. Lawrence porqué le atraía tanto el desierto.

Él quedó mirando fijamente al entrevistador, con esos ojos azules de carácter angélico y demoniaco a un mismo tiempo, y luego, simplemente, contestó:

Está limpio...

Estaba limpio, como el refugio que él mismo había creado en su propia mente con el pasar de los años. Un lugar que sabía perfectamente que jamás encontraría en este mundo, en esta vida...

Pero se equivocaba, porque yo, a mi peculiar modo, como tantos otros, creo haberlo encontrado.

Y no es un lugar concreto, no es una persona concreta, sólo son **Momentos***...*

BLACK SHEEP
(MOMENTOS)

Por DCB

ÍNDICE

Prólogo a La Oveja Negra...**23**

El Canario Negro...**29**

Aquellas que fueron y todavía son...**33**

La fotógrafa del montón

y el escritor de segunda

en el monte sagrado...**37**

Canto de la oveja negra...**45**

Condenada...**47**

Celuloide olvidado...**51**

El Baile de la Reina, para Rubén...**61**

A la Tigresa Amarilla...**65**

Día Nacional de la Moto, 14-6-2015...**73**

Yo creo que era "amor"

(Fantasmas en Sils Maria)...**77**

Palabras en el

"sábado noche, domingo mañana"...**83**

Comentario a La República de Platón...**93**

Comentario a la Apología de Sócrates...**99**

Sueños de cine:

"Harvey Keitel, el eterno secundario"**...105**

Comentario a la Política de Aristóteles**...113**

Comentario a la

Consolación de la Filosofía

de Boecio**...119**

Escalada final en roca y hielo

(Reseña a "Cinco días, un verano")**...127**

"Un pasado en sombras":

Fugas psicogénicas tras un perro crucificado**...135**

Lo nuestro es nada:

Combo cinematográfico light**...145**

Regreso a Berlín:

Un verano en la ciudad de la niebla helada

(Ein Sommer in der Stadt des eisigen Nebels)**...157**

Comentario a Contra los académicos de San Agustín**...209**

Duelo entre Eidetekers, el compañero y la ninfa**...217**

Comentario a Sobre la verdad,

de Santo Tomás de Aquino**...225**

Comentario a la vida y obra

de Hildegard von Bingen...**231**

¿Qué fue de Theresa Russell?...**241**

La Ola, al final, la Ola...**251**

Prólogo a La Oveja Negra

Hola, amigos. Ha pasado mucho tiempo desde la última vez en que me dirigí a vosotros, en lo que ha constituido toda una vorágine para mí, y para tantas otras personas, en los últimos años: La saga *Están entre Nosotros*, que, dios mediante, ha llegado a su fin, como en su momento, llegó a su fin mi contenedor de demonios, que muchos ya conocéis bajo el nombre de la temida *Saga del Color*.

Llevaba ya mucho tiempo queriendo cambiar de registro, regresar a un entorno más familiar, en realidad, uno en el que casi siempre me he movido, un entorno sin ambiciones, sin sueños exagerados, es decir, un pequeño espacio de disfrute, sin caprichos, sin pretensiones, en que reunir una serie de trabajos breves que la vida me fue regalando, a través del buen sentir que me han ido provocando diversas nuevas gentes, a las que he conocido en mis últimos años.

Estas gentes, a las que dedico el presente libro, y que más tarde enunciaré debidamente, me dieron la oportunidad de abandonar un retiro de tres años, en el que, como muchos ya sabéis, me salvé interiormente. Un retiro en el que me convertí en un hombre lejano a su inalcanzable proyecto, un retiro que supuso la consagración definitiva de las promesas y enseñanzas de esa figura de la que muchas veces hablo, a la que simplemente denomino mi Maestra.

Una clase de retiro sintetizado en un refugio que fue mi hogar, y que tan sólo abandoné para realizar algunos viajes místicos, o ante la llegada de nuevas amistades que el destino me tenía preparadas. Al fin y al cabo, os estoy hablando de ese prólogo a lo que significa *Black Sheep (Momentos)*, que en otros días pasados quise nombrar como *El Canto de la Oveja Negra*.

No quiero entretenerme demasiado en explicaros su contenido, pues estáis muy cerca de comenzar a conocerlo, espero, deseo, también, a disfrutarlo. Sólo os diré que este libro ha sido muy especial para mí, porque a lo largo de los hechos que en él se retratan, yo, como persona, como ente, he conseguido recuperar mi fe. No mi fe en mis peculiares creencias, que muchos ya conocéis también, sino mi fe en el hombre, y más tarde, mi fe en el verdadero amor.

Así, sin más paliativos, pasaré a agradecer brevemente a estas nuevas personas que viven alrededor de mi círculo íntimo, gentes que han hecho posible mi regreso a otro tipo de libros, no libros de demonios internos, no libros de misterios, de futuros inciertos o terrores, sino a un tipo de libro en el que simplemente soy yo mismo, feliz, melancólico, *y más humano*.

Doy mis agradecimientos, por tanto, a todas las personas que han tenido fe en mí en los últimos tiempos, las personas que integran el programa decano del mundo del motor y seguridad vial Luz de Cruce, con sede en Valencia. Y entre estas personas, especialmente, a dos de ellas:

Vicente Herranz, director y presentador del mismo, no sólo has sido un padre para mí, sino un amigo, la confianza y guía que me has dado en cada una de mis acciones es algo que nunca olvidaré.

Eduardo Casanova, mi aventurero favorito del mundo del cine, un colega que jamás pensé encontraría en este opaco mundo, alguien que de veras comprende que el cine es una forma de conocimiento, y al mismo tiempo, un modo de encontrar una evasión que rara vez el ser humano llega a conocer.

Agradezco también la oportunidad de cumplir con la presente labor a **María José Alonso**, mi motera favorita, nuestra motera guerrera, una mujer cuya humanidad excede a la de la mayoría, una persona que de veras sabe lo que es querer.

A **Félix García**, formador sin igual de nuevos conductores, y uno de los grandes entusiastas del audiovisual todavía por descubrir merecidamente, y a su esposa, **Amparo**, que representa el ideal de la sensibilidad femenina como pocas mujeres que yo haya llegado a conocer.

A **Carlos Panadero**, mi gran amigo, mi confidente, uno de los pocos hombres que de veras me han hecho sentir a gusto conversando, uno de los pocos en los que he podido confiar.

A **Ángel Rivilla**, un hombre de verdad, un profesional irrepetible, cuya esencia puede definirse en una sola palabra "compromiso", compromiso en el trabajo, y con sus seres queridos y amigos más preciados.

A **David De Diego**, nuestro querido hombre de las tres D´s. Un profesional único, polifacético, versátil, una persona que conoce la verdadera naturaleza y diversidad del género humano. Un tío de los grandes, excepcional...

A **Nacho Martín-Loeches**. Aquí te reitero, amigo, mi pasada opinión: Te aguarda un inmenso futuro por delante. Y estoy convencido de que incluso superarás todas las expectativas que cuantos te aman y respetan han puesto en ti. Sigue así, no cambies nunca, compañero.

Y por supuesto, agradezco también, dedico este libro, a un amigo que me ha demostrado su valía como persona, y como profesional, gracias a su fe en la esperanza, y la felicidad que porta sobre sí mismo, y regala a todos los demás, cada día que sale a la calle: **Vicente Cortés**.

Pero, por ende, agradezco el presente libro, a mi Tigresa Amarilla, mi querida amiga **Alice Foster**. Tus sonrisas me devolvieron la fe en un momento en que no la encontraba por ningún lado, tu luz me hizo sentir cosas que hacía seis años no sentía por nadie, cosas, sentimientos, momentos, que me han hecho más fuerte, más hombre. Me has inspirado una alegría y una tranquilidad, por contagio, porque tú tienes eso y mucho más, que para mí es casi imposible de alcanzar.

Aunque, no puedo finalizar esta nota, esta introducción, sin agradecer también a una gran mujer, la inspiración que me ha provocado en la presente labor, desde que me abrió su profesionalidad, confianza y corazón a través de nuestras inspiradas charlas en el grupo de cine de la red social que ella misma creó, y que me ha hecho tan feliz: **Carmen Nikol Eventos**. Nunca encontré a nadie con tanta fuerza. A pesar de conocernos poco, eres una de las personas que más ímpetu ha logrado darme en mi labor.

A todos vosotros, personas a las que nunca antes había tenido la oportunidad de agradecer vuestro sincero apoyo, vuestro respeto y fidelidad, os gradezco aquí, con todo mi corazón, la oportunidad que me habéis brindado. Sabéis de sobra que soy bastante especial a la hora de expresarme sobre ciertos temas, pero me vais a permitir que lo haga de nuevo: Vuestra luz, vuestro buen hacer, nunca será olvidado. Nunca, en mi vida, a pesar de mi juventud, me he sentido tan cómodo entre un grupo de profesionales, de los cuales, además, puedo aprender constantemente, de todos y cada uno. Vuestra labor y vuestras historias me han revivido.

Y finalmente, dedico este libro a **mi logia blanca**, a los de siempre, y a algunos nuevos: Mis padres y mis abuelos maternos, Toni y Rosa, más tíos míos que los de verdad, a Gabriela March, mi invitada tan especial, y familia, a mi tía Ana, una mujer del don, y familia, a Charo, la señora del módulo blanco, que me sanó e instruyó, a Gisela, tu profesionalidad y posterior amistad me dieron algunos de los mejores años de mi vida, a Toni e Isabel, mis vecinos favoritos, a mi bisabuelo Hilario y a mi querida Marlán, que ya no están con nosotros, a Dean C., mi hermano, al gran periodista Daniel Freudenreich, mi amigo, y Carlos Holguera, a ti, te diré, que recuerdes que *todo lo bueno se hace esperar*...Soy lo que soy por vosotros, hacéis de mí, mi mejor versión, una que sólo conozco cuando comparto mi vida con la vuestra...A vosotros, que amáis, gracias.

Y ahora, os doy la bienvenida a todos a ***La Oveja Negra***!

El Canario Negro

No, no era la luz verde de Fitzgerald

Es prácticamente imposible escribir cuando uno está ebrio a las seis de la mañana

Pero lo recuerdo como a través de una mirilla

En pleno tratamiento

Alcoholizado

Acabado, sin registro, sin descendencia

Me animaron a escribir...

Y en lo primero que pensé fue en ella

Era mi fantasma, el espectro del pasado

Mi luz verde, sí, al fin y al cabo

Sería fútil describirla físicamente

Pues era su psique la que más me atraía

Algunos la verían como una bella vestal

De ojos azules, cabello negro y piel blanca

Para mí era mi Marilyn

La personificación eterna de una inocencia perdida

Perdida por un trauma, por una infancia poco feliz

Ella era valiente, sexual, femenina, brutal

Pero nunca, nunca se permitía ser tierna

Inteligente, progresista, madura, cuando siempre, siempre por código, por experiencia, o por tozudez, era inmadura

Ella era, por encima de todo, la personificación perfecta de la inocencia perdida,

La belleza de una lolita eclipsada por su eminente pasado

Por una madre muerta

Una belleza que sin su profunda síntesis

Hubiese resultado en otra época una frágil puta

Maldito Bukowski

Buscavidas, ángel de la muerte

Viciosa, sexual, asexual

Ella lo era todo para mí, y ni siquiera lo sabía

Maldita suerte, maldito destino

Estamos hechos de la misma materia que los sueños, solía decirnos Shakespeare, y nuestra pequeña vida, cierra su círculo con un sueño...

Ella era todo eso

Y mucho más

Era una persona salvaje que con su bravura invitaba a vivir

Y una persona que degeneraba cada vez más

Pues me enseñó a vivir, y ya lo creo

Me enseñó que en la vida de los seres

La existencia no traspasa al sueño

Y que todos, en nuestro mejor momento

No somos más que el pálido reflejo de lo que soñamos ser

Pero, joder, qué bueno es ese sueño

Pensar que estás con ella

Que viviste, que sufriste

Que la viste

Viste lo que podía ser y nunca fue

Una afrodita coronada

Una auténtica diosa

Porque eso, querida, es lo que mereciste ser

Y si no hubieses sido así, mi niña

Mi pequeña Marilyn

Castigo de los dioses o no

Bien hubieses perdido tu magia

Tu destino es ser bella y hermosa, por depravada

Y morir joven

Pues ese será tu eterno ejemplo

Reinar en la memoria por encima de los hombres

Como la verdadera reina que eres

La esposa de Hércules

Que diga lo que fuiste y nunca más ya serás salvo en el cielo

Esa eres tú, mi amada

Mi bello canario negro.

Aquellas que fueron y todavía son

David Lynch siempre ha tenido un gran gusto al escoger a las actrices de sus películas, si bien, sus actores, aunque geniales, suelen resultar en un perfil anodino. Llamó la atención, no sólo por descubrir a grandísimas beldades como Virginia Madsen, Isabela Rossellini o Laura Helena Harring, más tarde convertidas en astros de inmerecida fugacidad, en sus primerizas obras *Dune*, la gran fallida, *Terciopelo azul*, o el germen del fenómeno *Twin Peaks*, y la prolongación de éstas que resultó ser *Mulholland Drive*, tras esa *Carretera perdida* que completó su tetralogía magna, sino al relanzar las carreras de profesionales como Naomi Watts o Laura Dern, dos estrellas que todavía brillan en los más altos firmamentos de Hollywood.

No obstante, Lynch hizo de la serie *Twin Peaks* un recodo de esparcimiento para grandes directores y nuevas promesas. Dos de las más sonadas fueron la bella actriz de teatro Sheryl Lee, o la eficiente y accidental musa del realizador erótico Zalman King, Sherilyn Fenn. Como las anteriores comentadas, actrices por derecho propio, cuya extraña belleza, e inusual talento, estampado en los años noventa, recordaba dos cosas que el público apreció por encima de sus mayores aciertos: El talante de las actrices clásicas, las de la etapa dorada de los poderosos estudios, que no del periodo silente, que también, y ese síntoma preclaro de la magia, de ese otro lado, que su mecenas concretaría en su llamada logia blanca y logia negra, para el gran fanático. Su habitación de las cortinas rojas en que bailaba el hombrecillo genial llamado Michael J. Anderson.

Bellezas poderosas, de talento indistintamente poderoso, bizarro, al reflejarse en ellas los rostros de Lana Turner, Rita Hayworth, o bien, Elizabeth Taylor. Iconos de leyenda, genialidades eternas, que, cosas de la vida, no hallaron finalmente el lugar olímpico que merecieron, más allá de sus inspiradas colaboraciones con el realizador surreal. Mujeres notables, de roles artísticos atormentados, o de ensueño, cuasi divinos, que quedaron en ovejas negras. Sheryl Lee saltó a la fama al convertirse en el recurrente fantasma de Laura Palmer, el mayor reclamo de la serie de los picos gemelos. Personaje que se ampliaría en el papel de su prima hermana, interpretado por la misma actriz.

Posteriormente, retomaría su gran y glorioso debut en la película del mismo programa, que llevaría por subtítulo *Fuego camina conmigo*, en referencia a uno de los más importantes acertijos que planteaba la serie. Esta vez, como protagonista, ella brilló más que nunca, al mostrar con detalle la extraña historia de una joven recurrente de sombríos parajes poblados por demonios, que veían en su persona esa real oscuridad, ese fuego, derivado de sus constantes abusos sufridos, y claro, de su relación con las drogas...Una adolescente perteneciente a una familia en que las mujeres veían cosas raras y tenían ciertos sueños. Si la serie fue un tremendo fenómeno mundial pero acabó perdiendo la audiencia por culpa de su tan defectuosa producción, la película no terminó mucho mejor, ya que fue prácticamente un fracaso en la taquilla. Se esperaba la realización de toda una saga de films, pero ante la enorme decepción del fan, los encargados mayoritarios dejaron de ocupar su tiempo en *Twin Peaks*. Sin embargo, pudimos llegar a conformarnos, al disfrutar de la historia completa de Laura Palmer, incorporada por una Sheryl insuperable, cuya última escena, ocurrida en esa habitación roja, nos mostraba que aquel extraño lugar sin tiempo era un bucle en su mismo destino, un negro pozo que atrapaba almas inocentes corrompidas por el mal...Eso nos dio el film...

La carrera de Sheryl Lee tuvo algunos aciertos más, en adelante, especialmente, *BackBeat*, que narraba el origen del grupo musical The Beatles, o más concretamente, el de aquel bajista suyo, en realidad, un pintor de enorme talento, que dejó a Lennon y a los suyos por lo que mejor se le daba, pero, antes, y fundamentalmente, por una mujer de ensueño llamada Astrid Kirchherr, por supuesto, incorporada fantásticamente por Lee. Después, películas como *El amor es éxtasis*, otro film de culto, o *Vampiros* de John Carpenter, le ofrecieron esa clase de papeles que la conformarían en una musa legendaria del cine alternativo. Para los restos, la carrera de la hermosa y angélica Sheryl Lee se debatiría entre el cine independiente y numerosas u ocasionales apariciones en exitosas series de televisión.

En cuanto a Sherilyn Fenn, la que llegó a ser una reina de América, su papel de Audrey Horn en *Twin Peaks*, como la enigmática hija del cacique del pequeño pueblo del norte de los USA, que resultaba impresionante en medio de su despertar sexual, permaneciendo, en parte, obsesionada por el homicidio de su amiga Laura Palmer, la marcaría de por vida en el mejor de los sentidos. Su carrera prometió todavía más que la de Lee, no obstante, sus elecciones resultaron ser mucho más limitadas, a excepción de films como *De ratones y hombres*, todo un gran clásico donde estaba digna de la mayor alabanza, su mismo gran debut protagonista en *Encrucijada de pasiones*, de Zalman King, *Meridian, el beso de la bestia*, obra del mayor freak cinematográfico del terror que es Charles Band, que fue una mistérica recreación del mito de la bella y la bestia, su rol estelar en la exquisita *Boxing Helena*, dirigida por la hija de su propio maestro Lynch, *La conspiración de Dallas*, en la que prácticamente interpretaba a Marilyn Monroe, o la adaptación de una de las tantas biografías de la propia Elizabeth Taylor, encarnación que la propia diosa del cine exaltaría. En lo sucesivo, Fenn desembocaría de lleno en el cine indie, y tendría algún éxito televisivo tan corto como prescindible, a excepción de su mismo rol.

Es curioso el hecho de que ambas actrices sean íntimas en la vida real, que ambas comenzaran en el audiovisual con Zalman King, y que ambas trabajasen en los mismos proyectos de Lynch, la serie y película de *Twin Peaks*, amén de unas cortas pero intensas intervenciones en la desmadrada epopeya que resultó ser *Corazón salvaje*. Y para terminar, tras un breve paso por el imborrable mito, casi acabaron en su personal logia negra. Como decimos, es triste que actrices que no tenían nada que envidiar a la generación de los cincuenta o posteriores, sino que eran verdaderas divas del arte, no lograsen mayores halagos, merecidos reconocimientos, ni mantener una carrera por la que valían más que ninguna otra...Pero así es la vida...

En la actualidad, existen dos grandes actrices que, podría decirse, han recogido su valioso testigo: Katherine Isabelle por Fenn, y Caity Lotz por Lee...Ambas, con un par de buenas joyas como *Ginger Snaps* o *American Mary*, y *El pacto* o *The Machine*, respectivamente...Éxitos del cine independiente, que han marcado al fanático, pero no al gran público, como es costumbre...O bien, series cuasi perfectas, como *Hannibal* o *Arrow*...Darán que hablar...

La fotógrafa del montón

y el escritor de segunda

en el monte sagrado

Había llegado a aquel barrio germano hacía bien poco, y ya me habían hecho una oferta de trabajo seria. No pagaban mucho, pero, al menos, era seria y sincera, lo que yo siempre buscaba. A las pocas semanas, un compañero me concertó una cita a ciegas con una antigua novia suya. Me contó que su relación había sido un completo desastre, pero que sería la mujer perfecta para mí, porque ambos éramos igual de raros. Del mismo modo en que yo era escritor, ella era fotógrafa, lo digo, porque quizá esto tuviese algo que ver, ambos nos dedicábamos a crear extrayendo nuestras impresiones del vulgar mundo, haciéndolo más hermoso de lo que en realidad era. La verdad es que yo no estaba muy por la labor de iniciar una relación sentimental, me sentía un poco quemado, pero siempre conservaba la esperanza, una de las pocas que me quedaban de auténticas. Así que, cuando me sentí solo, la llamé por teléfono y quedamos para ir al cine. Fui a recogerla a su casa, un cuarto piso en una finca del barrio bohemio. En cuanto apareció con un vestido de lana rojo y un gorro de nieve me di cuenta de que había acertado. Era guapa, delgada, tenía el pelo rubio corto, ovalado, con un simpático y menudo flequillo, una sonrisa espectacular, y unos ojos azul gris. Pero lo que más me gustó de su físico fue su expresión, y después, hacia el interior, su voz, una voz grave y sedosa. Hoy ya ni recuerdo la película que vimos juntos, sólo recuerdo que no podía dejar de pensar en tocarla, o en tocar algo suyo, mientras contemplábamos con agudeza desinteresada el celuloide. En aquel entonces estaba de moda Bergman de nuevo, así que supongo que la película trataría de vikingos modernos con trasfondos freudianos místicos. Lo primero que me viene a la mente tras aquel breve principio fue nuestra conversación a la salida del cine: *¿Puedo acompañarte a casa?* Le pregunté. Y ella sonrió a medias, dejando entrever esos finos y blancos dientes, estaba claro que no fumaba, no como yo. Luego, dijo: **No, no puedes.** Con un divertido acento alemán que la hacía todavía más interesante para mi, más allá de su expresión feérica. Yo le pregunté por qué, y ella me contestó: **Porque lo digo yo.** Solté una leve risa casi a la vez, y le dije: *Así sea.* Ella sonrió del todo. Creí que aquel momento no pasaría de ser un instante que yo nunca olvidaría, aunque no hubiese significado nada para ella, pero, antes de despedirnos y marchar cada uno en una dirección, Dana, como así se llamaba, agregó: **Mañana voy a la costa, quiero hacer unas fotografías del monte sagrado. ¿Te gustaría venir? Quizás te interese escribir sobre lo que veas.** Y yo contesté: *Claro que sí, me interesa mucho.* **Bien, mañana a las ocho en mi casa.** Aquella noche tuve que beber dos copas para poder dormirme, y aun así, sólo logré descansar un par de horas, pero llegué a tiempo para la cita, algo muy inusual en mí. Entonces, ella ya estaba esperándome a la salida de su edificio, preparando el auto, pero, para mi infortunada sorpresa, no estaba sola. Había invitado también a tres amigos suyos, tres tipos que no me gustaron nada en cuanto los vi. Eran aparentemente los típicos vividores con más recursos que talento para el arte, que se las daban de dioses falsos. Aun así, por ella, entré en el coche, y me senté en la parte de atrás rápidamente, mientras iba presentándomelos uno a uno. El trayecto hacia la costa del oeste fue largo, de una hora y media insufrible, en la que Fred, Wayne y David no paraban de compartir toda clase de ácidas ocurrencias y estúpidas bromas, cada vez de peor gusto, ridiculizando a los literatos y haciéndome preguntas capciosas sobre mi carrera y trabajo. Su función era el descrédito, eso estaba claro. Yo era una fuerte intromisión en su pequeño mundo, cuyo centro sin duda alguna era la bella Dana. Recuerdo que durante ese viaje, ella conducía con el imbécil de Frederick al lado, el peor de todos ellos, y que de vez en cuando miraba por el retrovisor interior para comprobar mi impresión ante los brutos juicios de sus colegas. Finalmente, Fred dijo algo en especial, que no me gustó nada, no recuerdo textualmente qué cosa, algo así como que todos los escritores éramos unos fracasados u obsesos sexuales, no como los pintores, que eran más abiertos de mente. Y yo le dije: *Fred, no entiendo de qué vas exactamente, pero de la misma forma en que tú opinas cuanto quieres sin conocerme, bien podría hacer yo lo mismo. ¿Ah, sí?* Contestó el chulesco aristócrata reconvertido a artista. *Y qué dirías entonces. Te diría lo que no quieres escuchar, te hablaría sobre la impresión que me has causado.* Y él dijo: *Ah, pues muy bien, amigo, puedes hacerlo si te vas a sentir mejor.* Y yo le dije: *De acuerdo, Fred, te voy a decir exactamente lo que pienso de ti: Creo que eres el típico pedazo de mierda estirado yególatra al que he combatido toda mi vida desde que escribí mi primera línea. Creo que tú piensas que puedes permitirte el lujo de decir la verdad, a saber por qué razón, pero no la dices, sólo dices lo que piensas, y como probablemente eres más estúpido de lo que pareces, siempre te equivocas.* Dana se echó a reír de repente, seguramente, porque jamás nadie había logrado atreverse a mostrarse tan perspicaz con su fallido pretendiente, pero controló su risa en seguida, quién sabe si por lástima, o por inconcebible respeto. Ninguno en aquel auto esperaba que yo actuase de tal manera, porque suelo ser bastante adusto, y sólo digo lo que pienso cuando lo creo necesario, si bien, siempre, cuando escribo. Fred se quedó parado, miró a Dana sorprendido de que se riera, y luego, agregó: *Eres un listillo, Doc, pero me gusta tu estilo. A mí no me gusta el tuyo, Fred.* Concluí. Durante los siguientes treinta minutos de camino a la costa nadie habló en aquel coche, pero, para mi gozo y disfrute, Dana me sonreía de vez en cuando a través del espejo, como si fuera un ser del cristal, un ser de los cuentos de hadas que yo escribía. Al finalizar el recorrido, detuvo el auto frente a un amplio y hermoso mirador, alzado a varios metros por encima del nivel de la arena, desde donde se apreciaba la marisma semi seca, y algo más lejos, el gran monolito al que los germanos de la zona llamaban monte sagrado. En realidad, se trataba de un accidentado megalito en medio de aquellas húmedas tierras de leyenda, un error natural de procedencia desconocida, como más tarde estuve seguro, Dana y yo lo éramos. Los cuatro sacaron todo su equipo del maletero, y después, los tres únicos genios se despidieron, aludiendo que querían dar un paseo por el bosque cercano. *Es un bosque mágico,* señaló Fred, guiñando un ojo. *Nos vemos luego, pareja,* sentenció. Y para mi gran suerte, desaparecieron. Dana montó un gran trípode frente al límite de la pequeña muralla de roca, y colocó encima su cámara fotográfica. Comenzó a calibrar sus objetivos, al tiempo que hacía como si yo no estuviese allí. Entonces, decidí comenzar a hablarle: *Dime, dónde debo ponerme para no molestarte, quizás te haga alguna sombra sin darme cuenta.* Mientras sonreía, como casi siempre, contestó: **Puedes ponerte donde quieras, Doc, no me vas a molestar.** Se hizo un pequeño silencio, en el que se escuchaba con toda claridad a los cuervos negros picoteando unos troncos cercanos, o sobrevolando el mar próximo, y se percibía también nítidamente el rozar del aire con cada tramo del lejano desfiladero pedregoso, y con cada milímetro del mirador en que nos hallábamos. *¿Te ha molestado cómo he actuado antes?*, pregunté. **No, él se lo merecía, tranquilo. Fred no es un mal chico, pero a veces pienso que en su hipocresía de abolengo se cree mucho más de lo que en realidad es.** *Ah, así que sientes dudas sobre tus amigos.* **Claro, yo siento dudas sobre todo. ¿Te sorprende?** *Pues sí, me parecías una mujer muy segura.* **Y lo soy, pero de mi misma, por ahora soy la única persona a la que conozco de verdad.** Entonces, giró el ángulo de la cámara hacia a mí, cuando me encontraba recostado ligeramente sobre el límite de la muralla. *No, Dana, no me hagas fotos, por favor.* **Por qué no**, dijo. *¿Es que tienes miedo de una cámara?* *No, pero no se me da bien salir en las imágenes.* **Yo creo que es porque aun no lo has probado bien.** Y lanzó una fotografía, y comenzó a estudiarme más allá de la lente. En el proceso progresivo, a veces sonreía, y otras se quedaba muy seria. Era obvio que trataba de aplicar un sistema propio para identificar a sus admiradores, trataba de ver algo nuevo en mí, con más profundidad de la que lo había hecho hasta ese instante. Y luego, comenzó a preguntarme: **Por qué te fuiste de tu hogar.** *Me fui porque me estaba ahogando.*

Mmm, te entiendo. ¿Quizá dejaste algo allí, algo que te importaba, o a alguien? Lanzó otra fotografía, mientras me enfocaba más. *No, no dejé nada importante, y para entonces, ya no había nadie.* ***¿Así que antes lo había?*** *Bueno, una vez, pero no funcionó, simplemente no pudo ser, ambos estábamos demasiado locos. Y tú qué, ¿ha habido alguien importante en tu vida?* Recuerdo que entonces me miró muy reservada, y me dijo: ***Esto no funciona así, yo soy la que hace las preguntas ahora.*** Y más tarde, volvió a sonreír mientras se escudaba de nuevo tras la lente. *Eres muy injusta, lo sabes, ¿verdad?* ***Lo sé...*** Y lanzó otra fotografía. ***¿Y qué buscas aquí, en Alemania? Ya tienes trabajo y te mantienes, supongo que eso es lo principal, ¿o no?*** *Siempre es lo principal en un mundo como el de hoy. Dinero, apetencia, alivio, paz...Pero también busco a una compañera, a una pareja...*Fingió que no le importaba en absoluto lo que acababa de decir, pero ya le importaba, yo me daba cuenta, y eso me divertía todavía más. *No te confundas, no soy ningún romántico, hasta ahora he tenido mis cosas, supongo que como todo el mundo, pero nunca he encontrado a nadie que me entienda, y a quien yo pueda entender...* ***Eso no es algo que se consiga fácilmente, las mujeres somos muy complejas.*** *No estoy de acuerdo. Creo que sois muy parecidas a nosotros, sólo que vuestro cerebro funciona de otra forma. Es así de sencillo.* ***¿Te parecemos sencillas, las mujeres?*** *No, yo no he dicho eso. Me refería a que la mayor parte de la gente suele ser sencilla, o simple, o hipócrita, como tus amigos...* ***No seas malo, Doc...***Bueno, *les concederé el beneficio de la duda si salgo bien en tus fotos.* ***Entonces, tendré que esforzarme...***Normalmente, cuando miro a una mujer, sólo la miro a los ojos, pero

Dana estaba poniendo a prueba todo mi autocontrol. Miraba todo su cuerpo, todos los detalles, y sentía el placer del enamorado primeramente insatisfecho y perdido al registrar en mi memoria cada uno de sus gestos, cada uno de sus tics y manías humanas. *Porqué me invitaste a esta excursión, por así llamarla, cuando seguro que sabías que no me iba a llevar bien con tus amigos.* **Eso yo no lo sabía.** *Sí que lo sabías, no eres tonta. ¿Era una especie de prueba?* Volvió a sonreír mientras cambiaba un objetivo de su enorme cámara vieja. **Te invité porque quería conocerte. ¿Tú no quieres conocerme?** *Sí, por eso estoy aquí.* De pronto, sentí la necesidad de sincerarme, llevaba mucho tiempo solo, y siempre he sido muy directo cuando una mujer me ha gustado de verdad. *Verás, Dana, yo no quería conocerte cuando me hablaron de ti, pensé que me iba a llevar otra decepción, un chasco. Pero, el caso es que en cuanto te vi, me gustaste, mucho. Y cuando una mujer me gusta, ocurre que me asaltan las dudas.* **¿Sientes miedo? ¿Te doy miedo, Doc, yo, una fotógrafa del montón?** *No, no se trata de eso.* **Entonces, ¿de qué se trata? Cuéntame.** Seguía lanzando fotografías, pero ya con poco o ningún interés. Era obvio que trataba de evitar una implicación directa en la conversación. Era obvio que era dura y fría, pero además muy tierna cuando se la convencía como ella merecía. Yo la miraba con ternura, y decidí proseguir aun a riesgo de disgustarla: *Siento que no voy a ser capaz de complacerte, porque nunca he sabido cómo hacerlo.* **¿Te parezco la clase de mujer que querría ser tu pareja?** *Sí.* **¿Y cómo estás tan seguro, escritor de segunda?** *Porque eres un misterio, y a mí me encantan los misterios. Me gusta obsesionarme con ellos, y perderme en la niebla...* Dana cambió la cámara de posición, hacía otro ángulo directo hacia el mar, sonriendo como una niña traviesa y a la vez curiosa. ***Mmm, entonces, tendrás que invitarme a cenar.*** Y así comenzamos a resolver nuestro propio enigma común. Uno que nunca tendría solución, pero, en aquel momento, ninguno lo sabíamos. Sólo disfrutábamos de la magia arcana que parecía flotar en el ambiente de aquel lugar costero con un megalito sagrado. Pero nos fue muy bien por un tiempo, ya lo creo que sí...Dana era la magia. Un enigma hasta para sí misma.

Canto de la oveja negra

El color de la luna, el color de la noche.

Una vez pensé que fue calor cuando rozaste mi mano mientras escribía, mientras intentaba ser yo mismo, quien una vez fui.

Otra, pensé que era magia, poderosa estratagema del antepasado, el amor de un dios azul, cuando me mostrabas tu arte mientras me dormía a tu lado.

Todo es un misterio. Porque antes que una broma, nena, es un misterio. Y casi siempre es el mismo, eso es lo malo.

Y de aquel calor sólo nos queda un verano fantasma, falso, y sobre todo, el humo. Ese humo que mata tan rápido como el diablo cojo.

Cierta niebla artificial que se cierne sobre nosotros, cada vez que, cansados, recordamos nuestro pasado feliz.

Por qué siempre los grandes momentos parecen quedar destinados a olvidarse. Tan lejanos de quienes vamos a ser, y tan próximos a quienes deberíamos ser.

Lo bueno dura poco, es fugaz, y finalmente sólo queda el misterio. El misterio del hombre y de la mujer, por sentir en pretérito, una sensación única, mortalmente pasajera, que durante su esencia es igual al paraíso de las vidas.

Verano frío, humo perverso y oculto. Sexo desenfrenado, que es amor y no es sexo a fin de cuentas. Físico, psíquico, unidos sólo bajo la luna y su color, bajo la noche druida.

Y la suma desesperación que provoca el nunca jamás ser capaz de plasmar todo esto como debiera ser plasmado. Porque la mente es sabia, y la vida efímera...Calor...

La luna y su color son ahora y siempre testigos mudos del suceso, de nuestro concurso, querida ninfa azul. Pues en ella se reflejó la maravilla vital, lo que había de pasar por la rueda. Esa lucha constante contra la degeneración del sentimiento, del gran momento pasajero e interminable.

El fútil intento de recuperar aquello que ya estaba muerto poco antes de que comenzase. Pues vivimos en un bucle infinito...Pero, si te recuerdo, sólo, si yo te recuerdo, entonces, vale la pena. Vale, mucho, la pena vivir mil vidas que terminen igual. Vale la pena ser el mismo hombre...

Condenada

Perdonad, Señora mía, si en el afán de cantar vuestras alabanzas, derramo dos lágrimas que no derramé la última vez que nuestro encuentro fue vivido y creíble...Permitid que os trate así, aun por una vez, como jamás os traté...Pues el hombre es farsante y se arrepiente muy tarde...Cuando termina convirtiéndose en una pálida y risible sombra de cuanto fue.

Esta noche, las musas alumbran mi canto para ti, oh, Señora mía, reina de las hadas, reina de todos los lugares bellos y gentiles, por los que tan sólo transitan los elegidos más dichosos y notables...El amor pasado perdió su brillo, cuando en tu infinita misericordia me otorgaste el don de sanar contando nuestra leve historia...Leve para mi, un hombre sin fe que la obtuvo al perder lo que más amaba...Grande e inconcebible para ti, que viste en un hombre lo mejor que en él anidaba, algo que casi nadie apreciaba, en sus finos modales de hipocresía vacua...

Así, los llantos de las hespérides claman por mí, que ahora te canto a ti, a un amor perdido que jamás sentí, hasta que realmente hubo terminado, y es que el hombre es así, Señora mía...Sólo concibe lo divino y magnífico cuando lo ha vislumbrado para poder negarlo, para no darle su justa medida e importancia...Por ello, permíteme, pues, Señora mía, en tu perdón, narrar aquí breves requiebros a lo que tú fuiste para mi, el día que en aquella playa cálida y arenosa, en aquel escarpado risco verdecino, o en aquella amplia biblioteca tuya, de la que no podía extraerse más que tu perfume entre el florecido del saber, me dejaste entrever el verdadero amor del humano, aquel que nunca permanece atrapado, aquel que no queda en vano...

Viniste a mí, como leve brisa de aire frío, al borde del catarro me dejaste, contando mis penas de joven anciano...Viniste a mí, como los ángeles del Señor acuden a socorrer almas caídas, y desde aquel mismo instante, te llamé, cuando me encontraba desesperado...Pero, ¿es que acaso no era yo un hombre sediento de amor, que no sabía identificar el sentimiento por ser joven y viejo a la vez?...Víctima de unos encantos naturales no intencionados fui, ante tus ojos verdes, que a veces me parecían azules, ante tus finos y largos rizos rubios, ante esa voz tan antigua, tan dulce, con la que cualquier infante sano, dormiría como en el mismo cielo...

Cómo entonces, de entre todas estas nobles obras, ni siquiera tu hermosa piel blanca, cuyo roce, cuyo tacto, tanto me agradaba, ninguna me inclinó a susurrar, siquiera en mi mente, la palabra amor, amar, amante...Este es el mayor misterio de mi esencia misma, que jamás he logrado desentrañar...Porque, cómo es posible que un hombre, aunque ciertamente avispado, no valore a una diosa de antaño como se merece, a una ninfa, a una musa, como las que ahora cantan en mis oídos a la medianoche, danzando en torno a mi pitillo y mi cerveza...Cómo, en mi cruel afán de locura marchita, no fui capaz de comprender tu verdadera esencia, tu magia, que con gran violencia yo hubiese arrebatado al más tunante de todos aquellos que intentasen poseerla...Tras de ti, sólo quedaron amores tristes que siempre serán pasados, Señora mía, caras tristes, tan tristes como yo, cuyo corazón cayó abatido durante la caza, en circunstancias aun más turbias que las tuyas y las mías...Corazones que no quedan atrapados, como el mío en el tuyo, sino que, heridos, huyen al bosque oscuro esmeralda, del que jamás volverán a salir...

Pero, ¿y tú?...Qué hay de aquella dama que tuvo fe en un hombre malo, al que trató de convertir en bueno...Tu ya falleciste, Señora mía, mi amor secreto, mi doncella invisible, mi diosa hibórica...Entonces, cómo se explica que, en mi tierno egoísmo, yo demande ahora tu perdón...Te preguntarás, si por ahí andas, en alguna parte de los mundos del brillo...Sí, así es, querida mía, caí mil veces antes de conocerte, y ahora, a tales alturas, vuelvo a caer...Pero, no me reproches nada, no desfallezcas, no me ignores...Sólo perdona a esta alma triste y herida, que busca con desesperación, el valor suficiente para reconocer tu virtud...Una que ella jamás logrará conservar...Una que ha caído en la cuenta, **tarde**...

Celuloide olvidado

Home (*At The Devil´s Door*), 2014

¿Es *La profecía*, es *El exorcista*, es *Alien*, *El resplandor*, o una copia ácida y underground de la vena más canalla de la serie *Sobrenatural*?...Quizá un poco de todo, pero con el sello de ese nuevo maestro del terror indie de diseño que es Nicholas McCarthy. Un genio que hace de cada plano un cuadro de Edward Hopper, un erudito tan avanzado de su propio género, y de las propias bases del mismo, todo lo oculto, el esoterismo, que logra en cada escena un enigma, pero un enigma del que se puede obtener precisa respuesta, si uno es ducho en la materia.

Volvemos a ver, en esta *At The Devil´s Door*, a diversos secundarios masculinos, de rostros reconocibles y una honda carrera, que cumplen a la perfección su cometido, pero, como en su ópera prima, *El pacto*, disfrutamos del protagonismo de las mujeres guerreras, el trío de reinas que son la consagrada Catalina Sandino Moreno, la joven y talentosa Naya Rivera, y esa promesa de los USA que es la atractiva Ashley Richards. Eso, por no mencionar a ese nuevo Doug Bradley, el eterno Pinhead de *Hellraiser*, que es el escalofriante Mark Steger, el famoso asesino Judas de la anterior *El pacto*, que promete depararnos más de una impresionante transformación física en adelante.

Nicholas McCarthy lo sabe todo sobre el cine de terror, de hecho, por lo que tanto sabe, me da la impresión de que sus obras de arte no se valoran en lo que merecen, ni tampoco, la descomunal e instintiva disposición que logra de las grandes actrices a las que consigue echar el guante, si no dándoles su primera oportunidad, ofreciéndoles un rol en el que destacan de modo realmente exponencial.

Pero, para entender esto, deberíamos recordar *El pacto*, esa joya del terror moderno, éxito del cine británico de 2012, en que la incipiente Caity Lotz, hermosa y talentosa como ella sola, hoy famosa por su papel de Canario negro en la serie *Arrow*, pasaba de ser la típica rubia resultona de producciones irreconocibles, a convertirse en toda una estrella de los dramas oscuros rozando el terror...Y esto fue gracias a Nicholas McCarthy, y ese microcosmos cutre, engañoso y arcano, que ha creado en estas dos películas que lleva realizadas, situadas casi en la misma vecindad de trabajadores, entre los que se oculta todo tipo de mal.

Podríamos llamar a McCarthy, el maestro del terror de los espacios pequeños, pues sus tramas acontecen en lugares aparentemente pobretones, o reducidos en dimensiones, que, a través de su lente, se contraen en un raro espacio laberíntico, repleto de tonos opacos que nunca jamás son tocados por la luz. En este sentido, la vulgar secuela de su ópera prima, titulada tan vulgarmente *El pacto II*, de este mismo año, resulta, no un insulto a su breve pero crucial carrera, sino un verdadero crimen homicida...Decir, aún así, que McCarthy vuelve a ofrecernos lo mejor del género en este 2014 con la presente película, como ya lo hiciera hace un par de lustros con su debut tras las cámaras.

Nadie sabe la dirección que su carrera tomará en las próximas temporadas, pues, como todos conocemos, el sistema financiero anda en caída libre, pero ya baraja hacer un remake, yo lo llamaría, seguro, una mejora, de ese clásico moderno del terror francés que es *Livide*, de los un tanto complacientes, aunque cansinos, cineastas gabachos Bustillo y Maury. No hay duda de que con ella podría lograr su mejor obra, siempre y cuando cuente con sus habituales colaboradoras femeninas, para una historia que prometía más de lo que deparaba en el film original, pero que también tenía grandes y terribles momentos.

Lo que nunca le podremos perdonar a Sir Nicholas es el haber abandonado su hasta ahora gallina de los huevos de oro, ese pacto inmortal con la Miss Lotz, que mantenía encerrado al genio maligno en la lámpara, a cambio de sacro refugio. En este aspecto, *At The Devil´s Door* no es ni mejor, ni siquiera peor, que *El pacto*, ni está más ni menos inspirada, simplemente, es más compleja, abarca más en contenidos. Y para algunos, puede ser toda una sorpresa.

De *El pacto* a *Home*, como la titulan ahora, pasamos de un gran terror inalterable, de clase media, valga la expresión mundana, a otro que pretende depararnos un gran ABC de mitos sobrenaturales. Quizá en este sentido, aunque certero, McCarthy se haya excedido un tanto, es cierto. Pues es muy pronto en su carrera para aplicar demagogia, sin embargo, ha demostrado que no se le da nada mal.

McCarthy crea escuela, esto es incuestionable, primero con los fantasmas y los asesinos seriales, que interactúan de muy diversas formas, con el mundo de las familias disfuncionales, que, seguidamente, son intercambiados en esta *At The Devil´s Door*, por los demonios de nombres impronunciables, hallados en cualquier cruce de caminos, que gustan de recrearse en falsarios envoltorios de carne.

No obstante, ninguna de las dos películas decepciona. A ningún nivel, pues en técnica son perfectas, en actuación dignas del mejor galardón, y en cuanto a la dirección, pues qué decir...Con éxito verídico o sin él, Nicholas McCarthy vuelve a lograr lo mejor de sí mismo por segunda vez.

*Para ampliar:

-Sobre Caity Lotz: Rueda en estos momentos su tercera película como protagonista, *400 días*, tras *El pacto*, y *The Machine*, esta última, otra aventura futurista en la mejor estela de *Blade Runner*, sólo que en el independiente. No esperéis aquí una gran producción, pero sí una pequeña y maestra perla. En el ámbito de la televisión ha encarnado a dos protagonistas puntuales, con formidable gusto y entrega, profesional y marcial (ella es bailarina, pero en los últimos tiempos también se forma como experta en variadas disciplinas de artes marciales): *Death Valley*, una serie de corta duración que llamó la atención por sus altos niveles de gore y fantasía, y como ya hemos mencionado, la heroica *Arrow*, donde ha creado una Canario negro que con creces superará a la que incorporaría la no menos magnifica pelirroja Alaina Huffman en la serie *Smallville*.

-Sobre Nicholas McCarthy: En relación a la obra de Sir Nicholas, me gustaría comentar la improbable y personal teoría mía, de que desciende de un grupo de visionarios directores ingleses del cine de terror, a los que se ha pasado groseramente por alto desde siempre. McCarthy sería así la tercera generación de la lista, que comenzaría con el nombre de John Hough, genial realizador de cine y Tv británicos, que prácticamente tocó todos los géneros en su obra. Ahora, ninguno tan acertadamente como el terror, del que formó, entre varios títulos, una trilogía de films claramente significativa, iniciada por *La leyenda de la mansión del infierno*, una obra maestra donde las haya, con un reparto excepcional, que versaba sobre las sutiles diferencias profesionales entre médiums y parapsicólogos, y continuada por *Los ojos del bosque*, film sobre puertas a otros mundos, con una magnífica Bette Davis, o *El íncubo*, como es obvio, fundamentado en esos masculinos diablos que atormentan a los inocentes, con el desaparecido Nick Cassavetes. Así, Hough sería sucedido hábilmente, si bien, todavía con menor éxito, por el maravilloso Nick Willing, cuyo debut en la dirección, con la película *Fotografiando hadas*, lo elevó por breve tiempo a la categoría de director de culto. *Fotografiando hadas* presentaba el caso real de numerosos avistamientos de seres mágicos en los que se vio involucrado el mismísimo Sir Arthur Conan Doyle, el creador de Sherlock Holmes. El segundo film de Willing, *Doctor Sleep*, no pretenderemos hacer creer que Stephen King tomase este título para la secuela de El resplandor, aunque los paralelismos en la forma de ambas tramas puedan llegar a ser alarmantes, también gozó de un muy alto calibre, por supuesto, repitiendo el quehacer con un elenco británico de todo lujo. Si bien, Willing, esta vez, se alejaba del fantasy, para ofrecernos una historia sobre habilidades extrasensoriales, enigmas mágicos irresolutos y sociedades secretas. Con su tercer film, *The River King*, Willing tocó ya fondo como realizador, y al no gozar de mayor prestigio, desembocó en la televisión. En realidad,

The River King nos relataba una preciosa historia sobre un desencantado detective, que investiga un crimen en un pueblecito de Alaska, poblado por habitantes bastante peculiares, entre ellos, un joven hechicero conocedor de muchos secretos. En la actualidad, John Hough permanece ya retirado, pero Nick Willing parecía querer volver a la carga con su nuevo film *Altar*, protagonizado por la gran Olivia Williams, que prometía muchísimo, por constituir una actualización de su obra, pero que quedaría en nada.

Horns, 2013

Puedo comenzar diciendo ya que es una vergüenza que esta película no se haya estrenado en nuestro país. Es una vergüenza que no se haya prestado la debida atención a esta joya, y más aquí, en España, donde siempre dimos tanto crédito al cine, digamos, más especial...Película dirigida por Alexandre Aja, los seguidores del cine de terror moderno lo conoceréis de sobra, un cineasta gabacho de gran talento, que destacó con esa bárbara y novísima hermana gemela de *La matanza de Texas* que fue *Alta tensión*, con una explosiva Cécile de France, que ante su gran éxito pronto se dedicó a obras de mayor consonancia, como *Más allá de la vida*, dirigida por Clint Eastwood, y lo mismo ocurrió con la gran Marion Cotillard al caer en las manos de este joven, superdotado de la dirección, en su debut con el largometraje *Furia*, que pasó sin pena ni gloria...Este éxito previo, en Europa, pronto reportó a Aja nuevos contratos y envidiables conexiones que de la noche al día lo trasladaron a Hollywood, donde fue el encargado de llevar a término tres importantes remakes de clásicos del terror, prácticamente seguidos, casi, sin interrupción alguna, afán que sortearía hábil e inteligentemente, sin desmerecer a los originales, pero que terminó por incluirlo en esa larga y tediosa lista de: *"Realizadores que pudieron llegar a...y nunca lo hicieron"*.

El primero de ellos fue *Las colinas tienen ojos*, reversión del antaño brutal título del maestro Wes Craven, muy respetado en contenido y forma por Aja, sólo que algo ampliado, más limpio, y para qué negarlo, bastante mejor rodado, con una pulcritud digna de halago por parte del creador de las famosas sagas *Pesadilla en Elm Street* o *Scream*...Continuó su periplo en terrenos americanos con *Reflejos*, protagonizada por el famoso Jack Bauer de la serie *24* Kiefer Sutherland, un trabajo de bastante altura, comparado a su original, y difícilmente superable, *Al otro lado del espejo*, excelente film coreano, y remató la faena con *Pirañas 3D*, sin comentarios, porque ahí fue cuando empezaron a torcerse las cosas...Aja estaba fuera de sí, no encontraba un motivo con que renovarse, algo tan difícil como necesario, en los realizadores de la fantasy de hoy día...Así fue como, explorando horizontes ciertamente más místicos, por no decir radicalmente opuestos a sus premisas primeras, se le ocurrió la idea de *Horns*, que está protagonizada, entre otros grandes y jóvenes artistas, por el tan venerado Harry Potter Daniel Radcliffe, que ya se encuentra haciendo cuanto está en su mano por alejarse de la estela del pequeño mago, como si de James Bond se tratase, para los suyos...Y a decir verdad, no va por mal camino, ya que no le ha bastado con encarnar el difícil rol del escritor Allen Ginsberg en *Amores asesinos*, sino que ha seguido la vena de la antigua Hammer en la exitosa *La mujer de negro*, o la enésima vuelta de tuerca al incunable del terror fantasmal y victoriano de Henry James. Ahora lo intenta de nuevo en esta resurrección de Aja, y tanto él como todos sus acompañantes, entre ellos, los siempre eficientes James Remar, Kathleen Quinlan, David Morse o la prometedora Juno Temple, logran sobradamente una sobresaliente labor. *Horns*, una película de terror, sí...Un film sobre el amor perdido...Un thriller...Un puro alarde extático, una locura, pero, ante todo, una obra maestra, al menos, viniendo de Aja...Pretenciosa, podríamos llamarla, e incluso, un tanto larga, pero, aún así, maravillosa...

Daniel Radcliffe se convierte nada menos que en un ángel caído que va ganando atributos varios propios de seres de fantasía, normalmente infernales, como las serpientes, el tridente, los poderes preternaturales, y especialmente, los cuernos, esos cuernos que, al ser contemplados por las personas de corazón impuro, es decir, el 99 % de la humanidad, los impelen a comunicar la verdad sobre sus vidas al nuevo demonio, que es, ahora, ese envejecido Harry Potter. Con este nuevo don, que, en un principio, nuestro protagonista toma por una maldición, conseguirá jabonar su reputación y descubrir al verdadero asesino de su amada novia, a la que le unía, entre otras cosas, su gran pasión por el gran David Bowie...Todo ello transcurrirá en las inmediaciones de un pueblecito de Montana, en que lo acusarán, desde el principio del film, de ser el responsable lógico de la desaparición y muerte de la angélica chica...

Es muy curiosa la estructura milimétrica y detallista de la película, durante la primera hora asistimos a una especie de reversión de la serie *Twin Peaks*, aunque sin enanos rojos, con cameo incluido de la que fuese una de sus importantes protagonistas, Heather Graham, que, a pesar de su ostensible madurez, sigue resultando deliciosa. No obstante, durante la segunda hora de metraje, cuando el protagonista comienza a descubrir que ese don maldito es, en realidad, una bendición, comprendemos la esencia solapada de esta, falsamente, extravagante historia: Es el cuento de *La bella y la bestia*, así de sencillo, sólo que con escenas de humor muy soez, bastante divertidas, algunas de ellas, todo hay que decirlo, y escatología mitológica cristiana para dar y regalar...Pero, al final, hablamos de un bien estructurado, y bello, cuento de hadas, de resonancia más bien mínima entre el público y la crítica, que, como es cada vez más habitual, no podemos disfrutar en nuestro país...Caso grave, el impedirnos continuar el visionado de la carrera de ese resucitado Alexandre Aja, o el disfrute de la que fue una de las mejores películas de fantasía y terror del año 2013, tan rápidamente olvidada...Como vino, se fue...Aunque, quién sabe, quizá un día nos la compartan, pero, sí, eso seguro, unos añitos después de su estreno...

El Baile de la Reina, para Rubén

Hola, amigo, comenzaré diciéndote, mientras fumo y tomo una cerveza, que el recuerdo es lo que más humanos nos hace, porque, en el recuerdo, se encuentra todo, en el recuerdo se almacena todo lo que consideramos indispensable en la vida, en él se almacena todo aquello que nos gusta, sin que siquiera nos propongamos recordarlo. El recuerdo, nos hace humanos, esto es lo que sentirás pronto en la venta, Rubén...

Primero, yo creo, apreciarás la magia...No creas en lo que muchos te digan sobre ella, que es cosa de niños, que es una tontería...La magia existe, sin la magia no nos levantaríamos cada día, año a año...Sin la magia, no recordaríamos los instantes felices...Por la magia, conocerás a las personas más excepcionales que se crucen en tu camino...Gracias a la magia, y la fortuna, tienes a todos tus seres queridos...

La magia, que muchas veces queda simbolizada en una Señora, en este caso, la Señora del Loreto, sólo una imagen más que representa, el qué, el sueño...Y qué es el sueño, el sueño es la vida, es lo que debes convertir en una realidad...Tampoco creas a los que se han rendido, cuando te digan que los sueños son bobadas, por los sueños, el hombre vive, si encuentra medios para conseguirlos, y no excusas para evitarlos...

Apreciarás también que tus vivencias en la venta han sido y serán algo muy especial, verás, que en ningún otro lugar sentirás lo mismo, ni vivirás lo mismo, porque estos recuerdos que te quedan por vivir, pertenecen a un tiempo y a un espacio, a un lugar hermoso, tradicional, un lugar con mucha fuerza, con poder, en el que serás rey...

Un rey, o Damo, que oirá la canción, la música, que gozará de la tranquilidad de sus puntuales dominios...Esto también te parecerá magia, pero será una realidad...Porque aquí, cuando los sueños se hagan realidad, oirás cantar al moro en la distancia, desde la venta...Suéñalo, vívelo, Rubén, la Señora te lo pide, la reina del baile te lo pide...

Cree en la magia, cree en la propia fe, cree en la felicidad, cree en ti mismo, como los tuyos creen, sé el Damo, sé el rey...Sé la clase de persona que estás destinado a ser, no porque los demás te lo digan, sino porque seas consciente de que ya lo eres...

Recuerda que los sueños son buenos cuando se hacen realidad, por ello, disfruta la fiesta, mira a los ojos de la Señora, disfruta de tu círculo íntimo, pues ahí quedará la magia retenida, como en la más hermosa fotografía, para que, si en algún momento, lo demás falla, puedas acudir a este refugio eterno y familiar, que nunca te abandonará...

Y si alguna vez pierdes la fe en el camino, o en el hombre mismo, recuerda todo esto, Rubén, recuerda la venta, recuerda que el cantar del moro a las estrellas hace crecer tus sueños, recuerda lo que la Señora nos promete, recuerda, lo que todas las madres prometen...Suéñalo, vívelo, Rubén, la Señora te lo pide, la reina del baile te lo pide...

Cree en la magia real...Te digo...Sueña, sí, y nunca cierres la puerta a tu imaginación, porque este es el medio en que lo que te aguarda se comunicará contigo...Mira el color azul del cielo durante el día y el oscuro estrellado de la noche, llegará un momento en que su belleza dispar te parezca lo mismo. Entonces, amigo, serás un hombre realizado y jamás olvidarás tus momentos en la venta, esos instantes especiales de tu juventud.

A miles de kilómetros, una vez consigas esto, siempre serás el rey, o Damo, la clase de hombre que te mereces ser, la clase de persona que se ganará a su reina, a su señora, a su gran princesa, como la patrona de este hogar tuyo, entre el bosque esmeralda...

Así, cuando caigas, puedo decir, sabrás levantarte, porque ya no serás sólo rey, sino también guerrero...Porque entenderás tu ideal, y ya conocerás el camino de baldosas amarillas, que un hombre verdadero sólo alcanza cuando está contento de sí mismo...

Tienes muy buenos apoyos en la venta, y en la vida, y todavía tendrás más, suficientes para triunfar sobre lo oscuro y quedar protegido por la luz que inunda todo lo bueno...

Así que ves a la venta, regresa a ella tantas veces como lo desees, como se te permita, tanto en el sueño como en la realidad...A la venta, a la venta, marcha...Y ahora, a la fiesta...Este es tu momento, ya eres un hombre, esta es tu noche, amigo, disfrútala...

Disfruta del mágico baile de la reina, en la noche estrellada...La acción seductora de un maravilloso futuro que todavía tienes por delante...Escucha al moro, cierra los ojos, y recuérdalo todo...Porque la Señora te lo pide, Rubén, la reina del baile, te lo pide...

A la Tigresa Amarilla: *Me has recordado tiempos muy felices, puede que no siempre alegres, puede que incluso tristes, pero siempre, eso siempre, felices...*

SALUDO

Te veo como en un reflejo pálido de tigresa pálida
Antes de que fueses lo que ahora eres
Una emoción, un canto, un sueño, un rencor
Un sentimiento más poderoso que la vida
Tú eres mi reina, la esperanza de lo que pudo ser
Aquello que yo quisiera lograr, o conseguir
Si fuese caballero, hombre, caballo
El ente que pudiera haberte hecho feliz

TÚ

Tu sonrisa es un desfile de astros moribundos
que renacen cada vez que abres la boca.
Tu saliva, miel del panal,
néctar que da vida a sus abejas y a la madre Tierra.
Tus pechos, fieles testigos, nocturnos,
de la efigie de Venus, pero siempre, nocturnos,
de forma perfecta, emulando al perfecto fruto...
Tu silueta, trágica y engañosa, en apariencia,
cuando, en esencia, otorga vida alrededor,
recreo, paz, a tenor del corazón blanco.

Eres ángel caído en las guerras del Cielo,
caíste a la Tierra y ya no recuerdas quién eres,

pero transmigras como yo, a otros cuerpos nuevos...
Eres mi heroína, mi Lara, aquella por la que ahora escribo,
y sueño, y amo, en el peor y en el mejor momento.
Tú eres la constante en mi espacio y en mi tiempo,
desde que vine al mundo, y ahora, te he encontrado...
Tus ojos son diamantes azules, hechos de hielo azul,
Son faros de la eternidad invisible, pero existente.
Tu pelo es un sagrado río de oro,
una cascada de maná que sólo sacia al santo,
al más noble, y que al resto siempre dará sed...
Tu piel es un desierto en llamas, cálido y suave,
en el que me gustaría perderme para siempre,
sin que nadie más volviera a encontrarme
siendo todavía un hombre,
como hizo mi amigo Lawrence...

Eres una tragedia rusa retocada, rematada en musical,
una aventura al oriente, un viaje místico a la más alta
montaña del Tíbet,
donde los hombres se convierten en leyenda, y consiguen
ser mejores,
más aun, eres el pico del montículo sacro, la estrella
que transita el milagro, que los convierte en ejemplos a
seguir...
Nadie lo sabe, pero este ejemplo siempre es materno,
siempre es femenino: El amor y la verdad, esa es su fe
recóndita.
Es la luna y el sol en uno, o el sol de la medianoche,
porque la magia, es decir, tú, es la noche y el día...

Tu voz es la música de las esferas de la que hablaban los
poetas griegos,

antiguos, en su misterio del inicio del hombre, por el hombre,
un celeste pardo y llano en el paladar, un parnaso rojo y rosado,
una melodía olímpica, es tu voz, silenciosa y secreta,
propia del alfabeto de las hadas y diosas feéricas,
tan contingente, como el paso de una estación a otra...

Ser, eres, porque naciste de la naturaleza,
pero eres también ángel de mi Destino.
Musa helena, pastora del rebaño de células vivas y muertas
que bombean mi corazón, allá por la lejana Arcadia
que visito cada noche, en cada nuevo contacto con el brillo
que renace en mi, cada vez que consigo verte...
Tú enciendes la fragua con una sonrisa de dientes blancos, entonces,
con tus versos de mujer corriente, lo haces, mujer que guarda cosas para sí...
Tú enciendes la luz en mi interior, y lo haces con una virtud entrañable...

Tú eres mi interminable luna pagana,
la guía de mi pasión indomable,
la maestra de mi amor velado
que me convierte, en el niño que jamás me permitieron ser...
Eres el agua que me da la vida, que me recupera el ánimo y mi color de piel,
eres el manantial completo que resucita al muerto y desgraciado humano

que jamás conoció el amor realizado...
Eres el lecho del desamparado sin saberlo,
aunque creas que no haces nada...
Eres el clamor del Tao budista,
la estela prodigiosa y divinamente azul
que me conduce en mitad de la noche,
cuando bebo demasiado
y pretendo ser más de lo que fui...
Quizá lo consiga, quizá no,
pero tú, mi hada del bosque,
continúas haciéndome soñar,
con la esperanza y la posibilidad...

Al fin, tú, mi tigresa amarilla, eres luz, eres brillo, eres vida...
Romance y prosperidad, de versos que jamás se escribirán,
o quizá sí, en alguna parte, en algún día, en algún mundo lejano,
narrando con más fidelidad lo que tú eres, lo que representas...

Eres la poesía que quema mis alas caídas,
la que me recuerda que no debo escapar a esta jugada...
La que me hace seguir viviendo, soñando, ¿brillando?, puede que sí...
Tú, con tu impulso inmóvil, como el antaño demiurgo,
mantienes firme la llama, el combustible de mi sangre,
que alimenta mi cuerpo frío, y que por las noches,
aun calentará mi cama, aunque no estés conmigo...

Eres mi tigresa amarilla, qué más puedo decir, con orgullo o sin él...
Eres mi salvación al final del día, eres el ángel de mi Destino,
o simplemente, una vez más, eres, **Mi Tigresa Amarilla**...

YO

Y ahora, si me permites, resumiré mi historia propia, para que me reconozcas, para que entiendas a la vez, la tragedia del amor pasado, que una vez sentí y nunca se parecerá a ti, el mismo que me impide arriesgarme a decirte esto a la cara, y no por escrito, sea o no directo al alma o al corazón, ya que no puedo ser sincero contigo sin decirte lo que he amado:

Solía decirse de un pacto, que amaba y dolía a un mismo son.
Como estrellas fugaces en procesión infinita era su sentido.
En ese acuerdo yo surcaba los cielos, como llama del infierno,
cuando el firmamento todavía estaba vivo.

Solía decirse de un día, en que ese pacto fue formado.
La mágica jornada en que yo podía volver a ser el mago,
el navegante, el amante, o el mismo amor personificado.
Ese pacto fue una vez compartido en tus lágrimas,
que hoy son fuego de mi corazón.
Ese pacto fue un día llama,
antes de desaparecer, por siempre,

en la desazón de tu estrella muerta.

El pacto, que una vez fue sólo error, o quizá sólo nuestro, mi amor,
un universo, un refugio último, un pecado secreto.
Un anochecer eterno que yo habré de pagar en adelante, por maldición.
Traición de un amor profano que me hizo vivir y ser lo que soy.
Tú me formaste, y yo te maté, maté a la estrella que una vez me dio de comer.
Y con no menos pesar me despido de ti ahora, con un beso al aire, con un guiño de muerte.

Pues este pacto habrá de continuar ahora y siempre,
por más que las estrellas que nos rodeaban
se apagasen hace ya más de mil años.
Maldición mía, porque entonces no supe que ya estaban muertas,
mientras tú las viste vivas.
Maldición mía, a la postre, una tragedia, una muerte...
Un corazón roto que ya nunca se remendará, ¿nunca?...
Esta es la pregunta que dejo siempre en duda firme,
porque aun soy humano, y tengo esperanza...
Pero sí, diremos, para acabar,
qué solía decirse de aquel día,
en que nació nuestro bello y terrible pacto.
A fin de cuentas, uno en el que yo siempre gritaré el adiós.
Final de pacto, te digo ahora, mi dama, es este,
y principio de mi nueva vida...

DESPEDIDA

Y en las sombras, así
En la penumbra de la noche eterna
Yo siempre soñaré contigo, querida mía
Con mi tigresa amarilla, tigresa pálida
Aquella entidad mágica y bellísima, indiscernible
Que hoy consigue hacerme volver a amar
A sentir, como aquel ser que un día
Hace ya mucho tiempo, una vez fui

Día Nacional de la Moto, 14-6-2015

Hace un día tremendamente soleado, con ese sol valenciano que quema por dentro y por fuera, pero que no daña, sino que llena de alegría el cuerpo y el espíritu. Dios mediante, la vida está llena de misterios...Temíamos profundamente que el Día de la Moto amaneciera tormentoso, como había ocurrido el pasado sábado. Sin embargo, no fue así, porque no podía serlo. Como suelen decir los más sabios, "a veces cae una estrella".

Diferentes tipos de motocicletas, algunas de las cuales yo jamás había visto antes, corrían río abajo, por la carretera, posicionándose, llegado el momento, a ambos lados de la acera, en sus reservados, aguardando la palabra final, la palabra que, paradójicamente, había de dar inicio a la gran fiesta. Y allí había todo tipo de personas, toda clase de gentes, que, únicamente, una pasión como la de las dos ruedas puede congregar.

Una pasión donde no importan los colores, las vestimentas, las tendencias de ninguna clase...Una pasión que daba lugar, hoy, domingo 14 de junio de 2015, a una celebración de justicia, llena de corazón, de sencillez, pues las cosas sencillas siempre suelen ser las más auténticas, y especialmente, de felicidad.

Es imposible comprender en unas pocas líneas, lo que esa motera guerrera, esa querida compañera nuestra, y gran amiga, que es María José Alonso, ha logrado, reuniendo a todo un equipo de grandes profesionales e incondicionales amantes de la motocicleta en este acto, en este evento necesario e imprescindible, saldado con gloria.

A partir de su persistencia y buen hacer, esta mujer, esta motera total y completa, ha logrado componer, con sudor y lágrimas, un espacio ya infinito que hoy ha colmado todo un grupo de buena gente, dispuesta a lucir el mono, exhibiendo sus vehículos engalanados de la mejor forma, cuya insólita brillantez quedaba reflejada en la carrocería de intensos colores, pulidos por el infinito sol valenciano, a la vista de todos los asistentes.

Así, la palabra final que desencadena la función se acerca, habla una mujer sencilla, una mujer clara y limpia que nos ha congregado a todos en este día. Una mujer que invita a que las cosas ocurran. Entonces, los muchos peripatéticos asistentes nos arremolinamos sigilosamente en lugares estratégicos, cercanos al muro de los comercios aledaños, para captar toda suerte de posibles imágenes para el recuerdo.

La delegación policial avanza adelantando el acontecimiento. Ahora, todos los moteros y moteras, en solitario, o con sus parejas, están próximos a iniciar la ruta, a comenzar esta marcha triunfal que prometió hace ya tantos meses el proyecto del Día Nacional de la Moto, que este domingo es ya una irrebatible e imperecedera realidad.

El desfile comienza, esos corceles motorizados tan hermosos, resplandecen como nunca, pues hoy no sólo son físico, sino reconocido espíritu. El público los contempla atónito, con una envidia sana, con satisfacción, y aquellos que sabemos de cerca cuánto ha costado esta marcha, sentimos en el estómago un trotar débil, pero insistente, que nos emociona.

La ruta se desarrolla en calma y orden, y aquellos que cubren el evento se retiran temporalmente a los bares cercanos, esperando el regreso de los jinetes. Entre ellos, hay un grupo de cuatro personas. Somos Juan Barberá, el fan número uno del programa Luz de Cruce, junto a su hijo, Carlos Panadero, nuestro famoso especialista de las dos ruedas, y yo mismo.

Comentamos lo bien que transcurre todo, en un día que muy pocos olvidarán. El tiempo pasa rápidamente, analizando los acontecimientos que se han producido y se producirán. Tras una media hora, los triunfantes corceles modernos, hechos de metal y bravura, regresan del aguardado camino que ha colmado Valencia del espíritu inalterable de la carretera, un espíritu libre, seguro, eterno, y por supuesto, de dos ruedas.

Nos preparamos para felicitar a todos los participantes, pero, algo extraño ocurre, casi de película: Al pagar la cuenta de la necesaria cerveza del mediodía, la mujer asiática que regenta el negocio pregunta a Carlos: "Oye, qué ocurre ahí afuera". Él sonríe, y con cierta ironía, responde: "Nada. Sólo es el Día Nacional de la Moto". Y este día es el principio de muchos...

Yo creo que era "amor"

(Fantasmas en Sils Maria)

Recuerdos, momentos..."Black Sheep", el título de un libro que todavía no he escrito. Sí, La Oveja Negra...A mí me perseguía un fantasma hace poco, y no era el primero. Pero era un fantasma de alguien que todavía no había muerto...No tenía claro si representaba una sola idea, o a una persona real...Un amor que no existía como yo lo creía, o un personaje que superaba la realidad misma de la vida, trascendiendo al género humano, pues esto es el arte verdadero, y no la pedantería, no lo que queda bien, no lo que sólo es autocomplaciente...

La magia es el arte, algo que hoy parece haberse perdido. Entonces, mientras preparaba mi próximo viaje a Berlín, me encontré, de madrugada, con una de esas películas que inspiran, que enseñan que el arte auténtico significa amar, o mejor dicho, si somos más realistas, más pesimistas, más de lo mismo: El arte sólo puede compararse con el verdadero amor. Esta película era Viaje a Sils Maria, de Assayas. La nueva europeada, pensé, la nueva muestra de que el talante del continente jamás decae ante el bodrio bien planeado, ante la más espantosa pretenciosidad pija...Quizá la película tuviese algo de eso, pero no esencialmente...

Nos narraba la historia de una actriz madura que se niega a cumplir con el paso del tiempo, pero, ¿simplemente eso?...No, no realmente, aunque se trate de la simpar Juliette Binoche, tanto amada como odiada, dentro y fuera de Europa...No, en realidad, nos narraba la historia de una mujer anclada a un compañerismo, a una amistad laboral, fijaros en la tenue distancia entre ambos conceptos, de la que jamás podrá desprenderse...Una relación con una joven ayudante que no sólo le recuerda quién era, qué clase de mujer era, sino, quizá, lo que nunca será, lo que jamás se atreverá a hacer, que es entregarse por entero a un amor, aunque este sea invisible, inviable, o imposible, qué más da...El mismo amor, entendido como encuentro vital, sincero y definitivo, que nos enuncia esa mística serpiente brumosa transitando por un famoso lago entre los Alpes suizos, en los que se sitúa la acción de este Viaje a Sils Maria...

Y es que el film también queda recorrido, desde su comienzo hasta el final, por un fantasma, el del hombre, el del artista, el del escritor que encumbró a esta mujer a su arrollador éxito, cuando tan sólo era una teatral intérprete primeriza...Algunos lugares tienen memoria, no todos, pero algunos sí...Tienen un ángel, una vida propia, una capacidad para penetrar en nuestra mente, que a la mayoría asusta...Esto ocurre a los personajes perdidos en medio de la espesura de esa casita en Sils Maria, un lugar en que habitan las hadas, un lugar en que el famoso escritor elaboró el concienzudo y divino plan, que habría de asolar en la madurez, a la que fue su mayor musa...Binoche llega así al paraíso, o limbo, al refugio en que logrará despertar la mayor autenticidad de su propio interior, entre la niebla, el senderismo y las conversaciones iluminadas con su joven acompañante, una impresionante Kristen Stewart, así es, la misma actriz de la horrenda saga cinematográfica y literaria Crepúsculo...

Y juntas, preparan el papel de la primera, en la reversión de la obra que la hizo famosa...Un regreso al origen, una verdadera vuelta al Edén, un enfrentamiento con los fantasmas insidiosos y románticos, que nos destruyen, si no logramos colocarlos correctamente en nuestro corazón, y en nuestra psique...Finalmente, la farándula hollywoodiense se adueñará de la fabulada mejora en la personalidad de esta madura actriz, justo cuando desaparece en mitad de las montañas su amor secreto, su amor intenso y crepuscular, uno de esos que jamás llegarán al físico, por temor a desintegrarse y olvidarse, como tantos otros...Y su Bella vampírica, desaparecerá justo como desaparecía en la obra insigne, el personaje que se encuentra dispuesta a encarnar...En mitad de ese paisaje, en mitad de Sils María...

Pero, ¿acaso muere?...No, no es su maduro personaje el que morirá, sino el joven, en esta ocasión...Sus recuerdos mueren, sus sueños mueren, ha dejado de ser una niña caprichosa, apasionada y de buenas intenciones, ha dejado de soñar...Ahora ya lo ha visto todo, sólo trabaja como mejor sabe hacerlo, sólo, con dignidad, ha aprendido a entender definitivamente lo que es el arte, lo que es la magia, no siempre alegre, no siempre trágica...Ahora es una mujer madura, y realizada, una mujer que siente el susurro del fantasma de su amigo artista, que la escogió para desempeñar su labor...Pero se siente vieja, se siente perdida en un mundo artístico que, a pesar de ser el mismo en que ella comenzó, es mucho menos humano...

Los tiempos cambian, y ella, sencillamente, ve las cosas de otro modo, de una forma que ya no vale, como son en realidad, ni buenas, ni malas, sino, en general, grises...Pero, en Sils María, sigue existiendo la magia...Yo no soy maduro todavía, al menos, no por fuera. He progresado en muchas cosas, en los últimos años, lo mío me ha costado superar los pecados de mis ancestros y solaparlos con los míos propios...Pero, hace poco tiempo, viví una experiencia que me cautivó, y que esta película terminó de dejarme claro, impulsándome a revestirme, cuando ya estaba en la cama, para escribir toda esta noesis, pedantería, excentricidad, paja mental...

Hace poco tiempo acudí a la invitación de mi mejor amigo a una bonita parcela alicantina, junto al mar, en la que compartiría una agradable velada con su pareja, a la que apenas conozco, pero a la que también quiero...Mientras preparaban la cena, sin permitirme ayudarlos, ellos hablaban en su idioma extranjero, en alemán, del Berlín del que otras veces hablo, y que ya vi y volveré a ver...Entonces, no sólo el lugar me parecía mágico, sino la escena en sí...Cómo dos personas pueden encontrar un sentir tan puro que las haga rejuvenecer, que las haga sonreír de un modo precioso cuando ni siquiera tienen ganas...Qué fuerza que recorre el universo en busca de afortunadas víctimas, logra que el ser humano sea impulsado a la categoría de un dios, de una raza eterna y superior, la clase de seres que nacimos para ser...

¿Es el amor?, pensaréis algunos...¿El arte?, quizá, penséis otros...Yo sólo lo llamaría Sils Maria...Y cuando al terminar la jornada, tras unas cuantas copas, debo decir, quedé solo en el jardín, contento, pero aun metafísico, con voluntad propia, mojé mis piernas en la piscina, y miré al cielo...Y en este Sils Maria, las estrellas brillaban igual que en el mágico Languedoc que me hizo un hombre de fe...Y recordé entonces una frase que de veras me encanta, mientras sostenía la casi involuntaria e incómoda pose, mirando al cielo, rígido: "Todo oscuro, sin estrellas"..."Todo oscuro, sin estrellas", parecían decirme los entes primordiales que habitan en cada mente y la guían...Luego, me reía, y tomaba otro sorbo de cerveza alemana...Hoy esa frase no funciona, me dije, hoy no...Y así, en parte me sentí triste, pero me contagié del sentir de mi pareja de amigos...Y no sentía envidia, simplemente, me sentía más que humano...

Era feliz, porque la vida era un momento, en mi vida de oveja negra...Y aún quedaba tiempo para ver la película de Binoche y Stewart...Quedaba otro momento en la noche, uno en que me reencontraba con mi propio fantasma...Fue de esta forma: Giré la cabeza, como por instinto, en dirección al salón, cuyas líneas precisas se proyectaban a través del cristal que lo separaba del jardín y la piscina...Y la vi allí, vestida de azul, con tanta clase, y ese cabello rubio sucio, recogido a lo Sharon Stone, que me vuelve loco, y esos ojos verdes tan potentes como diez soles, cuyo brillo iluminaba las páginas de mi libro favorito, el cual ella estaba leyendo, como me había prometido hacía unos días...Y yo la estaba viendo, pero ella no me veía...Me había perdido en mi propio Sils María...Y todavía me pregunto, quizá alguno sepa la respuesta, porque lo haya vivido: ¿Era todo esto real, o sólo un sueño?...No, yo creo que era "amor"...

Palabras en el
"sábado noche, domingo mañana"

Aún recuerdo la primera vez que la vi, cosa que no me ha pasado mucho en la vida. Tan sólo un par de veces antes, y como seguro que he hablado de ellas antes, no me extenderé. Fueron un encuentro en la noche, con mi llamado ángel de oscuridad, una mujer que no cedió ante mi pasión, porque era demasiado oscura, porque sabía que me iba a destruir, aunque, entonces, ninguno de los dos sabíamos esto, cómo íbamos a saberlo, sólo éramos unos niños, como quien dice...Pero, el instinto es algo que nunca falla, a cualquier edad, al menos, en cuestiones de amor...Hoy, yo vivo, y ella muere: Esto es lo que somos. La otra mujer, puede simplificarse rápidamente, no porque su influencia sobre mi fuera menor, sino todo lo contrario, porque la pureza es sencilla. Es la persona a la que siempre querré, la persona que me rescató de una oscuridad sin estrellas, mi Maestra, mi ángel de luz...Pero de ellas, ya os hablé en su día...

Hoy quiero hablaros de otra persona, una, a la que conocí no hace mucho tiempo, cuando regresé al mundo, convertido en algo más de lo que una vez fui. Y no sé describir bien, cómo fue que la vi por vez primera. La recuerdo alta, muy alta, más de lo que después, descubrí, era. El pelo largo, le caía más allá de los hombros, y era rubio, rubio sucio, con tonos oscuros, como me dijeron, sería, una persona clave en mi futuro. Llevaba una camiseta colorida, con esos colores que a pocas mujeres sientan bien, porque van acordes a su aura. Una chaqueta vaquera sobre ella, y unos pantalones iguales, de color azul oscuro, algo más oscuro que la chaqueta...Sonreía, siempre sonreía, pero se la veía algo cansada, como si poseyera dentro de sí un sentimiento que jamás hubiese compartido con nadie. Ya entonces me pareció un hada, un ser de la bruma que conduce un farolillo de luz, hasta el mismísimo infierno. Un alma tan pura que siempre habría de permanecer solitaria, distante, en el fondo. Había que ser muy hombre, en ciertos sentidos, para poder despertar su atención. Está claro que yo no lo hice, al menos, no al principio. Apenas reparó en mi, hasta que no descubrió que tenía educación, una a la que ella no estaba acostumbrada...Hasta que se percató, de que no la trataba bien porque fuese mona, o tuviese algún indecoroso fin en mi conocimiento e interés por ella, sino porque, la apreciaba...Así pasó un año entero, uno en que cada miércoles, disfrutábamos de distintas y divertidas charlas, progresivamente profundas, y cada vez más personales. Habíamos iniciado un juego que iba a cambiarnos a ambos, pero, entonces, ella no lo sabía todavía, aunque yo sí.

Tenía la sonrisa más bonita que yo jamás había visto en ninguna persona, una sonrisa natural, y auténtica, que acompañaba el sentir en sus ojos verdes tan grandes, y tan profundos. Lo que más me divertía de Alice, es que usaba una máscara muy convincente, como todo el mundo. Parecía una heroína de Howard, pero, en realidad, era tan dulce como una niña pequeña. A pesar de ser ya toda una mujer, continuaba conservando ese carácter inmaculado que todos poseemos al nacer, y que tan pocos conservamos...Conforme intimaba con ella, sólo podía pensar: *Alice, me encantas, eres asombrosa, me transmites una alegría y una tranquilidad que jamás he conocido como hombre.* Y luego: *Tú eres inocente, pero yo perdí mi inocencia hace tanto tiempo...La perdí a los seis años, cuando dejé de ser un niño, y nunca más la podré recuperar, a no ser que tú me ayudaras...*Pensaba estas cosas, de veras, mientras me quedaba embobado mirándola a esos ojos, que normalmente eran acompañados por una sonrisa...En ocasiones, cuando llegaba al trabajo, ella saludaba a todo el mundo, pero no a mí. A mí me miraba fijamente, y después, agachaba un tanto la cabeza y me sonreía. Alice era mucho más inteligente de lo que la gente pensaba, en seguida me di cuenta de eso también. Lo que nunca imaginé, es cómo se tomaría mi primer acercamiento real hacia ella...El momento en que habría de demostrarle que ella de verdad me importaba, que tenía trascendencia en mi vida, que sus sonrisas, que su modo tan dulce de hablar, que el brillo de sus ojos, y la gracia con la que sabía moverse, o la prudencia, o la máscara de dureza que jamás delataba su verdadero carácter, habían calado tan hondo en mi, que lograban eclipsar a mis dos anteriores amores, sin ni siquiera haberla conocido aún. Mi fallo en mi anterior vida, sin contar con que el destino no quería que uniese mi tiempo al de las dos anteriores mujeres, era el haber sido demasiado directo, demasiado sincero, el no haberme sabido mantener frío, reservarme, sin orgullo y sin prejuicio, hasta que llegase ese momento, si es que este llegaba...Pero con Alice todo era diferente, yo creía conocer a las personas, pero ella continuaba siendo un hermoso misterio para mí. Quizá hasta el día en que, cansado de esperar, un año, después de seis, sin haber sentido nada por ningún otro ser humano, decidí dar a

Alice algo que, en apariencia, no parecía demasiado importante, pero, que, para mí, tenía una validez íntima incalculable.

Le había prometido una cosa tan sencilla como grabarle unas películas, un buen surtido de películas, mejor dicho, una pequeña colección. Cosa que en toda mi vida apenas habré hecho por media decena de personas. Sin embargo, estas películas tenían algo especial, eran la clase de películas con las que yo mismo solía emocionarme, asolas, sin compartirlo con ninguna otra persona. Así, llegué ese día al trabajo, y le dije: *Alice, te he traído las películas que te prometí*. Al principio, yo estaba algo nervioso, así que ella no me entendió bien, y me preguntó, directa como era siempre: *Qué me has traído*. Y yo repetí la frase. Pareció sorprenderse levemente, pero, se detuvo en su quehacer, y sin mirarme, paró en seco, y cuestionó: *Y cómo sabías que iba a venir hoy a trabajar*. Contesté que no lo sabía, aunque sí lo sabía, pero no iba a decirle cómo, sencillamente, lo sentía. *No lo sé*, respondí, y aún así, *las he llevado siempre encima, por si te veía en algún momento*. Cosa que era cierta. De hecho, cuando iba a trabajar, siempre llevaba mis guiones arrugados en un bolsillo del pantalón, porque suelo ser así de dejado, pero desde que grabé esas películas, y decidí dárselas, me agencié expresamente un maletín para esconderlas, y que nadie supiera lo que llevaba conmigo, salvo ella. En ese maletín, a dios gracias, también encontré algo de espacio para una carpeta en la que, en adelante, guardaría mis guiones de presentación de películas en buen estado. En cualquier caso, esta última afirmación pareció enternecerla un tanto, pero no era suficiente, porque todavía llevaba su máscara contra errores y daños personales. *Qué bonico eres*, me dijo. Medio riéndose. Y yo me marché un rato. En ese instante, nadie había visto lo que acontecía realmente, una semilla simple y sencilla, que habría de concretarse unos minutos después, tal y como yo había visto en mis sueños. Regresé a ella, tras fumar un cigarro, y aún no había nadie en el estudio, así que comenzamos a hablar, como cada miércoles. Como siempre, de lo que esperábamos en el día a día, de cómo iban las cosas, de cómo se daba el trabajo, algo simple, pero sincero, algo puro, porque así era siempre con ella. Finalmente, resurgió el tema principal de la conversación. Alice me indagó sobre cómo podía extraer los archivos de los discos que contenían ese casi centenar de películas. Le dije que eso no sería necesario, que las había grabado para ella. Y ello sí pareció sorprenderla. Me preguntó de qué tipo eran esas películas. Eran la clase de películas que ella me había dicho que le gustaban, pero yo contesté, mirándola, casi involuntariamente: *Románticas...* Y quedó algo parada. Ella sabía que a mí no me gustaban las películas románticas, pero eso no era del todo cierto, porque yo también uso mis propias máscaras, especialmente, ante una mujer, diversos motivos me ha dado la vida, en los que no voy a entrar ahora...En realidad, no es que no me gustasen las películas románticas, es que no me gustaba cualquier película romántica, que es muy distinto. Porque qué gran película no iba a contener algo romántico, sobre todo como esencia, si bien, solapado por distintas excusas. Pero, para no terminar haciendo una declaración velada y vulgar, continué con la verdad, que rara vez me falla, al menos, no me deja como un estúpido, que es lo que más temo. Así que, agregué: *Románticas...y de miedo*. Y ella contestó: *Ah, muy bien...Muy bien...Satisfecha.* Pero para mí aún no era suficiente...Existía la remota posibilidad de que yo no continuase en aquel trabajo por motivos ajenos. Así que para rematar nuestra charla, que se alargó con más detalles puros, durante un rato, como en el comentario de nuestra emoción común ante una divertida escena de Jurassic World, en que un niño pequeño abraza con ternura y pasión a un cuello-largo bebé, saqué de mi cartera una tarjeta con mis datos. Asegurándole que era altamente probable que no volviésemos a vernos. Ella insistió en que yo exagerara, pero cogió la tarjeta muy contenta.

Seguro que volvemos a vernos, Diego. Me dijo, con esa sonrisa de niña inocente hecha mujer que sólo me provocaba el deseo y sensación de decirle: *Qué hermosa eres Alice, eres un sueño para cualquier hombre...Tan agradable, tan educada, tan buena...Sólo te faltan las alas...Te amo...* Yo negué con la cabeza lentamente, y con cierto cariño, recalcando que lo factible era que no volviese a verla nunca. Con mayor motivo, porque Alice estaba comprometida, cosa poco extraña en mi, a quien siempre le pasa lo mismo, en serio, no lo digo para dar pena, siempre me ha pasado lo mismo, no entiendo porqué no nací en medio del orgullo y prejuicio de la era victoriana, donde me hubiese encontrado como pez en el agua. El caso es, que, como ocurría a veces, quedamos mirándonos fijamente durante un minuto, que a mí me pareció agradables años, horas, meses, días...Qué importa...Alice tenía el don de llevarme a su mundo feliz, apartado de las sombras que rodeaban el mío...Nos mirábamos, en aquel momento, cuando sólo éramos ella y yo, sin máscaras, sin pretendientes, sin pasados, sin taras, sin vicios ni adicciones...Y todo era pureza, en el alma, el cuerpo y la mente...Y ella, finalmente, estaba emocionada, pero yo me contuve, hasta que me llamó cariño, me cogió del brazo sutilmente y me dio dos besos, uno en cada mejilla. Hacía seis años que no entablaba un contacto físico con una mujer, uno tan auténtico y tan suave, tanto es así, que a cualquiera que no me conozca esto le sonará a chiste...Pero para mí no lo era, para mí lo era todo, en aquel instante, y en aquel momento...Era mi vida...Una que hacía mucho tiempo no sentía...Sin dolor alguno.

Después, Alice se enfrió, aunque comenzó a mirarme y hablarme de un modo muy distinto, uno que me mataba de placer por dentro...Sus ojos se entornaron algo más, y volvió a la clase de bromas sencillas y encantadoras, bromas dulces, que jamás podrían molestar a un irritable como yo, sino enternecerlo hasta límites insospechados, a pesar de mi yerma frialdad, como, por ejemplo: *Deberías animarte a rodar alguna película, por qué no pruebas a dirigir alguna cosa.* Contesté que no se me daba bien, que yo era escritor, y ella bajaba algo la cabeza, y sin dejar de mirarme, me sonreía, pero de otra forma, pues no era una sonrisa con química entre extraños, como habíamos compartido durante el anterior año, era una sonrisa de amiga, una sonrisa tierna, que me hacía ahora sentirme como un niño, más que en ningún otro momento de nuestro contacto, de su contacto, con la oveja negra. Le conté porqué no servía para el cine, o para escribir guiones, sólo con la verdad, sin darme muchos aires, porque yo soy así. Y ella me escuchaba atenta, sin dejar de sonreír, con esa expresión de ángel armonioso. Empezó a hacer calor, el aire acondicionado no funcionaba. Salimos al pasillo, y ella arqueó sus brazos formando un triángulo perfecto con sus caderas, y más tarde, con uno de ellos, comenzó a abanicarse con un folio. Me miró una vez más, con esos soles verdes tan potentes que tenía por ojos, imponente, ante mí, como una dama del lago de las crónicas artúricas, como una sacerdotisa del templo de Avalon, una diosa primigenia que sintiera debilidad por el destino de los hombres que tenían fe en ella. Me dijo: *Ves a trabajar, te están esperando. Además, allí hay más fresco, estarás más a gusto.* Y nos despedimos...Puede que para siempre. Puede que hasta después del verano, todavía no lo sé...Sólo sé que no me perdería ningún otro momento con ella. Sólo sé, porque lo soñé, y lo siento, que Alice me ha devuelto una felicidad perdida, que sólo una mujer es capaz de darme...Una compañera en la noesis o la fabulación, que tira de mi para que no muera, para que mi impulso no se agote, o para que no viva en la muerte de un alcoholismo pasado, de una tragedia pasada que se repetía en mi vida cada año, cada mes y cada día, hasta que ella me salvó. Como me habían salvado hasta cierto punto mis dos ángeles anteriores, pero con una diferencia...En esta ocasión, algo me decía que Alice iba a ser más importante para mí. Algo me decía que ella, podía llegar a redimir a esta oveja negra, pero, puede que sólo por Momentos...Sin embargo, lo único que ahora pienso es que amo, y que lo hago gracias a ella. Ahora, sólo pienso, de nuevo, que cualquier tipo de amor es el bien, el motor universal que nos convierte en la encarnación divina que nacemos para ser...Sí, Alice, o no, el amor me salva...Y no tengo la más mínima idea de lo que ocurrirá en adelante...

Estoy acostumbrado al rechazo de todo tipo, y este jamás volverá a destruirme. Pero es la inquietud de su sonrisa, que temo confundir con una bondad que hasta ahora ha sido extraña en mi vida, lo que me hace dudar de si ella puede sentir algo por mí. Sólo pido que se concrete si llega el momento, o que, simplemente, pase, dejándome un bonito recuerdo, como me ha ocurrido antes. Pero lo que no quiero, es que acabe como otras veces...Otras tantas en las que todo parece significar algo, para, finalmente, no significar absolutamente nada. Sea lo que sea, esta oveja negra lo quiere claro, si todavía es digna de esa iluminación en esta vida, por así llamarla...Aunque, supongo que lo que más me duele, es que sé que ella sí es diferente...Es la primera que inunda mis sueños incluso antes de haberla conocido...La primera que por algún extraño motivo ha compartido un espacio conmigo, desde el principio, en el que nadie más entró. Deseo saber si es el amor que siento, que siempre he sentido, me esperaba, o si sólo es un regalo, una bendición en el camino. Porque, a veces, la llama que me provoca me quema tanto por dentro que me hace querer llorar...Volverme loco...Seca mi sangre en el invierno, y hace que mi corazón se inflame en el verano...Pero, no sé porqué me quejo...Porque así es como debía ser, una vez abandonase mi retiro, para regresar al mundo del hombre. Y afrontar la vida de nuevo, con más fortaleza y experiencia de la que me condujeron al caos. Y puedo hacerlo, pero, mi pregunta final es: ¿Realmente podré hacerlo sin ella, sólo con mi trabajo y mi fe?...Ambas, las únicas cosas que no me abandonan nunca...Pero la necesito a ella...A pesar de mis dudas, la necesito a ella...Y esta vez no es capricho del joven en el aprendizaje, es real.

Estas han sido las palabras de La Oveja Negra, en el sábado noche, domingo mañana. Y para los críticos de mi trabajo, que sé que se cuentan por unos cientos, cosa que jamás me ha preocupado, lo siento mucho por vosotros, diré que sé perfectamente que *Sábado noche, domingo mañana* es el título de una película del gran Reisz, pero, por esta vez, me hago con él.

Quién iba a decirme que los estudios académicos aprobarían este tipo de *Momentos*. Pero así fue...A pesar de mi nihilismo profundo y venenoso hacia la enseñanza moderna, he de decir que hay gentes que te sorprenden. Aunque sigo creyendo que Harrison Ford tenía mucha razón en La costa de los mosquitos, dirigida por el autor Weir: *"Abandoné Harvard para buscar una educación"*.

Comentario a La República de Platón

"Es bueno aquel al que se ha hecho perfectamente injusticia; es glorificado según derecho...".

Cooperación entre los hombres para la satisfacción de las necesidades humanas, es lo primero y lo único que extraemos claramente de Platón y su República, pues ese es su axioma. Cómo podemos controlar el mundo de una forma recta y ecuánime, que nos permita convertirnos en entes sanos y democráticos, entendida la democracia, no como se entiende en tiempos modernos, una mentira con máscara de verdad, sino como una sociedad igualitaria, la misma que quiso imponer el sistema americano sin éxito, sólo como excusa en la forma, pero no en el contenido, no en la práctica.

Platón proponía la teoría auténtica, y esta es, cómo no, una utopía, la correcta salvación del hombre. Pero, claro, esto no conviene, y en las lecturas dentro de la política actual se identifica la proposición de Platón con el comunismo (¿!). Y qué tienen que ver lo ideal, dentro de lo posible, lo que podemos hacer, con los novísimos y ya caducos radicales sistemas de gobierno que jamás se llevarán a término. ¿Acaso Castro logró lo que Marx y Engels proponían, acaso Kennedy, o muchos otros, lograron asentar ese gobierno soñado, por encima de los potentados y las personas que realmente manejan el mundo y las naciones, las logias?...

No, nadie puede. Sólo podemos conformarnos con convertirnos en discípulos de las mejores doctrinas, promulgadas por sabios y grandes hombres ya muertos. Provoca risa el que muchos consideren la idea del bien en Platón, tenida por idealización, como un concepto oscuro y enigmático. Claro, cómo ver el bien hoy. La gente sabe de sobra que puede llegar a sentirse más realizada haciendo el bien que el mal, pero, cuál es el camino fácil, sí, así es, el mal. Poner el codo para ganar, aunque no se gane. Y con ello llegan la envidia, y los celos, si no algún sentimiento peor.

Cómo concebía el bien Platón, cómo lo concebía Sócrates, cómo lo concibió nuestro famoso Cristo, el único filósofo que todavía parece tener alguna clase de crédito en la actualidad, como la verdad. Aquí no importan los matices, no importa lo que dijera Sócrates, pues Platón, con su maestro, hará lo que después Aristóteles le reportará, primero, alabar su sabiduría, y después, despreciarla, ¿o quizá corregirla? Depende de opiniones...El bien es el bien, como dijo el sabio moderno, no hay zonas grises.

Pero el ser humano es gris, así, cómo lograría ser dominado, o regido, por la correcta República de Platón, axioma que pasará a sus sucesores en el tiempo. Es imposible, que el hombre quede regido por la verdad absoluta, esta cuestión siempre resultará algo irrisoria, porque el poder corrompe, la responsabilidad corrompe...Lo que Platón nos propone, lo que Sócrates nos propone, lo que tantos anónimos nos proponían con sus correctas justificaciones en definitiva, es una utopía, porque la utopía es lo ideal, es la representación de la verdad, y el mundo no entiende de estas cosas, sólo los hombres y mujeres que destacan entre millones, que no se dejan vencer por la propaganda barata, o por las estrategias encubiertas de las logias, los enemigos del hombre, aquellos que dominaron, y por desgracia, o conveniencia fácil, dominarán el mundo.

Hay dos sabidurías, dos formas de gobierno, debemos pensar, la buena, y la mala, pero las dos están ocultas, las dos esperan a sus elegidos. La buena nos cuenta la verdad, de modo pasivo, porque la no acción es cuasi divina, la mala, nos engaña, queda detrás de las marionetas a las que vemos el rostro en los televisores, queda detrás de la facilidad, de la pereza, lo que un católico denominaría pecado capital. Esto no tiene lugar en el universo de Platón, porque Platón es ante todo un soñador, un sabedor de la verdad que jamás podrá ser aplicada, pero, sobre, y por, la que se puede luchar.

Personalmente, me recuerda todo ello a la curiosa fe oriental, el Shinto, quizás. Un viejo proverbio de esta creencia, nos recuerda: *El agua se renueva constantemente, pero, ¿y el río?* El agua fluye, nace y renace constantemente, nunca es la misma. Se adapta a todas las cosas porque es verdadera, es el líquido que da la vida. Pero el río es su cuna, entonces, por qué el río nunca cambia. La naturaleza del hombre es inamovible, fuimos diseñados para ser buenos, como dijo Rousseau, pero, ¿acaso lo somos?

No, no todos, al menos, por el libre albedrío. La verdad se nos oculta, pero, al mismo tiempo, está ante nuestras mismas narices. Entonces, por qué la gente no quiere verla, por qué no quiere estudiarla. Por qué la gente no desea creer en la utopía, por qué la gente no desea creer en la República. El ser humano destaca por dejarse llevar, la vida es demasiado azarosa como para continuarla rompiendo las normas establecidas, para recordar los dichos de un viejo iluminado y caduco al que ya nadie recuerda bien, al que ya nadie puede confirmar como existente, más allá de su pálido testimonio histórico.

Entonces, por qué no votar por la República. Muy sencillo, porque votar por la República, seguirla, significaría seguir la verdad. Las repúblicas de hoy no son las del ayer, las repúblicas que han existido, hasta donde alcanza la memoria, no se parecen en nada a sus proposiciones iniciales. Por qué, por qué cada vez que el hombre desea afrontar la verdad, se topa de bruces con el demonio Asmodeo, el guardián de todos los secretos del infierno. Por qué, además de abrazar lo incorrecto, el hombre nunca se fija en el símbolo natural que le indica que lo que hace es incorrecto, que en la naturaleza no hay una sola línea recta. Porque la línea recta es sólo la invención del hombre...

Por qué, por qué, por qué...Por qué las más solemnes fantasías que nos hacen seguir la verdad, son siempre tomadas por cuentos de niños, porque creemos en que la utopía es irrealizable...Porque así nos lo han hecho creer. Dios no ha muerto, el problema es que nos habla a través de los símbolos, de los grandes ya muertos, de sus enseñanzas, de sus ideas cuasi divinas, de su filosofía, y ninguno de nosotros parece querer escucharlo.

Podemos entender la idea general de Dios como una entidad superior, no lo discuto, más bien lo apoyo, pero, si se quiere, también como una mera conciencia personal. Qué nos dice el sentimiento, qué nos dice el corazón, cada vez que leemos o escuchamos a alguien que sabe mucho más que nosotros, que ha vivido más que nosotros. La primera impresión cuenta, aunque esté mal vista, la primera impresión nos enseña, a pesar de nuestros grandes límites y carencias. El corazón, la mente y el cuerpo, nos dicen lo que es correcto. ¿Platón estaba en lo cierto, Sócrates estaba en lo cierto? Apostaría a que sí.

La verdad se paga con la injusticia, no hay más que ver los destinos escritos de los grandes, tanto los verdaderos como los falsos, esta es la única verdad desvelada para el que no esté ciego, el comienzo del auténtico aprendizaje, sobre la glorificación de los grandes. Aquellos que dejaron escrito, para las generaciones venideras, el mejor camino a seguir. En el caso de Platón, el tan mascado mito de la caverna. Sí, tan escuchado, tan estudiado, que la gente, al leerlo y aprenderlo, dice: *Oh, no está mal, te hace pensar...*

Pero, ¿acaso fue lo único que Platón nos legó? No, no señor. Pero es lo que queda, un pequeño escupitajo de toda una teoría, una teoría del todo, un sueño, una revelación en la mente del hombre inspirado, bendecido, iluminado...Un despertar de su enfermedad.

Pero, en definitivas cuentas, quién escucha la filosofía completa, la pura, la verdadera, quién sale realmente de la caverna, quién ve la luz. Sólo unos pocos, sólo unos pocos elegidos, los que siguen tirando del carro. Los discípulos de los más grandes notables...

Yo prefiero sacar de todo esto una sola frase, triste, pero verdadera, porque así es nuestra verdad como entes: *Cuando somos niños, creemos vivir en un mundo mágico, como debió ser la Atlántida, luego, envejecemos, y nuestros corazones se parten en dos*. Bonito y terrible, ¿no?: El fin de la inocencia. Pero el sabio tenía buena razón al ser escuchado, porque sólo una cosa parece ser cierta: *No todo es como en la Atlántida.*

La Oveja Negra tuvo a bien hacer alguna que otra actividad en esta materia finalmente aprobada. Sí, como lo oís...Me sorprendió, aún así, la tolerancia de mis nuevos maestros, debo decir. Aunque su comentario final fuese: "No es lo que esperaba, pero aprecio la intención".

Queridos míos, como diría Bond, James Bond: "¡Un hurra por mi próximo triunfo!".

Comentario a la Apología de Sócrates

"Quizá algunos de entre vosotros creerán

que yo no hablo seriamente, pero estad persuadidos de

que no os diré más que la verdad...".

Tenemos aquí una versión del discurso de Sócrates en su defensa por corromper a la juventud y no creer en los dioses generales de la polis ateniense. Ya de entrada, Sócrates no sólo se defiende ante el tribunal, sino que interpela directamente al pueblo, insinuando que, seguramente, lo han puesto en su contra, y que su veredicto ya ha sido sellado independientemente de lo que él arguya o idee para defenderse. Aquí, la verdad es sueño para los tiranos ignorantes, inmersa en la realidad creada por el hombre, en otro sueño, una pesadilla, la mentira concebida como una circunstancia óptima y vital.

Un mártir fue Sócrates, el primero que se recuerda, un hombre que luchó contra lo imposible, la famosa conjura de los necios contra los verdaderos genios, aquellos que dan la vida por la verdad. Seguro, el propio Sócrates dudó, como tantos otros anónimos anteriores, o famosos, posteriores a él, relacionados con las diversas religiones del hombre, pero, él fue de los pocos *paganos*, si entendemos esto como término genérico e inconcreto, que luchó, no por un dios, o por un grupo determinado, sino por la verdad.

Casi entran ganas de poner en boca de este santo verdadero, pues el santo verdadero no es aquel de intachable moral, sino el que da la vida, los aforismos o frases de todos los más grandes hombres, mujeres y pensadores de todas las épocas, no de los mitológicos héroes físicos sobre los que tanto escribían los poetas, sino de los verdaderos héroes de la mente. Toda la filosofía de Sócrates se centra en un arché común, toda, más allá de cuanto alcanzó, se puede resumir en un único núcleo potencial: La verdad, pues como dijo aquel sabio entre la bruma: Cuando un hombre miente mata una parte del mundo.

Esta Apología de Sócrates, escrita por su discípulo, no es sólo un magnífico testimonio histórico, sino que nos recuerda lo poco que puede recordarse, de un sabio que dio la vida para que el hombre fuera mejor. Un cristiano radical diría: ¡Ese fue Cristo, sólo él! Pues no, fue Sócrates, pues los grandes hombres, aunque pocos, los ha habido tras todas las épocas, y curiosamente, la práctica totalidad de ellos, alcanzó un final trágico, no tanto por la lucha de una utopía, sino por tratar de demostrar algo muy sencillo: Que el hombre siempre puede ser mejor, y que su conformismo lo matará por dentro, que su olvido, hará condenar gran parte de sus logros interiores como ser humano, como alma.

A pesar de ser condenado de antemano, Sócrates, como lo hizo Juana de Arco muchos siglos después, por poner un ejemplo igualmente heroico y célebre, fue capaz de jugar con los propios hombres que trataban de condenarlo sólo por miedo. Fue capaz de demostrarles, y hacer ver al resto, lo equivocados que estaban, y que se arrepentirían de sus actos, sin embargo, como sabio que era, jamás demostró temer a la muerte. Qué había de temer en su calma, cuando en vida había luchado por lo que, sabía, era justo.

Pero los cargos contra Sócrates no podían ser más ridículos, es poco menos que un criminal por ser curioso, por hacer esas preguntas peligrosas que los poderosos no quieren hacerse, pero, más aun, no quieren que sus súbditos se hagan. Y es que la verdad de Sócrates habría de desestabilizar el mundo preconcebido con tantas lagunas de todo tipo, y cuándo el hombre no ha temido echar abajo todo cuanto construyó antes, por mal que lo hiciera. Los grandes hombres siempre han querido cambiar los cimientos y han sido ajusticiados por ello. Su mayor aspiración era crear ejemplo, o qué debemos creer, por poner un caso reciente en historia, cuando mataron a Kennedy.

Y es llamativo, a este respecto, lo mucho que Sócrates se refiere a la corrupción de las gentes. A él lo acusan de corromper al joven, curiosamente, con la verdad no aceptada, no obstante, Sócrates se defenderá exponiendo otros modelos de corrupción auténticos, a aquellos que quieren que todo siga igual, que nada cambie, que nada mejore. Pero no consigue hacer entender a aquellos que quieren terminar con él, porque los amenaza en su sabiduría, porque les resulta molesto, porque les pide hacer fácil lo difícil, aquello que consideran imposible, o un sueño. Increíble, ¿no es cierto?: La verdad, una fantasía.

Cómo hacer entender a un sordo, cómo hacer cambiar de opinión al líder ciego que conduce el rebaño hacia el precipicio de la mentira y el engaño...El gran Sócrates sabía de antemano que iba a perder, pero que gracias a él, unos pocos, a través de los siglos, de los milenios, tras todas las épocas, ganarían, porque seguirían el Mensaje. Seguirían buscando la verdad de una forma en que la vida no les fuese en ello. Así, un día, un hombre bueno no debería morir por decir la verdad. Ese día debería ser hoy, y en ello estamos...Ojala, llegue el momento en que los sordos vuelvan a oír, y despeñen por el acantilado a ese rey ciego casi eterno, que los ha dominado desde el inicio del tiempo.

El hombre, qué chiste es el hombre, una verdad convertida en mentira...

Hay que despertar ya de nuestro sueño humano, aquel que Sócrates concebía como una pesadilla real. Hay que seguir ya el camino de la riqueza de la bondad y la verdad, el verdadero camino...Y curioso es, también, que en el terreno religioso fuese acusado de ateo, pues ateo es aquel que no cree, cuando Sócrates creía y sabía sobre muchas cosas. Por ejemplo, en parte no temía a la muerte porque consideraba que el alma era eterna, e incluso creía en la transmigración de las almas. Y por supuesto, tenía muy en cuenta a las llamadas "inteligencias", que muchas personas especiales decían sentir. Conciencia, la llamarían otros, para Sócrates era el *daimon*, aquel que lo aconsejaba y guiaba.

Despierta la atención un hecho final en Sócrates, antes de marcharse a donde fuera que marchó: Dice no guardar rencor a quienes han terminado con él, es decir, los perdona, y además, pide que cuiden de su descendencia. A quién, o a qué, recuerda esto...A una historia que se repetiría en los siguientes siglos, en las siguientes épocas. Por qué Cristo es hoy el más famoso, por qué todos conocen a ese mesías o profeta de las religiones mayoritarias, pero no tanto a Sócrates...Por la manipulación de los reyes ciegos. Ni más, ni menos...Porque las grandes almas, todas ellas, siempre buscarán lo mismo.

"Hé aquí, atenienses, la verdad pura; no os oculto ni

disfrazo nada, aun cuando no ignoro que cuanto digo no

hace más que envenenar la llaga...".

Sueños de cine:

"Harvey Keitel, el eterno secundario"

Quizá a muchos suene a poco el nombre de un soñador como Harvey Keitel, aunque, quizá, observando alguna fotografía suya, les resulte más familiar...Hoy es recordado, especialmente, por su amistad con el gran maestro del cine Martin Scorsese, autor de inolvidables films como *Shutter Island*, *Gangs of New York* o *El lobo de Wall Street*. Sin embargo, Harvey Keitel y Martin Scorsese comenzaron a trabajar juntos desde sus inicios, en los ya remotos años sesenta. Aunque quizá, la mayoría del gran público lo recuerde antes por sus colaboraciones junto al realizador de moda Quentin Tarantino, en las películas *Reservoir Dogs*, donde incorporaba al implacable señor blanco, prácticamente el protagonista del film de culto, o *Pulp Fiction*, donde interpretaba a ese antológico personaje llamado simplemente El lobo, un limpiador de la mafia que resolvía los entuertos de John Travolta y Samuel L. Jackson, en uno de los episodios más divertidos de la película...La relación con Tarantino se prodigaría todavía más en el film del amigo de ambos, un incipiente Robert Rodríguez, futuro director de *Sin City*, que llevaría por nombre *Abierto hasta el amanecer*, donde Keitel encarnaba al famoso sacerdote que libraba de esa horda de vampiros, a los moteros, y gente de mal vivir superviviente de la sangría ocurrida en ese ya mítico garito de la frontera con México, llamado La teta enroscada, que daría para dos secuelas y una serie de Tv.

Sin embargo, fue con Scorsese con quien Keitel coincidió más desde un principio, mucho antes de que el realizador de *Uno de los nuestros* uniese su camino al del gran ídolo Robert De Niro. Ocurría en la película independiente *¿Quién llama a mi puerta?*, del año 1967, en gran medida basada en las experiencias adolescentes del mismo Scorsese, que vio en este veterano de guerra reconvertido en zapatero, a un actor de gran proyección. Su unión se trasladaría a tan loables títulos como *Taxi Driver*, una de las películas más importantes de los setenta, *Malas calles*, que fue el salto a la fama de Robert de Niro, *Alicia ya no vive aquí*, un vehículo de lucimiento para la que se convertiría en una de las actrices mejor pagadas de la década, Ellen Burstyn, famosa por *El exorcista*, o *La última tentación de Cristo*, un absorbente y polémico film americano, en el que Keitel interpretaba nada menos que a Judas Iscariote, en lo que parecía una obra brutal, que, no obstante, encerraba más de una joya interpretativa. Aunque, sin duda, Keitel, un eterno secundario de las grandes producciones, como el thriller *Sol naciente*, o recurrente personaje en anecdóticos títulos europeos de tan alto nivel como *La noche de Varennes*, un magnífico muestrario de la caída de la monarquía francesa, también gozó de inmensos roles protagonistas en otras cintas de culto, como, por ejemplo, la gran *Teniente corrupto* de Abel Ferrara, otra polémica película, que no solamente versaba sobre la redención de un hombre desde los abismos más profundos de su pudrición, sino de cómo éste recuperaba la fe en el ser humano...Una historia realmente fuerte, pero preciosa, auténtica y muy realista.

No obstante, la lista de películas en las que Harvey Keitel ha dejado su imborrable huella se extiende hasta títulos de renombre como el tristemente olvidado *Los duelistas*, debut tras las cámaras de un jovencísimo Ridley Scott, que se constituyó en la perfecta historia de venganza, basada en la obra de ese astro, literario, en este caso, que es Joseph Conrad...Existe una curiosa relación entre Conrad y Keitel: Hoy mucha gente todavía considera la película de culto de Francis Ford Coppola *Apocalypse Now* como una pura genialidad del director de *El padrino*, no obstante, el tratamiento del film era original, no la historia, que estaba basada en un relato del escritor titulado El corazón de las tinieblas. El propio Harvey Keitel iba a protagonizarla, e incluso comenzó a rodarla, pero oscuros hechos y cambios drásticos ocurrieron en el set de rodaje, un verdadero Armagedón que, entre otras cosas, siguió con el despido injustificado de Keitel, algo que casi destruye su carrera, y la incorporación de un nuevo elenco que lo suplantaría.

Blue Collar es otra de las conmovedoras historias dramáticas y de suspense, donde nuestro eterno soñador secundario volvió a brillar como nunca, dirigida por el guionista habitual de Martin Scorsese, el aún más controvertido Paul Schrader. La trama de *Blue Collar* versaba sobre la solapada corrupción del sindicato de trabajadores americano, y en cómo aquellos rebeldes de la industria terminaban dando con sus huesos en la calle, o algo mucho peor, al llevar la contra al potentado. Una película hoy también olvidada, en apariencia, por resultar desde su mismo estreno como una amarga espina, hasta para los estudios de Hollywood...Siempre dispuesto a atreverse con los más complejos y comprometidos roles, Keitel, aun así, continuó con su cruzada personal, la de un actor íntegro y verdadero, que forjó sus mayores galones mucho antes de cruzarse con Quentin Tarantino a principios de los noventa y producirle su primera película.

La frontera, junto a su amigo Jack Nicholson, fue un vehículo de lucimiento para el gran director británico Tony Richardson, que por aquel entonces, principios de los ochenta, desembarcaba en América, y qué mejor que hacerlo junto a la gran estrella del momento, ganadora de tres óscar. Sin embargo, hacían falta secundarios de altura para que el delicado film, fundado de nuevo en las corrupciones humanas, fronterizas con el estado de México, no perdiera fuelle. El elegido para hacer de abogado del diablo, o de secundario que se enfrentaba a un vulnerable Nicholson fue Harvey Keitel, quien además de disfrutar de su experiencia, la aprovechó para exhibir otra de sus potentes aficiones: El culturismo. Y es que Keitel es un actor que ha gozado de una excelente salud física, y una pasión ciega por el gimnasio, como demostró aquí, y como continúa demostrando aún más allá de sus setenta años, algo poco corriente…Volvería a coincidir en similares funciones junto al tío Jack, en una de las pocas películas que éste dirigiría e interpretaría, la famosa secuela del gran clásico de culto que fue la película *Chinatown*, llamada, esta vez, *Los dos Jakes*, inferior a la original, sin duda, pero también altamente disfrutable.

Reinició su carrera, ya en la madurez, y ya entrados los noventa, acometiendo jugosos, aunque breves roles, en películas de gran éxito de crítica y público como *Thelma y Louise*, en la que daba la réplica a las famosas fugitivas interpretadas por Gena Davis y Susan Sarandon, y llamó todavía más la atención con su encarnación del mortal gánster Mickey Cohen, un personaje real que aterrorizó la

América de los cuarenta, en el film *Bugsy*, que adaptaba, a grandes rasgos, la biografía del mafioso del mismo apodo, quien idearía nada menos que la ciudad de Las Vegas...Por esta interpretación, más bien fugaz para lo que nos tenía acostumbrados, al fin logró el reconocimiento de las altas esferas del celuloide, que hasta ese momento le habían hecho el vacío, dada la impopularidad de sus labores más comprometidas. Nominación al óscar, y al globo de oro, que, tristemente, quedaron en nada. Pero Keitel continuó su estela, infatigable, en notables obras como *El piano*, de Jane Campion, otro gran éxito del cine indie, ganador de tres óscar en 1993, sin olvidar su sensible interpretación en la interesante *La mirada de Ulises*, o los efectos de la terrible guerra de Bosnia (recordar que el propio Keitel fue artífice de Unicef a este respecto)...Un canto al cine en las entrañas del horror, considerada la mejor película de ese gran cineasta europeo que es Theo Angelopoulos...

Poco después, y sin dejar ni un instante de trabajar, el soñador Keitel comenzó a emprenderla en papeles secundarios de toda clase, especialmente de agente de la ley o peligroso hampón, viéndoselas con los más duros de Hollywood, como Sylvester Stallone, en la magnífica *Copland*, entre decenas de productos y subproductos más, que desmerecían su talento por completo. En estos tiempos, también fue visto un par de veces por nuestras tierras, merced a esa joya del kitsch que es *El caballero del dragón*, donde Miguel Bosé interpretaba a una especie de San Jorge extraterrestre (no es broma), o *El celo*, una más que decente adaptación de la famosa *Otra vuelta de tuerca* del gran literato victoriano Henry James. En días más recientes, y con el nuevo milenio, disfrutamos de su improbable pero bien comprobable vis cómica en títulos sacadineros como *Little Nicky*, de Adam Sandler, *Be Cool*, la secuela de la exitosa *Cómo conquistar Hollywood*, con John Travolta, o *Ahora los padres son ellos*, que lo reunía por enésima vez junto a su viejo amigo Robert De Niro.

Comentar que, además de su gran olfato interpretativo, Harvey Keitel destacó por unos años como productor de cine, antes de semi retirarse a finales de la primera década del siglo XXI. No sólo produjo *Reservoir Dogs* de Tarantino, cuando nadie creía en esta joven promesa, sino obras tan poco corrientes como la comedia con aires de documental *Blue in the face*, la oriental *Tres estaciones*, la contundente *La zona gris*, una dura película sobre las rebeliones de prisioneros en los campos de concentración alemanes durante la segunda gran guerra, o la latina *Sangre de Cuba*, todas ellas grandes éxitos de crítica, pero no de público. En la actualidad, tras dos o tres años más bien difusos, en los que no lo hemos visto tan en activo como acostumbraba, este soñador de más de setenta años parece querer regresar junto a lo mejorcito para decir su última palabra. Un buen modo de hacerlo ha sido el hecho de trabajar al lado del reconocido realizador Wes Anderson en sus dos últimos films, *Moonrise Kingdom*, junto a Bruce Willis, un actor con el que anteriormente ya coincidió en *Pensamientos mortales*, o la muy reciente *El gran hotel Budapest*. Pero, sin duda, su ya previsto reencuentro con su descubridor Martin Scorsese, en una película titulada *The Irishman*, habría de resultar el suceso decisivo para su gran vuelta. Título que, se prevé, tratará el mundo que ambos plasmaron tan maravillosamente en anteriores ocasiones, gracias a sus pasados y enormes sueños de cine: El del auge y caída del gran hampón.

Comentemos, ahora, algunas curiosidades sobre su vida personal y carrera: Con apenas veinte años, Keitel sirvió en los Marines de los USA, nada menos que siendo destinado al Líbano a finales de los cincuenta, durante una grave crisis política en este país. Fue miembro del Actor's Studio, la escuela de los más grandes, y estudió con los originales maestros americanos Lee Strasberg y Stella Adler, ahí es nada. De sobra quedó demostrado que había aprendido bien la lección, que tantos otros antes que él, como Marilyn Monroe, Montgomery Clift o Marlon Brando, también aprendieron, y claro, inmortalizaron.

Su preparación para acometer roles no concede sólo a un concienzudo y perfeccionista estudio del personaje, sino que, muchas de las veces, como en el caso de *Taxi Driver*, en que interpretaba a un proxeneta, Keitel entablaba por su cuenta relación con personas semejantes a las de los papeles que ejecutaba, sólo para llevarlos a término lo más realísticamente posible...También es famoso por su fuerte carácter, por ejemplo, en el set de rodaje de *Blue Collar* compartía protagonismo con dos actores en alza, el tristemente desaparecido Richard Pryor, y el musculoso Yaphet Kotto. El primero con fama de muy conflictivo, y el segundo de trato más bien difícil. Las peleas durante la producción fueron casi constantes, y en especial, debidas al gran ego de sus dos coprotagonistas afroamericanos. Así, también en alguna que otra ocasión, Keitel se vio mezclado en verdaderas batallas campales, auténticas peleas cuerpo a cuerpo que hicieron del proceso de filmación una experiencia poco agradable para el actor.

Asimismo hizo posible la realidad, en un principio dudosa, de rodajes como el de *Reservoir Dogs*, en que uno de sus protagonistas, Tim Roth, en un inicio no quería siquiera prestar atención al guión del hoy diestro Tarantino...Bastó una sola noche de copas junto a Keitel para que éste lo convenciera de formar parte de la película de aquel gran debutante. Dicho film no sólo supuso uno de los grandes éxitos de la carrera de Keitel, sino que abrió a Roth las puertas a las grandes producciones de todo Hollywood...

En la película vietnamita *Tres estaciones*, una de las pocas americanas filmadas en el país, a Harvey Keitel se le podía ver en un bar llamado Apocalypse Now, por supuesto, en claro guiño al mal trato recibido durante aquella célebre producción focalizada en la guerra del Vietnam. En el film sobre el holocausto nazi *La zona gris*, Keitel interpretaba a un oficial de las SS, cuando es de ascendencia judía. Keitel, que, por otro lado, es famoso por encarnar a personajes de sangre italiana, de hecho ha rodado muchas películas en Italia, cuando su familia procede de Rumania y Polonia, a partes iguales...Decir por ende que, siendo el típico chico de Brooklyn, se alistó en el ejército con diecisiete años después de una infancia y adolescencia muy turbulentas. A su regreso del frente, trabajó como taquígrafo judicial.

Uno de los grandes motivos por los que comenzó a tomar clases de interpretación, mientras realizaba diversos oficios, fue para superar su dislexia, cosa que también consiguió. Además, es un auténtico experto en puros, disciplina en la que está considerado como un verdadero erudito. Igualmente le encanta la literatura, en especial, la poesía, a la que realizó un conmovedor homenaje en esa denostada obra llamada *El misterio Galíndez*...Y eso es todo, este ha sido el *sueño de cine* del gran Harvey Keitel...

Sé que si ellos levantasen la cabeza me crucificarían, porque eran demasiado listos, demasiado complejos, demasiado grandes...Aunque, para mí, Shakespeare, Wilde, Poe, Miller, Fitzgerald o Bukowski les dieran mil vueltas. Pero qué voy a saber yo, sólo soy un pobre diablo.

Comentario a la Política de Aristóteles

Como muchos otros grandes pensadores de la edad antigua de la Filosofía, Aristóteles también gozó de su propia teoría política, que esbozaba cómo, a su modo de ver, debían regirse los hombres dentro de una sociedad civilizada. En este concreto sistema, llama la atención el hecho de que Aristóteles describa al hombre como un *animal político*, a la par que racional. Un animal inteligente en mitad de la inhóspita espesura natural, que, sin embargo, necesita de una jerarquía mucho más compleja, más razonada que la del resto de seres vivos, que le permita alcanzar sus metas, metas que sólo llegarán a su consagración consecutiva, si este animal político logra el orden, identificado con la felicidad, hasta cierto punto. Esta organización social responde, según Aristóteles, a un proceso evolutivo, y no a la mera casualidad, o capricho de los seres humanos.

Así, el hombre se organiza desde los tiempos primigenios, ampliando y perfeccionando su estructura social, hasta culminar en la visión de los filósofos antiguos, una visión que, por desgracia, jamás se verá del todo satisfecha. Por supuesto, para asentar las bases de una sociedad sana, que conlleve una política útil, no conformada sólo en el capricho de unos pocos, es necesaria la metafísica. La sabiduría que obtenemos al mirar más allá, que nos recuerda la vieja leyenda de que los grandes gobernantes deben ser longevos, u optar al cargo, a avanzada edad, por la necesidad de la experiencia, antes que laboral o personal, vital. Una experiencia que bien conservada no atañe a privilegios excesivos, ni desatinadas corrupciones que afecten a la mayoría poblacional.

Así pues, la política debe tener además una finalidad moral, es decir, su fin debe ser, no solamente el de mantener una sociedad equilibrada, sino el de hacer mejores a las personas que habitan en esa sociedad. Ciertamente, ello incluirá el escabroso término de libertad, el vivir como ciudadanos libres, cosa que, en nuestros días, decenas de siglos más tarde, nos resulta algo extraño en palabras de un filósofo que creía en la esclavitud como en un suceso normal y corriente, pues los esclavos no eran seres humanos, sino una propiedad. A pesar de todo, las ideas políticas de Aristóteles tienen tanta validez como el resto de su obra, es decir, resultan imprescindibles, y claro, no sólo constituyen un reflejo ejemplar superior, sino reflexivo, a través de las épocas, quizá, especialmente, en nuestros días...

Quién iba a decirnos que el saber antiguo debería volver a mostrarse desde sus mismas raíces hoy. Que todo gobernante, que todo potentado, que todo notable social, parece haber perdido el norte, parece haber perdido esa medida, quizá no perfecta, pero sí cercana a la perfección, que los antiguos ya diseñaron y trataron de contagiar a su público. Dentro de este ámbito teórico, Aristóteles nos hablaba de diversas formas de gobierno en aquel entonces, que él consideraba justas e injustas. Las justas, obviamente, debían conllevar el progreso del ciudadano tanto a nivel social como personal. Entre ellas, se encontraba la monarquía, pero no como esta sería entendida siglos después, sino como el gobierno de los mejores, entroncando directamente con la aristocracia. No obstante, Aristóteles también proponía, dentro de sus deseables cualidades, la ampliación de la clase media, como proceso de progreso, que daría origen a la ciudad.

De la vida perfecta, comienza a decirnos al inicio del libro cuarto. Una frase preciosa, sorprendente, al ser leída en la actualidad. *De la vida perfecta*, tenemos que repetírnosla insistentemente para comprenderla, y eso que ni siquiera hemos comenzado el libro. Las ideas más puras, que, entonces, todavía eran escuchadas del puño y letra de este señor, hoy día nos las tomaríamos a risa. *De la vida perfecta*...Quién es feliz hoy día, quién es capaz de pensar en un ideal de vida perfecta, como lo creía posible Aristóteles. La mayoría nos conformaríamos con tener trabajo, una relación estable, cierta holgura en nuestra maniobra de acción como ciudadanos...Esto no es suficiente, pues, aunque Aristóteles no lo diga directamente, para poder pronunciar esta frase completa, sin sonrojarnos, hay que tener fe, fe en un mundo en el que no la hay. Hay que amar la evolución, y para ello se requiere ser constante, y creer en la esperanza.

De la vida perfecta, hoy habría que cambiar esta sentencia a: "De la vida posible", si es que lo es. Por ello, la política de Aristóteles resulta tan llamativa en nuestro contexto actual. Él nos dice que los bienes del alma son los más elevados, otro chiste a ojos contemporáneos, pero si escuchamos las voces antiguas, si creemos, si buscamos la verdad, sinceramente, nos damos cuenta de que el alma es el principio de todo. *Conócete a ti mismo*, dijo Sócrates, aquel al que Platón no entendió tan bien como Aristóteles. Esa frase aún queda marcada a fuego en la frente de los ignorantes, de todos aquellos seres humanos incompletos, que no entienden el pasado.

A tal efecto, llama mucho la atención otra famosa frase: Debemos conocer la historia, para entender nuestro presente, y así no repetir los errores de nuestros ancestros, y tal y cual...La historia, como la política, siempre la escriben e imparten los ganadores, y los ganadores rara vez son buenos, rara vez son los mejores en nuestra sociedad. Pocos, o ninguno, de ellos comprenderían la política de Aristóteles, o la seguirían. Así que no, no debemos creer en la historia que no admite preguntas incómodas, debemos creer en el saber, en las utopías posibles, e imposibles, que nos inspiren y nos guíen en mitad de la noche, como la que nos presenta Aristóteles, pues *la actividad es el verdadero fin de la vida*. Pero no una actividad física, tanto como una actividad mental, de raciocinio: Una actividad metafísica.

Influencia de la naturaleza, de los buenos hábitos y de la razón, que dan como resultado la felicidad del individuo. A partir de aquí nos habla de todo lo necesario a nivel material en una ciudad, de todo lo necesario en su sistema político, hasta el más mínimo detalle. Mucho se ha comentado, y mucho se ha plagiado, como era su objeto, de este esquema, de esta política, llegando hasta nuestros días de forma actualizada, pero no su principio base. Quién piensa hoy en día. Quién piensa de verdad. La vida es frenética, todo nos empuja a lo material, porque nuestras primeras necesidades como entes, se suponen físicas, y de hecho lo son, pero, ¿es que las interiores lo son menos? ¿De veras el mundo, la sociedad, se hubiese encaminado a tan grandes horrores de no haber perdido nuestra base aristotélica? Y por aristotélica, podríamos decir, platónica o socrática, porque, separando sus diferencias, los objetivos finales de todas estas teorías políticas eran siempre el mismo: La creación de un nuevo Edén, posible, al fin y al cabo. Con sus defectos, sí, porque el ser humano es imperfecto, pero con grandes aciertos.

Perdida la base, perdida la ecuación...Pueden haber matices de diferencia, pero si nos faltan los primeros números, seguimos estando incompletos desde nuestro origen. Es como si nuestra alma nunca llegase a desarrollarse del todo. Este proceso parte de uno mismo, pero con la política, debería extenderse a todos. Lástima que un ciego nunca pueda guiar a la muchedumbre, y aún, logre el estatus que corresponde a los mejores. Para que todas estas cosas que han ocurrido, ocurren y ocurrirán, no se produzcan, cuál es la respuesta que nos plantea Aristóteles. Muy simple: La educación. Pero no cualquier educación, sino una educación en base a los grandes valores antiguos, que son eternos. Un sistema de docencia que no forme al especialista, sino, también, a la persona. ¿Acaso esto es imposible?...Si nunca se ha intentado realmente, cómo sabemos que es utópico. Cómo sabemos bien, que aquellos libros más polvorientos no nos van a enseñar aquella gracia que perdimos en el albor de los tiempos...Al final, toda la política de Aristóteles, de modo enteramente subjetivo, me hace pensar en una sola cosa:

¿Es que el hombre no puede ser más de lo que es? O mejor dicho:¿Cuándo el hombre creyó que no podía ser más?...Y la única réplica posible, la encontramos en el hecho de que hay que volver atrás para percatarnos de cuándo nos perdimos...Por ello, esta política es tan recomendable.

Ya que debo pasar el verano entero recuperando el rígido saber moderno, al menos, me guardaré estas opiniones personales de loco de Avalon para mí...Ya veis, queridos docentes, y dogmáticos, que plagan el mundo, os escucho.

Comentario a la

Consolación de la Filosofía

de Boecio

Asistimos aquí a un resumen y síntesis elaborado en el Medievo, de algunas de la mayores incógnitas de la historia de la filosofía, al parecer, en parte resueltas. Un paso adelante en la "ciencia", entendida como cualquier disciplina del saber, siempre echando la vista atrás, hacia los primeros maestros...Y aquí tenemos al último gran romano, a Torcuato Severino Boecio, su autor, quien la escribió, posiblemente, encontrándose en su tiempo final, presuntamente encarcelado, a la espera del juicio que le costaría la vida, como a tantos otros grandes y brillantes.

En esencia, la lucha de Boecio es la misma que la de los notables que lo precedieron y sucederían. Ese es el objeto de esta Consolación de la Filosofía, que comienza con la presentación de la misma Dama, encarnada en la forma de una "inteligencia" femenina, que guía al autor en su aflicción. Casi a modo de musa, cuando en sus últimos días, lamentará los errores del mundo y del hombre, lamentará, no haber podido hacer el sueño realidad, demandando respuestas al poder superior, a lo que hay más allá de todas las cosas vivas y ya vistas, a la esencia positiva...Sin embargo, esta misteriosa Dama logra calmar al enorme notable, *consolándolo*, y provocando en él una sensación de confianza y dignidad, de cara a su oficio primordial, que dará como resultado la escritura de la que quizá sea su mejor obra, o, al menos, sí la más conocida.

Pasando por alto cuestiones secundarias y no definitivas, Boecio nos impresiona con su lírica, con su pasión poética en prosa y verso, explicándonos, o tratando de comunicar a su público, lo que hoy entenderíamos como la idea de Dios, u ente superior divino, pero, al mismo tiempo, y esto resulta muy llamativo, Boecio nos habla de la suerte. Casi dos realidades, dos sucesos determinantes en la vida del hombre, a la par que opuestos. Teniendo en cuenta que el segundo de ellos, podrá llevarlo a la fatalidad, como al propio autor ocurre, a pesar de haber dedicado su vida al saber, pues ese, creyó, era su objeto, cosa que finalmente terminará por confirmar en su inspirado análisis definitivo.

El impulso, y meta, de la vida y labor de Boecio era hacer preguntas precisas, que él, sentía, eran la respuesta a la existencia. Aun así, es curioso que, en su momento de vida, se plantease una serie de cuestiones que antes ya habían sido realizadas, pero que adquirían sumo impacto, en una época todavía más compleja, por su desvirtuación y carencias, en que los antiguos temas despertaban mayor polémica: El latente inicio de la era moderna. El texto nos regala sudor y lágrimas, al comprobar que asistimos a la caída, y por ende, también redención final, de uno de los hombres que representaba lo mejor del antiguo mundo, y las promesas del nuevo, antes de que todo cambiase...

Un hombre cuya biografía es de sobra conocida entre los expertos, pero que merece ser bien mencionada. Porque, cómo un ilustre, de familia de emperadores y Papas, además, altísimo cargo en la sociedad romana, pudo ser simplemente tachado de traición, y porque así lo quiso ese fatal destino, terminase encarcelado, y nada menos que decapitado...La respuesta surge realmente pronto: La envidia, el temor a lo desconocido, pues el que busca el auténtico saber siempre se encuentra con los necios que desean que todo cambie, para que nada cambie...Que todo siga su curso, mejorando, en parte, en el mundo material, pero sin demasiadas contradicciones en la sapiencia, porque ello impediría un control universal de las gentes. Un control idóneo, conveniente para algunos, que de no producirse siempre, sería llamado anarquía, cuando esta no es más que otra esperpéntica exposición política, una de tantas, de hecho, que jamás logrará cabida, a pesar de los sueños de los locos, y por desgracia, de los hombres con ínfulas de ser más que hombres.

Hoy, Boecio es nada menos que un vulgar mártir para la mayoría silente. Acabó sus días intentado cambiar lo que ya era: El error del hombre. Clamando la injusticia de una farsa judicial que lo condenaría, provocada por todos aquellos que odiaban su obra, y su vida dedicada al saber, al valor de la verdad, y si se permite la expresión, a la fe, aun en estos recónditos tiempos...Pero la fe entendida como motor de búsqueda, no la fe cristiana...Es increíble que, en la actualidad, cuando una persona habla de la fe, en seguida se piense en el catolicismo...Todos lo piensan, porque así hemos sido educados, la inmensa mayoría, sobre todo, en Occidente...Pero, por qué no pensamos simplemente en la idea de fe, como en una forma de creencia en cuanto nos supera, en cuanto es un modelo mejor, no utópico, sino posible. Esta es la idea de la fe que expone Boecio, y que, más tarde, los cristianos tomarían para sí, exaltando la antaño polémica Consolación de la Filosofía a la categoría de obra referencial e intachable.

Pero Boecio nunca habla de Cristo en ella, entonces, cómo es posible que se dé esta contradicción. Es muy sencillo: La respuesta, para los antiguos, era distinta que para los modernos...Antes, el origen era el origen, un modo de entender el mundo a través del arjé, y después, el origen fue Cristo, sin más...Y por ende, se identificaron, porque los hombres somos así, las áreas del saber distinto al cristiano con la herejía, nada menos...Nació el dogma, nació el sectarismo, el fanatismo como jamás lo hubo conocido el mundo, y así, como suele decirse, los dioses se ocultaron, y la niebla llegó...Pero, en el fondo, todo es lo mismo: Una búsqueda arriesgada y sanguinolenta que termina con decapitaciones, envenenamientos y la verdad huyendo, porque es ella la que más teme, teme al hombre que siempre la manipula, la confunde y la vulgariza.

Sin embargo, al menos, hoy, se tiene más acceso al saber que nunca. Cualquiera puede llegar a ser un hombre de bien, tenga estudios o no. Los libros están ahí, la filosofía está ahí, la oportunidad está ahí, y la guía está escrita. Por ello, hoy se expone sobre la vida y obra de este hombre que fue una autoridad en la Edad Media. Un hombre que poseyó una inquietud existencial desde la más tierna infancia, que pudo desarrollar gracias a su pudiente y envidiable situación, que lo conformaría en una mente privilegiada, guiada por Aristóteles y Platón, los grandes.

Un hombre que, llegado el desenlace de su vida, se hará la pregunta del millón: Por qué los justos son condenados y los necios perseveran. Es este el comienzo de su aflicción, que antes de conducirlo a su momento final, era sencilla semilla de lo que Boecio significaría para la posteridad. Hay tranquilidad en el estudio, y en el saber, hasta que colocan a los capaces contra la pared. Antes de eso sólo hay tormentas en la psique, noches en vela, porque no se nos permite saberlo todo...Aunque, antiguamente, estas cosas podían costarle a uno la vida si las decía muy alto. En teoría, no debería de haber sido ser así, porque hay ley, pero, por desgracia, también hay superchería, y para la ojeriza existe un remedio: Siempre se puede pisotear a los demás con excusas estúpidas...No obstante, algunos corrigen su osadía, mientras que otros sólo se arrepienten de ella, o hasta continúan trabajando en ella, en secreto.

Boecio no. Boecio, propio de una época grandilocuente que no escatimaba en fechorías y cazas de brujas, siguió adelante, como Sócrates lo hizo un día. Y por ese mismo motivo, la Filosofía, representada como ente femenino, acudirá en su rescate, en esta *consolación*, en que Boecio recrea algunos de los valores cristianos primordiales que más tarde tan sólo quedaron en la mera especulación. La predicación con el ejemplo, quizás, a través de llevar una vida centrada en el interior, y no en el exterior material. Por su similitud con el camino a seguir, según el Evangelio, los cristianos harían pasar a la posteridad al último gran romano, y es que todos hacemos algo bien, a veces...

Boecio jamás llega a mencionar a Cristo, como se dijo, por lo que podemos entrever, como ya veníamos haciendo, que los posteriores filósofos y teólogos del cristianismo unificarían ambos mundos, todavía vivos en aquellos días, en una sola forma de saber, o lo intentarían, con efectos más bien desiguales. Primero, se dio la imposibilidad de seguir el sueño en manos de los líderes de pensamiento, que buscaban el bien como fin, en general. Después, había que seguir la Palabra definitiva. No había otra forma, era la Palabra sin más, pero no la de Dios, sino la del hombre, y por tanto, había que creer en el hombre. Lo que hoy la gente no se pregunta es si esto es lo que Dios quiere, lo que Dios nos ofrece, pero comentar sobre este tema nos impulsaría a un debate teológico probablemente inútil.

A fin de cuentas, la obra de Boecio recalca que la filosofía cristiana, de hecho, todo el cristianismo, nació con mucha ayuda, y además, esto es bien cierto, con algunas buenas intenciones. Fue la respuesta a la formación de un nuevo mundo. Y la pregunta, cuya respuesta Boecio tanto busca, y finalmente, parece conseguir, es: Cuál es el verdadero fin del hombre...Cosa que podríamos equiparar a otra sola cuestión: ¿Cuál es el verdadero fin de la filosofía?...

En resumen: Tenemos, en la Consolación, una muestra perfecta de la aflicción de un grande, y en la aflicción, la iluminación que señala el fin, el objetivo, del hombre... Tenemos la fortuna de vivir, y su ilusión, que es el mundo material, la incorrección de lo natural...Tenemos el insigne concepto de *bienaventuranza*, de la bondad universal y el camino hacia el origen y la esencia, que no es sino Dios. Y la creencia en que la libertad humana conduce al mal, al menos, en ocasiones. La misma libertad que, provista de una correcta educación, de una deseada filosofía, puede llegar a hacer que el hombre se encuentre con Dios. Quizá gracias a la aparición de una bella Dama, quién sabe...Y en conclusión, podemos asegurar que en esta obra hallamos la proclama de que el Destino, el plan, no es la misma suerte. No lo es. Porque el verdadero plan no es el azar...

Escalada final en roca y hielo

(Reseña a "Cinco días, un verano")

El otro día tuve la fortuna de conocer un film que llevaba años buscando. Se llamaba "Cinco Días, un verano", y según los rumores, estaba basado en una real, extraña y misteriosa historia de amor, en la que predominaban los sueños rotos, antes que el propio romance imposible. A mí me despertaba especialmente la atención, porque se trataba de la última obra de ese denostado maestro llamado Fred Zinnemann, encumbrado en los tiempos de la caza de brujas americana como realizador modelo, a través de títulos como "Solo ante el peligro", "De aquí a la eternidad", y en sus últimos años, la estupenda "El día del chacal", la preciosa y tristísima "Julia", con la mejor Jane Fonda, y una todavía más increíble Vanessa Redgrave, y finalmente, la presente. Pero, además, se trataba de una película que siempre me atrajo por otra poderosa razón: Y es que, probablemente, era el film menos conocido del gran Sean Connery, hoy ya retirado, y curiosamente, también uno de sus favoritos, de cuantos había realizado.

"Cinco días, un verano"...Un título veladamente poético, casi de novelón televisivo, pero no de los de hoy, por dios. Me refiero con ello a la época dorada de la pequeña pantalla, cuando mini series de la talla de El pájaro espino o Retorno a Brideshead asombraron a la clase de público acostumbrado a las Crónicas de un pueblo, o El show de Ed Sullivan...Como decían los Jersey Boys: Una época en que Liberace simplemente era histriónico...Este es el cosmos de la última película de Zinnemann, y una de las más peculiares del coloso interpretativo escocés, quizá la única en que se atrevió a encarnar, no ya a un villano, entendido como tal, sino a un hombre con debilidades, un hombre mayor, herido en su masculinidad, y humillado, por un sueño roto, que no debe desvelarse aquí porque destrozaría el motivo fundamental del film. Una película rodada en los misteriosos parajes en los que Zinnemann habitó siendo un chiquillo, esas cumbres borrascosas, rocosas y heladas a una vez, donde, antiguamente, se creía, habían habitado los dioses primigenios. Es curioso a este respecto, que el realizador guardase la idea para esta pequeña joya de aires conservadores, pero de esencia eterna, desde antes de la segunda gran guerra, cuando aún trabajaba en el cine germano, tan potente como lo era entonces, previa llegada del demonio de proporciones bíblicas que fue Hitler y su élite de radicales, justo para enunciarla como punto y final de su brillante carrera.

Como Fritz Lang, Zinnemann huyó aterrorizado a París, y más tarde, a América. Esta película supone su regreso a ese casi olvidado recodo de su adolescencia, o edad joven, cuando todavía se sentía la felicidad en los inhóspitos rincones de Europa, a pesar de todo, peligrosamente cercanos a la Alemania nazi. Pero el film no sólo es eso, pues "Cinco días, un verano", sin dejar de ser un insistente portal al mencionado culebrón tradicionalista, o de época, vuelve a hablarnos de sentimientos casi testamentarios. Así es, el realizador nos relata la primera vez en que de veras sintió lo que se conoce entre el hombre como amor. No obstante, como señor de sangre fría que era, a la fuerza, jamás se atreve a desvelar en ningún instante, que nos está hablando de su propio amor vivido, edulcorado, adulterado, como se le quiera llamar, pero, amor, al fin y al cabo. La película nos narra la historia de un matrimonio formado por un hombre bastante maduro, Connery, y una jovencita muy particular, que experimenta unos fuertes cambios en su estado de ánimo. Él es poco menos que un otoñal Alan Quatermain, al que, por cierto, encarnaría en su último film, la horrenda patochada que fue La liga de los hombres extraordinarios. Él es un vividor, un héroe romántico, pero respaldado por el saber científico, antes que por la literatura triste. Juntos decidirán emprender la escalada de diversas montañas del centro de Europa, y para ello necesitarán la ayuda de un guía experto. Un joven que no ha visto nada del resto el mundo, pero que tampoco desea hacerlo, pues es feliz en su propio paraíso.

Este alpinista se convertirá, sin proponérselo, en la figura que asentará las dudas definitivas, ya existentes, en la relación de esta curiosa pareja, cuya diferencia de edad es mayúscula, más oscuro secreto añadido que se nos irá revelando conforme avanza el metraje. En un principio, más allá de las hermosas vistas suizas, y las excelentes escenas de escalada, en roca y hielo, no esperamos una gran película, más bien, un canto del cisne más o menos bonito, más o menos disfrutable, pero a mitad del mismo, algo ocurre, una de esas escenas, que a uno le hacen pensar. Y es que en una de las excursiones del trío por las insondables montañas, encuentran el cuerpo enterrado de un hombre que fue atrapado por el glaciar. Connery pregunta entonces, a su guía: *¿Se ha echado en falta a alguien?* A lo que el bondadoso joven responde: *Sí, hace cuarenta años...*¿Acaso no es increíble la lección que nos van a dar en seguida en el film, del todo insospechada?...

Los aldeanos se movilizarán rápidamente, para rescatar el cuerpo, perfectamente conservado en el hielo, que no es sino el del hermano del abuelo del alpinista, que acudirá a identificar una anciana mujer, siempre vestida de negro. La mujer con la que iba a casarse, antes de desaparecer en las montañas...Esta lección del destino, de un sueño roto, uno más, que la propia naturaleza conserva para afán de los que tuvieron fe en un sentimiento realmente superior, conmoverá a los protagonistas, haciéndoles notar ciertas cosas en sí mismos y en los que los rodean, cosas que les harán buscar su propio reflejo de sentires en ese pequeño refugio aislado del resto del mundo. Amor...La palabra de la que tanto se habla, y de la que todos acabamos hartos, porque cuántos llegan a mantener el amor toda la maldita vida. Hay casos, ni complejos, ni simples, sólo casos, en que el universo, aún por difícil que pareciera, señala a dos personas, y les dice a cada una, en la mente: "A vosotros dos os quiero juntos". Y el universo, o dios, o las entidades sobrenaturales de las montañas escarpadas, quién sabe, siempre se salen con la suya. De esta forma, la jovencita que acompaña a Connery, que, a pesar de todo, hace ya tiempo, es toda una mujer, confundida, pero una mujer, al fin y al cabo, terminará tan traumatizada, tan impactada por la escena del cuerpo del amante en el hielo, que decidirá ceder ante el hechizo y las costumbres tan distintas de la tierra de su joven amigo guía, del que, obviamente, se enamorará por completo, y al que acabará revelando su oscuro secreto...Un secreto que, quizá en la antigua Roma hubiese provocado risas al ser tomado con gravedad, pero que, a principios del siglo XX, e incluso hoy día, los puritanos, los dogmáticos, y aquellos que tienen aún algo de sentido común, criticarían al pie de la letra.

La mujer decidirá quedar allí, una vez Connery complete la escalada del pico más alto del impresionante valle, uno que parece querer decirle algo muy especial, desde que lo observase, por vez primera, a través de sus prismáticos. Ella quedará en ese refugio alejado de todo, incluso del fascismo que ya ha germinado sobradamente en diversas capitales de Europa, se sobreentiende, que con su nuevo amigo, de su misma edad, alguien que la comprende, y que valiéndose de la magia rural del hermoso paisaje y su tradición, logrará completarla. Así, en la última cabalgada, Connery y su guía parten. Todo parece estar en orden en las tan inspiradas tomas de Zinnemann sobre su amada Suiza, mientras los actores interpretan las extraordinarias escenas de escalada, en roca y hielo, hasta que, al tirar, durante una bajada, de una cuerda mal sujeta a un risco, tendrá lugar un desprendimiento. Quién morirá entonces. Previamente, habíamos visto a la mujer dar un paso en falso al principio de los cinco días, más tarde, un resbalón de Connery de cara al vacío, provocará inconscientemente el descubrimiento del cuerpo del amante en el hielo, y esta vez, a quién le tocará sufrir las consecuencias de la caprichosa magia, o simplemente, de la mala suerte...Ya podéis imaginarlo...Por ese motivo, ella no permanecerá en ese cielo de roca y hielo, aguardará al funeral, como su esposo, y en él cruzará mirada con la triste anciana vestida de negro que perdió a su amor, antes del día de su boda...

Pero de algo servirá este místico verano, porque la joven proseguirá con su camino, dolorosamente, y en regresión constante a aquellos días, alejada de un hombre que fue su mejor apuesta en un momento, en un día, y en un tiempo que ya han pasado para ella. No es ninguna niña, ya ha dejado de serlo. Le falta el amor verdadero con el que únicamente llegó a soñar, pero, de alguna forma, ha aprendido lo que éste significa, tan sólo en cinco días de verano, y por eso, ya es una mujer completa. La clase de mujer, que todo hombre verdadero desearía amar...

Ya habréis advertido, que me gusta mucho mezclar mi pasión por el cine, con lo que siento, con mi vida, que no es tan extraña, al compararla con la de la mayoría. Esta película está magníficamente dirigida, pero antes que por su nivel técnico, destaca por su pasión, plasmada en unos detalles que sentimos, pero que no vemos. Por eso es tan buena, parece típica, parece rara, parece pasada por alto, con razón, incluso, pero "Cinco días, un verano" es una obra de amor venida del propio talento de Zinnemann, que nunca pudo eclipsar a su maravillosa Julia, quizá su mejor film, sí, mejor que la sobrevalorada adaptación de "Un hombre para la eternidad", o la vida de Tomás Moro.

Zinnemann fue muy consciente de la suerte que tuvo al contar con Connery, un actor cuya estela de agente 007 todavía pesaba lo suyo, sombra que no lograría dejar atrás hasta, llamativamente, encarnar al simpático espadachín español Juan Ramírez Sánchez-Villalobos, en el éxito Los inmortales, y comenzar así su andadura como magnífico secundario, además de actor protagonista. No obstante, Los inmortales no hubiese ocurrido, sin la experiencia grácil y espiritual que supuso el disfrutar del sabor de un verdadero genio en estado puro, que supremamente pudo mostrarse tal y como era, cuando el mundo ya había cambiado, el suyo, y el del resto. "Cinco días, un verano", no es sólo un testamento vital hermosísimo, supone el verdadero triunfo de la voluntad artística de un hombre que siempre logró cerrarse al mundo entero, salvo cuando decidió compartir su excepcional talento cinematográfico con él. Un gran don que le llevaría a hacer extraordinarias películas. Técnicas, entretenidas, bien interpretadas, pero nunca tan auténticas como esta "Cinco días, un verano".

Una película que a mí personalmente me ha recordado, es obvio que nunca he escalado los Alpes suizos, pero me ha recordado mis felices días como senderista aficionado por el sur de Francia. El Languedoc, mi paraíso mental y físico, pero, concretamente, la ascensión al Montsegur. La llevé acabo solo, porque, quienes me acompañaban, estaban demasiado cansados y afectados por el clima. Y en ella, vi cosas, sentí cosas, y aprecié cosas, que nunca antes había sentido. Suena a tópico, ya lo sé, a una película o novela mil veces expuesta, pero fue así para mí. Y al descender ese peñasco de dos kilómetros de altura, rematado en una inhóspita fortaleza rodeada de flores coloridas, yo ya no era el mismo hombre. Había valorado razonablemente las acciones en mi vida, y me había hecho la pregunta final: ¿De verdad soy bueno? ¿De verdad soy capaz de amar, a pesar de la frialdad que me inculcaron desde que nací?...

La respuesta apareció de la nada, o no tanto, y creo, fue afirmativa, así me lo susurró el aire de aquellos lares, que una vez pisaron los más notables...Los hombres buenos, los hombres perfectos, los cátaros...Aquel día, me dije que cuando encontrase a mi compañera, volvería una vez más al Languedoc, para enseñarle todas y cada una de las cosas maravillosas que me habían cambiado por dentro, y que escribí hace ya años en ciertos libros de misterio y terror, que los que me siguen, pocos, pero los hay, de sobra conocen. Y así contemplo la escena futura: Estoy sentado con ella, aunque no le veo el rostro aún. Dice acompañarme a algún lugar cuando me levanto, yo le doy la mano y ella la coge, suavemente, y muy cálida...Pasa el tiempo, le enseño fotografías de mi paraíso, y le hablo de él, en profundidad. Luego, me centro en el Montsegur, y sintiéndome afortunado, lo digo: Me encantaría escalarlo contigo...Estas son las palabras clave, sencillas, tópicas, de culebrón...Y anoche mismo, pensé en todo ello, mientras charlaba con mi amigo, mi hermano, aquel de Sils Maria.

Dean C., como así suelo llamarlo en alias, me dijo: A ver si ella te llama, ¿le diste tu teléfono, no?...Yo contesté: Sí, pero no me llamará, y eso ya no importa, realmente...

-Pero tú la amas, te interesa, al menos, y ya sé lo difícil que es que una persona te interese así...Sobre todo, una mujer...

-Sí, así es, la amo.

-¿Pero ya no te importa?

-No, ya no es importante el hecho de que ella me llame, porque sé bien que ya nunca me olvidará...Eso también es amor...Y el amor que damos, correspondido o no, nunca se desvanece...Porque tiene su fin, y este es el bien...

"Un pasado en sombras":

Fugas psicogénicas tras un perro crucificado

Qué ocurrió hace diez años en Wetherby, es la primera frase que escuchamos al comenzar el film. Muy pronto, nos percatamos de que nos encontramos ante una historia sobre el misterioso pasado humano que nunca concluye, que representa una regresión constante como la luz verde de Fitzgerald, en manos de dos titanes de la interpretación moderna, pronto, ya también clásica, como lo son Vanessa Redgrave, la dama de una belleza asexuada que logró los mayores galardones, y el eternamente denostado en cine, que no en teatro, Ian Holm.

Qué ocurrió hace diez años en Wetherby, se preguntan todos ellos, un gran elenco de artistas británicos capitaneado por los dos anteriores nombres, y en mitad del metraje, aparece, además, el ser angélico que fue la hoy malograda Joely Richardson, hija de la propia Redgrave, encarnándola lozana. Un pasado en sombras, se tituló esta película en España, un film especial, repleto de sensaciones que no sólo nos convierten en verdaderos seres humanos, una vez las comprendemos, sino sensaciones que sentimos, pero que la mayoría preferimos olvidar, por temor a las consecuencias, sentimentales, psíquicas, y finalmente, físicas. Sensaciones fílmicas que nos retrotraen a un verdadero cosmos cinematográfico, que cada uno forma en su mente cuando ama el arte. Hablamos, por tanto, de un film en clave de milagro, una puerta a otros. Un film que desencadena su narración tras un brutal suicidio incomprendido. El de un hombre vacío, no siniestro, sino diferente, un hombre mejor, pero perdido. Y es que esa es la pista de Un pasado en sombras, el esbozar el camino de los distintos sentires, de las personas que se aventuran hasta sus mismos límites de luz y sombra, para conocerse mejor, para no engañarse, pero, claro, para ello, hay que tomar un solo tren, uno en el que muy pocos se suben.

Un brindis por nuestras huídas, termina sentenciando Ian Holm, mientras su amiga Redgrave, la protagonista de todo el peso dramático de la película, mira a su alrededor, entre maravillada y aterrorizada, preguntándose, de nuevo, y seguramente, porque no llegamos a oírlo: *Qué ocurrió hace diez años en Wetherby, el lugar donde viví los momentos más importantes de mi vida, el lugar que me hizo lo que soy, a pesar de ser, sólo en apariencia, más de lo que fui...¿El ser humano vive sus sueños, o sólo es esclavo de ellos? ¿Somos nuestras imágenes o nosotros mismos?*...En estas noesis anda Redgrave durante toda la película, junto a su variopinto grupo de amigos. El film, en realidad, no es mucho más que eso, sólo un terrible refugio, un espacio en que descubrir que los diferentes, a fin de cuentas, corren la misma, si no peor, suerte, que el resto del género humano...Tan harta queda su persona, una profesora tan hermosa como inteligente, que perdió a su gran amor, puro y sencillo, siendo tan sólo una jovencita que amaba la literatura, y él, un accidentado piloto de la RAF, que, definitivamente, acabará diciendo a sus encantados alumnos: *Para todo aquel que crea que la educación nos hace más felices, sugiero que lo intentemos*, o algo parecido...El teniente coronel T.E. Lawrence lo mostró con hechos, más debidamente, se adelantó a este

Un pasado en sombras en el mítico film de David Lean, y mucho antes, con el ejemplo taciturno y maniqueo que constituyó su propia vida. Él demostró que la vida para el diferente no merecía la pena ser vivida si no lograba ser excepcional. Algo tan sencillo como esto, una premisa tan clara, pero tan poco entendible en nuestra modernidad, por parecer tan radical, tan romántica, hizo que se lo tachase de un simple homosexual, una reinona del desierto que disfrutaba de matar turcos y follar a amantes sirios...De un hombre peculiar, extraño, un sociópata de diván con megalomanía, que sentía odio, si no pánico, por el mismo género humano...Su género...Pues Lawrence no fue, al final, el mesías que la tan cacareada rebelión árabe creyó era, ni siquiera el James Bond del Imperio...

Lawrence de Arabia sólo es una de las películas que me ha recordado, por analogía de sentires que me quedan cercanos, la presente. Hay otras muchas, que casi íntimamente parecen haber sido rodadas por una inteligencia distinta a la humana, y que finalmente desembocan, a mi juicio, en Un pasado en sombras vol. 1, 2, 3, 4, 5 y un largo etcétera. Otra de estas películas podría ser, por ejemplo, El último tango en París, dios mío, diréis algunos, la mayor polémica junto a Emmanuelle, bueno, ni qué decir tiene que no hablamos de lo mismo...Tanta pasión, tanto escándalo despertaron ambas obras, que hoy han sido casi totalmente olvidadas. Pero El último tango era distinta, a pesar de quedar bien corrompida por la experimentación pedante europea de aires truffautianos, que siempre trae consigo Bertolucci, al que poco, o nada, le queda por decir. Lo mejor de El último tango fue Marlon Brando, no nos engañemos, de hecho, fue lo único bueno del film. Y es bien sencillo entender esto, porque, de la misma forma que Juliette Binoche es Juliette Binoche en Sils Maria, de la misma forma en que Mickey Rourke es Mickey Rourke en El luchador, o Van Damme, sí, Van Damme, oís bien, es el belga más famoso de la tierra en JCVD, en El último tango, Marlon Brando es Marlon Brando, sin paliativos, sin excepciones, el dios del horror humano, a pesar de tenerlo todo. El hombre que no pudo ser...

Un hombre que se sentenciará por amor, un buscavidas, un soldado que llega a París, conoce a la femme fatale que dirigirá toda su vida, y nunca abandonará esa maldita pensión en la que muchos años después se encontrará con la jovencita Maria Schneider, traumatizada durante el rodaje. Cómo no iba a estarlo, no por las escenas de sexo, sino por la verdad de la vida, ni más, ni menos...Y de El último tango paso a la primera película que me hizo escribir sobre cine hace ya más de diez años: Providence, del repudiado Alain Resnais, que es la crónica de un escritor excepcional, de un diferente, que entre borrachera y borrachera, junto a sus correspondientes dosis de demencia senil, nos obsequia, en esta magnífica obra sobre el destino humano, con los "momentos" clave en su vida junto a sus seres queridos, los más emotivos, rara vez reales, antes íntimos, antes sentimentales...Otra gran película caída en el olvido, cuya pasión atesoro, pero que apenas recuerdo, fallo mío...Y después, llegamos a Exótica, esta sí la recuerdo más, el film que me enseñó lo distinto que podía ser el cine respecto a Hollywood, uno que retrataba el amargo infierno coral de un grupo de seres, todos ellos conectados por una misma tragedia, el asesinato de una niña...Poco agradable, ¿no es cierto?...Su padre es acusado de su asesinato equivocadamente, su esposa se suicida, porque está vacía, porque aprecia el límite de la vida y lo traspasa, ¿y qué hace este hombre?...No se derrumba, busca su conexión con la realidad tan irreal, si se permite la redundancia expresiva...Se hace gran adicto a los espectáculos del garito Exótica, en los que interviene ese ángel llamado Mia Kirshner, que encarna como buena musa de Egoyan, a la que fue niñera de su hija...Qué retorcido, ¿no es verdad? Maldito Freud...Pero bello, sí, el horror también es bello, la forma en que uno contempla cómo el ser humano es capaz de aferrarse hasta a un mínimo pedazo de cielo putrefacto, que, sea ilusión del parnaso o no, a pesar de todo, a pesar de las lágrimas, termina sosteniéndolo, termina salvándolo...

¿Acaso no ocurre lo mismo en este Edén de las huídas personales y sentimentales que es Wetherby, Un pasado en sombras?...Llega un instante en la vida en que abiertas las puertas de la percepción, admito que no me cabe duda de ello, aunque se me tenga por loco, las tres formas del tiempo de las que hablaba Carl Jung, pasado, presente y futuro, acaban siendo una sola. El tiempo es distinto en función de la evolución de los seres, porque el tiempo es sólo una ilusión, un invento del hombre, como el sistematizar las creencias o las políticas, en su empeño por crear la "perfecta" línea recta en la pura naturaleza, en la que ésta nunca existirá...Quizá Redgrave se refiera precisamente a esto cuando critica su propio empleo. Ella parece querer decirse a sí misma en su huída final: *Lo que hago sirve, pero, ¿me hace feliz?* La respuesta es que sí, pero sólo a ella...¿Esto no logra que nos planteemos serias cuestiones sobre nuestras acciones cotidianas, sobre nuestra rutina?...Me hace mucha gracia el hecho de que un artista tan snob como estrafalario de la talla de mi admirado David Lynch, hablase de esto en otros términos locos, como le van a él...Lo hizo, además, durante el "Cómo se hizo" de Carretera perdida, otra película igualmente relegada, que nadie entendió, y que nadie quiere recordar, realmente...Y él decía: *Yo tengo fugas psicogénicas todos los días*...Echaba la mano sobre su potente e inextinguible tupé sesentero, y soltaba esa risita infantil tan suya, tan diferente...El día que lo escuché no sabía cómo tomármelo, y como suelo hacer, casi siempre, cuando no entiendo algo, le busqué mi propia explicación, basándome en mi limitada experiencia y mi sentir...Fugas psicogénicas...¿No es este el pasado, presente y futuro que se ve en uno solo, durante las huídas de la psique, las huídas del ser humano de su vida, de la convención de la tristeza, e incluso, del amor, cosas que le impiden conocerse a sí mismo?...El ser deja de ser él mismo, nos convertimos en otra cosa, en otra esencia, por un tiempo, como cuando soñamos en el cine y dormidos, y más tarde, regresamos a nuestro mismo tiempo con otro sabor de boca, dulce y rancio a una vez...Así es, sabemos que hay mucho más de lo que conocemos en persona, mucho más de lo que el mundo nos podría ofrecer, pero sólo lo vemos soñando despiertos, huyendo, hasta de nuestros genes, hasta de nuestra propia sangre...Precisamente, porque somos ese algo más de lo que hablaban los antiguos, dándole cada vez un nombre...

Hoy, he intentado establecer mi huída número dos millones, por lo menos, llevo haciéndolo desde que nací, y para ello, he decidido levantarme tarde, porque he podido, y he recorrido mis cinco kilómetros de ejercicio, por los caminos que más me gustan de este, en ocasiones, opaco extrarradio...Caminos en los que, por suerte, puedo abstraerme lo suficiente y limpiar mi mente, porque no me encuentro con nadie...Hoy creí que no podría hacerlo, porque antes de salir a la calle, he tenido la mala fortuna de ver algo realmente repugnante en la red social, pero real, claro, por eso era tan repugnante, y tan humano...Un orgulloso latino, de vete a saber tú dónde, exhibía un trofeo más que llamativo en una fotografía: Era su propio perro, un bonito chihuahua, hasta aquí todo bien, ¿verdad?...Lo malo es que este chihuahua había sido crucificado por su propio dueño, en un símbolo cristiano de su correcto tamaño...Y el dueño estaba encantado, había arrebatado una noble vida, porque el animal es noble a pesar de sus errores, porque el animal siente antes de pensar, algo que deberíamos practicar más, y sobre todo, porque el animal supera al hombre, porque, sin excepción, es capaz de amar...

Dudo mucho que este latino de alta alcurnia lea este texto algún día, pero, por si acaso, y para los coleguitas suyos, y del mundo entero, que se dedican a este tipo de fugas diabólicas, tan execrables y vomitivas, le voy a dedicar unas palabras, porque me ha jodido el día, con perdón de la expresión: Hijo mío, tú eres un CERDO. Eres un perro nazi, así es, porque la concepción que muchos tienen de lo que es un perro, un ser inferior, es la concepción que suele responder a personas como tú...Y en cuanto a lo de nazi, bueno, creo que ya es tarde para decir que no sólo los alemanes, en su momento de mayor expansión, eran nazis...Por desgracia, tenemos a este atajo de nihilistas asquerosos en toda nación, en toda religión y en toda política, sí, incluso en el Podemos europeo, e incluso, en la Iglesia católica...Eres un CERDO, un repulsivo criminal, que algún día va a pagar por esta muestra de inhumanidad, de decepción divina, y de sadismo...Lo que has hecho no tiene perdón de dios, lo que has hecho, deja muy claro que el hombre puede llegar a ser una auténtica mierda...Porque, quién es capaz de matar a un ser indefenso, es como si hubieses asesinado a un niño, cabrón. Quién, qué tipo de ser humano, es capaz de hacer semejante barbaridad, contra un ser que ama a otros sólo por cómo se sienten y son por dentro, y no por cómo son por fuera...Eres basura, eres un HIJO DE LA GRAN PUTA.

Gracias a dios, quien juzga y sabe bien lo que hacer cuando alcanzamos nuestra fuga final, sí, se puede creer o no, pero no sólo pagamos en esta vida, no nos vamos de rositas, ninguno de nosotros, he podido quitarme de la cabeza esta terrible imagen durante el solitario paseo de hoy. No he parado de ver a toda clase de perros felices al lado de sus dueños, disfrutando en el verano. Grandes, pequeños, medianos, de pelo negro, marrón, blanco, abundante, cardado, liso, a mechones, perros al lado de sus dueñas, mientras éstas leían un libro o se limaban las uñas, perros jugando con sus amos en el césped, rebozándose, perros casi sonriendo, cruzando las verjas de los parques, mientras sus dueños los perseguían gustosamente, perros saltando entre los juncos, fieles testigos de las muchas acequias que habían en la capital y alrededores, pero que ya no existen...En fin, perros, como deben ser los perros bien tratados, porque son regalos para aquel que puede poseerlos...Incluso, en determinado momento, andaba yo por un lugar que me gusta nombrar El desfiladero, porque lo parece, aunque al otro lado sólo hay una carretera de mierda como en cualquier otro barrio, y de pronto, tres animalitos preciosos me observaban desde un banco...Al pasar por su lado, primero se ha acercado a mí el más pequeño, apoyándose sobre mi pierna, luego, uno mediano, y luego, el más grande. Me han rodeado con su gracia y su tacto, y más tarde, se han marchado alegremente. Y yo he pensado que eran bellos, que eran sinceros, y que eran tres, mi número favorito...Me lo he tomado como una señal de prosperidad, amén de mi ego, y he pasado el resto del camino pensando en mi perro mágico, en cómo lo conocí y me aceptó desde el primer instante tal y como yo fuera: Gordo, delgado, enfermo, sano, cabreado, no voy a decir feliz, pero casi, alegre, triste...

Y así, finalmente, he podido completar mi fuga psicogénica antes de disfrutar como es debido de Un pasado en sombras...Uno que no fuese el mío, para variar...Uno que me ayudase a pensar...De forma que sólo me queda despedirme con la frase con la que comencé: *Un brindis por nuestras huídas...*Dedicándola a todos aquellos que son diferentes, aunque no lo crean. Dedicándola a todos aquellos que aman y sufren en su alma, porque son los más humanos.

Lo nuestro es nada:

Combo cinematográfico light

Hoy, limpiando el acero que atesoro en mi pequeño cubículo, he recordado a un viejo amigo mío, al que llamaremos, por esta vez, Mr. Galloway. Una noche tuve una conversación con él, una de horas, mientras salíamos a beber cerveza en los tiempos más oscuros. Le conté que me dolían las manos por el cambio de estación, y que al escribir, todavía me dolían más. Él soltó una carcajada sardónica, y después, me preguntó: ¿Te duelen las manos de tanto escribir, o de tanto masturbarte?....Pobre diablo, nunca he soportado a los hombres de humor vulgar, pero, bueno, en aquel entonces, era mi amigo. Un ser extraño, que me recomendó que practicase con una antigua espada, sólo unos minutos, cuando sintiera ese dolor de manos. Entonces, me lo tomé a broma, recordé la famosa escena de esa obra tan repudiada que es El guerrero nº13, en que Antonio Banderas acompaña, en una hermosa y sanguinolenta cruzada, digna de Ricardo Corazón de León, a unos aguerridos vikingos, quienes le regalan una espada de las auténticas, que él ni tan siquiera puede levantar. Al hacer notar esto a uno de sus norteños acompañantes, este se le queda mirando como si estuviese contando un chiste, y más tarde, queda serio, y le dice: *Hazte más fuerte.* Eso sí es humor, humor frío, humor irónico, como el que tienen los alemanes del norte. Nunca sabes en qué piensan, pero algo piensan...En fin, sea como fuere, y por absurdo que parezca, un día ahorré lo suficiente como para comprarme una espada toledana, remendada a la vieja costumbre de los sacerdotes de Odín, cruelmente masacrados por los fanáticos cristianos, hace ya más de mil años. No era una espada de las del guerrero 13, pero, al menos, sí pesaba como una. Ya lo creo que pesa, pero me hice con ella...

Ya queda cerca mi regreso a Berlín, la ciudad de la niebla helada, de la que un día os hablé...No sé lo que me aguardará en este nuevo recorrido, si misterios, si encuentros, si ayudas, si luchas...En teoría, voy allí de vacaciones, pero nunca se sabe, conmigo nunca se sabe, porque soy un alma inquieta y algo misántropa, que nació al otro lado del río, una oveja negra. Y hace poco, descubrí que además soy masoquista, porque el ser humano se acostumbra a todo, y la tensión es parte integrante de mi vida, como la constante batalla interna, con esas lágrimas incluidas, y como es ya parte de mi vida, me encanta, porque yo soy así...Como dice Lawrence de Arabia: *El truco es que no te importe que te duela...*Quizá llegue, a saberse, el día en que mi compañera me coja de la mano y me salve. Ya han habido, al menos, dos personas en esta vida que me hayan salvado: Mi Maestra, y mi hermano, Dean C., hoy, el berlinés...El otro día estuve charlando un rato con él también, preparando nuestra nueva aventura, una de tantas. Me dijo que habían personas entre sus amistades locales, que esperaban con ansia mi presencia. Una de ellas me llamó "El Brujo". Me hizo mucha gracia, porque para mí esa no es mala palabra, y esta persona, sin duda, no la había empleado en ese sentido. "El Brujo", así llamaban a uno de los más activos agentes de la CIA, en la época del gran James Jesus Angleton...Qué honor, que me llamen así, pero no iba en ese sentido el alias...Quién adivina en qué sentido iba...

En relación a ello, me sorprenden las noticias de última hora sobre los regresos televisivos de los grandes éxitos de la pequeña pantalla Expediente X y Twin Peaks. Espero que mi retorno a la capital del oso no sea tan decepcionante, porque poco o nada dejaron por contar estas series, a pesar de que ninguna terminó su trama. Recuerdo dos momentos de ellas, dos en especial, que me enseñaron algo así como una posible aplicación vital. En Expediente X, el episodio que, sin duda, me enganchó fue El descanso final de Clyde Bruckman, que casi parecía el título de una novela de Stephen King. En él, Mulder y Scully se encuentran, por fin, como algo excepcional en la serie de las nueve temporadas, con un vidente auténtico. Uno que incluso les predice los eventos futuros. A Mulder le dice, nada más verlo: *Usted no quiere saber cómo va a morir*. Y a Scully: *Usted no morirá*. Esto rescata al triste anciano de una monotonía vital en la que sus mayores preocupaciones tienen que ver con secuestrar al perro de su vecina, quien, en el futuro, terminará devorando su cadáver, y es que estamos ante un vidente, un diferente, de buen corazón, a pesar de su recurrente aislacionismo. Pero los mejores momentos del episodio acontecen justo al final, primero, cuando Mulder pregunta a Mr. Bruckman por sus pesadillas, antes de ir a la cama. Éste lo mira brillantemente, con unos ojos grises tras los que oculta su sombra como ente, y le narra la escena: *Estoy tumbado en un campo frondoso, todo es verde, entonces, mi cuerpo empieza a pudrirse, rápidamente, y para cuando me convierto en polvo, me despierto...Nunca llego a ver mi final...En fin, buenas noches...*Nunca Mulder quedó con tal cara de imbécil en toda la maldita serie. Sin embargo, su relación con la bella Scully, la pelirroja más bonita e intelectual del menudo celuloide, será mucho más intensa. *Dígame eso que nos pasará a ambos...*Y el anciano contesta: *Acabaremos en la cama*, y ella ríe...*No me refiero al sexo*, concreta él. Y es que en la última escena del capítulo, el anciano, harto de llevar una vida solitaria, harto de vivir con la muerte, y de ayudar a otros sin recibir nada a cambio, decidirá quitarse la vida, asfixiándose con una bolsa de la compra, mientras queda tumbado en su propia cama, siendo, más tarde, descubierto por Dana Scully. Este será uno de los momentos que con mayor dureza marcarán la serie de los millones de dólares, pero dudo bastante que en la nueva temporada veamos algo similar, siquiera aproximado. En Twin Peaks hay muchos otros momentos verdaderamente extraños, interdimensionales, ¿no?...Si la recordáis bien. Pero en su película se nos habla de algo más que de un enano bailando en la sala de las cortinas rojas, o de las espectrales apariciones de una envilecida y perdida Laura Palmer. Se nos habla de una rosa azul...Se nos habla, del símbolo del misterio que la serie no llegó a resolver en sus años de producción. Justo al principio de Twin Peaks: Fuego camina conmigo, contemplamos las teorías conspirativas del FBI de J. Edgar Hoover en sus últimos días. Época en que esta agencia resultó más emocionante, más sucia, enigmática, cuando empleó a videntes, en la forma y modo de los agentes que fueron enviados a Twin Peaks, antes que el famoso Dale Cooper, protagonista de la serie. Y ellos son los que extraen del peculiar mensaje de una secretaria, la referencia a la rosa azul, referencia que su superior había tenido mucho cuidado en que nadie más que estos agentes descubriera...Así, este mensaje cifrado es dado por esta señora, mediante una especie de extraño baile, pero, más allá, en la solapa de su blusa, hay una rosa azul...Cuando los dos agentes marchan camino de Montana, camino de Twin Peaks, disertarán sobre el mensaje oculto que les desveló esta mujer con sus singulares actos...Pero el más joven de ellos, dirá al maduro: *Lo he entendido todo, salvo una cosa: Qué significa la rosa azul*. Y el otro responde: *Eso no puedo decírtelo*...En fin, siempre pensé que lo mejor de Twin Peaks es que nunca quiso resolver sus propios misterios, por eso fue una serie tan absorbente. Y en su momento estuvo muy bien, pero, que, hoy día, una producción no nos dé toda respuesta, no gusta a casi nadie...

Siguiendo con las noesis y demás diarreas mentales, hoy me han venido varios títulos a la cabeza, debo decir que no tienen conexión alguna entre sí, pero allá van: Como plaga de langosta (1975), una película excepcional, uno de los mayores dramas de la historia del cine, que muestra, como ningún otro film, las muchas tragedias de los aspirantes a directores, escritores, actores y actrices de toda clase que nunca lo serán...Qué mejor que contar con esa maravillosa Karen Black, para personificar a una Lolita con corazón escondido, que hace las delicias de los fracasados que se acercan a ella, a los que roba cualquier tipo de empuje vital, y por supuesto, su dinero...Karen Black debió encarnar a la asesinada Elizabeth Short en un film, pues era la perfecta dalia negra...Quizá muchos no recuerden quién era La dalia negra, víctima en uno de los crímenes más brutales de la historia moderna. Una mujer que apareció literalmente cortada por la mitad, a la altura de la cintura, con su bello rostro alterado por la horrenda sonrisa de Glasgow...Pero, oigan, este es el mundo moderno, qué esperaban...Crimen sin resolver, como el de

Alcácer aquí...Cómo en la Europa del siglo XXI, todavía, los pudientes de ciertas élites, de ciertas logias, pueden permitirse hacer lo que les pase por los bajos con algunas bellas niñas. Pues, oigan, esto es Europa, esto es España...

En fin, siempre que se habla de Karen Black, hay que hablar, por fuerza, de su gran amiga Margot Kidder, la primera Lois Lane de los exitosos Superman con Christopher Reeve, los de la generación de los sesenta seguro que la recuerdan muy bien...Representaba como nadie la mortal mezcla entre una mujer sensual por su físico, tanto como por su intelecto...Es decir, lo que la hermosísima y seductora Jennifer O'Neill de Verano del 42 no consiguió jamás...Margot Kidder hizo muchos papeles más allá de Superman, pero casi nadie los recuerda, porque el ser humano tiene muy mala memoria, sobre todo, eso, y que no sea nada más, por dios...Si Karen Black, que la pobrecilla era una santa que, cosas de la vida, tenía un talento del todo inusual para encarnar a demonios femeninos, que harían palidecer a la Lilith del judaísmo, la primera mujer de Adán nada menos, previa a Eva, Kidder, tenía un talento absolutamente digno de los mejores del Actor's Studio, totalmente desarrollado por iniciativa propia, es decir, de forma completamente autodidacta...Buena muestra nos dio de ello, en un film en el que mereció, sin duda, todo un óscar, como es La reencarnación de Peter Proud (1975). Sí, como su propio título indica, ya sabemos de qué va a ir el tema, no da lugar a engaño, sin embargo, hablamos de la mejor película sobre este fenómeno psíquico, que un servidor recuerda...En ella, Margot Kidder interpreta dos roles, su personaje de joven, y su personaje de señora mayor...Y hace un trabajo delicioso, mejor que el whisky, el vodka y el absenta juntos, o sea, abstenerse los de estómago débil...No obstante, le salió tan bien porque, no el rol, sino su disposición a encarnarlo, tenía que ver bastante con su propia tragedia...Por qué Margot Kidder ejemplificó genialmente a una mujer del antes, y a una mujer del después, siendo, a pesar de todo, la misma...Podríamos suavizarlo ligeramente, pero la respuesta es simple, ligada al fracaso posterior en la carrera de esta joya de la interpretación femenina: Margot era esquizofrénica, siempre se ha dicho en los últimos años, lo que no se ha dicho es que sufría el extraño trastorno de la doble personalidad, con el jugaba en sus films, y el que le reportó sus más grandes interpretaciones, huelga decir, dignas de un óscar. Además de en Peter Proud, por poner otro caso, en Hermanas, o esa perla de Brian De Palma...

Y finalmente, me gustaría comentar una película que nos daría para años de disertación, si yo hubiese leído muchos de los libros que se citan en ella, o fuese realmente buen lector. Una película que tuve la fortuna de ver justo anoche: Violette (2013), toda una gozada del cine francés, y eso que yo pensaba que el cine francés ya había muerto, tanto como dios para Nietzsche...Pues, no señor, tenemos aquí un magnífico trabajo, una cámara del tiempo que nos regala un pasaje directo a los períodos "indecentes", en que los indiscutibles genios literarios acudían a París, medio muertos de hambre, pero repletos de historias tristísimas en su maleta, historias que, al ser descubiertas, cosas de la vida, terminaban teniendo éxito, haciéndoles triunfar...Pero, a pesar de hablarnos del mismo París de gentes como Cocteau, Miller o Sartre, esta película nos habla de mujeres, ante todo, de mujeres diferentes, de ovejas negras, vamos a decirlo ya, demonios...

Violette nos cuenta la relación entre dos colosas de la literatura de los cincuenta del pasado siglo: La olvidada Violette Leduc y la gigantesca Simone de Beauvoir. Pero, curiosamente, la película se centra en la menos famosa, en la mujer cuyo nombre está impreso en la carátula del Dvd. Una que fue artista doliente, más que una santa, ahogada en su propia soledad, en la marginación, sí, esa que siempre ha existido desde que los señores de las hogueras aparecieron dando collejas por toda Europa, haciendo de las barbacoas humanas una gozada...Pero, hablamos de Violette, cuya capacidad de amar en vida resultaba sobrehumana...Ambas mujeres fueron colegas y vivieron un romance psíquico, sólo psíquico, a través de las décadas, sentir ilustrado maravillosamente en el film. En un victorioso ensayo, que nadie había siquiera intentado hasta ahora, porque, ¿he dicho ya que estamos en Europa?...¿A quien le interesa la historia de dos lesbianas, bisexuales, pero lesbianas, al fin y al cabo, si no se trata de un film porno, o si no somos gays?...Europa es Europa, señores, y nunca cambia...Lo importante aquí, es que ambas actrices quedan dignas de un César, como poco de eso, el equivalente al óscar francés, no lo olvidemos, yo lo aprendí hace poco, en serio...Y si no fuese tan escéptico, porque así me han parido, diría sólo que es muy llamativo el hecho de que el film no obtuviese su merecido lugar entre los grandes premios del mundo entero. Ni tan siquiera logró una nominación a la mejor película extranjera, claro, que, en aquel año, había tan buen cine por nuestros lares, ¿o no?...En seguida saltarán las liebres al leer esto: *El cine europeo es de lo mejorcito*, lo he oído ya tantas veces en la vida, y me he reído tantas veces de quien lo dice...El cine es cine, el arte es arte, el entretenimiento es entretenimiento, y depende sólo de cada persona el cómo tomárselo...El problema es que hoy la gente no piensa y sólo ve cosas que puedan acompañar con palomitas, sean buenas o no, porque, insisto, sigue habiendo de todo, aunque bueno, cada vez menos, sea europeo, americano, o sudafricano...En fin, de las dos actrices yo me quedo con Sandrine Kiberlain, porque a pesar de ser una de las mejores actrices del continente en nuestros días, yo no sé qué clase de mística tiene esta señora, que, por poco, me parece la reencarnación de la mismísima visionaria Juana de Arco...Kiberlain es un enigma, un enigma del arte moderno, casi no parece humana...Es la figura que contemplaríamos en un hermoso cuadro, la que nos haría preguntarnos: *Dios mío, ¿puede existir de verdad alguien así, o únicamente, la percepción feérica de su autor habrá creado tan peculiar rostro?*...Y luego, como entes recurrentes en la monotonía que somos, quizá acompañaríamos esa frase con la siguiente: *¿Existiría La mona lisa?* O bien: *¿Sería un hombre?*...Lo mejor es reírse de uno mismo, y más tarde, de los demás, porque la ecuación no funciona al revés, por desgracia, eso sería un pecado...Y ojito con los pecadillos, porque nos hacen como somos, amigos...Y ninguno es bueno...Pero, eso sí, todos son humanos...Nunca veré a mi perro fumar un puro, o beber una cerveza fría, una lástima, es una fantasía que siempre he tenido...Pero, si Simone de Beauvoir, la gran de Beauvoir, no fue en la vida real tal y como la plasma Kiberlain, yo, personalmente, no tengo ni idea de cómo debió ser...Kiberlain nació para interpretar a esta heroína fuerte y moderna, mujer distante, pero dulce, que rescató a la Violette del título, animándola a decir cosas que nunca antes habían sido dichas, pero que siempre habían estado ahí...Sí, es triste, pero en los años cincuenta, la mujer, tal y como la conocemos hoy, ni siquiera existía, porque todo era el hombre. Sí, ya sé que es un discurso muy típico, pero es así...Qué mujer podía ser independiente en el París de la gris posguerra, escribiendo sus propias memorias sobre romances de toda índole, poniendo a parir al típico macho prendado de las jovencitas, a las que, después, dice: *Oye, vete a abortar, a mí qué me cuentas...*Habría que ser mujer, no hoy, sino en aquel entonces, para saber de esto. Yo, como no lo soy, prefiero seguir hablando del film: Y es que la relación entre las protagonistas reales fue tan peculiar, única, tan opaca, tan de miradas, tan de libros, y apoyos...Pero siempre cálida, siempre profesional, aún así...Por ello, se salvaron la una a la otra, pero sólo a la larga...Beauvoir dio a Leduc su oportunidad para ser escuchada, y Leduc dio a Beauvoir un amor que esta jamás se atrevería a experimentar, más allá de sus escritos. Pero, en el fondo, ahí había amor...Y ello me recuerda a una persona muy especial de mi pasado, una mujer que me salvó...Pero esa historia ya la he contado muchas veces, y no quiero repetirme...Si bien, las dos, persona de mi pasado, y película francesa de los últimos años, me traen a la mente El secreto de sus ojos, un film que uno iba a ver casi sin esperanza, en su estreno. El nuevo coñazo argentino de turno, ¿no?...Por qué no decirlo, si es lo que pensamos la mayoría, que no vamos de cultos por la vida...Pues, El secreto de sus ojos, con una impresionante Soledad Villamil, y un antipático Ricardo Darín, sorprendentemente genial, y más humano que nunca, es de lo mejor que se ha producido en Sudamérica en los últimos cincuenta años, por lo menos...Una verdadera obra de arte sobre el amor inconcreto, sobre ese amor victoriano que nunca llegará a realizarse...Sobre la salvación que nunca llega, ¿o sí?...Si preferís la versión opuesta, ved El médico alemán, grande, real y asquerosa.

Y me gustaría terminar hoy, con una breve reflexión, en relación a mis críticos, a quienes, seguro, veré en el infierno, o en el limbo, sólo dios sabe cuándo y dónde nos encontraremos ante la puesta de sol: Una cosa es ser unególatra, o un mentiroso, cuando escribes, amigotes. Y otra muy distinta, es serlo en la vida real. Muchos os preguntaréis cuándo miento al escribir: Nunca, y siempre, no os diré más, que cada uno crea lo que guste. Vivimos en Europa...Y si se me permite el exceso de confianza, ya puestos, diré que la escritura es un milagro, es una evasión, una terapia maravillosa, y no un vulgar espejo sucio, en que reflejarse...La literatura, queridos hermanos, es amor, es sueño, alegría, fe y escapismo...Todas ellas, cosas que poco o nada que ver tienen con el autor de hoy, que murió ayer, en realidad, al perderse en su propio y retorcido juego de imágenes reflectantes...Y todo porque el verdadero arte, el verdadero, y no lo que la mayoría concibe como arte, no es humano, verdaderamente...Es la diferencia, es algo cuasi divino, que, muchas veces, ni siquiera necesita ser pintado, ni escrito, ni rodado: **_Eso es el arte._** Y no se parece en nada a lo que vosotros hacéis, o a lo que yo mismo hago. Porque: Lo nuestro es nada.

Regreso a Berlín:

Un verano en la ciudad de la niebla helada

(Ein Sommer in der Stadt des eisigen Nebels)

A mi grupo berlinés favorito: Carlos, Iria, Lea, Carmen, Sueni, a la que no llegué a conocer,

y por supuesto, a mi amigo Daniel Freudenreich y Dean C. Brosnan, mi hermano.

Cómo llamar a un hada, veo escrito en mis notas más recientes, que sin embargo, se ven ya opacadas por el clamor del momento pretérito que me ha hecho olvidarlas. Aprendo cosas nuevas, en especial, gracias a este nuevo viaje, como que en el pasado no sólo existen los peores recuerdos, sino, a veces, también los mejores. *Cómo llamar a un hada*, leo de nuevo, de mi puño y letra, ahora que regreso al temible tremor valenciano donde nací, a lo que sigue: *Amigable vecina, ente humilde, y en general, gente pacífica...*Esto es Berlín para mi, o, al menos, así recordada a esta ciudad en mi memoria...

Día 1: The Smoking Room Effect, azafatas de dulzura fría, encuentro con Caravaggio y candados y caderas firmes sobre el puente de la bohemia berlinesa.

Y así llego de nuevo a Berlín, la ciudad donde, por lo común, no se estilan los ascensores, y en la que cada cuatro edificios, de plantas no superiores a cinco pisos, se conforma un hermoso jardincillo, al cual bajo a fumar, por respeto a la norma de mis anfitriones, y en el que contemplo la luz y escucho cada una de las exóticas conversaciones que emergen de las coloridas ventanas repletas de plantas y hermosas cortinas. Cada una de estas historias formará ahora parte de mi, pero la inmensa mayoría las retendré en mi interior y seguramente nunca las compartiré, porque siempre me quedo con parte de cuanto vivo, una que nunca cuento, aunque, podéis pensar, y no os equivocaríais, de igual forma, que no soy tan brillante como para hacerlo, y que, en el fondo, a pesar de mi desprecio generalizado en lo referente al género humano, en el que, claro, me encuentro, amo la vida antes que nada.

Y me fascina el hecho de que al encontrarme en este Edén, todavía logre retener una imagen más de ella, de mi compañera futura, cuando intenté evitarlo a cualquier coste, simplemente, porque estoy de vacaciones...Imagen que casi me llegó como advertencia, para asegurarse de que me porte bien, sabiendo lo que me puede aguardar: Estamos en una casa bastante grande, de villorrio, de pueblo, yo me despierto bajo unas escaleras y veo una cocina. En ella hay dos personas mayores, y ella lava los platos. Doy los buenos días, me sitúo justo detrás, y coloco mis dos manos a ambos lados de su cadera, suavemente, casi sin tocarla, como ella haría conmigo, y es que para entonces ya me habría enseñado a amar con su tacto especial. Le pregunto: *Cómo está mi reina.* Ella sonríe, esa sonrisa de niña de cuento de hadas, e inocente, que, no obstante, sabe amar como la mejor de las hembras que han nacido del hombre...Querer, amar, en todo sentido, no sólo en el sexual, ni mucho menos...Me mira, y yo noto que es feliz conmigo y con cuanto le rodea, y me emociono por dentro, pero, simplemente, me contesta: *Bien.* Y yo sigo preguntando: *¿Sí? ¿Has descansado?* Porque sólo quiero sentenciar ese momento único con un beso. Y ella contesta afirmativamente, como me lo diría una hija. Y nos besamos, sí...Ella me hace un café, y yo termino de fregar los platos...Esa es mi idea de la felicidad...Tradicional, ¿verdad?...Pero, ¿acaso no soñamos todos con lo mismo, hombres o mujeres, y en el fondo, no en la forma?...Ah, y por cierto, ¿cuántas personas logran alcanzar este sueño?...

Altivas, pensé, en cuanto embarcaba en el vuelo hacia Berlín...Las mismas azafatas germanas ya lo son...*Así se pisa*, digo en mi mente cada vez que camina alguna a mi alrededor, y sudo y se me hace la boca agua como un niño que contempla a través del escaparate su imperdible dulce, imaginando todo cuanto veré en la ciudad de la niebla helada este verano. Al sentarme, contemplo que en el respaldo del asiento que tengo ante mí hay sujeta una horquilla que me recuerda otros tiempos, una que alguien ha olvidado y dejado totalmente desconsolada. La agarro, la huelo, no percibo nada, y vuelvo a dejarla. Me fijo en las azafatas, mientras muestran su coreografía de seguridad, y trato de descubrir cómo son más allá de su altura y belleza nórdicas. *Frías y alegres*, me digo, frías y alegres, porque es lo que me parecen, un carácter tan diferente, tan introvertido, tan escultural...Me acerco a una geografía, a unas vistas perfectas casi diseñadas por entidades más lógicas de lo acostumbrado, antiguas, élficas, feéricas...Me aproximo otra vez a la capital del oso cervecero, y todo cambia, he cruzado las cortinas rojas, o verdes, de Brieselang, como diríamos Dean C. y yo. Ya llego, ahora estoy en otro mundo que jamás conoceré del todo, lo que el Japón significa para los americanos. Dejo atrás lo poco bueno que tengo, a mi perro mágico, a los medios, a mi escritorio, y esa media decena de seres queridos, a Alice, que me hace sentir rejuvenecer en mi interior oscuridad...Pero también me olvido del cáncer paisajístico que inunda mi pasado, la insatisfacción de mi romanticismo victoriano, que más de las veces de las que me gustaría admitir, empleo para escribir, porque ante la falta de tiempo, y la madurez, me voy quedando sin ideas inmediatas, sin ideas buenas...Sí, allí, en Berlín, donde nadie me conoce realmente, donde "El brujo" es tan sólo un rumor divertido y extraño, como sus propios misterios, puedo ser yo mismo...Ya lo preludiaron dos escenas muy concretas con mis bellas azafatas, durante el vuelo. En la primera me quedé dormido, porque llevaba 30 horas sin pegar ojo...Comencé a soñar con una gesta caballeresca en que combatía a jamelgo y lanza contra otro jinete en tiempos inmemoriales, mientras despertaba escuchando: *Sir, Sir, Sir*...Era una de las hijas de Berlín que me llamaba, invitándome a que colocase mi maletín en una posición correcta, en el guarda equipajes, junto a la maleta grande.

Ella dijo: *Puedo hacerlo por usted, si lo desea.* Yo pensé: *Puedes hacerme lo que quieras*, pero sólo me atreví a decir: *Ok*, sintiéndome el ser más patético de la Tierra. A ella la llamé Lady Terminator, porque parecía una máquina dulce y bondadosa cuando revisaba el pasaje...Después, apareció otra gran belleza, altiva y rubia como jamás había visto, con una sonrisa berlinesa, una fría, adictiva y punzante como una daga. Me preguntó qué quería tomar. *Agua*. Y ella, convencida, aseguró: *Agua, ¿eh? Muy bien...*Estaba sediento, tras haber fumado durante cuarenta minutos en The Smoking Room, en la zona de transbordo de Frankfurt, y bebí de un sorbo largo la mayor parte del líquido. Casi lo escupo violentamente por todos los orificios de mi cuerpo, porque aquí llaman agua dulce al agua con gas, algo incomprensible para un ser español...Un agua cuyas burbujas no se extinguen hasta el último trago, actuando cual espinillas en la garganta...Me habría cabreado con Freyja, como así la nombré, pero era tan guapa y tan encantadora, que me resulta inadmisible conservar el más mínimo mal recuerdo de ella...Dulzura fría, tienen estas mujeres, y algunas dan miedo por su fuerza personal y física, sin dar lugar al típico equívoco sexual...Si me preguntasen a mí cómo se conoce a una auténtica mujer berlinesa, yo diría: *Por el pelo*. ¿Es posible que un ser humano tenga un pelo tan suave, tan bonito y bien cuidado? Pues sí, es posible. E imposible conocer a una sola calva. Todo ello es una incongruencia clásica, al menos para alguien como yo, una incoherencia en nuestra línea temporal, porque estas mujeres, que, vuelvo a decir, nunca he visto en ninguna otra parte, poseen una belleza demasiado ancestral, olímpica, rastro original de la magia del mundo feérico que aquí tuvo sede.

El país que inspiró lo mejor de Tolkien, que no todo, no, por dios...La peor parte es de otros...La excitación que me produjo el plan de vuelo fue tal que incluso aproveché para hacer algo de lo que casi no me arrepiento. Nikita fue una mujer impresionante que se sentó también frente a mí. Cuando se durmió, me atreví a rozar con un dedo uno de los rizos de su descomunal cabellera. Y me dormí al instante, como un lactante....El primer día que pasé en Berlín me reuní con Dean C., y vimos dos cosas grandiosas. La Gemäldegalerie, que me quedó pendiente del último viaje, era una pequeña joya pictórica...Por algún motivo, que todavía desconozco, esperaba encontrar en ella a La Mona Lisa holandesa de Vermeer, La joven de la perla, pero no estaba allí, lógicamente...Aún así, me deleité con decenas de cuadros del propio maestro holandés, y otros de Rembrandt o Botticelli, pero el que más me impresionó fue ese Amor victorioso de mi pintor favorito: Michelangelo Caravaggio. Este hombre era un genio, pero él no pintaba para su época, o para la posteridad, él pintaba sobre los mundos que no eran parte del hombre, pero, que, por suerte, convivían con él. Por ello escogía como modelos a sus amantes desdentados, sucios o tan peculiares, unos bichos raros...Hombres, mujeres y niños con la facha de un campo de prisioneros, demonios convertidos en dioses en sus manos, como este Amor victorioso...Qué queda a mitad de la felicidad, y a mitad del final derrumbe, en el límite del bien y del mal, qué clase de belleza horrenda podemos esperar en este tipo de arte...Así fue el más grande artista del renacimiento italiano, nada de Miguel Ángel o Da Vinci, ellos eran algo muy distinto: Iconos...Y rematamos en el bello barrio de Warschauer Strasse, lugar de la vida bohemia actual.

Candados y caderas firmes, así lo escribo...Los candados simbolizan promesas de jóvenes amantes, que los cierran sobre las rejas del puente que preludia al Warschauer. Las caderas, ya podéis imaginar de qué va la cosa...Heroínas del Cantar de Beowulf o Los nibelungos, esto y más, en Warschauer Strasse, sin obviar la mejor comida italiana que nunca probé...Y claro, unas cervezas Pilsner artesanales que quitan el hipo, y que como ya os conté en su día, nunca se echan en falta, alimentando la flora y fauna del intestino como barras de pan...Y al final, una mirada, al fin, una, de otra divina dama del Berlín bohemio, me da ganas de continuar a pesar del cansancio...Llegamos a Moabit, el nuevo barrio de Dean C., y exploro la zona. Llevo toda la mañana contemplando aquello que yo llamo "el caño" sobre la cabeza de la gente. Y he visto toda clase de colores: Azules, rosas, amarillos, verdes incluso, sobre las mujeres...Colores que aún no sé encajar con su original personalidad, o estado anímico, al igual que me ocurre en mis conexiones fallidas, cuando cierro los ojos, que no en el sueño brillante...Así, veo a dos entes más en la finca de Moabit, de la posguerra, una mujer y un niño. No son hostiles...Apagado el cigarro, me voy a la cama.

Día 2: El bosque de las cortinas verdes y el encuentro con el encantador grupo español-berlinés.

Hoy he visitado Brieselang, sin duda alguna el famoso bosque de abducciones y misteriosas lucecillas verdes con forma esférica, que hacen acto de presencia ante los primeros rayos del amanecer, y las primeras notas de la profunda noche. Y es que todo son colores, que habitan entre nosotros, y nos dan pistas sobre aquello que hay más allá de nosotros mismos...Andé por el camino principal del corazón verde, sin separarme de la ruta prefijada, en la que recurría al vídeo para captar imágenes que me permitiesen orientarme si me perdía, cosa que, gracias a dios, no ocurrió. Pues si uno comete la estupidez de penetrar su espesura sinfín, alternada por distintos niveles de seguridad, marcados cada uno por un impresionante cruce de caminos, se puede llevar muchas y desagradables sorpresas que no sólo tienen que ver con la abundante fauna de Brieselang, que incluye osos, lobos y ciervos. La clase de sorpresas que, seguramente, sólo contemplaríamos en nuestras peores pesadillas. Los cruces de caminos me llamaron especial atención, eran talmente de película, y muchos aficionados al misterio, o a series como Sobrenatural, sabemos de sobra lo que ocurre en estos cruces, son puertas, son ventanas, son cortinas verdes que, una vez apartadas, nos ponen en contacto con otros mundos. Estos cruces simbólicos, que aquí delimitan cada nuevo estadio o nivel esmeralda, resultan aún más impactantes cuando al ser traspasados por un ser vivo ocurren en ellos grandes golpes de calor, de forma totalmente imprevista para el viandante, literalmente nubes de calor que parecen proceder de un punto crítico cuya energía sea todavía más potente que la del general ecosistema situado al oeste de Berlín, en el distrito de Havelland de Brandenburgo, con una extensión de 50 km cuadrados. Estos golpes, o impactos, de calor en los cruces, son condimentados por constantes sonidos de pasos no animales, y quizá tampoco humanos, ruidos que harían temblar hasta al más robusto y escéptico, durante la interminable travesía, dentro o fuera de los puntos estratégicos. Es este un bosque que da la bienvenida con un olor a plantas anónimas, que marean agradablemente con su potente hedor, plantas de hechiceras, dirían algunos, y es que aquí, en Berlín, sí, también existen las brujas. Si uno cree en los famosos aquelarres, Brieselang sin duda es el lugar idóneo para formar uno en plenas condiciones, un bosque de Blair, cuya fronda podría ocultar casi cualquier cosa a la vista del hombre. Mi llegada a sus proximidades, en solitario, fue cuanto menos curiosa. Me habían indicado más que correctamente los transportes que debía utilizar, pero yo no esperaba en absoluto cómo habrían de producirse los acontecimientos introductorios a este nuevo episodio berlinés. Cuando alcancé el tren de cercanías, los pasajeros comenzaron a bajarse en cada estación, hasta dejarme completamente solo. Al parecer, nadie quería ir a Brieselang. Entonces, el día comenzó a nublarse, y vinieron a mi mente todas las escalofriantes leyendas locales, que aseguraban que ningún alemán de bien debía adentrarse en dicho bosque con tanta mala historia. Bajé del transporte, penetré el barrio residencial que contenía el hermoso escudo de armas de la colonia fundada no hacía más de veinte años, y allí no había nadie, ni entre las pocas calles de este pequeño pueblo se apreciaba un alma, hasta que arribé a las afueras, donde había un circo a medio montar. La impresión que todo ello me causó, la estética de todo cuanto veía tras bajar del tren, sólo me traía a la memoria los mejores films oníricos de Freddy Krueger, cuyos momentos álgidos habían sido heredados del expresionismo alemán de Caligari. Por un lado, todo esto me apasionaba, pues había comprobado que en Berlín quedaba otro extraño y maldito lugar por visitar, sobre todo maldito, en el que yo sentía, no desentonaba lo más mínimo. La clase de lugar que yo comentaría en la saga Están entre nosotros. En fin, como os decía, alcancé el bosque sin demasiados problemas, y recorrí su extensión durante algo más de dos horas, recordando el archivo oficial, que nos hablaba de un lugar de misterio al que sólo acudían ciertas gentes del don, más o menos, hasta llegada la segunda guerra mundial, cuando, primero los nazis, y más tarde, las tropas soviéticas, establecieron una especie de laboratorio de pruebas en Brieselang. Más allá, algunos especialistas locales nos comentan la posibilidad de que el famoso Roswell de Hitler tuviese lugar allí, fenómeno que daría inicio a una velada industria de platillos volantes, o naves de nueva generación, que expoliaría el ejército americano, bajo la temible leyenda de Die Glocke, el primer prototipo, mejor conocido como La campana nazi. La verdad del asunto es que los rumores sobre ufología vienen dados desde entonces. Desapariciones, luces verdes, sensaciones de impulso a abandonar el camino principal y entrar en una espesura insondable, a través de diversos guiños, tales como aullidos de toda clase, indeterminados, sombras en la niebla, sombras oscuras, voces mentales que parecen decir algo para no decir nada...Yo estoy convencido, tras recorrer unos diez kilómetros del lugar, que casi alcanza la extensión de la ciudad de Valencia en puro bosque virgen, de que allí ocurre algo real...Además de la memoria natural de este corazón esmeralda, se percibe una tenue hornacina, la sensación de que allí ocurrieron muchas cosas únicamente guiadas por la acción del hombre, y que muy pocas de ellas fueron buenas. Pero, en fin, esta es sólo mi opinión como El brujo.

A fin de cuentas, los golpes de calor en esos cruces de caminos, cuyo centro preciso era marcado por el sol que se filtraba tras las escarpadas cimas de arboles gigantescos, y el encuentro con otro ser élfico femenino en bicicleta, al que vi en un par de ocasiones detenerse a la vera del sendero, creo que a recoger setas, ser que parecía sacado de ese olvidado clásico que es En la boca del miedo de John Carpenter, fueron lo más interesante. Es curioso que en unas tres horas no encontrase a nadie, no sólo en el bosque, sino en toda la vecindad, pero no me quejo. De regreso inventaría mis propias historias, de la clase de que toda construcción humana no era sino una ilusión. Me veía penetrando alguna de las casas, descubriendo todo tipo de equipos informáticos y gabinetes que estudiaban los fenómenos de cortinas verdes, o rupturas dimensionales, y demás efectos ufológicos, producidos en Brieselang, el bosque más enigmático y peligroso de Alemania. Eso sí, como punto negativo, puedo destacar la creciente oleada de chinches que te sobrevuelan una vez entrado el bosque profundo. Por suerte, fui precavido, al lograr agenciarme una rama de tronco bastante afilada, a la que bauticé como mi Excalibur personal, con la que debía ejercer mandobles constantes alrededor de mi cabeza para que los dichosos ácaros ciclópeos, moscardones y escarabajos de colores me dejaran en paz. Aún así, Brieselang es un lugar al que me gustaría regresar, si bien, haría falta más de un año para completar su visionado completo. Lo mejor: Nunca abandonar el camino principal, aunque te sientas tentado a hacerlo porque sepas que lo más interesante venga después, lejos de la ruta señalada por las huellas de bicicleta, o la que se ve nublada por el verdecino inmaculado, e incluso los caminos que se encuentran cortados sospechosamente por el derrumbamiento de un árbol. Pero, qué podía uno esperar de Brieselang, un bosque cuya actividad humana quiso potenciarse desde la segunda mitad de los sesenta, pero que, ante la descomunal contingencia de altercados fue desmantelada. Y desde entonces, silencio, sólo brujas, *ovejas negras* y senderistas incautos lo visitan de cuando en cuando.

El día terminó siendo doblemente interesante, aunque, a este respecto, prefiero no extenderme demasiado. A pesar de ello, os hablaré un tanto de La mujer con ojos de gato, una persona que, en principio, me recordó remotamente a ciertos individuos desagradables de mi pasado, traidores, pero que me demostró, ya superficialmente, ser totalmente distinta a como la imaginé. *Un caso moderno que es antiguo*, me dije a mí mismo. Recordando así la trama de Penny Dreadful, una de mis series favoritas, que retrata a la perfección el horror y romanticismo pasado, con una estética actual. Sólo necesité dos miradas, no malintencionadas, para darme cuenta de cómo era ella...Le gustaban los juegos mentales, casi tanto como a mí...Hacíamos de ellos nuestra vida, nuestra diversión, ante una monotonía creciente en el mundo moderno. El problema de la mujer con ojos de gato es que, debido a su juventud, empleaba máscaras del tipo que podrían perjudicarla si no madurase a tiempo. Pero qué encantadora niña, cuánta delicadeza, con una mezcolanza de sangre que hubiese escandalizado a cualquier purista, pero de la que amanecen seres tan curiosos como ella. La mujer con ojos de gato: Mitad guanche, mitad germánica. Un acento hispano incomparable, a medias peninsular, que a mí me sonaba a argentino, y la bella y sutil rigidez de un alemán perfectamente hablado e interpretado. Dónde puede conocerse a alguien tan exquisito en el terreno lingüístico: En Berlín. Por cierto, que la conocí al asistir a una apacible fiesta con el grupo de amigos berlinés que acompaña a Dean C., buena gente, trabajadores, humanos...Formados, algo distintos a la juventud a la que estoy acostumbrado. Incluso alguno de ellos tenía lo que muchos llamamos "el don", pero, sobre esto, mejor no decir demasiado...Punto negativo, la falta colectiva de adicción a la nicotina, cosa que poco me importa, porque no me obliga la compañía a abandonar un recinto, sino a trasladarme de la casa al patio central del edificio, donde siempre queda el sencillo pero llamativo jardín. Rodeado de tanta vida, cómo va uno a sentirse solo...Al regresar en una de esas ocasiones, Dean C. se confunde y en vez de llamarme amigo me llama hermano. Él siempre hace que me sienta como en casa, nunca pensé que conocería a alguien así, salvo un par de excepciones...Ahora sé que estoy en el paraíso, lejos de casa, porque me hace falta...Así me ha purificado tanto el bosque de Brieselang, como hace mucho tiempo alguien me dijo, que el verde limpiaría mi alma, porque el bosque era lo mío, según mi vieja sangre. Pero, seguro que esta persona pensaría ahora: ¿De verdad era necesario viajar hasta Alemania para conseguirlo?...Puede que sí, jamás he visto bosques como los que aquí hay, jamás he visto nada de cuanto he conocido y conozco en Berlín. En fin, terminando por ahora, sólo puedo decir que echaré de menos a la mujer con ojos de gato, sí, lo digo tal cual, aunque Alice no me lo perdone. Puede que durante cierto tiempo, a pesar de este breve encuentro...Y es que para mí, esta es la ciudad de los encuentros breves, imposibles, o casi imposibles, en la rutina habitual de mi vida. Sólo una mirada significa algo, y si ya es una sonrisa, ni digamos. Hoy no hallaba el modo de abrir la entrada del portal de casa, por cierto, cuando volví del bosque, porque estaba seriamente dañado por el sol. Estaba tan cansado tras la caminata por Brieselang que nada en absoluto me apetecía, tan rendido estaba, que no fui capaz de atinar con la llave. Entonces, tras el cristal amaneció una personita encantadora que me sonreía. Era rubia como el oro, tenía los ojos azules y era un tanto más alta que yo...Tan hermosa era que al abrirme la puerta no supe ni cómo decirle gracias, o explicarle mi situación. Parecía un ser de mis sueños, y es que en este Berlín, más incluso de lo que me gustaría, me reencuentro conmigo mismo, con una faceta oculta de mi propio interior, más propia de otra vida que de esta. Una en que soy mejor, una en que vivo en medio de la magia de un mundo menos pútrido e ignorante: Avalon.

Día 3: La licenciosa isla de los pavos reales, el jugoso Schnitzel a orillas del Wannsee y la danza de las avispas cerveceras, entre las valquirias.

Hoy, Dean C. y yo nos encaminamos a la isla de los pavos reales, la Peacock Island en inglés, que en ocasiones confundimos con el nombre de la isla de los cisnes, y hasta pelícanos, como buenos fans de Miami Vice. Pfaueninsel, en realidad, una verdadera joya al norte de Berlín, una pequeña biosfera separada del continente por un burlesco estrecho con lago navegable, en la que, como su nombre indica, habitan los pavos reales, y otras extrañas aves, que yo nunca antes había visto, aunque no sea precisamente un experto en ornitología. Entre ellas, se encontraba una rara especie, una clase de gallo gigantesco cuyas patas casi parecían de simio, pues eran grandes y orondas, las que estos seres empleaban, además, con una agilidad pavorosa, incitando a un ritmo realmente peculiar. Había en esta isla, al menos, cinco especies distintas de pájaros exóticos, pero, sin duda, los pavos reales, símbolo de la carne fresca y la sensualidad humana, se llevaban la palma. Pájaros acostumbrados aquí, al trato habitual con el visitante, quien se acerca mucho a ellos, para conseguir la fotografía estrella, cosa permitida en la pequeña delta. Aunque dan algo de miedo estos pavos reales, debo decir, casi no parecen de este planeta, más bien salidos tras las cortinas rojas y verdes, porque son muy sigilosos, y nunca los percibes claramente, de modo que puedes quedar andando por una campiña casi idéntica a la de Glastonbury en Inglaterra, como hay en Pfaueninsel, y de pronto, te tropiezas con estos pájaros, famosos por actuar siempre de forma imprevisible. Una mascota que otorga a la isla un encanto añadido, en mitad de los palacetes, castillos y diminutas sorpresas que depara el largo camino, pues Pfaueninsel no sólo alberga aves, sino también reses, como búfalos y caballos. Así, no casualmente, Pfaueninsel fue nada menos que la residencia de diversas amantes del rey Federico Guillermo II de Prusia. Un cómodo harén situado en todo un inspirado paraíso natural y humano, un lugar único casi extraído de las magníficas películas ambientadas en la época victoriana que nos brinda la obra de James Ivory, especialmente, Lo que queda del día o Regreso a Howards End. Films que retrataban una manera de sentir una época, que conllevaba una particular forma, casi alternativa, diría yo, de percibir la tragedia humana, una tragedia humana que siempre tenía lugar en espacios naturales casi místicos, casi legendarios. La clase de sitios heredados por Ivory del maestro David Lean, creador de Lawrence de Arabia o Doctor Zhivago, quien hacía de la psique humana todo un acertijo a desvelar, por medio de los parajes que sus protagonistas recorrían: La India, Oriente Medio, o una simple estación de tren. Lugares en que estos podían llegar a mostrarse tal y como eran en realidad, arropados por un ambiente que no era suyo, pero que sentían como suyo. Pfaueninsel quizá no sea tan hollywoodiense, pero en ella, percibes eso mismo, una oportunidad para el auto conocimiento humano que no encontrarías en ninguna ciudad, una forma de demostrarte a ti mismo, que al ser humano rara vez se lo puede conocer íntegramente. En ese sentido, somos todavía más originales que los pavos reales, y por supuesto, aún más imprevisibles. Pfaueninsel, poco parecido a su camarada Brieselang, resulta sin duda alguna un verdadero hallazgo hasta para el propio berlinés, preludiado, en mi caso, por un ente al que llamaré simplemente El hada roja. Y era esta otra fémina élfica de las que por aquí habitan, que regaba con su luz su propio camino de baldosas amarillas. Era alta, rubia, llevaba consigo una bicicleta negra, y su pelo era largo, como el de las heroínas de las epopeyas alemanas. Cuando la vi se dirigía hacia otro simbólico, una puerta verde. En un arranque de erotismo barato por mi parte, vulgarmente llamado calentón, me permití el recordar, ante la suma privación que se le concede al turista, reconvertido en irrisorio voyeur, el film de la pionera porno Marilyn Chambers, que, como imaginareis, se llamaba Tras la puerta verde, y consistía en algo así como en una versión sucia de Twin Peaks, o algo parecido. Pero esto es bastante menos interesante que los espirituales pavos reales en mitad de los dominios del rey...*Este palacio romántico*, lo llaman en la red...Me recuerda a una anécdota sobre el monarca Luis XIV, que hacía el amor como si no le importase nada...Una de sus amantes le dijo, tras el primer casquete: *Tenía razón, majestad, una mujer no conoce el amor verdadero hasta que conoce el amor de un rey*. Él dio las gracias, y después, agregó: *Por cierto, mañana te irás de Versalles*...Debió ser digno de ver, el rostro de la mancillada...

Rematamos la jornada saboreando los aires y expresiones del dulce río, no demasiado alejado de Wannsee, el lugar del horror orquestado por el temible Klaus Barbie, recomendar para interesados en la solución final el telefilm del mismo nombre que fue rodado aquí, por cierto, con lo mejorcito de la interpretación inglesa de nuestros días. Wannsee tiene algo de espectral y atrayente, aun así...Hoy, Dean C. me ha explicado en lo relativo al recurrente figurado germano del *fantasma del tiempo*, o Zeitgeist, curiosa filosofía que retoma la rama budista e hindú menos radical del nazismo, en una era. Por asociación, pensé en Poltergeist, *fantasma ruidoso*, a grandes rasgos...Pero todas estas diarreas mentales finiquitan al degustar el asombroso Schnitzel, una especie de carne de cerdo empanada, acompañada por ensalada y patatas, con una salsa similar a la bechamel. Un manjar espectacular típicamente alemán, tan famoso en este Berlín como el arroz en Valencia. Y lo digo muy en serio, dicho así puede que no parezca gran cosa, pero está riquísimo. Ahora, simplemente me siento más feliz tras el Pfaueninsel, es cierto que provoca una sensación divina el visitarlo. Pero este lugar tan común a orillas de los lagos Wannsee también tiene lo suyo, cierto poso hermoso, que recuerda a más cosas, creando un híbrido difícil de lograr en ningún otro sitio. Es como ver nuestro mundo con sus zonas negras, blancas y grises, pero como a través de otra lente, a través de otra puerta. Es una comunión con lo que el ser humano habitualmente es incapaz de ver, o sencillamente, se empeña en no sentir. Me llama también la atención una memorable frase que leo en la etiqueta de la Potsdamer Stanger que tomamos en la taberna: *El dinero no da la felicidad, bebe cerveza*. Si a ello acompañas a una crasa vikinga sirviéndote con rencor y simpatía a partes iguales, algo que sólo ciertas alemanas son capaces de hacer, ya tienes una celebración de autenticidad berlinesa total y completa...Como punto negativo del trayecto, tan sólo una simple cosa: En este extraordinario verano berlinés casi idéntico al valenciano, las avispas se multiplican y acercan al ser humano aterrorizándolo. Pero hay una especie de extraño pacto sacro entre el berlinés y las mismas. Se pueden posar en la boca de sus vasos, en su cara, en su comida, pero con movimientos leves, ellas se desvanecen, al menos durante largo rato. Les encanta la cerveza, es obvio que son insectos más inteligentes, una raza nueva distinta a la española, que sólo pica sin paliativos. A quien no se acercaban, en absoluto, era a una mujer que por un instante identifiqué con Kim Basinger, igual a su encarnación en Nueve semanas y media. Era idéntica, por dios, qué gran belleza, y toda una señora además. A su alrededor sí que no danzaban las avispas, al suyo no...Como dirían nuestros amigos asiáticos: *Ella tiene el Qi, sin siquiera conocerlo...*

En el regreso, no he podido por menos que fijarme de nuevo en las estaciones poéticas y terribles de la capital, que de alguna forma parecen resumir su historia, como las gemas principales de un gran y luminoso collar...Otra vez, *el triste pero sexy berlinés*, podíamos decir. Es lo que pensaba mientras amanecía ante mí otra hada real, al ascender las escaleras del metro, bajo la estación. Un hada de espaldas a la que no logré ver la cara, como a la dama roja de Pfaueninsel. Ella caminaba tranquila, segura, pero muy inocente, desde lo más profundo de su oceánico corazón...Tiene gracia, ¿no? Una valquiria en medio de una historia que nadie recordará, caminando en mitad de la leyenda que nadie cuenta...La naturalidad, la belleza del momento corriente...Una valquiria danzando como una avispa que curiosea pero que no muerde. Una valquiria caminando en medio de lo prohibido, en medio del horror humano, en medio de la única huella terrible que deja tras de sí una enorme nación renacida.

Día 4: Pesadillas marchitas, Leo Carmelo, Charlottenburg, los parques y la mujer del sueño.

Esta noche he tenido pesadillas, ocurrió a última hora de la jornada, cuando me disponía a dormir, después de haber repasado algunas notas, y escribir un rato. *Momentos*, de nuevo, que jamás viviré en otro lugar que no sea este, a pesar de mi acción laboral corriente. Entonces, cuando mi mente se encontraba más abierta, los vi...No creo realmente que perteneciesen a la casa, pero sí al edificio, como los anteriores que ya nombré. En este caso eran esencias más antiguas, con descanso o sin él. Se trataba de una niña pequeña, vestida con un traje de ribetes blancos, rubia, con ojos negros, o simplemente oscuros, y con un pequeño moño en el pelo. Estaba enfadada, y por lo visto, yo hice algo que todavía la cabreó más. Era guapa, pero cuando cambió, como para sacar sus uñas, me puso ciertamente nervioso. Su rostro permutó al de la muerte, casi una momia con colmillos o algo similar. Su expresión era de odio, y su piel tan negra como la noche. Luego, se marchó, y tras rezar, creí que podría dormirme, pero, entonces, apareció el otro...Era un niño vestido casi de igual forma, como de orfanato o escuela anterior a la guerra, más anterior aún que la niña, un ser más antiguo. Me hablaba con una voz muy melódica, pero yo no podía saber si era bueno o malo. Apenas recuerdo ya nada de lo que me dijo, salvo la palabra *azul*...No tengo idea de a qué se refería, pero estaba estableciendo una especie de comparativa entre distintas cosas, parece ser, para que yo entendiese lo que quería decirme, algo que era muy difícil de comprender. Después, simplemente, me dormí...Sus imágenes y las de mi aventura en Brieselang permanecen intactas e imborrables en mi interior, casi juntas, esto es curioso, aunque no atisbo relación alguna de contenidos...Por cierto, y pasando a algo más alegre, hay algo que me hace mucha gracia de los alemanes, y es que son seres muy meticulosos, e incluso maniáticos, regidos por un severo código generalizado en su mayoría, pero tienen algo bueno en este sentido, respetan tus propias manías, si tu respetas las suyas...Hoy sólo sé que me siento muy bien, desde que el gato Leo Carmelo, como así se llama la mascota de Dean C., aunque me parece que él preferiría dejarlo en Leo, a secas, ha entrado realizando una marcha chulesca, elegante y triunfal, en cuanto he abierto la puerta de mi habitación, ronroneando como un indiscutible príncipe...Pronto pensaré también cuándo me ha gustado más Berlín, en invierno, cuando vine la última vez, o ahora, en agosto. Son dos experiencias maravillosas, y tan distintas, que no sabría con cuál quedarme. Creo que simplemente son sus dos mejores momentos al cabo del año. Momentos en los que la ciudad es distinta, sí, Berlín tiene dos caras, y ambas son sorprendentemente hermosas. Esta ciudad tiene, más allá de sus diferencias, un algo, un impulso que todavía no he podido definir, pero que me limpia por dentro, y me hace sentirme a salvo allá a donde vaya. A pesar de estar casi por completo rodeado de extraños, yo veo magia por todos sus lados, y me maravillo de cada nuevo encuentro, sea femenino, amistoso o espectral, eso poco me importa, llegado este punto...Hoy hemos visitado la región de los lagos de Charlottenburg, Versalles es un chiste a su lado, y eso que no comprende ni siquiera una quinta parte de lo que es Potsdam, el bosque de ángeles. Luego, hemos seguido el curso del río Spree que corre a la par que los jardincillos llenos de rosas y el bosque, y en esas caminatas he pensado también en la vulnerabilidad, en la cáscara de tristeza que recorre la luz en mi corazón, y que sólo aflora cuando me siento yo mismo, como aquí en Berlín, pero prefiero no darle más vueltas a esta sensación, que ni es tristeza, ni es felicidad, deseo aprovecharla sin más. Berlín es una bendición que todos deberían disfrutar una vez en la vida, ya sé que puedo ser exagerado a ojos de muchos, pero esta ciudad ha hecho muchísimo por mí en tan sólo dos semanas que viví en ella, acompañado por Dean C., y otros amigos como Daniel, o Leo Carmelo. Ha hecho mucho más por mí que mi tierra, con eso lo digo todo...Un microcosmos monumental, de niebla y corazón dormido, en el que Wagner, Nietzsche y Goethe siempre viven, con sus pros y sus contras. *Todo o nada*, así es Berlín, una amante que pide que la ames sólo por quién es, y que la destroces en su enrojecido físico, para no olvidarte nunca, y asegurarse, igualmente, de que tú jamás la olvides. *Esta es la verdadera ciudad de la niebla helada, otro Parnaso, otra Arcadia, otro Shangri-La.* Acabo de tomar esta nota, Dean C. me da agua, y me sonríe satisfecho. Le encanta verme feliz, algo poco corriente en mi, si eso no es un hermano, no sé lo que es...En este mismo instante, me doy cuenta además de que por ahora es la única persona cerca de la cual puedo escribir totalmente concentrado. Pero todo, absolutamente todo es perfecto en este día de verano junto al Spree, lleno de estampas para el recuerdo. La clase de imágenes que Monet o Cézanne hubiesen deseado plasmar. En especial, hay una que me cautivó: Dos niñas rubias, preciosas, vestidas de azul, jugando junto a la orilla, tratando de agarrar un pajarito saltarín...Hacía tiempo que no veía algo tan bello y extraordinario, y a la vez, tan corriente...Eso debería ser el ser humano, siempre...Y hay otra cosa de las noches y días berlineses que me entusiasma de veras, y es el hecho de que cuando eres presentado a un grupo de personas, no les importe tu oficio, y ni siquiera lo pregunten, por respeto, hasta ahí lo tienen...Sólo esperan que les resultes interesante, porque la confianza aquí se gana con los años...Al salir de un restaurante turco, que para mi sorpresa resultó más que aceptable, tuve otra noesis cara al sol, cerca del Spree. Pensé en la voz de las bellas berlinesas, *vocecitas de hada, o bien, rudas, de heroínas de videojuego, pero igualmente melifluas*, anoté...De cualquier forma, señalan el fuego que ocultan bajo sus máscaras étnicas y raciales del norte de Europa, ese "hielo que arde"...Y disfrutamos también de Viktoriapark, recordatorio del antiguo santuario druida de aguas termales y apariciones marianas, perdido en la memoria del berlinés, y aún más inadvertido para el extranjero, al que acude gente de toda condición a bañarse, en la cascada cristalina, que inicia su recorrido en una alta colina desde la que pueden obtenerse unas magníficas e inmejorables vistas de la ciudad...Cerca de allí, en la cara opuesta de la colina, rematada en un monumento de señoras esculpidas en verde y dorado, verde, sí, color del misterio berlinés, de logia verde, podíamos llamarlo, hay diversos prados escalonados, que casi conforman perfectos y extensísimos círculos naturales rodeados de árboles, a los que acuden los más jóvenes, y bueno, no tan jóvenes, pero sí los más atrevidos, a tomar el sol, como en España lo haríamos en la playa...Y allí encuentras a toda suerte de bellezas de liviana silueta, dulces en ese olor que poseen aquí, similar al del cielo, con los piececillos delicados y desnudos al sol, mientras leen un libro. Decir que, en Berlín, no sólo puedes degustar casi cualquier tipo de exquisito manjar exótico, aunque la comida local no sea para tirar cohetes, salvo excepciones. Además, es la capital del reciclaje y de la bicicleta, y una en la que la gente lee mucho, y en todas partes. ¿No será esto sintomático de que su recobrado esplendor como nación tiene mucho que ver con el pensar?...Sin embargo, los chulitos españoles seguimos diciendo que son unos cabezas cuadradas. Pues menos mal, España sería una especie de grano, de quiste actual, en la cara de la capital del oso...Tenemos mucho que aprender, no sólo de los alemanes, sino de nosotros mismos, lo que ocurre es que ellos ya han empezado...En cualquier caso, estos lindos prados verdes repletos de sílfides, forman en mi memoria otra estampa estético-romántica ineludible, para el recuerdo de este otro día de inusual estío en el norte europeo, repleto de esos cuervos de pico imponente, chirriando entre los forzudos árboles, o de los pequeños pajaritos saltando sin ton ni son en las terrazas de los restaurantes, o simplemente, por doquier...Por ende, alrededor del Spree encontramos hasta banda sonora, y es que aquí hay pianistas de calle que tocan a Schubert o Tchaikovski sin cometer el más mínimo error. Además de cuanto disfrutas, sientes y hueles, también escuchas la más sacra música que nunca compuso el ser humano...Trágica, pero bella, como el auténtico amor. Una muy real, creíble, pero increíble, armonía....Por otra parte, en mis nuevos encuentros, no puedo dejar de pensar en la eterna desaparecida, una mujer con la que llevo soñando desde que estoy aquí, y con la que sé que guardaría cierta química...Sueños muy reales, mi particular fantasma del tiempo, o Zeitgeist...Así sucede: Hacemos el amor, le duele, me duele, ella se agarra a mis hombros y con las piernas estrangula mi cadera...Así transcurre, en recto hasta el final, y el intercambio de esencias es limpio, libre y placentero, y, por lo contrario, brutal...El percutor se acelera, no siento mentiras, sólo el acto en sí mismo, y el fluir es más sano que nunca...Siento fuerza de nuevo, me siento vivo, fundiéndome con un cuerpo de princesa, tan incólume, que el simple ir y venir del aire natural sirve para mantenerlo a salvo, y balsámico, como debe ser el cielo...Una mujer delgadísima, fuerte, me ama, con mucho nervio, y me da un regalo, sexo dulce, sexo ameno, y sus pechos, dignos de Venus, me dejan a probar el néctar que necesito como reluciente renacido...Este sueño podría ser aún más perfecto...No es una frase hecha, porque ella, es un sueño, y su nombre es Sueño. Su cabello podría asfixiar cualquier cuello, y su aliento paralizar a las moscas y seres innobles. Es una de las hermanas guapas de la Gorgona, como poco, pero sus ojos poseen la hipnosis como concepto, y cómo se afianza en mí, Miss Sueño, odiándome primero y necesitándome después. Esa sensación es más poderosa que la vida, no es humana, o quizá sea demasiado humana, poco vista en el día de hoy, ni tan siquiera en el sueño...Bella, triste, masoquista y sin palabras, sólo el acto, sólo el orgasmo...Sólo eso puedo recordar, no como sexo, sino como epifanía...Sí, el físico puede curar...Ya sólo oigo su nombre, no veo sonrisas, sólo veo el hielo que arde por dentro...Y en esta ocasión sé que nunca volveremos a vernos...Pero, una vez te sentí, una, al menos...Porque necesitaba este sueño, te necesitaba a ti...Sin palabras, sin pensar, sólo sentir, follar...Amar, follar, crecer, ejercitarse, lograr la fuerza de un hombre que no existe, en realidad. Pero todo tiene su precio. Porque no es amor, no lo es en absoluto, pero es sentir naturalmente y sexo de mutuo acuerdo. Tenía que ocurrir así, sin más, como el paso de una estrella, un destino de caída y otro inane, equilibrado entre agonía y dicha...

Siguiendo con la ruta berlinesa, pienso en El círculo del poder, la mejor película sobre el comunismo que se haya rodado jamás, sin mentiras, sin chorradas ideológicas, que sólo quedan en palabras. Llegamos a Treptower Park, con su majada llena de tréboles de cuatro hojas, y su exhibición soviética cuasi faraónica en honor a Joseph Stalin. Asqueroso, su nombre, el monumento es magnánimo. Sólo es el Führer con otro nombre, y encima a lo Che Guevara, qué espanto...Stalin, poca gente parece recordar que en su funeral murieron hasta trescientas personas, agolpándose ante su tumba, porque querían presentarle *sus respetos*...El hermano de Hitler les comió los sesos hasta el final, el hombre de hierro...En fin, destacar, en este gigantesco parque, como en todos los demás, un bosque estilo Cruising, como diría Dean C., en honor al mítico y denostado film de William Friedkin, y el poderoso y seductor hábito de la compra de una de las cervezas estrella de la ciudad para beber camino de casa, empleada normalmente al final de las fiestas nocturnas, para soportar el arduo consumo de alcohol y no dormirse en el metro. No es el caso, tranquilos. Y la cerveza fue acompañada por otra de nuestras charlas trascendentales sobre la hipotética caída final de España a manos de un régimen comunista-nazi-fascista-totalitarista-anárquico-sudamericano-izquierdista radical. Ya tengo trazado mi plan de huída a Berlín, en caso de que esto ocurra...Así, al menos, tendría oportunidad de volver a ver a la mujer del sueño, y con tiempo, quién sabe...Como decía, en esa tesitura elaboramos nuestra propia viñeta a lo Manuel Vázquez, en la que yo trabajaba como lavaplatos, camarero o algo por el estilo, mientras pellizcaba el culo de todas mis hermosas compañeras. Tras un tiempo y unas cuantas ostias, no se sorprenden de mi talante hispano y licencioso, cuando hago lo propio con alguna nueva, y ella viene a pegarme, a la vez que las otras me defienden, diciendo: *No le pegues, es normal...*Pero yo no podría vivir en una ciudad como esta, a la larga me perdería para siempre. *Es él, el libertino español*, dirían, ojala, o *El brujo, el nuevo Hanussen*, de István Szabó, realizador que describió como nadie el Berlín previo a Hitler, a pesar de ser húngaro, en su gran tetralogía formada por los títulos Mephisto, Hanussen, Coronel Redl y Sunshine...Más tarde, se prolongan, en la casa de Moabit, las Radeberger y hermanas. En los sinsentidos con mucho sentido, como marca la verdadera poética alemana, que te hace pensar en la posibilidad dentro de un marco imposible, tiempos oscuros que en la madurez son brillantes, pero cada vez más permisivos, si sabes verlos, algo embriagado, bajo a fumar al jardincillo de este atractivo piso. Las vecinas de Dean C. circundan la zona donde aparcan su bicicleta, pasan por mi lado, y yo, ya carente de modales, esputo: *Mmmm*...En señal de gustosa aprobación. Una me mira de reojo, y ambas se ríen, y se marchan a casa...Y así lo hacen siempre, te rechazan con la mirada, simplemente, sin hacerte ascos, o bien, te sonríen, ¿y es que no es lo mejor? A aquellas que sonríen desearía cantarles el Mein kleines Herz, *Mi pequeño corazón*, de la estupenda Katharina Schüttler, una de las mejores actrices alemanas del hoy, tan famosa por la miniserie Hijos del tercer Reich, una producción disfrutable, con ella digna de un óscar...Por mujeres así aprendería alemán sin dudarlo, y si España estuviese aun peor, que todavía puede, quizá lo hiciera. Me duele España, mucho, pero ya no puedo llorar ni por mí mismo, así nos hace la vida. Un país donde no educan a cabezas cuadradas, no, sino a robots, en su mejor forma, o a borregos, también en su mejor forma, que no saben pensar sino vomitar a la vida, y nunca limpiarse la mierda del calzado. Un país donde el verdadero hombre nace siéndolo, pues, de lo contrario, nunca se formará, como la mujer...El alemán es bello al oírlo, pienso todavía, o intelectual, y fuerte, al escucharlo, sin ser vulgar, o aún suave, como el tacto de una madre...Por cierto, he de decir que me ha caído especialmente bien un buen amigo de Dean C., al que llamaremos Charles Gautier, un auténtico brujo, y un buen hombre. Compartimos los tres juntos un agradable paseo por el Charlottenburg más fino y esteta, y un capuchino que me supo a gloria, al tiempo que nos pusimos al tanto sobre nuestras inquietudes religiosas, y la mentira histórica. Él sólo podía ser del norte español...Es un gran aliado para Dean C., como nuestra querida dama con ojos de gato, a la que, seguramente, tampoco volveré a ver...Todo un desafío mental, hubiese sido para mí, por ello me atrajo, pero, creo que podría haberme llegado a gustar en realidad, más incluso que mi Sueño, mi Zeitgeist, con perdón de mi hermosa Alice...Tú sigues siendo tú, cariño, siempre...No me lo tengas en cuenta porque sólo soy humano, y hace ya mucho tiempo que no te veo...Pero, ¿por qué?

Día 5: La ciudad bajo San Miguel, la Sinagoga del horror, Nuevo Salem y el Languedoc berlinés.

Diga lo que diga, y haga lo que haga, eso no sirve como excusa en momento alguno para admitir que sería casi perfectamente capaz de hacer lo que hago en casa, en un lugar como Berlín, puede que incluso mejor, quién sabe...Lástima que esto no sea España, o que España no sea Berlín...La primera vez que llegué aquí, en las navidades de 2013, concretamente, en las últimas semanas de diciembre, tuve suerte de pasar unos días sin un frío, o nevadas, excesivas...Esta vez, llego justo cuando deja literalmente de hacer vendaval, o cierto frío seco, aun para ser verano. Sin duda, es suerte. Yo pienso que alguien ha querido bendecir a la pequeña remesa de españoles que volvemos justo en estos días, porque quizá entre ellos haya alguno que deba hacer algo grande en la ciudad, patrocinada por San Nicolás, y nada menos que el arcángel San Miguel, el más poderoso de todos los guardianes, cuya presencia quedó latente en ese bello film que es El cielo sobre Berlín, del malogrado Wim Wenders, sin duda su obra maestra junto a París, Texas y El amigo americano. Magnífica película que analiza el mundo de los hombres desde una perspectiva angélica, una mágica, que sólo un alemán podría discernir de tal modo, con cientos de ángeles como reflejo de sus cientos de estatuas aladas. Los más importantes, no en vano, se ocultaban alrededor del dorado coloso celeste que remata la columna de la Victoria, en los alrededores del bosque de las bestias, Tiergarten. Sí, aquí habría de ocurrir algo realmente grande, uno de esos sucesos repletos de bondad, y anónimos, de los que nadie sepa, pero que den buena cuenta del poder, ese poder que es el bien, en la forma o entidad que sea...Alguien verdaderamente grande andaba en el vuelo desde Frankfurt, cuando yo llegué, mientras que el resto de pasajeros nos beneficiamos de ello a atentos ojos del Padre y la Madre...Está claro que yo no soy esa persona, pero no me importa, porque soy muy feliz. He vuelto a darme cuenta de ello cuando, hoy, de madrugada, al subir de mi sesión de gran fumada de nicotina, Leo Carmelo me esperaba, sigiloso, alrededor de la puerta, para escabullirse por las escaleras...Siempre lo hace, casi como un juego, y yo lo agarro al vuelo...Esta noche, además, ha tenido la valentía de perseguirme hasta mi reconfortable habitación, escondiéndose en muy diversos lados del colchón, y asustándome, cuando arreglaba mi equipaje de mano...Gracias a dios, me ha dado tregua justo cuando me ha sobrevenido un inesperado momento All Bran, bendecido por las fotografías de los políticos alemanes que peor caen al compañero de piso de Dean C., a los que yo no conozco de nada. Pero he de reconocer que el influjo de esos rostros altivos y pedantes, colgados de las paredes del baño, ayudan enormemente a purificar la flora intestinal. Por otro lado, y sin dejar de lado las funciones naturales, me ha ocurrido algo digno de la saga Scary Movie, mientras estaba en el jardincillo interior del piso de Moabit, con los cigarrillos. He soltado tal gas, culpabilizado por la cerveza Pilsner, que una señora del primer piso ha corrido un tanto la cortina de su ventana para ver qué ocurría. Como decía mi abuela: *Hijo, todo lo que sobra en el cuerpo hay que tirarlo.* Qué razón tenía...Y más aquí, cuando se dan esas cenas entre cerveza potente y tan alimenticia, dispuestas alrededor de la mesa en casa de algún amigo. Veladas en las que poco se habla del trabajo, o la familia, sino de pasarlo bien, de relajarse, sin más. Creía que esa naturalidad ya se había perdido entre la gente joven, o de mi generación, pero no. El tiempo pasa tan rápido, *ese viejo estafador calvo*, pero más por dentro que por fuera, y así es mejor. Debemos conservar el pelo lo máximo posible, este debe ser el secreto de la eterna juventud, ¿no os parece?

Lo que en España sería, habitualmente, gente distinta, aquí es gente corriente...Por eso me gusta tanto, por eso, en parte, me siento más a gusto que en casa, y es que tiene que gustarte. Tiene que gustarte un sitio extraño, pues, de ese sentimiento proviene la adaptación a un nuevo ambiente. Los humanos no sólo somos animales de costumbres, también de cambio, y quizá de aventura...Creo también que empiezo a entender un poco el humor alemán, y este es simbólico, no cínico, sarcástico, frío e irónico, sino simbólico, uniendo la seriedad y la risa en una sola cosa, cuando son tan distintas. Esta ciudad, que tiene la voluntad de convertirte en alguien vulnerable, o demostrarte que siempre lo serás, es una completa reductora de almas, un espejo del destino que sólo te dice la verdad, si logras, si te atreves, a leer en él...Pronto regresaré a la dureza mental de mi vida cotidiana, donde jamás dejo de pensar, salvo en algún desahogo, en que mi cerebro sólo halla consuelo cuando veo a Alice, o establezco contacto con el brillo, la magia y el amor de los entes plenos. La clase de rutina en que cada día libro una cruenta batalla por seguir entero, dentro de mí mismo, y contra los demás. Ello me recuerda al cartel de Cabaret que ahora anuncian en la ciudad a pleno color, *todo un punto*, como se suele decir, el musical alemán moderno por excelencia publicitado por doquier...Y es que, en el fondo, Berlín sigue siendo la misma urbe de artistas fríos y románticos a una atemporal vez, aquellos que seguían y siguen una invisible pero trascendental vanguardia frente a toda expectativa. Hoy hemos visitado la Neue Synagoge, situada en Oranienburger Strasse, destruida durante la noche de los cristales rotos, y más tarde, por los bombardeos. Dos datos que conmueven, para bien o para mal: La noche de los cristales rotos tuvo lugar el mismo día que la caída del muro, como diría Iria, la madura e inteligente amiga de Dean C., fiel integrante de mi grupo berlinés favorito. Qué cosas, en la misma fecha, un día tenebroso y otro inmejorable. Y aquí va el otro: 7000 judíos quedaron en Berlín de 160000 que hubo antes, y durante, el reinado de Hitler. Cómo no iba a llenar las arcas del estado, quedando con todo su dinero, y pulverizando países europeos con ejércitos y niveles de seguridad risibles...Pero, volvamos a la Sinagoga...Aquel era un lugar verdaderamente santo, es un crimen que no siga activo, pero cómo va a seguir estándolo cuando la policía debe montar guardia en la puerta a sol y a sombra, y hasta para penetrar en ella debes pasar un control similar al de un aeropuerto. Da lástima pensar en ello, pero todavía hay radicales en Berlín, y en Alemania. Resultan un porcentaje ínfimo, pero todavía los hay. Por ejemplo, yo había pensado en acudir al barrio de Köpenick en algún momento, un sitio con muchísima historia, pero me advirtieron de que no fuera, porque allí había nuevos nazis, que, seguramente, me creerían turco, y tomarían mi visita como una provocación...La Nueva Sinagoga, naturalmente, era otra cosa muy distinta. Me gustó tanto que me atreví a tocar una de las paredes donde antaño se situó su muro de lamentaciones, y percibí luz en una imagen, mucha luz, y gentes abundantes, en una de las últimas bodas felices celebradas allí. Al llegar a la hermosa cúpula, por ende, me llamó la atención un anciano sonriente que vigilaba el recinto. Tenía unos ojos azules muy agradables, y recuerdo, que ni siquiera me pareció humano…Más tarde, Dean C. y yo comemos en un italiano muy sabroso, recomendado por Charles Gautier. A nuestro lado, había dos chicas de revista, tan bonitas eran, que casi les pido permiso para hacerles una fotografía. *Florecitas*, las llamo yo…Y de camino a Grünewald, *el bosque verde*, llamado así por su intensidad esmeralda, pasamos por Dahlem, el Nuevo Salem, donde cruzo otra mirada con una altiva diosa pelirroja de ojos azules, que acompañaba su paso desmontado con el de una bicicleta verde. Casi parecía andar sobre las nubes, cuando caminaba erguida, hacia adelante. Para mi pasmo, desvió brevemente esa mirada hacia a mí, alumbrando ese rostro que me encanta y que esconde totalmente lo que piensa, algo casi imposible fuera de Alemania. Después, siguió su camino. Tampoco me pareció humana, pero lo era…

La llamaré la diosa de Grünewald. Anatómicamente perfecta: Distancia entre los ojos, capacidad del pómulo entre las mejillas, y precisa línea entre los hombros. Una verdadera delicia fabricada por los mismos ángeles para dar vida sólo con pasear. No le sobraba ni faltaba nada afuera, y apostaría que tampoco interiormente…Dahlem es un término bien curioso, debo decir, en el ambiente flota una sensación de misterio y superstición similar a la de Brieselang, pero es una sensación domada y no salvaje, como en aquel verde. Y es que, en el nuevo y pulcro Salem, las mujeres son poco menos que bellas brujas, incluso las más ancianas. Y todas ellas tienen algo de Berlín, aunque no sabrías decir el qué. Dahlem es una vecindad salteada por casitas de la clase en las que viviría George Washington, H.P. Lovecraft, o más bien, el barroco Hannibal Lecter, de la magnífica serie televisiva, en la que el danés Mads Mikkelsen eclipsaba a Anthony Hopkins en su papel estelar, como brillante y homicida psiquiatra. Un emplazamiento donde cabe de nuevo su fingida inexpresividad como nación, humana, psíquica, física o material...Un lugar, donde la arquitectura, de gusto inmejorable, o la magia de sus damas, lo dice todo...Y llegamos a Grünewald, un espléndido Languedoc berlinés. Bosque alrededor del cual se encuentran los vecindarios de las estrellas del nuevo cine alemán...Otro pulmón verde rabiosamente especial y bendecido, con un castillo algo decepcionante, todo hay que decirlo, pero que aún así casa a la perfección con el ambiente de corredores adictos al ejercicio físico, las parejas hermosas y radiantes paseando a sus perros, o los bañistas del impresionante lago, en que las diosas de Aradia se higienizan junto a sus animales y seres queridos hasta cubierto el cuello. Otra perenne estampa que ya comienza a provocarme el llamado síndrome de Stendhal, que suele ser atribuido a la prolongada contemplación de obras de arte, antes que de paisajes portentosos y genuinos...Por cierto que, he conocido a la nueva Astrid Kirchherr, que no está en Hamburgo, sino en Mitte. Es una guitarrista que pronuncia fuerte la R, una croata extremadamente refinada y morbosa, con perdón de la expresión, que grababa su videoclip en la Isla de los museos. Otro extraño espécimen...No voy a hablar de los sueños que he tenido con ella porque son vulgares, tanto es así, que al compartirlos con Dean C., él me ha animado a escribir a Playboy para que me ofrezcan una columna semanal...

Día 6: Canciones de interior, proyectos, otra niebla helada, el museo del cine y temor al regreso.

Nos perdemos cada día en los bosques que separan los diferentes distritos de la ciudad, cada uno tan grande como una de las tres porciones de nuestra comunidad española. Contemplamos de nuevo los vestigios, aun luminosos, de los viejos ritos de amor en los pulmoncillos esmeralda interurbanos. El ambiente sigue igual que siempre, y pocas cosas como esta, hace falta que no cambien. Aun hablo de los bosques junto al Spree y extramuros, sí, de los que limpian dentro, así de purificados quedan los berlineses de fe...Dean C. y su compañero me tratan como un auténtico marqués, hacía tiempo que no me sentía tan querido, sólo espero poder devolverles el favor un día...En la jornada de hoy, me he encontrado con un ser de ensueño, la ninfa de Moabit, la llamaré, de perfecto torso y unas caderas y piernas fuertes, como las de la criminal Famke Janssen en Goldeneye, el mejor Bond de Brosnan. Me recreo imaginando que son así de curtidas por el combate a espada. Creo que es de aquí y la piropeo, entonces descubro que es española, pero mi honor está a salvo, porque llega a rozarme con la mano, casi haciendo como si no se diera cuenta...The Memory Remains de Metallica, o bien, I Was Made for Lovin´ You de Kiss, son canciones que resuenan en mi cabeza últimamente, y que narran lo latente de mi psique en este viaje, lo que ocurre al rebasar ciertas zonas de no retorno en mi interior, llenas de luz y de sombras, que una vez visitadas me convierten, cada vez con mayor asiduidad, en otra cosa, en otro tipo de ser, mejor y peor, a partes iguales. Como antaño, la ciudad de Berlín me transforma en un nuevo ente, sin olvidar al anterior. Una metamorfosis kafkiana y dantesca que me da medio, y que al mismo tiempo, me otorga gran placer, a sabiendas de que siempre seré diferente, no superior o inferior, sino, sencillamente, diferente por definición, así como que mis correspondencias en la vida únicamente se darán en lugares muy concretos, o con personas lo bastante valientes, inteligentes e imprescindibles, como para escalar los muros de mi fortaleza mental que me separa de la mayoría.

Con estas inquietudes bien claras en la mente, hoy nos desplazamos hasta Mitte, el más rico barrio con permiso de Charlottenburg. Durante el trayecto en autobús, veo a una diosa africana, jamás contemplé mujer negra más hermosa. Ella se sienta al lado de un reflexivo Dean C. Imagino que en ese momento él piensa, como yo pienso, que el amor es el bien, y que da igual de dónde venga, o entre quién se dé, porque siempre será el bien, la verdadera fuerza del universo, la única palabra de dios...Aun conservo el consuelo y esperanza de no olvidar un solo detalle de este viaje, pues, aún no me he marchado de la capital del oso, y ya tengo ganas de regresar. Me preguntaron una vez si viviría aquí, la respuesta es sí, pero yo soy escritor, y los escritores no hacen falta en ninguna parte, así que, siendo objetivos, es una empresa muy difícil...Por otro lado, contradiciéndome, he de decir que me gusta más Berlín en el estío, quizá porque con la acumulada experiencia previa, ahora, percibo mejor cuanto aquí me rodea, y me gusta aún más lo que siento, porque creo entenderlo mejor. Me gusta la forma de pensar, la forma de mirar y la forma de hacer las cosas que se tiene aquí. Incluso me gusta el hecho de que los alemanes cuiden tanto sus vehículos, los mantengan siempre impecables y sin menoscabo alguno, sean lo antiguos que sean, o cómo se separan tan prudentemente unos de otros antes y después de aparcar, y cómo se enfadan si algún incauto se acerca demasiado a sus tesoros de la automoción...Dicho de otra vulgar forma, si el demonio Lecter se ocultaba en Florencia, lo mío, como pobre diablo, sería, y siempre seguiría siendo, Berlín...De hecho, ya hasta me aburre viajar por España. En adelante, ese último viaje sacro que se me prometió, querría llevarlo a término fuera de ella, y no en su interior, como parecía indicar la sabiduría de los astros...Pero todo aparece nubloso en las últimas épocas de mi vida a este respecto, porque el tiempo cambia, se enrarece ahora que se acerca mi retorno a España. Acaba una última temporada, y por ello he aplazado la escritura en serio de Están entre nosotros XV, en favor de rescatar a este Black Sheep, que llevo ya más de dos años escribiendo a ratos, cuando puedo. Un libro de oveja negra que de algún modo resultará en el cruce entre ambas series a las que he dedicado la mayor parte de mi vida y esfuerzos, la mencionada, y la Saga del Color...Continuando con el trayecto, visitamos de nuevo la puerta de Brandenburgo, situada aquí como cristal mayor de la ciudad, fuente telúrica de energía, pero tan transitada por turistas y endémicos que ya casi ha perdido su reflejo a otros mundos. Y a pesar de todo, no dejo de pensar en ti, Alice, porque mi momento de regreso se acerca, y porque ya empiezo a dudar de que existas, como yo siempre he creído que existes, porque mi sentir ha eclipsado mis dones...Cuando abandone Berlín, sólo tú podrás hacerme olvidar de nuevo, olvidar todo lo que no quiero recordar. Tú serías mi niebla helada, entonces...Ahora comienzo a sentirte nuevamente, en mi retirada, como el parpadeo de un faro que guía al visitante, al fantasma del tiempo...Perdido siempre en mente, que no en físico. Vuelvo a escudarme en ti, tanto es así, que he tenido una visión contigo en la ciudad. En ella eras tan sólo una niña pequeña, una luz cuyo envoltorio sólo preludiaba la mujer que serías. Yo también era un niño, y tú me cogías la mano...Sé que en otras ocasiones he pensado haberte reconocido en otro momento de mi vida, uno en que nos cruzamos y que ninguno recordamos...¿Quizá pudiera ser esta imagen, esta visión, un recuerdo de aquel momento que ambos perdimos?...Sé que, si, en realidad, no te amo, te conozco por un motivo de ayuda, directa o mutua, porque el influjo lunar no miente.

Hemos disfrutado de un vietnamita espantoso a la hora de comer, preferiría no tener que decirlo, pero ha sido así. No debimos fiarnos de un tendero vestido de mono negro con zapatillas deportivas color rojo. Cuando los colores no combinan, algo ocurre. Como con el ajo en la cocina, hay muy pocas personas a las que no les guste el ajo, y a las que no les gusta, algo les pasa...He descubierto otra costumbre de aquí que me encanta, por cierto...En los transportes, si una mujer es guapa, queda al lado de la puerta, esperando a que la dejes pasar. Debes hacerlo si eres un caballero, especialmente, si tienes su misma edad. Yo lo hice hoy, y su reacción ha sido típicamente berlinesa: Ella apenas me ha mirado, luego, ha hecho una leve reverencia con la cabeza, y ha entrado. Aquí, el encanto físico es premiado como un signo de la vieja tradición, también de respeto al intelecto y la humildad, como obligación educativa. Luego, he contemplado a una preciosa Brunilda en la bocacalle, más guapa que Jennifer Lawrence, que no me ha hecho el menor caso, pero no se lo reprocho. Mientras pasaba por mi lado decía a Dean C. que lo que más me gustaba de Berlín eran sus hermosos paisajes, sin dejar de mirarla. Él contestó: *Eres un descarado de mierda*...Muy cierto...Más tarde, rematamos en el museo cinematográfico, situado en la impresionante Potsdamer Platz, lo más parecido a Abu Dabi que yo haya visto. En el Filmmuseum había grandes reliquias de Murnau, creador de Nosferatu y la primera gran obra maestra del cine Amanecer, Pabst, quien encumbró a la bellísima Louise Brooks, la actriz más carnal de todo el cine mudo, alias Pandora, el Caligari de Wiene, y por supuesto, el descomunal Metrópolis del gran Fritz Lang. Yo disfruté como nunca al contemplar toda clase de originales de la época que temí perdidos o mal conservados por acción del poco permisivo nazismo, pero no fue así, en el fondo, de quien menos había huella allí era de Leni Riefenstahl, una de las grandes directoras de cine de la historia, que cometió el craso error de filmar los documentales más famosos sobre la élite hitleriana y el mismísimo señor del bigotito de Chaplin. Un museo colosal, cuya mayor atracción, sin duda, era el apartado dedicado a Marlene Dietrich, la berlinesa más amada hoy, que contenía innumerables trajes suyos, como aquel que portaba durante el apoyo a las tropas americanas en la invasión de Alemania, diversas cartas íntimas u objetos personales, especialmente relacionados con las películas que filmó junto a su protector, y amante, Josef von Sternberg, otro de los grandes de la cinematografía germana, que saltó al estrellato gracias a El ángel azul. Cuesta creer que el Berlín de la segunda mitad de los años veinte, y gran parte de los treinta, fuese la meca de la industria del cine mundial, repleta de algunos de los mayores artistas que jamás vio el mundo, grandes, pero viciosos. También destacaba un pequeño homenaje a Maria Schell, hermana del titánico Maximilian Schell, una mujer y profesional preciosa, y maravillosa, a la que, indirectamente, conocí, pues rodó con mi admirado y biografiado Jesús Franco, quien me dio la primera y única oportunidad de trabajar con gente del cine, los clásicos de la serie B 99 mujeres y El proceso de las brujas, ambas, películas más que interesantes, especialmente la primera, aunque ella admitiese eran sus peores films, destacando en ellos, únicamente, la posibilidad de haber trabajado con actrices como Mercedes McCambridge, maestra de la ya desaparecida Elizabeth Taylor. Por desgracia, tuve la desdicha de comprobar que en el Filmmuseum existía además una sala consagrada por completo al arte cinematográfico alemán en tiempos de Hitler...Aquello me revolvió el estómago, incluso antes de contemplar las fotografías del mismo al lado de estrellas de quita y pon, en las que destacaban en particular sus ojos de poseído tan negros y profundos como el fondo de un pozo...No obstante, también me encantó ver el primer óscar concedido al mejor actor, en 1928, para Emil Jannings, por dos films, uno americano, y otro alemán. Sin olvidar algunos apuntes leves a dioses como Erich Von Stroheim y su Avaricia...Toda una sorpresa oculta en este distrito financiero de Potsdamer Platz que todavía aguarda tenga lugar en sus calles un film hollywoodiense de igual título, con estrellas como Mickey Rourke en el reparto, que antaño iba a ser desarrollado por Tony Scott, hermano de Ridley, pero que fue paralizado indefinidamente debido al misterioso suicidio del director...Por último, camino de casa, echamos un vistazo a Tiergarten, que me enamoró en mi última visita, hasta alcanzar el palacio Bellevue, casi una residencia Kennedy. Y en conclusión, al final de este día, puedo decir que no volvería atrás por nada, al menos, no en mi vida, porque en la escritura siempre es otra cosa, una forma de transformar la realidad decepcionante, en elucubraciones, que nos convierten en entidades más dispuestas, y experimentadas...Una actividad que cualquiera puede llegar a realizar, la mejor terapia para el escéptico...Pienso ya que este ha sido el Regreso a Berlín más idóneo para mí, y nunca lo imaginé tan bueno, debo decir. Me ha ayudado a perdonarme por mis muchos errores pasados, porque aquellos que son importantes en mi vida ya lo han hecho...He pagado por mis pecados, y seguiré pagando, esto es obvio, pues a todos nos aguarda lo mismo, en el fondo, pero, quizá, en algún otro momento de gloria, pueda volver a la ciudad de la niebla helada, para dedicarme a escapadas más allá de la capital, todavía aún más arriesgadas, si cabe. Deseo conocer mucho más de esta tierra y sus gentes. Y también a sus mujeres, que exorcizan con la simple mirada. Vírgenes ilustradas en su arte, fieles calcos de esas diosas a las que siempre se ha adorado, y que responden al calificativo de aparición mariana, cuando son otra cosa: Seres altos. Por último, tengo otra visión de mi compañera futura, como de costumbre, con el rostro borroso. Al cruzar un corriente paso de peatones, pone su mano en el bolsillo trasero de mi pantalón, me mira enternecida, y me sonríe, y ambos seguimos andando al sol. Ese soy yo, sí, así seré yo, un día. El día que logre amedrentar mi llama interna con amor humano. Y el mal no me alcance salvo en sueños.

Día 7: Ensoñaciones con la verdad, el enigma de Schinkel y cena final en el brutal Treffpunkt.

Ni siquiera tengo ganas de beber una sola copa cuando entro a una taberna, pensaría durante estos días...Y hoy regreso en solitario a Mitte, para hacer tiempo antes de mi partida final. Un barrio que reconoce al mártir Pasolini, casi involuntariamente, no puede ser cualquier cosa...Sí, reconocer, sin conocer apenas, sólo por asociación de grandeza, como lo que fue, no como lo que se cree que fue, un homosexual loco y disoluto que luchó contra el fascismo italiano...Un agitador de mentes era él, ni siquiera comunista, sino, ante todo, un escritor y narrador incomprendido en nuestros días...Tanto es así, que en el panorama cinematográfico actual sería imposible un talento de tales proporciones, uno que se atreviese a plasmar la verdad de la vida. Por qué, porque la gente, como siempre decimos, no piensa...Pero aquí se dice Prost! al beber, y se mira a los ojos fijamente...Mitte me ha recordado a él, porque su alma pervive allí, refugiada, escondida, junto a otras tantas...Este barrio, por su Isla de los museos, su nobleza incomparable y su ambiente lujoso, pero accesible para el amante de la creación humana, más inspirada que ninguna otra por lo divino, es necrópolis de los grandes que ya no están, y es que pocos lugares son dignos de ellos, o de su conservación...Y aunque las comparaciones sean odiosas, debo decir que Pasolini, como el polémico italiano, da mil vueltas a Fassbinder, el polémico alemán...Pero, al penetrar el Neues, el Pergamo, el Altes o la Nationalgalerie, que, por fin, he logrado visitar hoy, tras una larga hora en cola, en que hasta he mantenido una conversación con dos turistas inglesas, no puedo dejar de pensar en su Trilogía de la vida, formada por Las mil y una noches, El Decamerón y Los cuentos de Canterbury, que relataba los tiempos oscuros en la edad del hombre, en concreto, en los episodios en que el propio autor encarnaba al pintor Giotto, o al escritor Chaucer. Sin embargo, su interpretación del Giotto fue todavía más memorable, cuando al terminar una de sus obras, a la vez que acababa el metraje del film, él se diría a sí mismo: *Pero, yo me pregunto, porqué realizar una obra cuando es mucho más bello soñarla solamente...*Como genio que era, gracias a dios que no la emprendió con su Trilogía de la muerte, que, sin embargo, inició con Saló o los 120 días de Sodoma...Aún me río cuando la gente la considera una película asquerosa, y lo era, pero era también muestra de nuestra vida. Un film que ponía a caldo, de la mano de un actualizado marqués de Sade, a la élite de poderosos que siempre golpean al mundo porque la sociedad se lo permite. Esto no es incitar al comunismo, es hacer que la gente despierte. Porque, en el fondo, al menos, sí desde Roma, el poder siempre ha estado en manos de la misma gente, y a todos nos da igual, cuando los ángeles y demonios conviven en los mismos lugares...Pero volviendo al eje principal, qué impresionante galería nacional, un Louvre, en el que he descubierto la nocturnidad y el acertijo alemán, más allá de Monet, Degas, Gauguin y Lautrec, al que me moría por ver en vivo y en directo, e incluso algún Munch, como la inquietante Separación II...Me ha encantado Schinkel, eso sí, un autor al que no conocía para nada, concretamente, su Schloss am Strom, *El castillo en el río*, que es paradigma perfecto y creciente de su obra centrada en parajes maravillosos, en los que apenas aprecias a sus personajes humanos, como eremitas o elegidos peregrinos...En estos cuadros suele destacar especialmente un árbol sacro, de la clase que encontraríamos en el verde Brieselang, y una fortaleza muy particular, cuya entrada previa resulta laberíntica, al escalar una gran montaña. En esta imagen concreta de El castillo en el río, sólo Cernunnos en su forma animal cruza este galimatías para llegar al Edén. Él penetra el recinto sagrado y repleto de misterio, mientras los humanos huyen al bosque...Terribilis est locus iste, nos dice Jacob en las sagradas escrituras: *Este lugar es terrible*, por su escalera al cielo, una llave al paraíso igual de impresionante que el reino del mal...También encontré, para mi asombro, distintas representaciones del enigma de Nicolas Poussin y sus pastores de la Arcadia, lo cual me hizo pensar en que la corriente subterránea de los Rennes Le Chateau había arribado a estas tierras, como a todas aquellas en que aguarda algo mágico y especial...Sí, ahora sé que Sión también anduvo por aquí, cosa que a la larga tampoco me sorprende tanto, tras haber contemplado varias ilustraciones de la Magdala rubia con el pelo hasta los tobillos, o gigantescos paisajes extraídos de cuevas, o grutas navegables por interiores de montaña, las mismas donde habitaron los cátaros...Por lo demás, dudaba en decirlo, pero lo voy a hacer, porque, creo que a ella le agradaría...En este viaje, he encontrado a alguien más, alguien en quien sólo he reparado inequívocamente entre los pasillos de la Nationalgalerie. Era una mujer, o eso parecía ser, pero no cualquier tipo de mujer, sino la misma que había advertido antes en Brieselang, Pfaueninsel, Wannsee y otros lugares. Era asexuada, y esta vez sí me miró de reojo, muy sutilmente, para que yo cayese en la cuenta. Recuerdo que casi parecía salida de un cuadro, uno de esos cuadros que me recordaron a personas que ya había conocido antes, estoy seguro de ello, pero no en esta vida. En especial, uno de una hermosa anciana, que me trajo a la memoria por similitud de sensación, el bellísimo film En algún lugar del tiempo, en que el malogrado Christopher Reeve viajaba a través del túnel temporal tan sólo desarrollando al completo el poder de su mente, guiado por el deseo y el amor...El hombre es capaz de esto y mucho más, podéis creerlo, cualquiera que tenga fe puede verlo, si yo lo he visto, cualquiera puede...No llegué a hablar con este ser, a pesar de todo, porque sentí que no hacía falta...Me había dejado verlo, y este fue para mí el mejor regalo. Me había acompañado...Así acaba la parte final de la famosa Isla de los museos que me quedaba por ver, y me siento triste al marcharme, pero es una tristeza hermosa, como la que sientes al disfrutar su arte, que queda ya muy dentro de mí. Siento que de alguna extraña manera formo parte de él, de sus paisajes, encuentros en la noche, y también con lo terrible, en toda suerte de invisibles templos prohibidos a todos, salvo al dios astado y aledaños. Al menos, tendré buen sabor de boca al regresar a casa sabiendo todo esto, porque, gracias al día de hoy, sé que mis sensaciones aquí, escritas o no, ya no caerán en el olvido, ya que forman una milésima parte de una historia infinita y universal, la de la verdad...Puede que esa parte de verdad que notas en la capital del oso, cuando descubres efectivamente que si cumples las normas, los alemanes son encantadores contigo, y más aún, si comprueban respeto y honor en tus ojos. Cuando ellos confían en ti, suele decirse que tienes amigos de por vida. Y si se enfadan te ponen firme sin tocarte. La mayoría de los españoles que conozco mejorarían viviendo aquí. Yo lo he hecho, y eso es realmente difícil...Remato la jornada en sesión de relax al sol, junto a Leo Carmelo, que se lame y relame, se sube a mis piernas, maullando, y hasta juntando su nariz con la mía, en señal de despedida, sin dejar de ronronear...Más tarde, en el sillón, mi amigo felino inicia una larga siesta, en posturas imposibles, a la par que mi retorcida meditación. Profundamente bello y triste, es mi final, aunque Daniel Freudenreich, uno de los grandes anfitriones sobre la faz de la Tierra, me acompañe al día siguiente camino del aeropuerto, mientras Dean C. todavía duerme. Podía decir muchas cosas de Daniel, y como suele admitirse cuando alguien te causa verdadero afecto, todas serían buenas, pero simplemente terminaré diciendo que es la mejor encarnación de los valores de esta nación renacida. Sólo me quedará un momento rescatable, durante el transbordo en Düsseldorf, en que regresaré a The Smoking Room logrando compartir un cigarrillo con una belleza de ojos azules y pelo castaño con la que cruzo un par de frases...Ella me abandona, pero, entonces, llega un grupo de impresionantes azafatas a las que logro robar una fotografía que sólo Dean C. podrá ver...Al fin logré mi instantánea.

Pero no puedo acabar así, pues prefiero hacerlo en la noche del último día, en que agradablemente disfruto de un nuevo encuentro con mi grupo berlinés favorito en el Treffpunkt Berlín, un restaurante alemán típico, en el que me pongo las botas, gracias a la invitación de Carmen Astur, otra divertida y muy sonriente amiga de Dean C., cuyo gesto jamás olvidaré...*Todos tenemos nuestra historia*, pienso, mientras bebemos cerveza, y saboreamos los mejores platos locales...Todos tenemos un motivo, o más de uno, para seguir adelante, a pesar de esa tormenta eléctrica de grandes dimensiones, que trata de paralizar nuestro camino en la vida...El mal nunca podrá vencer al bien, porque es nuestro destino como seres humanos, como raza...En estos pensamientos, descubro que ya no soy el brujo, ni ningún fantasma del tiempo, ni un visitante...Sólo soy uno más, antes del final regreso a España.

-¿Crees en el amor?

-Creo en decir "Te quiero", cuando surte su efecto...

All That Jazz.

Sin saberlo, incluso el propio Bob Fosse, entendía muy bien a San Agustín. Uno sólo debe descubrir quién es y cómo mejorarse en la vida, y simplemente serlo, y hacerlo. En cierto modo, aunque parezca increíble, este irrepetible artista, cuya carrera cinematográfica siempre trató de emular al gran Stanley Kubrick, moviéndose entre el musical y el drama biográfico, este adicto al sexo, la nicotina, y especialmente, las bambalinas, sabía muy bien quién era, y lo que hacía. A veces, los verdaderos genios se miran al espejo, y lo que ven los deslumbra...Se pierden en una fase de renacimiento y autodestrucción constante, probablemente, indicativa de quienes fueron en otros mundos, en otras vidas...El problema es que ya no son lo que eran, sólo son humanos, y llegado el momento, esa batalla divina y excesiva de amor y locura, que pervive en su interior, termina consumiéndolos...Tal y como ocurre a la Minnelli de Cabaret, *la divina decadencia* en el texto de Isherwood, o al calco del propio Fosse encarnado por Roy Scheider, al ser encerrado en su bolsa de cadáveres, tras haber realizado la mejor obra coreográfica de toda su vida...Eso es la fe...Es desarrollarse hasta el extremo final.

Comentario a Contra los académicos de San Agustín

Hoy día, cuando alguien nombra al gran San Agustín como tema de trascendental conversación entre un público más elevado de lo corriente, cultural e intelectualmente, todos huyen despavoridos. Es triste decirlo así, pero es cierto, es verdadero...A muchos otros, sin embargo, pues vivimos en un país donde la Iglesia, su historia y su tradición, casi siempre tuvieron una enorme validez y seguimiento, simplemente, les suena como aquel santo, aquel pestiño, aquel rollo...Estas son convenciones erróneas, que la historia nos va dando conforme avanzamos en el tiempo. La gente suele contemplar a los religiosos como a los curas de pueblo, centrados en sus libros sagrados, en sus misas, en sus ritos...Personas que tratan de mantener la fe entre su rebaño, a pesar de no vivir igual que su rebaño. Por ello, en la modernidad, se tiende a la desconfianza generalizada en todo aquello que tenga que ver con la Iglesia, sea cual sea esta. Yo mismo me incluyo en esta falta de conocimiento. Sin embargo, hace años que intento cambiar mi postura.

En la Iglesia católica, como en todas las demás, nos ha sobrevenido el legado de ciertos hombres y mujeres, que distaban bastante de la concepción mayoritaria que solemos tener de los cristianos de oficio y de fe, a los que vemos tan sólo como a un grupo de gentes muy bien organizadas, encaminadas a un único fin. Un grupo de gentes que siempre dicen lo mismo, que siempre buscan lo mismo, con sus aciertos y con sus errores. No obstante, han existido, a través de las épocas, decenas de pensadores, y dios mediante, también algunas geniales pensadoras, que nos han perdurado dentro de la Iglesia católica, y que contribuyeron a su progreso, y a su mejora, cuyas enseñanzas, a pesar del alto acceso a la cultura y la formación que tenemos hoy día, casi se han perdido. Enseñanzas que no son las típicas, que no conceden únicamente a un credo, sino enseñanzas universales...De entre cientos de nombres, podemos destacar a San Agustín, un hombre que despierta, o despertaría, si fuese más leído y estudiado, cierta simpatía, cierto modo de apertura mental desconocida entre la muchedumbre, que demuestra que la Iglesia es más de lo que parece, en suma. Hay sabiduría indudable entre estas gentes, acumulada tras el túnel del tiempo, y esto es innegable, seamos creyentes o no. San Agustín es el perfecto ejemplo del lado menos conocido del catolicismo, y también, del más necesario para la historia del hombre, aquel que puede ayudarlo a hacer lo que cada vez hace menos: Pensar. Por ello, Contra los académicos es una gran obra.

Obra que queda dividida, como uno advierte prontamente al comenzar a ojearla, en tres libros distintos, que tratan multitud de cuestiones gracias a un diálogo. Un diálogo que comienza hablándonos de lo que significa *vivir buscando la verdad, vivir conforme a lo mejor que hay en el hombre*, hasta el punto de otorgarle la felicidad. Pero, para ello, no sólo es necesario tener conciencia de que la verdad existe, porque hay que buscarla, y como nos dice San Agustín, ésta, inevitablemente, sólo puede encontrarse con la fe. Fe y razón, ambas son necesarias para que el hombre cumpla su destino...No obstante, de entre todas las grandes frases y palabras que advertimos en el texto, personalmente, me he fijado en algunas, que no tienen gran trascendencia, para qué engañarnos, pero que demuestran, levemente, la calidad de la obra, y el trasfondo vital de quien la escribe. Sí, rasgos de su identidad en la rutina, rasgos de su fuerte carácter, una máquina del tiempo que nos guía por nublosas pistas hasta la psique del genio.

No busques en esta casa de campo lo que es difícil hallar en todas partes. Se dice, cuando se pregunta por un sabio. ¿Diría esto un hombre corriente, de falsa modestia, centrado en la pompa y la inmediata trascendencia de sus frases aburridas y poco interesantes? Yo no lo creo...Asistimos a la revelación de un auténtico filósofo, alguien que no tiene miedo de la verdad, alguien que ha vivido, y que comparte con nosotros sus pecados, y sus descubrimientos...Cómo alguien va a tener miedo de la verdad, cuando no tiene nada que ocultar. Ese era el caso del autor...Quién, hoy día, no tiene miedo de la verdad, de la suya, o la universal. Quién se pregunta por estas cosas, sin temblar. Quién puede mirarse al espejo, admitiendo la luz y la oscuridad que guían inexorablemente su interior...Él lo logró, y nos dio ejemplo con ello. Así, este trabajo no sólo trata de la verdad y la sabiduría, de una forma en la que incluso presentaría una nueva gran polémica en la actualidad, que, ayer, sin embargo, debió ser brutal. En Contra los académicos, vemos a un San Agustín que expone su tesis con pasión, con fe, por supuesto, pero también con cierto humor irónico, cierto estilo. Uno tan pernicioso para su tiempo, que sorprende que no le causase más problemas todavía. Todo, dentro de una exposición, que se hace la pregunta de que, si el que busca, todavía no es perfecto, cómo puede ser feliz...Cómo, porque se encuentra inmerso en un proceso que aún no ha rendido sus frutos...Pero está en el camino. El mismo en que San Agustín se permite, con sus colegas, analizar a Cicerón sin sonrojarse. Atreviéndose a poner en duda a los más grandes, y es que, porque algo sea escrito en roca, no significa que sea inalterable. Siempre puede romperse...Así se aprende, en realidad, porque todos cometen fallos, hasta los sabios hombres. De esta forma, se sigue la verdad, investigándola o hallándola. Por estos dos medios, uno encuentra el camino, cuando hay fe en ambos. Cosa que San Agustín también muestra.

Él habla mucho, además, de una figura que, parece ser, lo marcó profundamente, la de Romaniano, amigo de su familia, y antiguo mecenas. Y utiliza esta figura, como excusa para continuar exponiendo sus argumentos. Así nos habla del amor a la sabiduría y a la hermosura, filocalia, como si fueran casi la misma cosa: Una respuesta a la vida...*De repente me he convertido en un Esopo*, leemos por ahí, entre paréntesis. Otra indudable muestra de un humor, que incluso hoy nos haría gracia, y que sirve para aligerar un texto que no pretende ser farragoso, o especialmente importante, sino sólo accesible, sencillo, porque en la sencillez está la verdad...Y luego, claro, como motivo central, San Agustín critica el tan criticable hieratismo académico. Enfrentándose a él, al intocable. Discierne sobre la historia de la antigua y de la nueva Academia, de cómo cambia todo, y en el fondo, de cómo transcurre el tiempo sin responder a las verdaderas preguntas, incurriendo en los mismos errores...Y cómo se aprende realmente, nos preguntamos, llegado este punto: Al mantener conversaciones, haciendo a los demás, y sobre todo, a uno mismo, esas preguntas, que ya se hacían los más grandes, Platón o Sócrates, para no vivir una vida llena de nada. Para salvarse...Agustín cogió lo mejor de los clásicos en su labor, guiándose por un instinto prodigioso, porque, seguramente, había sido elegido dentro de su mística personal...Agarraba con fuerza lo fundamental, y lo utilizaba para ir aún más lejos, provisto de un arjé novedoso, tal y como él lo planteó: Dios, Cristo, y lo justificaba haciéndolo lógico y necesario. San Agustín era la clase de hombre que podía, de veras, inculcar fe en el resto, porque demostró que la fe era una cuestión real más allá del hombre. Un método o sistema antes propio del eterno retorno a las ideas, que de un quehacer mundano. San Agustín pone de manifiesto en Contra los académicos, que la filosofía no es un circuito cerrado, que nunca lo fue, y nunca lo será. Pues de serlo, se contradeciría a sí misma. San Agustín apoyaba y transitaba el camino inmortal. Ese mágico, que nos susurra que siempre hay preguntas, que siempre hay dudas...Que siempre hay temores...Pero el camino de la verdad es de sentido único...

Y como tal, así Agustín corrige a sus amigos, simplificando la respuesta a las cuestiones que él mismo planteó antes. Para que vean que, en el fondo, la verdad bien entendida y discernida, la mejor respuesta, es más sencilla de lo que uno cree, si bien, el proceso previo para alcanzarla, es arduo y costoso...San Agustín comenta a los anteriores sabios en todo momento, como método para innovar, pero recuerda a Dios, y poco a poco lo enuncia como primero y principal axioma de toda su carrera, porque, para alcanzar la verdad, precisaremos de su divino socorro, de su don, de su gracia: Él es el maestro de ceremonias en este espectáculo. Finalmente, hay algo que llama mucho la atención, una frase que hoy sólo nos despertaría cierta curiosidad, pero que en otros tiempos hubiese sido más que suficiente, para invitar al filósofo que coqueteó con el maniqueísmo y la licenciosidad, a una buena sesión de llama y madera: **Platón conduce a Cristo.** Y cómo es posible que Agustín pasase tan inadvertido al decir esto. O es que no lo hizo, en realidad...Él explicó el porqué...Explicó, cómo un sabio llegaba a la certeza inapelable de que esto, al menos, de algún modo, era cierto. Y por ello, como otras veces, se salvó. Demostrando, de nuevo, que empleando la verdad, el hombre puede ser mucho más...

Duelo entre Eidetekers, el compañero y la ninfa.

Vivimos en una época primitiva, ¿verdad, Will? Ni salvaje, ni erudita...Su maldición son las medias tintas. Cualquier sociedad racional me habría matado, o hubiese sacado algún partido de mi...

Hannibal Lecter. El peor y mejor Eideteker, en **El dragón rojo.** Es este, un personaje que fascina por su inteligencia, agudo instinto y gran poder, como verdadero demonio psíquico que es...Pero su resultado sólo sería admirable si estuviese del lado del bien...Al devorar, él fantaseaba con canibalizar el mal y el bien del mundo, desafiando, así, al único dios, pero sólo conseguiría ser atrapado...Muchos se preguntan cuál sería el destino final de este personaje en las novelas de Thomas Harris. Bien, es muy sencillo: Nunca lo sabremos. Porque Hannibal no envejece, porque no es humano...Como el bien de dios, el mal despierta interés por su gran sabiduría, porque él es como el cómico Lenny Bruce: Nos habla de todo cuanto vivimos, y no vemos...Es más, aún predice lo que ocurrirá...Olvidad los pactos, o los deseos cumplidos por el genio de la lámpara. El mal tiene seguidores sólo por un motivo: Da poder...Pero éste sólo servirá para atraer el cáncer a nuestro ya caduco mundo.

Me gustaría describiros tres encuentros, que asimismo sirven como tres fases en lo que ha sido este, mi último año. El primero, tiene que ver con una mujer que conoce bien a Alice, o cree conocerla. Una persona corrompida con la que hasta hace poco siempre me llevé bien, o hice como si me llevase bien...El segundo, tiene que ver con un compañero de trabajo, al que respeto y admiro lo suficiente, como para hacerle un pequeño homenaje aquí...El tercero, naturalmente, tiene que ver con mi tigresa amarilla, la persona que recorre este maldito libro.

1. *Por qué te gusta tanto*, me dijo, algo irritada, en lo relativo a Alice. *Sabes que tiene pareja, ¿no?*...Después, me miró muy mal con sus ojos grises, e intentó conmigo el mal. Nunca me gustó esa chica, no por entero. Yo la miré fijamente, y contesté: Eso es algo muy personal. *No serás uno de esos obsesos sexuales, ¿verdad, Diego? No serás un Norman Bates*...Continuó, creyendo que lograría atemorizarme. Ese sería su primer error...Si hay algo que no tolero en la vida, es la falta de respeto y la descortesía, dije. *¿Me amenazas?* Preguntó, sin dejar de hacer notar su burla. No, te advierto, proseguí. Si me conocieras bien, sabrías que no soy el tipo de persona a la que se ofende sin ningún motivo. *¿En serio? Estoy más que aterrorizada...*Diría, acompañando su proceder, con un gesto de irrisoria puta...Para que lo entiendas mejor: Nunca he perdido una partida de bolos a este respecto...Toda mi vida he estado rodeado de gente asquerosa, en ocasiones, de seres humanos que daban verdadero miedo. Tú me gustas, no te confundas, pero no lo suficiente...No como ella, y lo siento de veras...Aunque yo sé bien lo que eres, y lo que puedes hacer. Pero no tienes poder suficiente frente a mí. Lo mejor sería que lo dejes correr, si sabes lo que te conviene. Porque también sé que tú sabes exactamente de lo que soy capaz, querida. Conforme yo le hablaba, la bruja cayó en saco roto. Se

contrajo. Bajó la mirada, jamás volvió a intentar nada, y no volvió a hablarme...No somos tan distintos al perro de Pávlov, al fin y al cabo...Se nos puede reconducir en la debilidad, en la falta, en la privación de amor. Sólo se necesita cierta astucia, y sobre todo, un pequeño empujón hacia la oscuridad...Uno que no nos condene.

Sin embargo, si ella hubiese sido mi amiga verdadera, como en un inicio pretendió, hará cosa de un año, le habría contado la verdad del asunto, como hice a mi hermano Dean C.: *Por qué te gusta tanto*, me preguntó también él. *Creo que sois demasiado diferentes...*Eso no es cierto, contesté yo. Por dentro, cuando pensamos, y sentimos, sólo en carne y alma, algo me dice que somos prácticamente iguales, nacidos bajo la misma conjunción lunar y vital. La conozco, y eso que todavía no la "conozco", realmente...*Pero todo eso puede ser debido a tu habilidad. Cómo puedes saber si ella es parte de tu destino, o una simple fascinación tuya, teniendo en cuenta la vida que has llevado y llevas, y tu facilidad para ver en una mujer su mejor parte...*No puedo contestarte a eso, Dean...Sólo puedo decir que me siento muy tranquilo a su lado, y es difícil que yo me sienta a salvo con alguien...Ya sabes por qué, hay días en que salgo de casa y sé que hay algo que me sigue, no sé si para bien o para mal, pero sé que existe, como ya viste...Con ella, eso no me ocurre...*Veo, que tu interés por ella, finalmente, tiene más que ver con que te recuerda a alguien de tu pasado, ¿no es así?...*Sí, a esa persona que perdí hace tiempo y era tan importante para mi...Ambas están cortadas por el mismo patrón de lo que llamamos "visión"...

El recuerdo de la conversación con la Eideteker, me trajo a la memoria a mi ángel de oscuridad. A mi canario negro...Hace bien poco volví a pensar en ella, recordando que, desde que era un simple niño, con cuatro o cinco años, ya andaba loco por las mujeres rubias, o como mínimo de ojos claros, cosa que jamás he podido comprender, y la verdad, tampoco me importa mucho. Recuerdo así, la excepción. A ella, una realidad brutal y escalofriante para cualquier hombre. La veo de pie como en un sueño a mitad de pesadilla, en aquel andén en que la encontré, bajo la noche iluminada por el naranja de las farolas. Con el pelo más negro que he visto en mi vida, aún más que el del Becker en el film del maestro Taboada titulado Más negro que la noche. En el fondo, ella se parecía mucho a aquel felino, que de animal sólo tenía el físico. Y su piel, qué piel tan blanca, como los dientes de un pequeño lactante, y los ojos, qué ojos tan azules, de un azul que todavía el hombre no ha conocido...Ella no se atrevió a dar el paso final, y yo no quise esperarla, como ya os conté...Los dos dañamos nuestro previamente roto corazón, pero nos recomponemos, porque siempre lo hacemos, porque, en el fondo, que no en la forma, somos peligrosos, mi bello canario negro...Somos, querida mía, demasiado diferentes, poco modernos...

2. Él era un buen hombre, y por ello, conforme conocía mis peculiaridades como persona, no permanecía a mi lado por interés, como ya lo habían hecho tantos falsos aliados en el pasado. No, había algo que, a pesar de todo, le inquietaba en mí, antes de intrigarle. Y es que, aunque él deseaba con todas sus fuerzas no creer en la visión,

creía. Y del mismo modo, sabía que mi imaginación, como otras, podía servir tanto al bien como al mal. Y él todavía dudaba de a cuál servía yo...Me veía como un buen socio profesional, pero, al mismo tiempo, se preguntaba si, al final, yo demostraría ser un demonio, un villano mental, de pesadilla, uno de los peores...La clase de ser que gustaba de jugar con los destinos de las buenas gentes, introduciéndose en su cabeza, y en sus sueños...Un Eideteker que se valiese de maquiavélicos planes, para disfrutar del dolor de otros...La verdad es que yo vine al mundo para ser así, motivos no me faltaron, y hubiese sido uno de los mejores en esa logia negra. Pero elegí el otro camino, por razones que, aquí, no viene a cuento comentar, porque esto no es Están entre nosotros...En fin, el hecho es que no me resultará nada fácil, lograr que Mickey D. confíe en mí de veras, pero sólo necesito paciencia, como contigo, Alice, mi inspirado sueño brillante...¿Aún te doy miedo?...Y es que es realmente costoso afrontar el destino humano, cuando, al creer controlar nuestra vida, pronto nos percatamos de que las pruebas del laberinto nos revelan que no lo sabemos todo...Que no conocemos a toda la variedad de nuestra propia raza y sangre...Es una sensación inquietante, en mi opinión...El principio de una metamorfosis, el principio de algo más: Un humilde renacer.

3. Al final, no sé si por pena, o por educación, o quizá por verdadera simpatía, Alice me ofreció que viésemos juntos alguna de las películas que le había regalado. Le dije que me encantaría compartir mis impresiones con ella, y que sentía verdadera curiosidad, por saber si así lograba

dormirla, como hacía la serpiente en El libro de la selva, con el pequeño salvaje Mowgli...Ella me dijo que no creía que yo fuera la clase de hombre, con el que una mujer, una persona, en general, se aburriría. Y así ocurrió...

Aquella tarde yo escogí dos películas, hoy un tanto olvidadas, pero bastante recientes en el tiempo: The Grandmaster, del pedantusco Wong Kar Wai, debido a que a Alice no le gustaban nada las películas de acción o artes marciales, y yo quería demostrarle que aquellos géneros no eran siempre como ella creía, y por supuesto, Deseo, peligro, del victoriano de corazón Ang Lee. Esta última, debido a que me parecía mil veces mejor que la tan famosa y horripilante Cincuenta sombras de Grey. En el fondo, trataba de un romance similar, sólo que ambientado en el mundo del espionaje chino y japonés...Como protagonista de ambas, teníamos al enorme Tony Leung, que en la primera encarnaba, nada menos, que al maestro del gran Bruce Lee, llamado Yip Man, toda una leyenda del decadente Hong Kong colonial...Una película que trataba de hacer lo imposible por emular a esa maestra e insuperable Hasta que llegó su hora, de Sergio Leone, en su afán por captar un muestrario gigantesco del mundo marcial clásico, antes de su caída en la era moderna, quedando en una historia emocionante y bellísimamente narrada, cuya potencia, finalmente, se veía aplastada por la habitual torridez de folletín propia de su director...En la segunda película, no obstante, un actor asiático de la talla de Tony Leung lograba eclipsar, nada menos, que al Humphrey Bogart de El sueño eterno, y al Marlon Brando de El último tango en París, creando un irresistible híbrido entre ambos...Mucho tuvieron que ver, en el esplendor de ambas obras, sus protagonistas femeninas, las impresionantes, repletas de belleza y talento, Zhang Ziyi, y por supuesto, esa nueva promesa que es Wei Tang, respectivamente...Debí comentar a Alice toda esta diatriba y mucho más, pero ella me escuchaba, más interesada en lo que yo pudiera decir, que en lo que las propias películas significasen realmente. Más tarde, por supuesto, la conversación evolucionaría hacia otros derroteros...Yo me cansé de hablar, y prácticamente, la obligué a que me contase cosas de ella...Que cambiásemos de tema, le dije, porque yo ya me había explayado lo suficiente, y pasado un tiempo, detestaba escucharme en exceso...Pero ella no se decidía, y me preguntó: *Qué te parece el mundo de la televisión, o el del cine.* Son lo mismo, contesté yo, muy convencido. *¿Y los libros, la pintura, la música?*...Todo es lo mismo, le dije otra vez. Es un mundo de mierda, sobre todo, en España, pero me encanta. De la misma forma en que tú me interesas, por no parecerte en nada a mí, al menos, no a primera vista...Dicho esto, supongo que ella se dio cuenta de que no había escapatoria posible, y que, más pronto, o más tarde, debería compartir algo conmigo...Comenzó a hablarme de su trabajo, y de la dificultad que sentía al cumplir largos turnos en los que debía relacionarse con personas insoportables y espantosas, tan torpes como niños intentando montar en bicicleta por primera vez...Pero no se sentía cómoda al decírmelo, así que yo continué hablando. Quería dejar claras un par de cosas, antes de adentrarnos, finalmente, en lo desconocido de nuestros corazones e instintos:

Sé que es pronto para decirlo, porque aún no nos conocemos, pero sabes ya que yo no te traicionaría, ¿verdad?

No, sé que no lo harías. Contestó, quieta e intimidada apenas, de espaldas, frente a la encimera de la cocina, cuando se hacía un té.

Claro que no, proseguí. Sabes por qué.

Por qué. Preguntó ella, casi intuyendo la respuesta.

Porque me gustas, ya te lo he dicho muchas veces antes. Y no hay muchas personas que me gusten...La mayoría acaban aburriéndome muy pronto.

¿Pero yo no?

No, Alice, tú tienes algo, un misterio, que hace que no pueda apartar mi vista de ti. Y no sé si quiero descubrir ese misterio tuyo, realmente. Quizá me intereses más así, a la larga...

Eres un hombre extraño, una oveja negra...

Me lo dicen sólo desde que nací...

Creo que nada puede compararse al hecho de contemplar la segunda temporada de la nihilista serie True Detective de madrugada, y enfrascarse, contra la propia voluntad, en la lectura de Santo Tomás de Aquino. Para mi sorpresa, en ocasiones, "cae una estrella"...Ambas actividades son más complementarias de lo que imaginaba...*El hombre es el animal más cruel*, nos decían en la primera temporada, y ahora: *Tenemos el mundo que merecemos*...Sin duda, el guionista Nic Pizzolatto es el nuevo James Ellroy de la Tv...Pero me hace gracia que digan que es tan original, cuando no lo es en absoluto, si bien, ha logrado reclutar a lo mejorcito del autor de L.A. Confidential y las pericias directivas y filosóficas del más inspirado David Lynch, para llevar a término su tan anhelada serie. Hijos de la anarquía queda por los suelos, como sobrevalorada que estaba...

Comentario a Sobre la verdad, de Santo Tomás de Aquino

Sobre la verdad, de Tomás de Aquino. Sin duda, un texto interesante, que nos hace pensar, pero no a la antigua forma, tan razonada o a través de diálogos, repitiendo por medio de múltiples símiles la misma cosa, para que cale hondo en el espectador. Tomás de Aquino nos hace pensar, pero a su peculiar estilo, a su peculiar forma de objeciones y contestaciones. Él establece un diálogo consigo mismo de cara al resto. Por supuesto, bastante novedoso, aunque siempre echando la vista atrás, siempre buscando las pistas que el tiempo borra, como huellas en la arena. Aquí nos instruye sobre aquello que los filósofos anteriores a él daban como definición de la verdad, y no sólo cita a su cercano San Agustín, que trató parte de los mismos temas que Aquino trata, sino a los padres de la filosofía semítica y otros coetáneos. *La ciencia lo es de lo verdadero*, como objeto de saber, comienza diciéndonos, como disciplina del saber. Y recurre a San Agustín bien pronto, una figura que, sin duda, lo ha influido, y puede que hasta lo obsesionase, tanto como a Platón y a Aristóteles les obsesionaba Sócrates. *La verdad está en las cosas y no en el entendimiento*, arguye, citando al que admira tanto como critica. Sin embargo, él nos dice que todo aquello verdadero lo es porque se encuentra en el entendimiento, porque nos es conocido, y de forma esencial o accidental en función de su dependencia.

Siempre dejando claro las diferencias entre razón y fe, y aún de forma superficial, su tesis, que apoya que la filosofía y la teología son cosas diferentes...*Con la razón podemos encontrar verdades, pero no la verdad de Dios, que es principio de todas las cosas*. En apariencia, casi sonaría igual a lo que San Agustín nos decía, pero no lo es en absoluto. Aquino muestra un modo elegante de separarse de los grandes y previos, sin dejar de premiar sus aciertos. Pero insiste en que la verdad no sólo está en ese entendimiento que compone y divide. Utiliza a San Agustín como espejo en que mirarse y plantearse las más importantes dudas filosóficas y cristianas, para, después, extraer de su reflejo aquello que más le atrae y conviene, para apoyar o negar sus argumentos. Conociendo, naturalmente, que en la adecuación entre el entendimiento y el objeto a entender, se encuentra la auténtica verdad. Él logra estas respuestas dudando de los que parecían saber más, y sabían, pero Aquino les da una vuelta de tuerca, una más, los perfecciona.

Pero el individuo no logrará conocer la verdad sólo con los sentidos, como algunos creyeron, sino gracias a su experiencia, a la operación mental que se producirá tras cotejar su bagaje obtenido en vida, el que lo llevará a concluir qué es cierto o verdadero, o qué no lo es. Guiándose por lo aprendido y estableciendo así su propia comparativa existencial. Y por tanto, el filósofo, más tarde, delibera que lo verdadero y el ser se identifican por su evidencia, aunque ambos sean conceptos distintos, relativos al entendimiento y las cosas, respectivamente. No obstante, el entendimiento sí se basará en el ser, como objeto de razón, y posterior verdad. Por esta concepción, todo ser conocido será verdadero, pero conociéndolo sólo a él, no se conocerá todo lo verdadero.

Es decir, hablamos de una cuestión compleja que trata Aquino, y que nos muestra que, a fin de cuentas, no tiene una respuesta simple, ya que no hay una fórmula precisa que nos lleve a su panacea...*¿Es anterior el bien a lo verdadero?* Una de esas preguntas originales, y sobre el mismo origen de las cosas, a las que en un inicio sólo Tomás se enfrentaría, valiéndose de su inmensa formación y conocimiento. Siendo identificados, el bien y lo verdadero, como funciones, o características, dentro de la vida del ser. Sin embargo, Aquino nos demuestra razonadamente que son distintos. Y que lo verdadero, efectivamente, es anterior al bien, puesto que existe, puesto que puede identificarse, mientras que, el bien, es una acción posterior, que podría darse, o no. Lo verdadero corresponde a la naturaleza, más concretamente, al conocimiento, pero el bien, recalca Aquino, forma parte de lo que él denomina *apetito* en el ser. De hecho, todo lo que en el ser se produce es debido a su apetito, a su inquietud. Es muy inteligente por parte de Tomás llamarlo simplemente apetito, como si se tratase de alimentarse, pero es que realmente es eso, alimento exterior y alimento interior. La forma en que el ser funciona, vive, ama y odia, se da por acciones que aprehende. Y más tarde, relaciona todo ello con Dios, al que identifica con la verdad. Porque él es la verdad absoluta, es su propio entendimiento, dado que resulta en la suma de todas las cosas. Por ello, en Dios está la verdad, toda la verdad, hasta la más compleja, y recóndita, porque él crea y ve todo.

También nos habla del no ser, por supuesto, al que siempre, en cada pregunta, trata de dedicar un pequeño apartado, para demostrar que, por sí mismo, en realidad, no es nada, si bien, podría decirse que nuestro entendimiento le da nombre, aún como ausencia de todo. Cita además a San Anselmo, que recoge la expresión de que *sólo hay un tiempo para lo temporal, y por tanto, sólo hay una verdad para todo lo verdadero*. En este caso, lo que parece tan simple, como respuesta, tal y como apuntaría el posterior movimiento filosófico, no lo es. Para ello, Tomás responde con otra nueva frase, muy propia de él: *Cuando algo se atribuye a muchos unívocamente, aquello mismo se encuentra en cada uno propiamente...*Dicho de una manera más relativa al ser humano: Aunque en la forma seamos iguales, en el fondo, cada persona es un mundo.

Pero la verdad, y otras concepciones, son mayores que el alma, continúa...Si bien, ningún ser es superior al alma, a la esencia, a la verdad, sino sólo Dios. Y luego, *¿la verdad es eterna?*...Casi una cuestión planeada para coger por sorpresa a los que creerían entender este texto. Santo Tomás de Aquino concluye que sólo Dios es eterno, en todo tiempo y lugar, y sin quedar determinado por nada ni por nadie. Aunque, que un universal, una idea, esté en todas partes, no significa que sea eterna. Por ello, termina diciéndonos que antes la verdad no existía, claro que no, no existía hasta que no fue creada por lo eterno. Y que la verdad es inmutable en razón de su entendimiento, en la cohesión con lo conocido. Así, según el cambio, la verdad puede ampliarse o variar. Así, no significa esto que la verdad esté sometida a una metamorfosis o mutación constante, sino que puede alterarse en función de la conformidad de los seres que la perciben.

Pero, al fin y al cabo, qué es la verdad, seguiría preguntándose uno mismo, porque el ser humano es así. Sigue preguntándose lo mismo, una y otra vez, a pesar de obtener respuestas más que aproximadas. Por qué. Sólo hay un motivo para ello: Porque la mente nunca se conforma. Por más que sepamos, por más sabiduría que heredemos, por más que leamos a Aristóteles, Agustín o Aquino, siempre habrá alguien, al menos, que se pregunte: ¿Y ahora qué viene?...Aun con todo, Aquino puede que sea uno de esos excepcionales hombres en el correr del tiempo, que permitan que nuestra mente quede un tanto más satisfecha...Casi sintiendo que puede saber, que puede acercarse al origen misterioso de todo, aun perdiendo la llave que abra la última puerta del conocimiento.

Por eso, suele decirse que el pensar es nutricio. Nos allega más a lo que podemos, o queremos, lograr ser, a Dios, si somos creyentes...Puede incluso hacernos más felices en la inquietud, porque nos dejará siempre con la incógnita final: Qué somos. Por qué somos. ¿De verdad somos únicos? Personalmente, creo que esa respuesta final, ni tan siquiera se encontrará en la otra vida. Creo que esa respuesta al enigma sólo la conoce el verdadero arquitecto de todo. Y quién es él. Es lo que Aquino trataba de descubrir, a pesar de mostrar una ciega veneración cristiana...Seguía haciéndose preguntas, aunque sabría más que la mayoría, y por eso, a veces, guardaba silencio. Así pues, podemos pensar que Aquino nos desvela en su obra las pistas a seguir. Un camino de baldosas amarillas, que, con suerte, nos ofrezca una iluminación similar a la que él obtuvo. Una que arroje más luz a la vida humana.

The war was lost
The treaty signed
I was not caught
I crossed the line

Nevermind, de Leonard Cohen. Una canción dedicada a todos aquellos que escapan a la concepción habitual. Da lo mismo que, en ella, el personaje narrador sea el mal absoluto. Porque, *"Cruzar la línea"*, sólo es humano...

Comentario a la vida y obra de Hildegard von Bingen

Cuando se piensa en Hildegard von Bingen, uno no sólo sostiene sobre su frente, quizá en ese lugar próximo a lo que los budistas denominan *el tercer ojo*, o *la puerta*, la imagen de la que fue una revolucionaria en sus días, a la altura de Juana de Arco, que, tristemente, no nos dejó ningún escrito conocido, o especialmente, Teresa de Jesús. No sólo hablamos de una sabia mujer, adelantada a su época, una filósofa, una erudita, una teóloga que tuvo claro acceso a conocimientos que a la mayor parte de las mujeres eran vetados. Tratamos sobre una visionaria, o como se diría entonces, de *una vidente entre nosotros*. En el fondo, la verdad es que no todos somos iguales. Con el correr de los tiempos, han aparecido personas extremadamente extrañas y especiales alrededor del género humano, cuyas vivencias interiores, cuyos sentidos interiores, les han revelado cuestiones del saber, o verdades sobre la propia vida del ser humano, que él mismo, en un principio, no podría descubrir por sí solo. No tratamos aquí sólo de una cuestión de fe, por tanto. Pues, con fe, o sin ella, esta clase de personas elegidas han continuado apareciendo, sacudiendo así, al mundo, con su privilegiado saber. Cuando se trata de diversos nombres cristianos, a este respecto hablamos del *silencio*. El silencio que guardan porque así les ha sido indicado, o porque simplemente tenían miedo. Juana de Arco habló demasiado, sólo tiene uno que leer las transcripciones de su juicio. Por ello, fue asada a la parrilla...Pero, dio una descripción de las supuestas apariciones de entidades relacionadas con el arcángel San Miguel, que sólo el Vaticano conocía en su día, y que jamás había hecho públicas, salvo entre el alto clero de Roma. Santo Tomás de Aquino tuvo sus experiencias, algunas de las cuales no compartiría, San Agustín tuvo las suyas, y en el siglo veinte, fueron muy sonados los casos del Padre Pío y Gema Galgani, en Italia. Pero, por desgracia, cada vez que se hablaba de esta clase de misterios, se pensaba antes en la oscuridad que podría inspirarlos, y no en dios. Hoy, al escuchar cosas semejantes, pensamos en Cuarto milenio y en Iker Jiménez. Sin embargo, hay una unidad que separa el sensacionalismo, respecto a los dones sobrenaturales, de los verdaderos mensajes, y es su contenido filosófico. Un mensaje que sólo puede ser entendido por la mayoría si se simplifica, como lo hacía Cristo con sus fábulas, si creemos en las crónicas sagradas, o como decía Einstein, había que hacer con lo que uno descubría: *Si no puedes explicarlo de un modo sencillo, es que no lo comprendes bien*, o algo similar. Hildegard von Bingen fue un caso muy interesante, que entra dentro de la denominación de este tipo de personas tan notables. Y excede, por supuesto, al oportunismo esotérico, que siempre hace todo suyo, o lo intenta, precisamente, por su vida, y por su obra filosófica. Por su amor a la vida, y por su inmensa fe. Si bien, el caso de Hildegard, dentro de la hagiografía, es también único.

Experimentaba visiones y revelaciones, siendo tan sólo una niña de tres años, aunque eran cosas que, ella, seguramente, desoía, debido a su débil constitución, soliviantada por constantes episodios de enfermedad, que se prolongarían hasta el final de sus días, y porque, claro, sólo era una niña...Estas visiones, estaban relacionadas con multitud de temas bien detallados en toda su obra, impresionantes estampas descritas sin ningún pudor, que todavía asombran a día de hoy. No obstante, una de las que más se repite, es la de *la luz*. Una luz tan poderosa que la dejaba quieta, impactada, sorprendida hasta lo más profundo de su ser. Una luz que, según ella, sólo podía provenir de dios. Decir que Hildegard experimentaba estos episodios, sin entrar en trance o sufrir éxtasis, de modo que no hablamos de una pasionaria al uso. El término que mejor la describiría sería el de *mística religiosa*, y esta elección, este don, si así se lo quiere llamar, le costaría mucho de aceptar, y no se dedicaría por completo a él, a esa voz de la conciencia, como la describían los antiguos, la misma que oyó Sócrates, ese No, por poner el caso, hasta alcanzada la vida adulta. Esta faceta especial suya, que terminaría por ser ella misma finalmente, la llevaría a entrar en contacto, y maravillar, a las gentes más influyentes de su tiempo. No sólo en el interior de la iglesia, como ocurriría con el todopoderoso Bernardo de Claraval, sino también en el ámbito político, pues Hildegard fue, antes que una vidente de salón, casi una mentora, para el emperador Federico Barbarroja.

Hay que tener en cuenta, que en esta época no era tan fácil tomar el pelo, por así decirlo, a los más grandes. No habían números 906 a los que consultar. Y las personas con estas capacidades tan desarrolladas, no eran escuchadas hasta ser puestas debidamente a prueba. De hecho, la propia Hildegard, no sólo por ser mujer, sino porque todo aquello que escapase a la condición humana corriente, era tenido por infernal, o diabólico, tuvo muy difícil el lograr ser escuchada. Hasta que el propio Papa decidió escucharla. Esto la reconfortaría enormemente, y dedicaría el resto de su vida al saber, y a transcribir sus visiones, con la ayuda de sus hermanos y hermanas más queridos. A este respecto, y dejando más para la profundización, el hecho de que esta mujer fuese fundadora de diversos monasterios, y que, lógicamente, interviniese en política, dado el gran poder acumulado entre los pudientes benefactores que obtuvo, debemos destacar su obra, y en ella, quizá, particularmente, sus Scivias, para conocer lo que ella denominaba *los caminos del señor*. No obstante, en la obra de Hildegard von Bingen, encontramos toda clase de artículos y estudios sobre infinidad de temas. Pero, no sólo la clase de temas que podían estilarse entre el clero más erudito en aquel entonces, relativos a la zoología, el poder curativo de las piedras y las plantas, o la propia sexualidad humana, algo totalmente incendiario en boca de una mujer...Si bien, las Scivias son las más interesantes, debido a que, en ellas, Hildegard describió el proceso por el cual, sus visiones la invitaban a compartir con el mundo, todo cuanto se le dijera, o mostrase. Hablamos, probablemente, de su magnum opus, su más gran obra, dividida en tres libros, y no sólo escrita, sino, además, ilustrada...Entre estas ilustraciones, tenemos algunas muy curiosas, como una cuasi reformulación, en la representación de la santísima trinidad. Aunque, también, se nos habla del juicio final y el mundo del mañana, algo que haría las delicias de Cuarto milenio. Por supuesto, no hay que olvidar que resulta realmente llamativo el hecho de que no la hayan vulgarizado ya a estas alturas, pero un servidor no ha tenido noticia de ello.

En las Scivias, Hildegard describía todas sus visiones, no obstante, al mismo tiempo, este conocimiento del camino que se le indicaba en el interior, sirve como muestrario de su completa filosofía, sus estudios teológicos, y sapiencia en diversos campos. En ellas, da importancia no sólo a las visiones sobre el futuro, sobre lo que el hombre debe hacer para recuperar su real vida cristiana, sino también a una serie de descripciones, completamente aventuradas para el lego, sobre personajes concretos, como las legiones de ángeles, tal y como ella las percibía, o bien, las virtudes. El texto, asimismo, queda repleto de constantes simbólicos del mayor gusto y misterio. Como ocurre con los Sellos en el Apocalipsis, ella emplea las Torres, Columnas, o Muros. Así, en el apartado llamado La torre de la premonición, se nos habla de las virtudes, como fuente de bien principal. Todas ellas podían ser resumidas en la palabra **Amor**, sin embargo, Hildegard no es tan concisa: "*Por eso las cinco virtudes están en la torre como los cinco sentidos del hombre: sellaron la circuncisión con gran celo, extirpando de ella la iniquidad, igual que los cinco sentidos humanos son circuncidados por el bautismo en la Iglesia; pero no obran por sí solas en el hombre, sino que el hombre obra con ellas, y ellas con el hombre, como tampoco actúan solos los cinco sentidos humanos, sino en* *reciprocidad con el hombre para que, juntos, den fruto. Cada una de ellas se esfuerza con el mayor denuedo: la altura de su magisterio está coronada con un pináculo que es la eximia y bien guarnecida dignidad de la constancia virtuosa".* Dentro de este rico lenguaje, en absoluto enrevesado, casi perfectamente comprensible por la persona de a pie actual, al margen de su fuerte misticismo y enigma, encontramos un dato común para el eclesiástico, que, por el contrario, no lo es para los hombres y mujeres comunes: El bautismo como forma de exorcismo. Sí, suena tosco decirlo así, con el aluvión de films tenebrosos que tenemos en nuestros días, incluso, hace poco tiempo, se estrenó una película de endemoniados cuyo cartel rezaba: *Entrada gratuita para sacerdotes*. Esto no es mentira, es un hecho real...Qué es el bautismo realmente. La gente lo contempla como una tradición vulgar y corriente. Cuando es un principio, es un rito sagrado, porque más allá de la concepción académico-religiosa, el bautismo es el principio de la salvación, el principio de la consagración al bien: Un exorcismo, una forma de evitar el mal. Un mal que habrá de extirparse de raíz por medio de la virtud, que nos separe del vicio, como decía Pedro Lombardo. Aunque, especialmente, por medio del amor. Un amor, que Hildegard von Bingen concibe, antes que como físico, mental. Una forma de amar tan pura, que salve al ser humano, por encima de sus pecados...Y a él se lo alcanza, alcanzada la Torre...

Podrá resultar repetitivo, no cabe ninguna duda, el decir que leyendo a Hildegard, si no llegamos a creer, al menos, sí nos surgirán la clase de preguntas que ella consideraría justificadas. Preguntas que harían que ni tan siquiera nos pareciesen ridículas afirmaciones suyas, como que los elementos pueden volverse en nuestra contra, para castigarnos... Afirmaciones que muchos siglos después, los fanáticos tomarían para sí, como siempre hacen los necios...Recuerdo una anécdota al respecto, atañe al doctor Kinsey, pionero en los estudios sobre la sexualidad humana, nada que ver con el psiquismo de Freud, medicina, sin más. Kinsey provenía de una familia muy religiosa, tan religiosos eran, que la concepción del bien nublaba su juicio, tanto como Hitler nubló el esplendor alemán. El padre de Kinsey, que era predicador, decía que los huracanes eran producidos debido a la fornicación excesiva de sus feligreses...Esto sí es para reírse...Pero no lo es tanto, el hecho de que esta clase de fanáticos religiosos, no una, sino muchas veces, hayan logrado convencer a las masas de que, por ejemplo, el mundo termina. Quizá a nadie le suene hoy el nombre de Jim Jones, es difícil, porque los americanos tratan de olvidarlo. Jim Jones no era un sectario, era un hombre de la iglesia, cuya decadencia llegó a ser tal, que no distinguió la virtud del vicio...Este señor llevó al suicidio colectivo a más de novecientas personas, entre ellas, mujeres y niños, algunos de ellos, tan sólo bebés...Esta es la otra cara de la moneda, la otra cara de esas personas con capacidades especiales que trataron, y a veces, aun tratan, de mejorar nuestro mundo...Al pensar en Hildegard von Bingen, yo, personalmente, pienso en la salvación, no en base a los valores cristianos, sino en la salvación de nuestro interior, la que se consigue sólo con la verdadera sabiduría, con la evolución...Quizá conociendo ese camino, del que tanto nos hablaba ella, el que tanto veía ella, algún día, el ser humano pueda desarrollar por fin toda su capacidad, para que así la serpiente no entre nunca más en nuestro jardín.

Ese día, la sibila del Rin, la profetisa teutónica, y muchos otros hombres y mujeres de todas las iglesias modernas, y otras tantas que ya no existen, porque fueron tachadas de heréticas, definitivamente, serán comprendidos. Ese día, ya no habrá fanatismo, ni revoluciones políticas caducas, ni ignorancia fútil...Ese día, descubriremos, tanto si somos creyentes, como si no, lo que es el Edén, el mundo ideal del que nos hablaron los más antiguos...Ese día, nuestro cerebro ya no tendrá límites. Seremos más que humanos.

*Para los más interesados en la figura de Hildegard von Bingen, resulta manifiestamente recomendable la película alemana Visión, que no se trata de ningún biopic ultra católico al uso, tipo Vida de tal o cual Papa. Un film dirigido, nada menos, que por una de las más grandes e inspiradas realizadoras europeas de las últimas dos décadas, Margarethe von Trotta, y protagonizado por su actriz número uno, la prodigiosa estrella germana Barbara Sukowa. Quienes alcanzaron la cúspide en sus respectivas carreras, trasladando a la pantalla grande a otro moderno y polémico personaje femenino, el de la genial filosofa judía Hannah Arendt, en la película del mismo nombre propio, tan sólo unos pocos años después de esta Visión. Por desgracia, la tan superficial profundidad del presente film, dista mucho de la de la película que narraba los días más célebres y amargos vividos por la discípula favorita de Martin Heidegger. En esta Visión, tenemos un esbozo a la famosa sibila del Rin correctamente inspirado, basado en la importancia del amor dentro de su vida y de su obra teológica, así como en la comunión del ser humano con la naturaleza y la severa regla monástica. Sin embargo, el retrato decisivo que se nos da de la superiora Hildegard, se vale de una polémica fácil y provechosa, provista de una serie de guiños más bien baladíes, que no por ello menos verdaderos, que recalcan su dudosa orientación sexual, sin prestar una especial atención a sus visiones o mensajes divinos, que algunas de las veces parecen aquí ser inventados por ella sin el menor pudor, obviando, por ende, su vasta obra filosófica. Es decir, en Visión, tenemos un pequeño bosquejo al personaje, dirigido con enorme gusto, todo hay que decirlo, y sobre todo, interpretado de un modo sublime. Lamentablemente, acaba siendo antes una reivindicación de la mujer, además de un simplista ataque al clero masculino, puede que aún más potenciado por la perspectiva protestante de sus artífices, que el aguardado biopic de la que fue una de las mujeres más impactantes y trascendentales de todo el siglo XII. El dúo dinámico toma así, el suculento personaje de Hildegard, como mera excusa para realizar un nuevo film feminista-propagandístico, que, más acertado o no, suele gustar de ofrecernos este exitoso tándem formado por la premiada directora, y la todavía más reconocida actriz, sin dejar de ser, por ello, menos interesante a nivel cinematográfico. Si bien, personalmente, me parece una falta de respeto total hacia su legado, el tratamiento tan vacuo que se le llega a dar en dicho film a la sibila, aunque, sería aún peor que jamás se hubiese llevado su vida al cine, dejando como triunfadora sistémica a esa Bernadette, a la que, con todo respeto, estamos hartos de ver en televisión durante las interminables fiestas de Pascua y sus recreaciones. Al fin, decir, únicamente, que se antoja más recomendable esa Hannah Arendt, digna del óscar, antes que esta Visión...

¿Qué fue de Theresa Russell?

En los últimos días, justo antes de comenzar la nueva temporada en los medios, pienso en muchas cosas, porque mi cerebro es un diapasón que nunca disminuye su ritmo. Y en ocasiones, ese ritmo tan continuado, al tornarse frenético, me desespera. Me hace temblar por dentro, y entonces, la oscuridad, o lo que yo llamo oscuridad, me alcanza. Un mundo de tristeza en que siempre logro ver lo peor de la gente sin equivocarme. Un mundo que me acompaña desde que nací, cuando, en la soledad, me dedicaba a leer libros prohibidos o ver películas para mayores de dieciocho. Ese mundo tan oscuro, sin estrellas, siempre estuvo plagado por fantasías de esperanza, por deseos de prosperar, pero con la madurez, uno se da de bruces con la realidad de la vida. *No, hijo mío, si trabajas como un cabrón, si dejas que te pisoteen, sólo por conseguir aquello que buscas, aunque sea el bien, únicamente lograrás una pequeña parte de lo que mereces en esta vida, el resto es niebla...*Sí, el resto es niebla...

Ello no me quitó el sueño, como dije a un buen amigo hace unos meses: *Yo soy joven, pero perdí mi inocencia hace ya mucho tiempo*, concretamente, a los seis años, aunque no voy a decir cómo, porque me canso de mí mismo, de repetir cosas que novelicé hace ya años...Sí, soy joven, pero en mi interior he vivido ya decenas de vidas, en ese mundo que queda más allá de la hora del lobo, ese mundo que queda más allá del sueño, pasadas las tres de la madrugada, en que con alcohol, o sin él, lograba entrar en trance, en éxtasis, y en ese fulgor conseguía ver lo que me parecía el futuro. Oía voces que más tarde se apagaban, pero, sabéis qué, mi cerebro, ese inextinguible diapasón que creí jamás detendría su inexorable ritmo, cesaba...El alcohol es un inhibidor, por ese motivo empecé a beber, y por ese mismo motivo, lo dejé...Hay pocas cosas que me hayan dado fuerzas en esta vida, cuando creía que volvería al agujero del que salí, ese retiro monástico de años. Ocurría algo, un porqué, o cuál, un cómo que me devolvía al mundo...Tras alguna recaída me di cuenta de que ya no podía regresar, no podía esconderme porque el objetivo había sido cumplido, el destino me había alcanzado: Ya era un escritor.

Contemplaba películas entonces, que me retrotraían a los días en que creía no necesitar a nadie, sólo el recuerdo, sólo el mundo de las cortinas rojas de Twin Peaks...Películas como la maravillosa Henry & June, que nadie recuerda, sobre los días en que Henry Miller vagaba por París escribiendo su Trópico de Capricornio y Cáncer...Antes del Plexus, Sexus y Nexus...Entre otras cosas, de ella, me maravillaba la interpretación del también ninguneado Fred Ward, entre varonil y genial, pero, en el fondo de su psique, un niño contrahecho, un despojo neoyorkino que había decidido ser escritor, sólo porque sentía que era eso...Creo que lo entendí entonces, a los doce años. Pero creo que hoy lo entiendo mejor...El otro día comencé a estudiar en profundidad la carrera de una bellísima y talentosa actriz a la que hoy tampoco recuerda nadie, pero que dejó bien claro lo que podía haber llegado a ser: Theresa Russell, la famosa esposa del artista Nicolas Roeg, más conocido por esa maravilla del género terrorífico que es Amenaza en la sombra.

De hecho, la contemplé en su primera película importante, la triste, terrible, y azucarada al mismo tiempo, Libertad condicional, junto al entonces inmenso Dustin Hoffman. Se trataba enteramente de un proyecto personal de Hoffman por adaptar la gran novela, el best seller, de uno de los convictos más famosos de la historia reciente de América: Edward Bunker. Chorizo de tres al cuarto, más tarde, casi reconvertido en mercenario, que decidió iniciar también una carrera como escritor, criticando al sistema penitenciario y la falsedad del sueño americano. Un hombre que de, vez en cuando, también apareció en el cine, quizás muchos lo recuerden por su breve papel como señor azul en Reservoir Dogs, de Quentin Tarantino, o como íntimo de Danny Trejo, actual Machete, otro famoso convicto dedicado a la interpretación más escatológica. Edward Bunker realiza un cameo en la adaptación de su propia novela No Beast So Fierce, que llevó por título Libertad condicional, un film que el propio Hoffman iba a dirigir, algo de lo que se retractaría más tarde, dejando la silla de mando a Ulu Grosbard, un gran amigo suyo, y además, un director con una sensibilidad excepcional. Lo hizo, porque el papel que encarnaba en este proyecto tan querido por él, que en realidad era un factótum del propio Bunker, le resultaba tan complejo, tan lleno de matices, que no se aclaraba al equilibrar ambas funciones, la de director y estrella, porque quería que todo saliese bien, porque quería ganar el óscar. No lo ganó, pero hizo posible una joya interpretaba por grandes rostros, reconocibles, aunque no muy famosos por nombre, a excepción de él mismo. Una joya que otorgó un debut dorado a Theresa Russell.

En términos generales, un imbécil criticucho sería capaz de decir que Theresa, como actriz, y como mujer, vendría a ser algo así como la Sharon Stone que nunca fue. Bien, es mejor actriz que Sharon Stone, el problema es que nunca tuvo grandes oportunidades salvo en sus inicios. Más tarde, su matrimonio con Nicolas Roeg le dio para más de media decena de films conjuntos, que hicieron las delicias únicamente de sus seguidores, pues eran films tan peculiares, tan poco entendibles, que hoy nadie sabe nada de ellos, y casi resulta imposible conseguirlos. Grandes películas como Eureka, junto a Gene Hackman, que supuso una gran oportunidad para otro malogrado dios cinematográfico como Mickey Rourke, o Rutger Hauer, Ruta 29, lo propio, para el versátil Gary Oldman, y un largo etcétera...Roeg es un cineasta británico de alta fama, y así ha vivido, como, por ejemplo, Jess Franco en nuestro país, pero su talento no ha pasado nunca de lo académico, de la noesis, de la Nouvelle vague...Por eso, sólo lo recuerdan los que entienden de cine, o *quieren* entender de cine...En la relación con su esposa, uno no contempla un caso de nepotismo al uso, Theresa merecía *el enchufe*, como suele decirse hoy día...Porque no necesitaba a nadie, una de las herederas de Strasberg sabía exactamente lo que tenía que hacer ante una pantalla, como demostró en Libertad condicional. Haciendo las veces de novia y nueva madre del desgraciado Max Dembo, consumado por Hoffman. Una chica más joven que él, lista, bonita, tierna, cándida, una pasionaria casi...Que le dice que aguantará su modo de vida hasta que ya no pueda más...Ella se entrega al infierno, al demonio cálido, sólo porque piensa que él lo merece, sólo porque piensa que, simplemente, algunos toman la decisión errónea en determinado momento de su camino, pasando por alto el posterior y crucial instante que los condene. Sí, Max Dembo es un mal hombre, aunque la quiere y jamás le hace daño, pero, al menos, es un hombre de verdad. Un ser humano, con dignidad, aunque esta se dé tan sólo entre su gran amor y sus compañeros ladrones...Así veía yo a Theresa en esta película, y me encantaba...Era todo lo que un hombre podría querer, dentro y fuera de la pantalla, porque un verdadero artista no engaña. Luego, me fijé en sus ojos, en el modo en que movía los rosados labios cuando hablaba, cómo se recogía el cabello rubio mientras gesticulaba, el color de su piel, sus dientes blancos, la delicadeza de sus manos, ese rostro de matrioska rusa que siempre será joven...Y entonces, lo entendí, nunca Theresa Russell me había despertado tantísima atención como en Libertad condicional, y me pregunté el porqué. Esto suele ocurrirme, cuando hallo en mi diapasón inalterable un motivo, un paralelismo con alguien a quien conozco, o a quien conocí...Entonces lo supe, en el acto, y es que Theresa Russell, al menos, en su estilo, se parecía muchísimo a Alice. Yo no quería admitirlo, porque sé que ante este tipo de sensaciones cualquier persona me diría que me obsesiono con los demás, de modo casi patológico...Esto me ha ocurrido siempre, aunque nunca se haya tratado de un empeño malsano. Me obsesiono, hasta cierto punto, con la gente que de veras me gusta porque logran importarme, y a mí ni me gusta o me importa mucha gente...Lo digo siempre, y siempre me resulta igual de terrible el decirlo, pero es cierto...Yo tampoco soy un buen hombre, tampoco soy oscuro, puede que ni gris, pero no soy verdaderamente bueno. Cuando uno descubre lo que es, el único modo de estar en paz consigo mismo es admitirlo, demostrarlo, para no engañar a nadie. En ese sentido, Max Dembo y yo nos parecemos, aunque él sea un hombre de pelo en pecho, y yo, una oveja negra.

Todavía me pregunto qué pensarás tú, Alice, cuando leas este libro, si es que algún día llegas a leerlo. ¿Me odiarás por decir la verdad? ¿Odiarás que hable de ti, como lo hago aquí? ¿Me tendrás miedo?...Cerca de ti, yo aun soy más vulnerable que Hoffman al lado de Russell. Cerca de ti, yo sólo soy un muñeco con un diapasón que nunca deja de funcionar, y que sólo personas como tú consiguen detener, con tan sólo una mirada...Seguro que muchas veces has pensado porqué me gusta mirarte fijamente sin decir nada, esa actitud me gusta en ti...Sabes que no soy un tigre, y que nunca te haré daño. Sabes que cuando tú estás cerca sólo soy un gatito. Así que sólo te parece un acto reflejo, mi mirada no te impresiona, te llama la atención, como mucho, pero no la consideras una amenaza...Y eso me emociona...Llevo toda mi vida tratando de colocar mis traumas reconvertidos en fuerza en el pecho de una mujer, asentarlos bien en su mente para que descubra no sólo exactamente la clase de hombre que soy, lo que he hecho bien, lo que he hecho mal, sino para que confíe en mi, para que me acepte tal y como yo soy.

En realidad, no tengo demasiada pureza que ofrecer a una relación seria...Apenas hablo de mi pasado, si no lo escribo, y cuando lo hago, antes de compadecerme, sólo lamento las lágrimas, las desgracias, la sangre que he visto correr ante mí, o que me ha afectado profundamente. La sangre de otros diapasones al romperse...Sí, lo material también sangra si tan sólo es una imagen interna...Tú eres pura, Alice, sabes mantenerte en el candor de tu infancia, a pesar de todo, pero yo no, no soy bueno, aunque, quizá, algún día pudiera serlo, porque hay quien dice que las esencias pueden mutar...No soy bueno, pero soy fiel, y cuando amo, amo de verdad. Lo demás, es todo oscuridad sin estrellas, un diapasón que nunca se detiene, una botella de Jack Daniel´s que, probablemente, nunca volverá a abrirse, una decena de cervezas que no me harán alcanzar el éxtasis, secretos, mentiras de los otros, que comparto en mi ficción...Corazones rotos, ojos cansados, amigos desaparecidos y muertes...Soy la excepción a todas las vidas rotas que he conocido, he escapado a todos y cada uno de los dramas que me han rozado, y he huído casi indemne. He superado todo lo que me ha lanzado la vida, salvo a mí mismo...Sé que la única forma de salvación, el único acto de constricción que me queda por comprobar, es mi capacidad de amar...Un día me preguntaron: *¿Has amado?*...Y yo dije: Una vez, una vez...Creo que, a estas alturas, al menos, sí sé lo que significa amar, aunque no comprenda bien su compromiso final...El otro día tuve otro sueño contigo, porque, apareces en ellos, ¿sabes?...

Mi perro había muerto, y yo lloraba, mientras, en voz en off, mi madre decía: *De todas las personas que perdió en su vida, sólo lloró cuando faltó su perro*...En el sueño, esto sólo me hacía llorar más...Pasaba un día entero paseando por los lares más deshabitados por donde suelo encontrarme, sin dejar de llorar...Al día siguiente, nos encontrábamos en los medios, y me preguntabas qué me ocurría, y yo te lo contaba...A ti te gustaban los perros, así que lo entendías, pero te destrozó por dentro una revelación mía, en la que te contaba realmente porqué lloraba...No había tenido muchos amigos en mi vida, y mi perro era como mi hermano, él me entendía, y me acompañaba, estuviese gordo, flaco, enfermo o borracho...Hiciera lo que hiciera, sólo él permanecía cerca de mí, a mi altura, en mi soledad auto infligida y mi indigencia sentimental...Me salían varias lágrimas cerca de ti, y te pedía perdón por aquel gesto. Te decía que no tenía un buen día...A ti te entraban ganas de llorar también, no sabías si quererme o tenerme lástima, luego, me abrazabas, y yo despertaba del sueño...Para mí, había sido tan nítido, que seguí llorando, esta vez, en el plano físico...En la jornada siguiente, viví nuevas experiencias alejado de mi San Isidoro, mi maldito barrio. Despejé la mente y aclaré algunas ideas bajo el sol de Játiva, donde aún tengo a algunos de mis pocos amigos intactos...Al regresar, escribí esto, no pensaba compartirlo aquí, pero ahora voy a hacerlo. Creo que, si algún día lo lees, te gustará:

Lo que más amo en ti, es que justo cuando pierdo mi fe en tenerte, la verdad del Destino me alcanza más allá del corazón cansado. Hoy me ha vuelto a ocurrir. Intentaba no pensar en ti, y de pronto, cuando me acercaba a una cena amistosa, he visto, en la carretera, el cartel que indicaba la entrada a tu hogar, situado en medio de una preciosa cadena montañosa. Más tarde, llegado al pueblo de mis familiares, aquellos que nada tienen que ver con mi sangre, los mejores, supe que andaba por los mismos lugares que tú misma pisaste tan sólo un día antes, y en mi regreso al hogar, sentí una punción aguda entre los ojos, poco después de percibir una imagen tuya, una que era casi inmediata en el tiempo, clara, y muy fuerte.

Ahora, me pregunto si tú también lo sentiste. Porque sé que esta noche te ha ocurrido algo, Alice. Algo importante, no sé si bueno o malo, pero, creo que, más bien, lo segundo. Y me angustia más que nunca no poder estar contigo, porque sé de veras que podría ayudarte...Como sé que tú me observas, a pesar de todo, aún teniendo miedo de romper tus barreras. Cómo no ibas a tenerlo, de notar en mí lo que queda más allá de ti, y crees no poder alcanzar...Pero puedes, Alice...De la misma forma en que yo podría no ser rechazado por ti cara a cara. Aunque, esto es lo que ocurre: Que los dos somos complicados en realidad, más por dentro que por fuera, y que ambos, tenemos miedo...Cómo sé esta vez que todo ello es real...Curioso, pero antes de contemplar el cartel de entrada a tu hogar, con una leve sonrisa irónica, y no sin cierta impresión, porque no tenía idea de que se encontrase por allí, también vi, en la carretera, la señal que indicaba la llegada a la vecindad en que vive la mujer del módulo blanco, la mujer del don, de la que tanto hablo en mi saga favorita de libros, que siempre parece guiar mi camino en el bien...De algún modo, esta señal me indicó la tuya, de algún modo, cuando no quise creer en ti por temor al dolor, el mundo del brillo me dijo: **Nunca la olvides.** Me agrada esta sensación, quiero ver a dónde me conducirá...Quiero descubrir verdaderamente cuál es tu rol final en mi historia, o cuál ocuparé yo en la tuya, más allá del hecho de que me hayas devuelto la fe en el amor y en todo lo femenino...Quiero saber, si ese algo más que sentí, ya la primera vez que te vi, es cierto...Quiero saber, qué puedes llegar a sentir tú, a pensar, a crecer, a querer, bajo la influencia de esta temerosa oveja negra...Una que, por vez primera, en mucho tiempo, vuelve a necesitar un poco de amor...

La Ola, al final, la Ola

Tú eres la ola

Yo la isla desnuda...

Serge Gainsbourg.

Estamos ambos desnudos, en una cama de sábanas color azul oscuro, mirando al techo. Sólo, mirando al techo, como si este diera respuestas que callamos...Pregunto cuándo te marchas. Me dices que en un par de horas. *Aún podemos hacer algo más, ¿no?*, digo. Y tú: *¿Es que no te cansas nunca?*...De ti no, de ti no...Media hora más tarde, te diriges al espejo grande, ese que tienes en el baño...Y comienzas a maquillarte, durante otra media hora...Yo te agarro la cintura por detrás, otra vez, suavemente, como a mí me gusta, y miro cómo lo haces...No pienso, sólo te miro, miro los colores que usas en tu piel, los afeites, miro tus ojos, y ahora, sí, solamente me digo: *Para ser tú, Alice, sólo hace falta ser tú. Ningún otro ser podría hacerlo tan bien...*

Quise aplazar mi momento más oscuro ayer, aquel que en ocasiones comenté con mi amigo y compañero Carlos, o con Dean C., mi hermano. No pude, simplemente, no pude. Sentía dentro de mí una tensión, un terror, un frenetismo, una adicción tal a la vida, que el dolor comenzaba a quemarme las entrañas. Pensaba en estanterías repletas de las botellas de alcohol que en su día habría fulido, como aquella de Jack Daniel´s que una vez bebí en veinte minutos, tiempo récord, otorgando a los comensales de una estúpida cena, la vergüenza de sus vidas...Por qué lo hacía...Era un gilipollas, un fracasado, una oveja negra, diría la mayoría. Mi Maestra, yo creo, diría otra cosa: *Se ponía a prueba, ante un estado constante de tensión e indefensión. Quería demostrarse a sí mismo que era vulnerable, que no podía con todo, a pesar de su gran energía, y a fin de cuentas, quería saber, si aquellos con los que andaba eran sus verdaderos amigos. Cómo lo conseguía, poniéndolos a prueba también, cosa que todos hacemos de muy distintas formas, en realidad...*Pero, la verdad del asunto es que no pude contenerme, llevaba un día entero sin parar de trabajar, había hecho ejercicio, y ese demonio interior, ese segundo Diego, seguía todavía dentro de mí, la voz mala...Y todo comenzó como acabó, pensando en ti, y en diversas frases de los grandes de la literatura, que me apasionan...Primero, recordé a Bukowski, clarificado por Mickey Rourke, como perfecto vidente, en el film El borracho, en que decía: *Nadie que esté en paz puede escribir algo que valga la pena...*Puede ser duro, pero es cierto...Luego, sin olvidar tu rostro, pensé en el místico Blake, que tanto gustaba a Hannibal Lecter. Y recordé una frase de sus cantares y poemas: *Tigre, tigre, que brillas como el fuego en los bosques de la noche...*Si le cambiaba el sexo al animal, prontamente, aparecías tú, mi tigresa amarilla. Y luego, pensaba en mí, cerca de ti, y acudía a mi mente: *Un petirrojo enjaulado tiene a todo el cielo encolerizado...*Provocador, apóstata, vicioso, que aquí escribes otro libro sucio de los tuyos, me decía la voz mala interior...¿Alguna vez fui un petirrojo?, me pregunté a mí mismo...Sí, en una ocasión, aunque mi plumaje se quemó, y quedé como llama ardiente que incordia y hace temer, hace respetar por temor...Soy un provocador, así es, soy un místico romántico, pero nunca seré un gran artista, ni siquiera lo pretendí...La gente que me odia siempre me dice: "Te crees mejor que yo". La famosa frase...Y no es cierto, queridos repelentes, sólo soy un pobre diablo. No me considero mejor, porque, al fin y al cabo, sólo soy un hombre...Me considero lo que soy, y es, generalmente, distinto. Tampoco me considero un gran profesional, en absoluto, pero sí un buen trabajador, escritor decente de hoy, cosa que no es muy difícil, ya que no hay mucha competencia, y con la ayuda del amor, de mis seres queridos y la fe, en ocasiones, puede que bueno...Pero, Alice, perdona esta perorata mental, decía que estaba pensando en ti, y es cierto...Duda de todo, pero nunca dudes de mi. Nunca dudes que sigo tus pasos, aun cuando no te das cuenta, y que nunca te olvidaré, porque, como dice la canción, para mi tú eres la ola, y yo la isla desnuda. Preciosa canción de otro provocador y nunca gran artista como fue Gainsbourg, quien después la convirtió en película, dejando a su amada Jane Birkin en manos de ese chapero convertido a maestro de la interpretación indie que fue y es Joe Dallesandro: Te amo...pero yo no. Ocurrió lo mismo con el film que con la canción, tan cacareados han quedado en el ámbito de lo picante, e incluso, de la pornografía al uso, que la gente piensa que ambas obras son obscenas, cuando representan, mejor que ninguna otra parida artística moderna, lo que uno siente cuando ama de veras...Por eso, Alice, te lo repito de nuevo, duda de todo, pero nunca dudes de mi, y no te preocupes por mí, no vale la pena, de veras...No la vale, si has de seguir con tu propio camino.

Pero, ¿acaso te olvidaré un día? ¿Puede existir ese riesgo, como ocurrió con aquellos admirables ángeles del cine, enterrados en la salvadora y desconocida arca del arte o centella séptima? Ese refugio ardiente y común, repleto de emociones imposibles y no concretadas, que jamás brillaron todo cuanto debían, y que, claro, nunca volverán a repetirse...Qué nombres...Lucy Gordon, una real belleza, una cariátide que murió ahorcada con tan sólo veintiocho años...Dorothy Stratten, una niña preciosa y maravillosa, asesinada por su chulo, el asqueroso e infantil Paul Snider, destrozando así la vida de su amante, y futuro marido, el autor Peter Bogdanovich, que jamás pudo olvidarla, hasta el punto de casarse con la hermana menor de su gran amor...Veinte gloriosos años...O esa eterna Jean Seberg, casi descubierta por Godard, que fue revelación original de Otto Preminger...Cuarenta años...Murió víctima de una sobredosis accidental de barbitúricos...En circunstancias similares a las de la gran reina de todas ellas: Marilyn Monroe...Pero, por qué digo todo esto, por qué recojo tanta tragedia...Supongo que es lo que me pasa al pensar en lo que no quiero, porque ahora sé que no volveré a verte, Alice, a menos que tú acudas a mí. Y sé que, en realidad, no quieres, porque tratas de demostrarte a ti misma, que no quieres...Sé lo que te ocurre, al 50-50...O te has percatado de que voy muy en serio, o bien, ya te has dado cuenta de que podría llegar a gustarte...Sólo vendrías a mí, si ocurriese un milagro, o desgracia, que cambiase por completo la visión de tu vida, haciéndote mudar tu antigua piel...Pero, yo te amo, Alice, porque ahora mismo eres la ola de mi isla desnuda...Más que un sueño sin dudas, más que el aire danzando entre las cimas del Montsegur...Más que un sueño prolífico eres, sí, más que una musa...Eres mi última experiencia positiva...Una que podría salvarme. Y sólo leerás esto, si vuelvo a verte...

Imagino ya que nos encontramos en un evento futuro, relacionado con las tendencias de moda. Algún día, quizá pueda preguntar al futuro: ¿He acertado? Hallando la respuesta...Salgo a fumar a una gran terraza, y tú me sorprendes...Nos preguntamos, recíprocamente, qué hacemos allí...Tú has asistido con tu pareja, un buen chico...Yo te digo que esas fiestas no me gustan, pero que prometí asistir a una amiga, a una amante, quizá, y no pude negarme...Te pregunto, además, por tu trabajo, por tu salud, y luego, si eres feliz, algo que me sale de dentro, sin pensarlo siquiera. Tú contestas que sí, entre sonriente y melancólica...Y después, me preguntas lo mismo, sólo porque te sientes obligada a hacerlo, porque crees que sería de mala educación no hacerlo. Yo contesto: *Eso te lo diré otro día.* Avanzo aún más en el figurado tiempo, hasta llegar a una escena en la que, muy enfadada, vuelves a preguntarme porqué no puedo conformarme, porqué no puedo ser feliz...Y yo contesto, de nuevo, y simplemente, mientras tu lloras: *He visto la verdadera oscuridad del hombre y todo su mundo. He visto mi verdadero retrato, uno que nadie ve, el de mi interior, el de mi alma oscura y brillante. Lo he visto, como oveja negra, y por eso mismo, porque sé parte de lo que ocurre, y ocurrirá, nunca podré ser totalmente feliz...Sólo te tendré a ti, si no dudas de mi, si eres la ola...Sólo tendré estos "momentos"...*Pero, sí, al final, de lo único que estoy plenamente seguro es de que viviré lo suficiente como para que sólo me quede la calva de Feynman. Me quedaré sin mi amada melena, porque voy haciéndome más viejo cada día, cansándome cada vez más, aunque, un impulso invisible me recobre de cuando en cuando, como un abrevadero en el camino lo hace...En 2013, fue el Languedoc, en 2014, Luz de Cruce, en 2015, Berlín...Aún así conservaré la dignidad, ¿ves como no soy bueno?...Si lo fuera, ya me daría cuenta de todo cuanto tengo...Pero sólo soy capaz de darme cuenta de que no te tengo a ti, de que no te sirvo...Aunque sé que hace tiempo llegué a tus sueños, y de un hipotético modo, te hechicé...

Pero he vuelto otra vez a mi "momento oscuro semanal", como Holmes volvía a la cocaína en sus periodos de aburrimiento insólito. Sé que no tengo perdón de Dios, que juego con fuego y que soy débil, ante el riesgo de una recaída mortal, pero necesito ese momento asolas, si no estás tú, si no hay nadie, si todo es "oscuro, sin estrellas". Necesito relajar el fuego que me consume por dentro, y camina conmigo...Y aún así cruzo la línea, porque nada importa en esos momentos, y me siento libre, cuando ya no molesto a nadie, cuando me aparto a un lado por unas horas, y viajo, más allá de mi cuerpo...Y siempre evito la recaída, siempre, sólo porque Dios lo quiere y aún tira de mí. O la evito hasta ahora, porque, en el fondo, sólo soy un llorica de corazón roto, que se compadece cuando nadie lo oye, cuando nadie lo lee...Es lo que soy, es lo que yo soy, y nunca cambiaré...Puedo aceptarlo, o amargarme de por vida...Aunque pienso que todo irá bien mientras me mantenga fiel a mí mismo, y continúe diferenciando el bien del mal, aún en los tonos grises...Pero, lo cierto es que no puedo soportar el no sentirte, Alice. No sentir bien tu profunda ola, que me golpea constantemente, aunque tú no lo quieras...Obsequiándome con tu mayor secreto físico y psíquico...Necesito sentirte totalmente, amor, para no llorar tanto ahora...Aunque sólo seas un episodio más en mi vida, otro más sin concretar...Así supongo, por un instante, que no eres la elegida, y que algún lejano día, la verdadera, al leer todo esto, me abofetea, se muere de celos por ti, cuando ya sólo eres un fantasma que aparece ante mí, en los oscuros momentos de la noche de los miércoles, u otras tantas...Porque yo no soy ningún genio en verdad, sólo soy un vulgar y recio provocador como Gainsbourg o Fosse, no hace falta que cite a más, porque somos muchos...Sí, soy adicto al sexo, Alice, pero sólo al tuyo. Quizá esa adicción me apartase definitivamente del alcohol, puede que de la nicotina...Oh, Dios, de la nicotina no, por favor...Dijeron que Gainsbourg falleció de muerte natural, chorradas...Si dentro de treinta años, yo muriese, mi certificado de defunción rezaría así: *Muerte por cáncer de pulmón, derivado de su adicción a la nicotina.* Y eso no es muerte natural...No obstante, yo preferiría que dijera: *Muerte por corazón roto, por mente rota, por exceso de color azul*, que es el que más me calma, y me hace pensar en cosas bonitas...O mejor aún: *Muerte por falta de jugo de Alice*...Entonces, al menos, me sentiría realizado...Mi obsesión por ti es cuasi mística, divina...Aunque tu mayor prueba consistiría en decidir si merezco sólo tu amistad, o tu negativa total y completa...¿Lo decidirías al leer esto? Yo creo que sí, pero aún tengo que verte para saberlo...

Me perdonarás, si algún día publico este libro sin que tú lo hayas leído antes, pero tengo que hacerlo, mi vida...Tengo que hacerlo para demostrarme, y demostrar, una vez más, que todavía me tengo en pie, y claro, provocar, que es lo mío...Je t´aime moi non plus, pienso, te amo pero yo no, me viene a la mente, casi como si me lo susurrase al oído el mágico maestro de ceremonias del decadente Berlín, tan soberbiamente encarnado por el galardonado Joel Grey en Cabaret...Pienso en ello, cuando, ahora, ebrio, te recuerdo bien, casi tomándote, olvidando mis principios, olvidando todas las reglas posibles...Y a ti te gusta, pero te da asco hacerlo en ese viejo sofá...No sabes si darme una oportunidad más tarde, o mandarme a la mierda...Hasta piensas: Cómo es posible que pueda gustarme...Los caídos tenemos eso, pequeña...Los judíos, como Gainsbourg, tienen su enorme pene, tienen su piano, o su guitarra, o su pincelito delicado para dibujar...Yo sólo tengo palabras ebrias...Pero verdaderas...Y dime tú si es que ya sabes si el amor es tan sólo una ley de atracción...Y es que todos nos lo preguntamos, en algún instante, a veces...Porque, de lo contrario, no decaería...No sabes tampoco si mi destino te beneficiaría, o te convertiría en alguien tan triste como yo. No sabes si soy un raro, o si valgo, realmente, la pena, en la intimidad...No sabes si puedo amar, porque en mis noches siempre duermo en una cárcel...El mundo es una cárcel para mi, nunca es lo suficientemente grande...

Y yo no sé si eres tú, maldita sea, no sé si eres tú esa diosa que me salvaría un día, tal y como me predijeron. Menuda panda de incultos, ¿no crees? Pero el vicio es sólo mío, amor...Sí, te amo, lo digo de nuevo, porque se acerca el final. Y quiero decirlo una vez más...Quiero que todos lo sepan, aunque me haga quedar como un imbécil...No me importa, sólo me importas tú...Sólo quiero que dudes de todo, pero no de mi...Que estas palabras queden aquí por siempre, que este libro, aunque no sea jamás leído, no desaparezca...No por nada, mi niña...Sólo porque querré recordar que esto fue real, cuando mi cerebro empiece a degenerar, en la madurez, o en la vejez...Perdona a esta atemporal oveja negra, lo que no puede evitar ser, te diré, aún. Porque yo soy así, Tigresa amarilla. Sólo puedo vivir tal cual, para evitar que el resto de mi vida se convierta en arena de playa que se escape entre mis manos cuando intente cogerla. Si yo no *fuese*, moriría, Alice...La pregunta es: ¿Puedes tú llegar a entenderlo...o amarlo?...Quién sería capaz de hacerlo...Amarme, como nadie me ha amado nunca...¿Eres tú mi ola, y yo, la isla desnuda?

Todavía recuerdo cuando mis enemigos me veían vencido en 2011. Acabado, a pesar de haber acertado en Málaga, con Tío Jess...Años oculto, en mi agujero...Vicente me sacó de él, con ayuda de mi bendito padre, y más tarde, te conocí...Tú me das la fuerza de diez hombres, nena...Tú me harías ser genial en la cama, más que cualquier judío o enano conocido...Yo podría ser más que cualquiera a tu lado, porque me convertirías en un hombre...Como mi logia blanca comenzó a hacer, tú lo acabarías...Siempre te querré, a pesar de todo...Y nunca hablaré mal de ti...Me da igual lo que los demás crean, e incluso lo que tú creas sobre todo esto...Siempre serás mi niña, mi ola, esa que erosiona mi pesada isla, empapada en alcohol, nicotina, y pesadillas fantasmales...Sólo mi tigresa amarilla podía conseguirlo, y ya lo ha hecho, en mi mente...Sólo tú podías hacerme terminar este libro...Siempre te llevaré dentro de mí...Porque ya me has desflorado...Vuelvo a no ser virgen...Aunque, contigo, cada nueva vez, lo soy...Me has transformado en otra cosa, en un gran dragón, en otra oveja negra, igual, sí, pero distinta...En un perro verde, puede...Sería buen título para una continuación, ¿o no?

Los sucesos y sentires narrados en el presente libro están, como poco, basados en hechos reales acontecidos en la vida del propio autor, o en la de personas muy cercanas a él, cuyas historias, previa autorización, DCB ha personificado bajo su mismo nombre, en diversas circunstancias...Sin embargo, y a pesar de su correspondiente dosis de fantasía, bien pudieran ser, todas ellas, totalmente ciertas...

-Si te dijera que la luna está hecha de queso, ¿lo creerías?

-Claro que no.

-¿Y si te digo que está hecha de arena?

-Tal vez.

-¿Si te digo que estoy seguro?

-Entonces, te creería.

-Entonces, ¿sabes que la luna está hecha de arena?

-Sí.

-Pero no lo está.

-Sólo dije que sabía porque tú me lo dijiste.

-Mentí. El conocimiento no es la verdad. Es apenas estar de acuerdo sin pensar. Tú estás de acuerdo conmigo. Yo estoy de acuerdo con otra persona. Todos tenemos conocimientos. Pero no nos acercamos ni un poco a la verdad de la luna...No se comprende nada sólo estando de acuerdo. Haciendo definiciones. Apenas revolviendo las posibilidades. A eso lo llamamos pensar. Si digo que sé, dejo de pensar. Si sigo pensando, acabo comprendiendo. De esa forma puedo aproximarme a la verdad...

De **Insignificancia**, film de mi admirado Nicolas Roeg, en que una resucitada Marilyn Monroe chocaba con el genio Albert Einstein, al compás de la sacra balada *When Your Heart Runs Out of Time*, obra del olvidado Will Jennings.

GREEN DOG
(Mi Nueva Vida)

Por DCB

ÍNDICE

Prólogo a El Perro Verde...**271**

Los ojos del Green Dog...**279**

Del negro al verde,

de la oveja al perro:

Notas varias...**287**

Dos genios en uno:

Roeg antes, durante y después de Russell...**297**

Hombre irracional

que no alcanza el Everest...**301**

Cine y Motor: Cortina rasgada...**311**

Tierras de penumbra, Vol.II...**317**

El camino al futuro,

según Howard Hugues...**325**

Penumbra...**337**

Recuerdos del dolor aplazado...**341**

De luces y sombras...**347**

Dibujos animados hechos carne...**353**

Como todo lo demás...**359**

Una tigresa celosa e intentos de asesinato...**371**

Caminando entre los ángeles verdes...**381**

Caída y auge entre los seres extraños...**389**

Recuerdos del amor psíquico...**395**

A los que, de veras, aman...**403**

El brujo en sintonía y sinergia...**407**

Bajo el sol de agosto...**415**

Tiempos ásperos del demonio oculto...**423**

El encendedor naranja y la enfermera Ratched...**433**

La joven del perrito...**443**

The GD Club...**451**

Amor vestido de otoño...**459**

Recuerdos musicales y encuentro en el sofá fucsia...**467**

Perro verde camina en rojo...**481**

El tenue espectro verde...**491**

The Great Green Dog

and The Woman Clothed in Doubt...**501**

Quién era el perro verde...**509**

Prólogo a El Perro Verde

Hola, amigos. Os doy la bienvenida a este nuevo manuscrito mío, secuela directa de *Black Sheep (Momentos)*, no sin anunciar ya que esta saga, al menos, por el momento, ha resultado en un visceral, y más tarde, sentimental, reflejo relativo a una etapa crucial en mi vida, un laberinto sin salida, que finalmente se reorganizaría para dar paso a una sola línea de destino.

A través de estos dos volúmenes, se ha relatado un durante y un después de la rabia, interna y externa, que he llegado a sentir como joven hombre, aunque, en ellos hayan tenido cabida otros sentimientos más nobles de forma puntual. Sentimientos que por poco parecían quedar en nada, extinguirse como el humo de una fogata en pleno invierno, con la llegada de la primera nevada, pero que, a larga, y por medio de la fe, conseguían tirar de mí, aguardando el instante para cobrar su mayor expresión, su más pura iniciativa de lograr una vida mejor.

Sin duda, este *Green Dog (Mi Nueva Vida)*, significa el después de esos acontecimientos. Un libro que escribí acabado el largo tramo de mi soledad y desesperación, cuando encontré la fuerza suficiente para progresar más allá de mis límites y sueños. Una penumbra iluminada a ratos, pasa a ser una clara luz con ciertas sombras inextinguibles en estos dos libros, como pronto descubriréis...Os encontráis ante una secuela que acometí en un instante decisivo en que pronto comprendí que, o bien debía dejar de escribir, o seguir adelante contra toda marea. Un libro que ha tenido lugar tras un enorme pulso con mi propia psique, y no tras diversas épocas en mi vida, como narraba el anterior, sino, en la temporada final, del nuevo principio.

Sin embargo, todo ello excede también a la mística de una saga como *Están entre nosotros*, o a la descarnada veracidad de los espantosos y tristes sucesos narrados en la *Saga del color*, fantasmas, e inspiraciones, que por más que quiera me persiguen cada vez que escribo una nueva frase, pero que adquieren aquí una expresión que nunca antes había sido capaz de expresar en mi trabajo, una que quizá, sin mejor suerte, o sin amor, no habría logrado plasmar.

Su efecto, especialmente palpable en la presente labor, resulta en algo así como mirar a través de un hasta ahora desconocido prisma, para descubrir cómo la esencia de un hombre puede cambiar, o contenerse, cómo se puede perder la fe, y más tarde, recuperarla...Tras finalizar *Black Sheep* estaba completamente perdido, como muchos de los que lo leísteis intuiríais con facilidad. Al comenzar *Green Dog* logré reencontrarme...Pero este **Canto del Perro Verde** no hubiese sido posible sin el socorro de ciertas personas a las que he reconocido de modo totalmente alocado e inesperado en el último año. Personas que, como mis amigos de Luz de Cruce, han hecho posible un sucesivo progreso, y materializado en mi vida una fe renacida.

A algunas las conocisteis en *Black Sheep*, y a ellas va dedicado igualmente el presente libro, sin embargo, he de presentaros a unas cuantas más...Dicho esto, me gustaría dedicar la presente labor a *esas ciertas personas*, de los viejos o de los nuevos tiempos, que me han llenado por dentro, me han iluminado, y que, aunque jamás lo creyeran, me salvaron en un momento realmente duro, cuando volví de la ciudad de la niebla helada, y creí que todo estaba perdido.

Agradezco, por tanto, este Canto del Perro Verde, a la gran **familia Ferragut**, especialmente, a **Carlos y Javier**. Personas del todo excepcionales, verdaderos hombres y mujeres a los que he podido conocer íntimamente, y con los que disfruto enormemente conviviendo y trabajando. Habéis sido para mí toda una sorpresa en la vida, tocada por la inesperada luz de la honradez y el poder de la bondad...Para mí ya siempre seréis diamantes en bruto, soles que despuntan tras una curva prolongada, crestas de ola, eternos amaneceres sobre las colinas de Tara...

Doy gracias, también, por lograr cumplir con la presente labor, acometida poco a poco, justo cuando creí que ya no volvería a escribir ningún otro libro, **a Raquel y Paco**, veteranos cuya simpatía y humanidad hacen posible lo imposible...He aprendido más con vosotros en unas semanas que leyendo un buen montón de libros...Me hicisteis sentir como uno más desde el principio...Por vuestra dedicación y buen hacer encontré el valor suficiente como para confiar en mí mismo, y entre otras cosas, no echar mano de ningún guión al charlar sobre cine...Me habéis tratado, y me tratáis, como a un conocido familiar, con respeto y cariño, y esto, para mí, siempre será algo imposible de olvidar...Os deseo lo mejor en vuestro brillante destino.

Dedico, además, el presente libro, a mi amigo **Fito y familia**, buena gente, gente insospechada, gente del mundo y de la tierra firme. Personas cuya fe nunca decrece, y que de veras valoran la auténtica amistad y el trabajo duro. Aunque, tengo también algo más que deciros: Otro hurra por las noches de los miércoles, que en casa siempre recordaremos con enorme gusto!

Mis gratitudes, por ende, **a Mari, Jose y el pequeño Carlos**. Nunca olvidaré el hermoso regalo que me disteis desde el primer momento en que nos conocimos: Vuestro más sincero respeto, cariño y amistad, que llevaré siempre dentro de mí, allá a donde fuera. Sois muy grandes.

Y, nuevamente, a **Vicente Cortés**, mi amigo, un aliado infinito contra el adverso temporal vital, que ha hecho posible en mi vida mucho más de lo que él pensaría. Esa esperanza tuya se me ha contagiado ya por entero, hasta el punto de hacerme mejor persona. Y eso pocos lo consiguen.

A **Vicky**, una auténtica *producer*, una mujer encantadora que, desde el primer día en que aterricé en su programa, me despertó enorme cariño. Ya puedo decir que nunca confundí esa sensación, ni la equivoqué, y que tal y como pensé entonces, eres una genuina dama.

A **Gabriela March**, su esposo, **Joseph March**, y a su brillante descendencia. Amigos por toda la vida, cuyo corazón brillará siempre en lo más alto de mi codiciada escala de valores.

A **mi padre**, mi único y verdadero mecenas, en los buenos y en los malos tiempos.

A **Jairo T.**, un hombre de los de verdad, que me causó una impresión imborrable. Un verdadero guerrero, que da gran fuerza a aquellos a quienes aprecia con sólo mirarlos.

A **Salvador**, aquel ángel guardián que vela por la salud de mis ojos desde hace más de diez años, un gran profesional que siempre conservará en su esencia la humildad que caracteriza a los entes plenos. Haces honor a tu nombre…

A **Don Miguel Fernando**, filósofo de corazón, mi amigable y simpático médico, y mi ex adicto a la nicotina favorito.

Y a otro **Salvador**, aquel que me ayuda en el complicado afán por contabilizar mi economía. Nunca te lo he dicho, pero me recuerdas al temido Marshall de la serie Hijos de la anarquía, encarnado por el gran Donal Logue. Bromas aparte, te admiro y respeto, además de por ser una buena persona, por haber logrado algo que yo nunca conseguiré: El perfecto equilibrio entre la seriedad que tu trabajo requiere, y tu desprejuiciado modo de afrontar la vida.

A mis tíos **Toni y Rosa**, sí, nuevamente, pues, en este año volvisteis a hacerme feliz, y a mi eterno compadre **Dean C. Brosnan**. Al fin compartimos una buena racha juntos, hermano!

Y por supuesto, a ti, mi adorada **Tigresa Amarilla, Alice Foster**. Un día lejano te prometí que nuestra amistad sería legendaria. Esta es mi humilde forma de demostrártelo, otra nueva vez. Siempre me tendrás de tu lado, cielo.

A mi amigo **Alberto Díaz**, quien supo, en el pasar de los años, cómo apoyarme en mi trabajo de manera totalmente desinteresada, y en los últimos tiempos, de forma incondicional. Te deseo lo mejor en esta vida, a ti, y a todos aquellos que de veras guarden buen lugar en tu corazón, porque sin duda merecen lo mejor en el mundo.

Y por supuesto, dedico esta peculiar labor a todas aquellas personas que siguieron con incondicional atención mis contenidos a través de la red social, apoyándome, y regalándome todo su tiempo. Personas a las que nunca agradeceré lo suficiente su amistad, respeto y constancia, y a las que nunca antes había mencionado debidamente.

Entre ellas, debo destacar a mi querida **tía Ela**, siempre te digo que eres la mejor, y siempre lo serás. Jose está muy orgulloso de ti, allá donde esté...Nunca has decepcionado a ninguna de las personas que te han amado, y te mereces todo el amor que podamos darte. Siempre estaré ahí para ti.

A mi buen amigo **Fernando Robleda**, al que aún no he conocido cara a cara, pero por quien siento un enorme cariño y respeto. Jamás olvidaré tus inquebrantables y dedicados comentarios a cada una de mis propuestas, así como tus muchas sugerencias, en la verdad. Me has demostrado, a pesar de la distancia que tanto estrecha la tecnología, más de lo que la mayoría de mis conocidos en Valencia me han demostrado. Eres un buen hombre, y estoy seguro de que en el transcurso de tu vida conseguirás todo cuanto mereces, al menos, a nivel moral, porque eres un gran tipo.

A **Emilio Alegre**, un legítimo caballero, un hombre de honor y un verdadero amigo. Nunca olvidaré la forma en que valoraste mi relato *Caminando entre los ángeles verdes*. Que alguien como tú, entre otros pocos colegas, apreciase una labor que tanto me costó de reflejar es algo que nunca olvidaré. El crédito que das a mi trabajo es algo que no suelo encontrar en mi tierra, algo extraordinario.

A **Maria Dolores Murcia**, una de las mujeres más extraordinarias que jamás he conocido. Una verdadera amiga con la que siempre me he sentido cómodo, a pesar de encontrarnos poco. Te conozco ya como si fueras una hermana, y tú me conoces como si yo fuera tu hermano. Tu bondad, tu sinceridad y tu humildad no pasarán por alto a nadie que realmente te ame. No cambies nunca, eres excepcional. Y cuando la vida parezca darte la espalda, como a todos nos ocurre a veces, simplemente, recuerda lo que dijo Woody Allen: *Bueno, eso es, como todo lo demás.* Una frase tonta, que funciona de veras...

Y finalmente, dedico este libro a una persona que me ha enseñado a amar la vida, sí, como tantos otros ángeles en la distancia, de un modo que ha logrado inspirarme día a día: **Mónica Silva**. La luz de Matías ha sido trasplantada ya a mi alma. Nunca olvidaré tu labor, y tu cariño. Gracias.

Pero, no puedo terminar sin agradecer el cumplir con el trabajo siguiente a otro enorme equipo de profesionales que he conocido en los últimos tiempos, y que me han acogido tan bien como lo hicieron en su momento mis grandes amigos y compañeros de Luz de Cruce. Las gentes que componen ese formidable grupo de profesionales, perfectamente escogidos por su inamovible líder, del programa **EnComunicación**. Me habéis hecho crecer con vuestro ejemplo y dedicación. Desde que en nuestro primer programa juntos, me brindasteis aquella mítica frase del maestro Godard, supe que había ido a parar al lugar indicado...Uno benigno, inspirado y muy humano.

Los ojos del Green Dog

Hay mucho que contar, siempre hay mucho que contar...A pesar de haber dormido sólo cuatro horas en las que me sobrevino una pesadilla terrible, de esas de demonios con voces graves y chillonas, o haberme pasado toda la mañana haciéndome pruebas en la clínica oftalmológica, siempre encuentro algo que poder contar...Así es...Mi vida ha cambiado, hace tiempo que ya no es la misma, desde que viví, hace poco, mi peor momento en mucho tiempo. Lloré durante toda una noche solo, como un niño, porque se me había terminado la cerveza, pero, en el fondo, lloraba por todo...Sabía que no iba a volver a ver a Alice, sabía también que Dean C. no regresaría hasta navidades, sabía que sólo quedaría trabajando en el programa de radio con los chicos, y que la televisión, o mis ansias por ganarme la vida escribiendo, eran ya agua pasada...Pero, ¿acaso lo eran?...Dejé de beber, ese fue el regalo que ofrecí a las voces buenas, al padre, a todo aquello que jamás he logrado entender del todo, aquello que en ocasiones escucho o veo, a lo que el hombre se empeña en no dar crédito, eso que algunos llaman dios...Un día, de pronto, mi padre, como de costumbre, siempre él, después de cuanto hemos vivido juntos, lo malo y lo bueno, se las ingenió para colocarme en el mundo empresarial, y hacer que comenzase a ganarme la vida de forma que no me aburriese, o me desesperase...Ello provocó el abandono de mi carrera, el tercer fracaso innecesario de la maravillosa educación, para, por fin, resultar útil, cotizar, tener algunos ahorros, después de diez años trabajando a cambio de nada...Ahora me dedico a dirigir redes sociales y webs para distintas empresas, y ya tengo dos clientes fijos. Y además, regreso a televisión, donde la productora del programa de la mañana, uno de los mejores de la cadena, me dice que está encantada de que le escriba la cartelera, para que así mi trabajo no quede en un cajón...Es la primera vez que alguien me dice eso en más de diez años, después de mi maestra...Creí que nunca lo escucharía de labios de otra persona, y menos, de los de una mujer...Y el primer día de mi regreso, para hablar de cine, allí estaban Rachel Garp y Frank Christmas. Ella, una redactora y presentadora sensacional, joven, atractiva, agradable, que me guiña el ojo cuando comienzo a responder a sus preguntas. Él, un profesional de más de cuarenta años de experiencia, quien me cuestiona sobre la película que he escogido, *American Ultra*, algo para pasar el rato, algo sencillo, porque dispuse de poco tiempo y los actores eran de mi agrado...No creo estar ahí, y así recuerdo la frase de Jim Caviezel en *La delgada línea roja*: **He visto un mundo nuevo, pero, en ocasiones, creo que sólo lo imaginé**...Cómo después de tanto dolor, tras *Black Sheep*, puedo ahora sentirme tan bien, no transgredir desde mi melancolía a la oscuridad, y saber que el misterio al fin me ha dejado ir, para que me centre en mi vida, la que siempre he querido intentar vivir, **Mi Nueva Vida**...Pero nada de esto hubiese funcionado de no ser por cruzarse en mi destino Charles IronGood, mi jefe en un nuevo programa de radio, otro más. Uno que me permite hacer largos comentarios sobre la génesis cinematográfica, junto a profesionales impresionantes, de aquellos con los que jamás creí llegaría a trabajar...Charles IronGood, un buen hombre, que unido a Rachel y Frank me hacen sentir querido, me impulsan, pero, al mismo tiempo, me dan vértigo...Trabajar en Luz de Cruce, y seguir trabajando, para mí es como estar en casa, es como volver a ver cada semana a mis tíos, a mis amigos de toda la vida, de la clase que me hubiese gustado tener en el instituto, y nunca tuve. Pero me hacía falta más, necesitaba encauzarme hacia el lado de la literatura y el cine que tanto me apasiona, sin ninguna excusa. Tenía este deseo, esta ambición secreta, porque, como hombre, soy imperfecto, y ahora que me viene así dada, gracias a mi padre, a mis amigos del programa, a *los Vicentes*, como los llamamos cariñosamente, y porque dios lo quiere, sólo pienso en estar a la altura, en trabajar más duro que nunca, cuando, en el fondo, me da vértigo, y estoy aterrorizado...Tanto tiempo esperándolo, y cuando lo consigo, no es que no me lo crea, no es que me surjan dudas, es que me cuesta verlo...Es el camino que siempre soñé, pero, ¿me lo merezco? ¿Soy lo bastante bueno?, me pregunto. Debo serlo, debo lograr ser digno de ello, y con mi labor, con mi pasión, llevar el bien allá a donde pueda. Ayudar a las personas, porque sé que puedo hacerlo, porque ya lo hice, es mi destino...Y sin principios, sin moral, sin amar al hombre, la pasión no se sostiene, porque no es sincera. Es algo que he aprendido a la fuerza, y que me repito cada día, cada día que me siento a rezar, cada día que camino, hablando con las voces que escucho, con el crujir de los árboles o el danzar del aire, cada día que trato de sentir la logia blanca que nos rodea, y que, una vez escuchada, o sentida, nos separa de la inmensidad negra y vacía que representa todas las cadencias, todo el horror del hombre, el tumor que llevamos arrastrando como raza desde el inicio del tiempo...Pero, no, no es sólo esto lo que me ha hecho dejar de beber, en realidad. Me he reencontrado con ella, he vuelto a ver a mi reina, a mi Alice. Llegué a los estudios de televisión un viernes por la mañana, llamé a la puerta, y entonces, apareció ella toda sonriente, e inocentemente sorprendida, tras el pulido cristal. Estaba contenta de verme, aunque ya sabía que ese día volvería a hacerlo. Me dio dos besos, y tuve que hacer inmensos esfuerzos para no emocionarme, para que ella no notase lo mucho que seguía amándola, después de más de dos meses sin habérmela podido quitar de la cabeza...Mientras aguardaba mi turno para entrar en plató, hablé con Alice durante al menos una hora, mientras artistas invitados entraban y salían de su sillón de maquillaje...Cuando alguien le caía bien, me miraba sonriente, y me decía: *Qué bonica*, o, *qué bonico, ¿eh?* Cuando alguien le caía mal, y es que su labor requiere de una paciente psicología, me miraba de reojo, y me hacía una divertida y encantadora mueca con sus rosados labios, casi formando una letra O, que indicaba el asco que le producía el estirado cliente...Seguía siendo mi Alice, sexy, buena, educada y encantadora. Sólo que, esta vez, yo no tenía que compartirla con nadie...Charlábamos mientras trabajábamos, me preguntaba sobre mi vida, yo le preguntaba sobre la suya. Y a ambos nos satisfacía. Había química, había alegría, nada había muerto, ninguno de los dos nos habíamos perdido del otro...Le dije que me había hecho autónomo, y que el resto del equipo, seguramente, no regresaría, al menos, por largo tiempo. Me preguntó sobre lo que escribía y se lo conté, poco a poco, con temor a aburrirla, pero ella seguía preguntando...Le hablé de *Están entre nosotros*, y ella me contó historias extrañas de las que había sido testigo, sin dejar de mirarnos fijamente. Y nos entendíamos, dios mío, nos entendíamos, y no le daba miedo este perro verde. *Cómo podía amarte tanto, me preguntaba entonces, cómo no pude olvidarme de tu amor, que me quema y me sana a la vez, después de todo este tiempo. Tienes que ser tú,* volví a decirme, *tienes que ser tú*...Una mujer que me respeta y me habla sin parar, me pregunta, calla cuando no es el momento, una mujer que siente como yo siento, y que me pide que le preste el primer tomo de mis libros favoritos...Me siento en tu terapéutico sillón de asesora de imagen, me pones crema antes del maquillaje, como haces con los presentadores de la cadena...Cómo puedes ser tan sublime, Alice, cómo puedes existir en un mundo como el mío. Cómo podrías no ser tú...Entonces, hace acto de presencia Louis Joseph, el director de la programación, y es que mi amigo, El Cortés Caballero, que ahora vela por mí, con el gran Vicente en la distancia, le había hablado de mí. Y así, Louis Joseph me pide que realice más trabajo sobre cine, para promocionar los estrenos de la parrilla televisiva...Y yo creo que estoy soñando...Sigo creyéndolo...Más aún, cuando Alice pasa por mi lado, dejándonos solos, conecta su mirada de hada con la mía, con esos preciosos ojos verdes que me atrapan por completo, sonríe otra vez, sí, ya sé que lo digo mucho, pero cada nueva vez me mata de placer, y yo le hago un gesto con la cabeza en señal de aprobación, mientras Louis Joseph me da los pasos a seguir para acometer un nuevo guión...Me espera un futuro aquí, quizá una nueva familia, si juego bien mis cartas, y logro demostrar lo que nunca he demostrado de veras: Todo lo bueno que, como ser, como persona, puedo llegar a ser, entregándome por fin al bien, y olvidando el mal del vicio...Pero estoy nervioso, sudo muchísimo ahora, porque voy a encontrarme con los grandes Frank Christmas y Rachel Garp, a quienes llevo viendo a través de la televisión de casa desde que comencé mi aventura en Luz de Cruce...Alice sabe de todo esto, siente lo que yo siento, aunque cree que sólo es instinto femenino, cuando tiene el don. Por eso, en parte, la quiero tanto, por eso, me sigue a todos lados, me tranquiliza, me vigila, como la tigresa amarilla que es. Cuida de mí, me da la enhorabuena, y me pregunta si me quedo por allí realmente. Sí, me quedo. Y con un pañuelo blanco, me seca el sudor, y me dice que así estoy mejor. Todo acaba, y marcha bien, ya que El Cortés Caballero ha acudido expresamente a los estudios para controlar que todo fuera bien. Creo que nunca antes me había sentido así, nunca antes me habían tratado tan bien, y respetado, por una labor que llevo diez años haciendo, y que a nadie, hasta mi llegada a Luz de Cruce, parecía haberle importado...Estoy en una nube...Y al despedirme de Alice, le doy dos besos cálidos en esas grandes mejillas de princesa que tiene. Reparando, como buen voyeur, en ese lunar tan sensual que ella tiene en el lado derecho de su precioso cuello, y luego, digo a mi eterna reina: *Me he alegrado mucho de volver a verte*, y ella queda algo seria, pero, finalmente, contesta: *Yo también*. Sabe que ocurre algo en mi interior, quizá también en el suyo, pero todavía no confía en mí por entero. Nunca se lo he dicho, pero sé que es una persona muy buena, una mujer auténtica y excepcional, un verdadero ángel del que muchas personas malas se han aprovechado. Y cuando lo siento, cuando percibo, al rozar su piel, parte de su pasado, no puedo soportarlo. Nunca pude entender porqué el ser humano hacía daño a los diferentes, o a los mejores...Porqué el mundo parecía cebarse con los seres nobles, y por eso, me perdí, cuando la respuesta es muy simple: La envidia. El cáncer humano que lo devora todo como un león hambriento...Sí, yo sentía algo, y me gustaría creer que ella también, pero el amor significa andar sobre el filo de una navaja, cuando uno comienza el camino hacia la salvación...Ocurría exactamente lo mismo, cuando unos minutos antes, yo le decía que me había acordado de ella durante el verano, cuando transité cerca de su lugar de origen. Entonces, me hablaba de él, de porqué su pueblo le gustaba tanto, de su familia, de las películas que más le habían encandilado de cuantas le regalé, y de entre ellas, en especial, menciona una de mis favoritas: *La leyenda de la mansión del infierno*, que todo el mundo odia...Me dice que las ha visto con sus padres, y que, un día, si quedo cerca de aquellos lares donde ella habita, y recorre ocho kilómetros entre las montañas, para hacer el ejercicio que tan bien la conserva, le dé un toque para que me pueda enseñar lo que llama *su casita*, un pequeño chalet alejado del mundanal ruido...Cosa parecida a lo que haríamos ambos si regresase al Languedoc...con ella...Tras formular su invitación, quedó con una expresión que parecía querer decir: *Por qué he dicho eso.* Pero qué tierna eres, Alice, no sé qué más puedo decir yo...Porque no quiero hacerme la pregunta de: *Cómo es que todo, por primera vez en mi vida, parece marchar bien*...Por eso, he dejado también la maldita carrera, y me he lanzado a hacer cursillos que me acrediten a nivel informático, para cumplir las labores como autónomo...Un profesional amigo de mi padre ha dicho estar interesado en trabajar conmigo...Justo ahora, Alice, que tengo ante mí el proyecto de un hombre, te tengo tan cerca, y a veces, tan lejos, pero, eso sí, fuertemente próxima...Te noto fuerte, mi Tigresa...Me despido de ti hasta el próximo viernes, y antes de marcharme, digo adiós a la hasta entonces seria Natalie, mujer joven que regenta la atalaya que anticipa los estudios...Ella no me mira, como de costumbre, pero, agrega algo: *Adiós no, hasta el viernes*, y por primera vez, me sonríe. La sonrisa de este oráculo me preludia mejores épocas, y me arranca una sonrisa a mí...No sé el tiempo que llevaba sin poder sonreír de veras...Soy feliz, tengo ganas de todo, y no quiero beber...He visto otro mundo, que un día imaginé, pero, que, ahora, como perro verde, vivo...Uno en el que debo ser yo mismo, porque ese es el secreto de la televisión, como dice El Cortés Caballero. El mismo mundo, pero distinto al anterior medio, en que los nervios siempre estarán allí, si dios quiere. Porque cuando uno queda sin ellos, según suele creerse, deja de valer en esta peculiar labor...Deja de sentir el amor que lo salva...

Del negro al verde,

de la oveja al perro:

Notas varias

-Génesis antes del Green Dog-

Y aún así sigo pensando en ti. Porqué lo hago, porqué dentro de mí hay algo más allá del amor, el cariño o la ternura, que me obliga a no olvidarte...Porqué pienso en ti, aun cuando tú pareces no amarme, pero, al mismo tiempo, te siento tan cercana en mis noches de prisión y tormenta...Sueño contigo, imagino que eres capaz de entrar en mi fabulación, y al compartirla conmigo, echar sobre mi oído una leve y hermosa conjura. Una que envenene mi sangre, mientras duermo, con tu sentir y sonrisas...Pero, porqué, Tigresa Amarilla, te conviertes en hada para dejar intranquilo a este perro verde, a la espera de que tú le digas lo que él quiere oír. Escuchándote como nadie lo ha hecho nunca todavía. Tienes miedo de contarme lo que nadie sabe de ti, mi niña, tienes miedo de que tras convertirme en algo distinto, yo pudiera hacer lo mismo contigo. ¿Serás tan valiente como yo, o más? El miedo es el precio del instrumento que emplean aquellos que son distintos, los que de veras llegan a amar. Y sólo pueden superarlo si encuentran a un compañero...Sin embargo, ahora siento que volveré a verte muy pronto, que regresaré a ti, una vez más...Qué me harás sentir esta vez. Ya tengo ganas de volver a mirarte cara a cara, y quedarme extático, frente a tus profundos ojos verdes, deseando agarrar esas caderas que un día me darían la vida...Sí, tú me harías volver a nacer, madre, amiga, hermana, compañera, amante...Quiero volver a sentir tu luz dorada, y no ser capaz de deducir lo que piensas, cosa que, por cierto, ahora sólo me ocurre contigo. Ese es mi sueño, esa es mi fe actual. El impulso que me da vida y me hace no querer salir corriendo hoy...Sí, tú eres mi fe...

No quiero que te hagan daño, me dijo el compañero, la otra noche...Tranquilo, le contesté, estoy acostumbrado al rechazo, sobre todo, viniendo de una mujer. Esto sonará muy a John Rambo, pero no pueden hacerme más daño del que ya me han hecho. Nadie puede...Lo siguiente sería mi muerte, y yo no temo a la muerte, como ya te dije. Sé exactamente lo que viene después. Y a donde iré a parar. Y es mejor que esto, créeme...Es mejor...Para mí, hasta ahora, sigue siendo mejor...Porque en ese otro sitio hay más paz que en este...Como Rambo diría: *Allí, al menos, sabes a qué atenerte...*Y más tarde, disfrutamos juntos de Conocimiento carnal, obra maestra absoluta con el mejor Jack Nicholson, y un glorioso debutante Art Garfunkel, que coronaría su fugaz carrera como actor con el fiasco de crítica y público que fue la maestra Contratiempo. Pero si algo destacaba en Conocimiento carnal eran sus actrices: Candice Bergen, Ann-Margret, Carol Kane, e incluso una efímera Rita Moreno, famosa por West Side Story...Mike Nichols fue un genio en la dirección de actrices...En el fondo, hablamos del film con más mala baba hacia el género masculino. Y eso es bueno...Era bueno en los setenta, porque nunca se había hecho. Es bueno hoy, porque sigue sin hacerse...Esta obra sigue siendo actual.

Esta noche he tenido una grave crisis. Hacía años que no me ocurría. He llorado como un niño, y sólo quería morir. En aquel momento, incluso Alice era tan sólo un nombre vacío después de *Black Sheep*. No existía nadie en el mundo, sólo yo. He vuelto a esa sensación tan espantosa en mi vida, bañado en alcohol. He tocado fondo de nuevo...Ya nada puede ser peor, me he quedado completamente solo en esta noche. Ni mi perro ha podido consolarme, ni siquiera Gabriela March, a la que había visto tan sólo unas horas antes...Por un instante, he perdido casi por completo mi fe, y sólo este cuaderno ha logrado salvarme...Por un instante, no me importaba absolutamente nada, pues, a nadie, sentía, importaba yo...Estoy totalmente acabado, ya he dado todo cuanto podía de mí. Al mundo, a mi vida, y a los demás...En adelante, he decidido que me dejaré llevar por la imprevisible inercia...Sabía que en algún momento me ocurriría, porque este ha sido un gran año, pero, ahora, ha terminado. *Black Sheep* es el final de una época, quizá hasta mi último libro. Y es un buen final, si es que realmente lo es...Todo cuanto he hecho, bueno o malo, tiene un precio. Y yo no he sido lo bastante bueno, no he sido lo bastante fuerte, y por tanto, ahora, debo caer...Me lo merezco...Por eso sólo tengo lágrimas, pero, por primera vez, no siento nada...Porque no puedo abrazar a nadie, no puedo llorar con nadie, ni hacer el amor como nunca lo he hecho...Porque no estoy contigo...Ese es parte de mi castigo por odiar al género humano, por abandonar la humildad, la dignidad, el amor y la verdad que regían mi vida, y a las que fui finalmente consagrado en el Languedoc. He roto mis votos. Y ahora, debo encontrarlos de nuevo, debo pasar un infierno de dos semanas para regresar a las cuatro virtudes. Porque si no lo hago, Alice, no podré amarte como tú mereces ser amada, sería incapaz...Ya sólo diré que anoche tuve una crisis, y que lo pasé realmente mal. Después de esos seis largos años soportando el tumulto, en parte, en solitario, debía ocurrir, tenía que ocurrir...Tenía que romperme, para volver a hacerme, para regenerarme...Y ahora estoy roto, como el juguete favorito de un niño que devora su propio perro...Una vez más debo recomponerme, si así recupero mi voluntad, si así recupero mi fe extinguida. Ahora, sólo necesito **Tiempo**...Ya no volveré a beber, incluso esto me cansa...Algo ha cambiado profundamente en mí, no sé el qué todavía, ni si es para bien, o para mal...Quizá este libro pudiera responder a eso, si es que algún día logro terminarlo...A partir de ahora todo será más difícil...Pero no volveré a beber...No, digo, aunque el demonio cojo que me persigue, dentro y fuera de mi cuerpo, continúe susurrándome al oído: *Nunca digas nunca, amigo mío...*

Tengo miedo...Tengo mucho miedo, ahora sí...Lo cierto es que tengo miedo de nunca llegar a compartir mi vida con nadie, por ser demasiado diferente, como le ocurrió a Nietzsche, y eso que él sí era extraordinario...Tengo miedo, de no poder ganarme la vida con aquello que más amo...Tengo miedo, de que mi felicidad quede sólo en momentos, livianos momentos de magia...Porque sé que ésta sólo se consigue si es compartida con otro corazón, y con otra fe, que ahora no conservo intactos...Todo esto le decía a una persona de mi sangre el otro día, y ella seguía sin entender mi desgracia...Una, que sólo a veces es dicha, por el motivo futuro, que, según se me reveló, me salvará.

-Tras los ojos del perro verde-

Por cierto, que, hablando un poco de todo, mientras hoy me hacían las pruebas en la clínica de ojos (quizá algunos no lo sepáis, y no quiero extenderme, pero siempre he tenido problemas de vista, cuando nací me dijeron que iba a quedarme ciego, y ya veis, después de veinte años de profundo dolor y desesperanza, ni siquiera necesito gafas), he visto en una revista bastante pija una fotografía del insigne artista Thomas Dworzak que me ha llamado especialmente la atención. La escena que retrataba, en un blanco y negro casi beige, era la de una mujer caminando entre una sorprendida multitud, portando una máscara de gas, similar a la de la novela gráfica The Sandman, de Neill Gaiman. El autor llamaba a la imagen "surrealismo poético", menuda estupidez...Ello me recordó, por asociación de ideas, a un heredero del pintor Cézanne que una vez conocí. Deseaba ser escritor, y valiéndose de sus amistades logró publicar un libro que nunca he leído. Pero me gustó nuestra conversación previa, en la que me preguntó si yo sabía, cuando comenzaba un libro, cómo iba a terminar este. Dije que no, porque, entonces, dónde estaría la gracia...No sabes qué te ofrecerá, o negará, un hijo, si te hará sentir orgulloso, o te decepcionará...Qué emoción tendría ser padre entonces...Lo mismo creo yo de un libro, el final llega sólo cuando uno lo siente, porque para escribir hace falta de todo, menos un calendario reglado, o guiarse por un esquema ridículo...Bueno, esa es mi opinión...Los momentos decisivos en la creación deben cogerte por sorpresa, es exactamente lo mismo que te dicen cuando te llevan por vez primera a un campo de tiro: *Deja que el disparo te sorprenda*. Y es cierto, así es como aciertas...Nunca olvidaré esa nueve milímetros de cuatro pulgadas, color plateado, que mi amigo Anthony Barrow heredó de su padre, con la que aquel día me dejó tirar...¿Un arma puede inspirar, puede desplegar una energía positiva, un espectro que nos haga ser válidos en un desempeño trágico y censitario? Pues sí, sí que puede...Volviendo a lo de los ojos, estos hablan, como decían en la famosa película argentina. Yo colecciono sus impresiones, las de todos, desde que era pequeño. Siempre me fijaba en ellos porque sabía que los míos eran distintos, que estaban rotos. Esto, unido a otras dispares experiencias, me hace poder disfrutar de ciertas notas de color del alma en los ojos de los demás. Los de Alice son mi paz, son los ojos de la más tierna y noble niña, verdes, los de mi maestra eran azul cálido, casi como de peluche, cariñosos y punzantes como los de buena curandera por el habla, los de la gente del don, como Gabriela March, o la señora del módulo blanco, son eléctricos, y por lo corriente, oscuros, pero mezclados con otros colores en los bordes...Como si una capa de noche disimulase el brillo que hay debajo, y que, aún así, destella...Hace poco conocí unos ojos distintos, los de un nuevo amigo al que sólo llamaré Uriel Zazel. Él, a quien apenas he tratado todavía, tiene los ojos más fríos que jamás haya visto. No transmiten absolutamente nada, y poseen como una rara especie de barrera instintiva, que nunca antes había comprobado en nadie, la que Uriel utiliza para mirar fijamente, sin pestañear, escaneando a las personas, como lo haría Hannibal Lecter...El día que nos conocimos, al darle la mano, sentí algo muy intenso y penetrante en la psique que me sorprendió y me dejó inquieto. Uriel había matado a gente, a mucha gente, pero, como dirían en las películas de acción de Schwarzenegger y compañía: *Sólo a los malos...* Y es que Uriel Zazel había formado parte de un comando antiterrorista, nada menos...Su mirada era tan auténtica, que me ponía nervioso, porque, a día de hoy, cada vez estoy menos acostumbrado a esta clase de sorpresas...Y por cierto, se parecía al gran actor Jim Caviezel...Lo tenía todo para lograr el éxito en su labor: Era un hombre maduro, pero excelentemente entrenado, de aquellos a los que echándoles un simple vistazo no se les notaría en nada ese adiestramiento antes mental que físico. Tenía cicatrices de combate que nunca enseñaba, pero sus ojos lo decían todo...Resultaba perfecto para la infiltración del tipo que fuera, o para hacerse pasar por un chaval joven de los recreativos...Pero, lo mejor era que nunca lo dirías, al verlo vestido de uniforme. La verdad es que Uriel me recordaba un poco a Clint Eastwood en El jinete pálido, o el no reconocido remake de la ñoña Raíces profundas, con el gran Alan Ladd. En el film, cuando este jinete hace acto de presencia, con esos ojos fríos, que no transmiten nada, y que no pestañean, una bella joven se encuentra leyendo el Apocalipsis, y dice así: **Y el cuarto sello fue roto, y la voz dijo: Ven a ver. Y vi a un jinete pálido montado a lomos de un caballo blanco, y la muerte lo seguía...**Así es Uriel Zazel, toda una leyenda que nadie conoce verdaderamente, porque así debe ser.

Sin embargo, he conocido a otro curioso hombre en los últimos tiempos, tampoco lo he tratado mucho aún, pero sirve la mejor carne de ternero de toda la ciudad, tierna y sabrosa, dispuesta para acompañar con distintas sales y especias exóticas, a discreción del afortunado. Su nombre es Patricio Colomba, es un señor bastante mayor, un autor ya publicado, un poeta. Me leyó varios de sus trabajos el otro día, cuando disfrutaba, junto con mi padre, de los manjares de su asador. Y he de reconocer que, sin duda, es buen autor. Es más, ambos llegamos a la conclusión de que, en esta vida, si no puedes ser el poema, debes ser el poeta, como decía el David Carradine de la serie Kung Fu. De otra parte, comentar que mi médico de ojos me ha recordado de nuevo que él trabajó en el mismo Berlín que tanto amo, durante largo tiempo. Justamente, vivió en el lado puertorriqueño, cuando la ciudad todavía no era una sola, donde no le hacía ninguna falta entender el idioma alemán...Regresa allí, en ocasiones, para participar en diversos congresos, pues es una persona notable en su especialidad...Siempre que lo veo, y surge este tema, me habla del Monumento al Holocausto, y de cómo pasea por él durante las noches más frías y tristes, al terminar sus ponencias, prodigándose en sus muchas meditaciones y relajación...Dice que su inmensidad le devuelve la sacra humildad que todo hombre olvida...Puedo dar fe de ello...

Ahora, de otra parte, vuelvo a tener bronquitis, como en cada cambio estacional de verano a otoño, desde hace años, pero no me importa, porque mi médico de cabecera me receta tratamientos que matan la posible infección a cañonazos. El otro día hablé de nuevo con él, y descubrió que yo era fumador. Me dijo: *Yo también lo he sido. ¿Y sabes cómo logré dejar de fumar de golpe dos paquetes y medio diarios? Con antidepresivos, ansiolíticos y parches de nicotina, así lo conseguí...Porque dejar de fumar es peor que un divorcio...*Algo me decía que podía ser bien cierto...Y seguía así: *Llevo ya dieciséis años sin fumar, y si yo puedo conseguirlo, tú también puedes...Hasta ahora, calculo que, claro, haciendo la media de los cigarrillos que fumaba, y teniendo en cuenta que cada cigarro mide seis centímetros, quitándole la boquilla, ya me habré ahorrado* *el fumar un cigarrillo de dieciocho kilómetros de largo...* Caray, menudo divorcio, pensé...Este doctor también es único...Aunque no le falta razón...Me costará, pero sé que un día lo dejaré, le dije, y lo dije muy en serio, porque lo había visto...Lo que ocurre es que en mi familia fumamos todos, y eso complica mucho mi situación, porque es fácil volver a engancharme, argüí hacia el final de la charla. Él me miró fijamente, y concluyó, diciéndome: *Entonces, es preciso que hagáis una catarsis de grupo.* La verdad es que siempre he tenido suerte con los médicos, y doy gracias.

Y para terminar, decir que, a pesar de todo, recordaré con cariño mis días más oscuros. Como mi bisabuelo, el mago, hizo a los veintiséis años, yo lo hago ahora...Abandono la oscuridad, dejo esa tormenta eléctrica atrás...Aparto el fuego, o lo hacen ya otros por mi...Así acaba mi saga del misterio, la que Alice me ha pedido le deje leer, antes de *Black Sheep*. Dejo ese mundo, y con él, el alcohol. Ahora me queda el tabaco...Ahora, me queda aprender a amar.

Dos genios en uno:

Roeg antes, durante y después de Russell

Llevo tiempo obsesionado con la actriz Theresa Russell, pero, sanamente, no me entendáis mal. Y por extensión, con el mecenas que me hizo conocerla, el gran autor Nicolas Roeg. Un hombre cuya obra cinematográfica fue iniciada de la mano de otro gran maestro, el singular David Lean, cuya obra abarca clásicos de la talla de *Breve encuentro*, *Lawrence de Arabia*, o *Doctor Zhivago*, que, antes que simples películas, resultaban ventanas a la verdadera magia, rastros de cielo en el Olimpo del cine.

Roeg logró enorme éxito en Inglaterra, su tierra natal, valiéndose de una cinematografía muy personal, que cuidaba de forma impresionante la programación de cada escena. Un estilo visual ciertamente new age, en su día, impulsado por la vena clásica más evolucionada, la de su propio maestro Lean, sello de un sosias de Stanley Kubrick que jamás sería reivindicado a la categoría de genial. No obstante, Roeg fue un paso más allá, al proponerse no emplear a sus intérpretes como si se tratasen del famoso ganado del que hablaba Hitchcock, o meras marionetas instintivas en las manos del que fuera artífice de la infravalorada y bellísima *La hija de Ryan*. No, Roeg jamás contaría con los presupuestos de los que gozó David Lean, sin embargo, siempre logró formar sus repartos con un encanto inigualable, siempre, con actores y actrices de enorme potencial, a los que demostró su talento, no sólo en la captación visual, sino en la dirección interpretativa.

Dos idoneidades básicas, pero muy costosas, por no decir exóticas, en nuestro tiempo, que debe poseer un director de cine, pero que rara vez encuentra plasmadas, con tanta pureza como es requerida, a lo largo de toda su carrera.

Poco importa que sus inicios, ausentes de la pasión estética y el amor artístico que suscita una verdadera musa, como lo sería, años después, su esposa Theresa Russell, no pasaran de ser una peculiar trilogía de films, reivindicada únicamente por los acérrimos seguidores del cine europeo más pro, cuando, en el fondo, hablamos de obras antes cuadriculadas que sinceramente auténticas. Como *Performance*, con Mick Jagger, sí, el momificado cantante de Rolling Stones, o la inclasificable *Walkabout*, con una jovencísima, y arduamente defenestrada, Jenny Agutter, o, por supuesto, quizá, sobre todo, esa gran joya del cine de terror más real que es *Amenaza en la sombra*, con la bellísima Julie Christie, la Lara de *Doctor Zhivago*.

Poco importa, como decimos, porque, finalmente, Nicolas Roeg encontraría en la modelo Theresa Russell, una voz a su propia conciencia, una invitación a la consolación de su talento y habilidad, que lo haría auto descubrirse, de un modo que, por sí mismo, jamás hubiese soñado. Esto ocurriría, primeramente, en la maestra *Contratiempo*, con un Art Garfunkel consolidado como actor dramático, tras el *Conocimiento carnal* de Mike Nichols, otra enorme obra que, en apariencia, nada de yanqui tenía, y más tarde, con esa gran oda al *Ciudadano Kane* de Welles que resultó ser *Eureka*, una película que retrataba, como ninguna otra, la desesperación humana y el mundo de los entes perdidos.

No obstante, la unión entre ambos habría de extenderse aún con más viveza, pero en peores tiempos, gracias a *Insignificancia*, un marciano microcosmos en que Einstein y Marilyn Monroe ponían en práctica la sacra teoría de la relatividad, con ayuda de unos improvisados útiles. Y aún más tarde, con las beldades experimentales, polémicas y repletas de psiquismo, *Ruta 29*, o la oportunidad dorada para un primerizo Gary Oldman, y *Frío en el paraíso*. Por lo demás, el fuego, supongo, siempre se apaga, y su ínfima colaboración para el film *Aria*, que reúne a los mayores talentos europeos de la dirección en los años ochenta, ya no fue lo que era. Aunque ambos brillarían, una vez más, si bien, brevemente, con un mediometraje, una de esas extrañas obras que uno no se sabe muy bien por qué son realizadas, o cómo han llegado a serlo: *Hotel Paradise*.

Y luego, la separación...Y con ella, prácticamente, el final de sus carreras...Todo ello me hace pensar en la llama que despierta el interés de un creador desde su instinto inicial, desde su profesionalidad primordial, la que lo encamina a sobrepasar todos sus límites, hasta, definitivamente, en el desenlace de lo que fue una interesante carrera, perderse. En el caso de Roeg, una llama que lo incitaría a lograr narrar, sin ninguna ayuda, más que por afán de Russell, de un modo independiente, valiente y más allá de cualquier convención. Hablamos de las mismas huellas que hicieron de Pasolini, mártir de cualquier amante del séptimo arte, lo que fue, y al mismo tiempo, dejó de ser: Un realizador maldito y olvidado. Especialmente, en nuestro día, porque hoy, ¿o es que acaso no lo sabemos bien?, no queda bien decir la verdad, ni mucho menos, experimentar con los bemoles que tuvieron, en su momento, esta genial pareja.

De todos modos, si queremos contemplar un ejemplo más próximo, sólo debemos mirar a Jess Franco y Lina Romay, benditos guerreros de la cámara y la puesta en escena de nuestro cine, a los que nunca se les dio ni un pelo de bola. Personas que lo dieron todo por lo que más amaban, por ellos mismos, y por sus películas, siendo exiliados del sin sabido buen gusto del académico que los condenaría para siempre. Cuando, al menos, estas gentes sí sabían lo que querían...Y es que, encontrar un objetivo en la vida, uno auténtico, y no guiado por la inercia, no es tan sencillo como la mayoría cree...Y ello no concierne a ser un genio, o a tener más o menos principios que otros tantos, sino a ser un verdadero artista, un apasionado ente romántico...

Él murió tan sólo un año después de que ella nos dejara. La magia de Lean y de tantos otros, su propia magia, el arte cinematográfico, había terminado para ellos. Habían contado la verdad, nos habían hecho partícipes de todo su amor y sus historias cinematográficas...Por ese motivo, se constituye en sacro deber de todos aquellos que amamos el cine, guardar a buen recaudo su recuerdo...El de todos los desaparecidos de la memoria colectiva, dictada por el pedante o el convencional, el crítico neutro y bien pagado. La pregunta es: ¿Ocurrirá lo mismo a Roeg y Russell, algún día? Porque aún siguen vivos, aunque es muy improbable que vuelvan a trabajar juntos...Sin embargo, lo realmente triste es que ya les ocurriese mucho antes de separarse...

Hombre irracional

que no alcanza el Everest

Quisiera poder escribir un día alejado de todas las convenciones. No pensar, como no pensaba hace diez años, en cómo lograría terminar un texto, un libro, **Están entre Nosotros XV**, el que me queda dormido, o el presente **Green Dog**. Son proyectos que, por una razón inexplicable, me gustaría tener acabados antes de cumplir los treinta, pero no sé porqué. De algún modo, me da en la nariz que pasada esa fecha todo será más complicado, y que antes de su llegada debo hacer de nuevo el *más difícil todavía*. No es una superación, es una promesa. El deseo ardiente e infinito, de que el futuro que tengo ante mí se amplifique de una forma que jamás he conocido antes, positivamente, o bien, de que en algún momento, ocurra algo malo, como siempre, por acción de ese candil fatídico que es destino, ese que soporta una vela que me quema la mano al rozarlo, tal y como yo mismo haría con mi propio cuerpo, provisto de un cigarrillo, hace años...Las viejas historias, siempre surgen las mismas historias en un día gris y lluvioso, tópico como el que más, en que el demonio que llevo dentro sale a la luz de nuevo. Me enfado con mi perro, el único que hoy me acompaña, tengo ganas de gritar, de ver a Alice, y sí, también tengo ganas de beber, comenzar y no parar hasta que despunte el sol con el siguiente día...Pero he hecho *la promesa*, veremos si soy lo bastante hombre como para cumplirla. El amor, dios o lo que los profanos llamarían *buena suerte* me ha impulsado a hacerla, y el trabajar también fuera de casa me da inmensas fuerzas, aunque sobre todo me las das tú, Alice...No dejo de pensar en ti, y eso que todavía no nos conocemos apenas, nos conocemos más, sí, pero apenas...Porque conocerte, como conocerme, requiere de mucho tiempo y dedicación. En esto somos iguales, ¿o no?... Hacía tanto tiempo que no disfrutaba charlando con una mujer de mi edad, cielo...El otro día fue mágico, ni siquiera pensaba en que tenía que salir por televisión, aterrorizado, a hablar con Rachel Garp y Frank Christmas del tristísimo film **Everest**. Te miraba a los ojos, y ni tan siquiera me asaltaban pensamientos lujuriosos, o de joven verde. Te miraba, simplemente, te miraba, y me decía a mí mismo, de nuevo, como siempre, en los pensamientos que nunca cesan cuando estoy cerca de ti: ¿Eres tú? ¿realmente eres tú la que habrá de ser? Y veía tu dureza, tu carácter, el que tanto me impresionaba. Por una vez, creí que temería la fuerza de una mujer, pero la tuya era tan amorosa, tan cándida, y a la vez, tan enérgica, que me calmaba. Podrías haberme dicho la peor de las cosas que yo habría seguido mirándote, hipnotizado, fascinado por tus ojos, y por el modo tan natural en el que hablabas...A ti no te hace falta ser sabia, no te hace falta ser culta, Alice...Conoces tan bien la vida, por instinto, que me atemorizas...Y aún así, me da miedo aprender de ti, porque soy egoísta, y porque, para hacerlo de veras, necesitaría tenerte. Todavía recuerdo cuando discutíamos sobre nuestro vicio oculto: El tabaco, sí...Me dijiste que tenía bronquitis aguda por culpa de los cigarrillos, y yo lo admití. Y luego, me lo confesaste: *Yo también fumo, pero nadie lo sabe*...Me habías engañado, y me dieron ganas de reír. Creía que pertenecías a la radical liga anti tabaco que no nos deja apurar el café en los restaurantes con nuestro deseable pitillo...Así es, mi pequeña bruja, fumabas, como yo, y para demostrarlo, ese día saliste a fumar conmigo. Hablamos apenas diez minutos, en los que me contabas sobre tu vida, lo que querías hacer, cuáles eran tus sueños, y no me lo decías como una amiga, o como una compañera, simplemente, me lo contabas porque te sentías a gusto, porque intuiste que quizá yo pudiera darte otra opinión. Otra de hombre irracional...Esa misma tarde tuve que ir a ver la nueva película de Woody Allen del mismo nombre, y no pude dejar de pensar en ti todavía. Andé kilómetros, en clara penitencia, a falta del Montsegur, solo, hasta llegar al cine, sin coger transporte alguno, porque deseaba pensar en ti, sin que nadie me molestase. Deseaba tener la imagen más nítida posible de tu divino misterio, y quizá, hasta descubrirlo un tanto, para saber qué se escondía tras tu maravillosa máscara, una que cada vez se rompe con más facilidad, cuando estamos asolas...Yo te tiento, lo sé, pero tú no te decides. Porque estás atrapada. De alguna extraña forma piensas que este perro verde pueda abrirte los ojos a un mundo que no has conocido, en tu bondad, en tu cosmos repleto de gente casi corriente y con buenas intenciones...Gente que a veces te ha hecho daño y se aprovecha de ti, porque no eres tan dura como aparentas. Yo lo sé, tú lo sabes: Ese es nuestro secreto...Por eso nunca diré, en estos libros, quién eres en realidad, tu verdadero nombre...Porque sería un crimen...*Es aterrador quedarse sin distracciones*, dice la voz de Woody Allen, a través del gran Joaquin Phoenix en **Irrational Man**. Es precisamente lo que me pasa hoy. Tras finiquitar **Black Sheep** me he quedado como vacío de contenidos, luego, he dejado de beber, luego, me he visto solo este fin de semana, en compañía de mi sagrado can y un montón de estúpidas películas de terror que me quedaban atrasadas...**It Follows** no estuvo mal, a ti te habría gustado...Se trata de una mezcolanza entre **El ente** de Sidney J. Furie y **La invasión de los ultracuerpos**, la de Kaufman, no la de Siegel, con las teorías ufológicas de von Däniken como telón de fondo, que parecen querer decir que todo es OVNI, todo, los demonios, los fantasmas...La clase de cosas de las que hablo en el primer tomo de **Están entre nosotros**, que te regalé, con una dedicatoria light. Me prometiste leerlo en el tren camino de casa. ¿Lo harás? ¿Te atreverás a seguir, final y arriesgadamente, mis pasos?...Sé que eres una mujer valiente y difícil, de lo contrario no me habría fijado en ti, de modo que espero que así sea...*Es una chica extraña, aunque muy buena persona*, le dije el otro día a mi padre sobre ti...Y es que contigo el misterio nunca termina, mi ángel...Escribo todas estas cosas porque me gustaría decírtelas a la cara, pero tú no estás...Te noto, no sé cómo, pero te siento muy cerca de mí...Creo que llegará el momento en que uno desaparezca de la vida del otro, o bien, de alguna distintiva forma, como tú y yo acostumbramos, nos tomemos el pulso de un modo decisivo para saber qué ocurre, para saber qué demonios sentimos ambos. Tenía miedo de que mi amor por ti fuera una ilusión, de que sólo fueses Alice Foster, como lo eras en **Black Sheep**, y no mi verdadera Alice...Que, como me había ocurrido antes, estuviese utilizando la imagen de una conocida, o de un conocido, para realizar mi trabajo, en el que sublimo toda la muerte que llevo dentro, y una parte ínfima de mi felicidad. Pensé que conocerte más profundamente me haría olvidarte, que me aburrirías, tal y como me ha ocurrido con tantas otras. Pero no ha sido así...Puede que me lo merezca... Por un lado me alegra, me da impulso, y me inquieta, en esa pasión masoquista que yo tengo, y de la que ya te hablé, mientras tú reías...¡Te reías!...Yo te cuento cosas serias de mi, o como poco, no convencionales, que han aterrorizado al 90% de todos aquellos que me han conocido, y tú te ríes...No te doy miedo...Cómo es posible...Creo que si no te amase incluso sería una decepción para mi, una de tantas, una entre miles de millones...Nunca me había ocurrido esto con una mujer joven...Alice, dios mío...Qué me ha pasado desde que te conozco. Desde que vuelvo al mundo tras los días grises, y escucho cada vez menos dentro de mí a los seres de la bruma que siempre me han acompañado y empujan...Ahora sólo me centro en mi trabajo, en los guiones de carteleras y películas, cuatro hago ya por semana, concienzudamente...yo, que juré que nunca más trabajaría para nadie...y en ti. Pienso en ti como si fueras otro de esos guiones a los que pongo todo ese amor tan insospechado, algo que no debo dejar de analizar cada día de la semana, para no joderla cuando me pidan hablar del tema...Hago esquemas que después tu rompes ante mi gratitud de macho herido, trato de no molestarte, de ser un hombre para ti, aunque tú no me quieras, y luego, siempre me sorprendes, y me inquietas...Me siento como Stellan Skarsgård en la horripilante **Waz**, en realidad, una copia barata del sobrevalorado **Seven** de David Fincher. Al final de ella, su protagonista principal es torturado horriblemente frente a su joven amante, sólo porque el asesino psicópata desea que, con el dolor, Skarsgård admita que no lo quiere, que el amor no existe, que sólo es una mera cuestión de conveniencia, preludiada por una luna de miel barata y mentecata...Nunca lo admitirá, está cansado de vivir, y ese joven es su única esperanza de abrazar el algo más...Así me siento yo cuando pienso en ti cada día, cuando antes, sólo pensaba en mi Maestra y todo cuanto me enseñó durante el psicoanálisis. Cada día recuerdo una frase suya, una expresión suya, o cómo me cogía cálidamente del brazo, diciéndome que todo iba a salir bien...No había sentido nada igual desde entonces, hasta que el primer día que aterricé en el nuevo programa de televisión, tú hiciste lo propio conmigo. Me sonreías cuando me secabas el sudor de la frente, me decías que lo iba a hacer bien...No creo que aprecies en su totalidad lo que tu tacto significa para mí, porque arrastro el trauma de la negación femenina desde que nací...En el fondo, y no en la forma, es el típico caso, sólo en cuanto atañe a esto, y a nada más, no nos emocionemos...Siempre me sentí rechazado por las personas que debieron quererme, ya que nunca me comprendieron, porque no podían...La ignorante risa solapaba su carencia mental, su falta de experiencia y de vida, y finalmente, su incapacidad para amar como yo necesitaba que me amaran...No eran malos conmigo, Alice. Simplemente, no podían hacer más. Pero eso me quemó, mucho, y entonces apareció el fuego del que siempre hablo, ese que siempre camina conmigo, y que me arrastra por la existencia, entre la oscuridad y la luz, entre el amor y el odio, entre la bebida y la nicotina, entre mi Maestra y tú...Somos muy diferentes Alice, pero nos compenetramos...Y creo que tú estás empezando a verlo...¿Llegará a concretarse esta impresión emotiva, y más en un día gris como este, en un sentimiento reconocido y compartido por los dos?...Mi perro me mira en la distancia, sabe que estoy enfadado con él porque no ha hecho de vientre desde que mis padres se fueron a

Euskal Herria, y esto me preocupa, no quiero que tenga fiebre y se ponga enfermo...Creo que hoy me he enfadado con él, sólo porque no hay nadie más, así de débil soy... Pero, *no*, dirán algunos, *eres humano*...Pero soy débil...Y es que *es aterrador quedarse sin distracciones*...Ahora pienso en el comienzo de la última mañana en que nos vimos, el pasado viernes, cuando me explicabas los planes que tenías para el inmediato futuro. Yo me alegré por ellos, me encantaron, quería saber más, e incluso, me tomé la libertad de aconsejarte, porque creí haber pasado por indecisiones semejantes a las que tú me relatabas...Más tarde, Frank Christmas nos interrumpía, llamándome *artista*, como mi abuelo siempre lo ha hecho, y tú te marchabas, creo que un tanto molesta...No me dio tiempo a despedirme, entré en el plató y me encontré con Rachel Garp. Comenzó entonces el breve espacio de cine en que intento ser yo mismo y no consultar el guión. Mientras le hablaba de **Everest** y de lo decepcionante que me había resultado verla, ella me miraba atenta, comprendiendo, implicándose...Era la auténtica Rachel Garp, no la mujer, sino la profesional, una dama encantadora, y por un instante, sólo por un instante, me dije: *Por qué no me fijaré más en ella*. Entonces, vi tu rostro...Ahora, cada vez que me ocurre esto con una mujer a la que considero interesante, veo tu maldito rostro...Quería llamarte ahora mismo por teléfono, ese que antes no deseabas darme, pero que logré, no sin cierto ingenio, que me dieras, para contarte todo esto que acabo de escribir en **Green Dog**, y más, que algún día me gustaría seguir escribiendo...Pero sé que no estaría bien...Porque unas cadenas te impiden implicarte...Qué demonios crees que significa todo esto, ángel...Sólo pienso en pasear contigo, al tiempo que cada uno hablase de cómo vemos este ridículo mundo, de los momentos, de las personas, de los detalles especiales y pequeños que nos apasionan y nos hacen continuar...De cómo abandonamos nuestros infiernos para embarcarnos en un modélico viaje en yate, que cruce la Estigia, y se eleve hasta un lugar distinto donde haya más sol...Sólo pienso en dormir contigo, nada más, simplemente dormir, aunque sé que el sexo sería, cuanto menos, arrebatado... Pienso que los dos acostamos nuestra cabeza en la cama, nos miramos fijamente a los ojos, en una oscuridad que, sin embargo, nos deja ver...Que leemos en el interior de nuestra esencia, concentrándonos en el punto central de nuestros respectivos iris. Que tú me sonríes con esos dientes blancos, en los que no se aprecia que fumes una cajetilla y media cada par de días, y que hablamos, susurrando, hasta que nos quedamos dormidos...A la mañana siguiente amanecemos en la postura 44. Ninguno de los dos sabemos cómo hemos llegado hasta ahí durante la noche...Pero es que nuestra atracción nadie puede frenarla...Cómo, si no, cuando estoy contigo, me pasan exactamente las mismas cosas que antes sueño, o aquellas que me reveló mi conocida tía cartomante. Cómo al ser testigo de todos estos hechos, no puedo creer ya que el amor exista, y sea algo tan sumamente especial, aún cuando, durante tanto tiempo, lo rebatí...Cómo no puedo creer en ti, más de lo que tú misma crees...Cómo no puedes creer en mí, más de lo que yo nunca creí... Quise convertirte únicamente en la heroína de un libro barato, pero tú me darías para escribir cientos...Aunque no eres una musa...No, no eres un hada, realmente...No creo que exista un nombre para definir lo que tú eres para este perro verde...¿Acaso podría llamarte dios? Quizá para mí sí lo seas...Sólo por eso, debo darle gracias hoy, porque este día gris en San Isidoro, el barrio del extrarradio que jamás he abandonado, finalmente, ha valido la pena. Me ha regalado, durante la noesis, una nueva imagen tuya...

Cine y Motor: Cortina rasgada

Dedicado a mis compañeros y leales amigos de Luz de Cruce. Especialmente, a Ed Cash, mi pseudónimo para mi aventurero favorito del mundo del cine, que regresó tras su periplo por San Sebastián, y su añorado encuentro con la beldad y gran artista Sienna Miller, para charlar, en el espacio Cine y motor, a propósito de este gran clásico, con Vicente Herranz, nuestro eterno mecenas, y un servidor.

La próxima semana, en el espacio Cine y motor, en Luz de Cruce, os traemos una obra digna de los mayores amantes del cine clásico: Cortina rasgada. Con unos inmensos Paul Newman y Julie Andrews, en su momento profesional de mayor gloria. Ambos, cómo no, a las órdenes de uno de los grandes maestros creadores de toda la historia del séptimo arte: Alfred Hitchcock, el rey del suspense...

Pero, qué podemos decir de este reparto...Al hablar de Paul Newman, hablamos del vacío mejor ocupado de toda la historia del cine, tras la pérdida del mítico James Dean. Nadie apostaba demasiado por aquel atractivo joven de alma poco rebelde y oscura, en realidad, un hombre de esencia sencilla, al que, simplemente, le gustaba actuar. Los tiempos cambiaban, y Hollywood no necesitaba mitos por aquel entonces, dioses del celuloide, cuya vida fuese corta y alimentase el romanticismo de las muchas generaciones venideras...Precisaba de verdaderos profesionales dispuestos a dejarse la piel en su trabajo, con elegancia, principios y sinceridad. Estos atributos serían los que conformarían a ese gran artista que fue Paul Newman, llegados los años ochenta, ya un intérprete legendario, nominado, nada menos que en diez ocasiones, al codiciado premio de la Academia. Si bien, lograría su único óscar por una de sus películas menos recordadas, y paradójicamente, durante su fugaz y tan promocionado estreno, más sobrevaloradas: El color del dinero, secuela de la mano de un Martin Scorsese en horas bajas, en que retomaba su maestro rol en aquella gloria bendita que fue El buscavidas. Pero, y qué grandes interpretaciones del antes y el después de la consagración definitiva: Éxodo, Hud, La leyenda del indomable, la increíble Veredicto final, y por supuesto, Camino a la perdición, esa enorme despedida del cine por su parte, que, poco después, encadenaría con otra despedida todavía más emotiva, si cabe, curiosamente, a través de un medio que no le era especialmente conocido, la televisión, con la magnífica mini serie Empire Falls, sólo apta para sentimentales.

No obstante, Paul Newman no pudo gozar de una mejor coprotagonista, la gran Julie Andrews, que a poco estuvo de no lograr el preciado rol, tanto como Newman, pues, originalmente, el maestro Hitchcock deseaba a Eva Marie Saint y Cary Grant en los papeles principales. Sin embargo, Julie Andrews ya había nacido mucho antes de Cortina rasgada, y seguiría creciendo, infinitamente más, tras ella, hasta, por desgracia, prácticamente caer en el olvido, cercano el nuevo milenio...Pero, quién no recuerda Mary Poppins, que le valió su prematuro, aunque merecido, óscar, Sonrisas y lágrimas, ¿Víctor o Victoria?...Andrews se convertiría, en muy poco tiempo, en toda una reina de la interpretación moderna, a la que, erróneamente, se equiparó a la antaño prodigiosa Doris Day, y cuya gran estela seguiría, años más tarde, la sin par Liza Minnelli.

No obstante, cabe decir que, a pesar de ser una buena obra de Hitchcock, no hablamos de una película perfecta. Tanto es así, que el propio realizador renegaría de ella, especialmente, en sus famosas conversaciones con su tocayo Françoise Truffaut. En el film se notaba al creador de Los pájaros un tanto desencantado, un tanto abatido, por haber sido abandonado, tal era como se sentía, por esos amores platónicos a los que ofreció los roles de sus vidas. Primero, la bella princesa de Mónaco Grace Kelly, y después, la malograda Tippi Hedren, madre de Melanie Griffith. El singular genio de la cámara y el suspense, que vivió atormentado y obsesionado con estas diosas rubias, tanto hermosas como talentosas, sufrió algunas de sus más graves crisis intelectuales y creativas, tras su separación de las mejores musas que un artista verdadero pudo desear...Motivos extraordinariamente narrados en los biopics Hitchcock, con un caricaturesco, aunque, francamente, divertidísimo, Anthony Hopkins, y por supuesto, la tan, tan amarga The Girl. Cómo contemplar al autor de Rebecca, Recuerda, La ventana indiscreta, Vértigo, o por supuesto, Psicosis, es lo que nos proponen estas dos películas...¿Como un genio enamorado de lo imposible, o como un despótico tirano de los estudios hollywoodienses que deseaba tener todo a su alcance?

Quizá parte de la negrura que Hitchcock vivió en su vida quedase reflejada en esta Cortina rasgada, refrito de su James Bond particular, Con la muerte en los talones, o esa primeriza obra maestra suya, que ya nadie parece recordar, llamada Alarma en el expreso. Cortina rasgada terminó siendo una película de espionaje que deseaba trascender, pero que quedó en un potente thriller, más bien, a medias, sólo por momentos...Por algo, muchos prefirieron, a tal efecto, su siguiente film, Topaz, que repercutía más allá del presente, en cuanto se refería a crítica política y social. Sea como fuere, a Topaz seguirían la magnífica Frenesí, y la opacada, por el paso de las eras, La trama, por no mencionar la inacabada Kaleidoscope, su definitivo e inquietante proyecto final, que jamás logró llevar a buen puerto. Películas de la madurez de un autor, en cualquier caso, que trataban de lograr algo nuevo, de adaptarse a una época que ya no lo quería...Hitchcock, finalmente, se auto convenció de que ya había contado todo cuanto podía contar, y triste, o convenientemente, decidiría retirarse, entrados ya los años setenta, cuando tan sólo las glorias del nuevo Hollywood, hoy olvidadas, como William Friedkin o Peter Bogdanovich, gustaban de echar la vista atrás, en busca de Hitchcock, en busca de la arrinconada y vilipendiada Nouvelle vague, en busca de exóticos maestros como Akira Kurosawa...Gracias a las, entonces, jóvenes mentes del mañana, como las definía John Nash, Hitchcock es reivindicado hoy como merece, pero tuvo una enorme suerte que no a todos se concede...

En cuanto al motor, charlaremos sobre un mítico autobús, el Büssing E2U de 1958, que, como muchos fans del cine clásico, y quizá también del mundo del motor, recordarán, protagoniza una escena clave en el desenlace del film.

Artículo semanal publicado en la red social, dentro de la sección Cine y motor del programa Luz de Cruce. De los muchos que llegué a escribir, en noches en que no podía con mi alma, y se me cerraban los ojos, este, en concreto, guarda un especial afecto para mí, debido a que, durante su transcurso, el equipo al completo pudimos celebrar el cumpleaños de nuestro querido colega Carlos Panadero, nuestro famoso especialista del mundo de las dos ruedas. Una jornada inolvidable que recuerdo con inmenso cariño.

Tierras de penumbra, Vol. II

*La inquietud, el nervio, el miedo...***El impulso**...Eso es lo que siento cada vez que hablo ante una persona, o grupo de personas. En mis sombríos caminos vitales, siempre me he visto obligado, o si se quiere, afortunado, a hacer estas cosas...Hablar, y porqué...Por la verdad. Uno puede hablar confiado, pero temeroso de dios, de todo aquello que escapa a su conciencia, siendo consciente del mal que ha hecho, del mal que ha visto, del mal que ha sentido, del perdón, que radica sólo en el corazón de los más puros, pero, hablamos del auténtico perdón...El ser humano, comúnmente, da nombre a ciertas emociones, como si ello fuera un rito de paso, pero, ¿acaso sabe aplicarlas, sabe de veras lo que significa su compromiso?...Yo me he dado ya cuenta de que no...En mi familia, los hombres destacaron siempre, en su mayoría, por su enorme genio, justificado o no...Por su generosidad, su fidelidad, a pesar de sus defectos, demostrada hacia sus seres queridos...No obstante, esa forma de vida les llevó a poseer un corazón viejo desde su juventud. Porque *el corazón tiene una vida útil*, y nunca hay que forzarlo...Las personas que de veras sienten, lo hacen, lo fuerzan, y si no son elegidas, ello, les pasa factura. Lo hemos visto demasiadas veces...En algún momento, os hablé de un trauma que arrastré desde que era pequeño...Leyendo mis escritos más oscuros, uno es perfectamente capaz de descubrir a qué me refiero...En el ambiente en que me crié, la creencia en lo que fuera, era algo que se daba por entendido, algo que estaba ahí, que existía, pero en lo que no había, necesariamente, que pensar demasiado. Yo siempre me hice preguntas, y como ocurre entre la mayoría de la gente corriente, encontré risas como respuesta, desvaríos, palabras vacías que no me llenaban en absoluto, y que sólo me impelían a seguir los pasos exactos de quienes me habían precedido. *No me equivoco tanto*, diría años después, a la mujer que debió amarme tal y como yo era, la mujer de mi sangre...Nunca lo consiguió...Era una persona que creía que podía decir cualquier cosa, pero no aceptaba la famosa frase de: *El que dice lo que quiere se oye lo que no quiere*. Esta es una actitud inmadura, una actitud que se puede tolerar en los hijos adolescentes, pero no en las personas de más de cincuenta años...Qué mente, qué noción de la vida podría tener esta mujer, para creer que podía permitirse el lujo juzgarnos a todos por igual...Y es que todos somos iguales, pensaréis...Pero no todos actuamos del mismo modo... Nuestros objetivos son los que nos definen. No se trata de valer más o menos, se trata de lo que hacemos. *Inquietud, nervio, miedo*...**El impulso**. Los he cambiado en los últimos años por el odio, el odio racional, e irracional, hacia las personas que trataron de imponerme su voluntad...Para que yo no creciera, para poder manipularme, para que no escribiera, para que no dijera la verdad...Y es que el ser humano es cobarde y débil, cada vez lo es más, tanto, que a uno le cuesta llegar a comprender cómo, al mismo tiempo, otro tipo de persona pueda ser cálida, romántica, bella, hermosa, buena...<u>Vivimos en tierras de penumbra</u>, decía C. S. Lewis, <u>vivimos en tierras de penumbra, el sol siempre brilla en otra parte, más allá de una curva, más allá de la cresta de una colina</u>...Así es, vivimos en la penumbra, en la indecisión...Este hombre también decía que *las cosas deben decirse, porque el momento pasa, y uno vuelve a estar solo*. Pero, qué ocurre cuando decimos las cosas, y las personas que deben escucharnos, no nos escuchan, tal vez porque seamos más jóvenes, porque nos crean tontos, porque nos crean más nobles, o más listos, o sólo porque nos tengan miedo...El hombre no entiende la lógica de la vida...Sí, muchas cosas ocurren de un modo que no podemos comprender, hablemos de dios, del mal, o de cualquier tipo de concepción sobrenatural, pues así las nombramos...Todo aquello que escapa al hombre, o que el hombre no puede definir, es sobrenatural...Porqué, porque no guarda la lógica humana...Pero, ¿es que el ser humano realmente tiene lógica?...Si ni siquiera sabemos escuchar, cómo vamos a entender la lógica de la vida... Podemos levantarnos, ir a trabajar, comer, cagar, dormir, pero todo ello no implicará que entendamos la lógica... Entendemos la rutina, la rutina útil, pero nada más que eso...Cuando, por la lógica, si escuchamos, conocemos la actitud del hombre, su forma de corregirse, su esperanza, su engaño fatuo por considerarse más de lo que es, sin la ayuda de la magia, sin la ayuda de la fe, sin la ayuda de dios, ni del conocimiento...Y así, un hombre es débil, es inútil, cuando no entiende ninguna de estas cosas...Un hombre es inferior, es prescindible, cuando no es capaz de amar las cosas tal y como son, o a las personas de su círculo íntimo, tal y como estas se comportan, sin dañar a ningún otro ser, o dañándolo, pero reconociéndolo, y pidiendo perdón...Hace mucho tiempo, una mujer santa me dijo que el problema del mundo era que la gente cada vez rezaba menos...No me lo tomé a risa, lo medité un tanto, y pensé que tenía razón. Rezamos para saber que no estamos solos, rezamos para pedir, para admitir, y para lograr...Rezamos para conocernos mejor, para escuchar voces que nos hablan, constantemente, en la penumbra de nuestra ignorancia. Voces que nos salvan y nos revelan secretos, y que nosotros damos de lado, porque creemos que son ilógicas, que son cuentos de hadas...Curioso, ¿no? Por eso todos tenemos nuestros traumas, los cuales, se deben a una carencia total de lógica, a una debilidad que acompaña siempre a nuestra vetusta especie, a un exceso de sentimiento, o retorcimiento sombrío, a un impulso, o a un nervio, un miedo, un consuelo, una gota que colma el vaso repleto de nuestra sangre...Nunca podremos superar nuestra detenida evolución, si no comprendemos esto, si no entendemos, que la familia no tiene nada que ver con un determinado linaje, si no nos damos cuenta de que la jodienda podemos llevarla a cabo todos, cuando esta debería darse únicamente en la lucha contra el mal humano, una lucha contra un padre, contra un hijo, contra un hermano, contra una madre equivocada, o contra un amigo envidioso, que nos provoca traumas...Daños de gentes a las que debemos corregir, no sólo por nosotros mismos, que también, sino por ellos...*No*, es la palabra que me viene a la mente en la penumbra, *no, nunca más*. Porque a mí nadie debe decirme cuándo cometo errores, o cuándo cometo aciertos...Esto debo sentirlo yo mismo, y admitirlo, porque si no soy capaz de hacerlo, no soy digno de escuchar a dios, no soy digno de caminar asolas, entre los árboles, sintiendo el poder verde del bosque, mientras me maravillo con cada nueva imagen, ausente de toda presencia humana...La verdadera pureza, más bella que cualquier otra, de un mundo caduco y equivocado, que crucifica a los pocos mártires que le quedan...Si no hacemos esto, no somos dignos de los diferentes, no somos dignos de los ángeles encarnados que todavía caminan entre nosotros, de las hadas, de los duendes, de los buenos hombres y mujeres...Si no hacemos esto, esta clase de sacras entidades pasarán por nuestro lado y ni nos enteraremos...Regresaremos a nuestra tan errada rutina exenta de lógica, exenta de dios, una en que la creencia pasará a ser una forma de convención, y el sentimiento una sola palabra más, vacía de contenido. Por cierto, ¿acaso somos humanos si nos guiamos por esta rutina? ¿Podemos osar llamarnos hijos de dios, si no tenemos fe, si no entendemos lo que es el amor, la bondad, la avaricia, el ego, la maldad, el mal...la penumbra...? Todos tenemos traumas, sí, sin duda...Dios sabe que he cometido muchos errores en mi vida, dios sabe que no soy un buen hombre, aunque siempre lo he intentado...He intentado escapar de esta penosa rutina, he intentado escuchar, a pesar de que los que debieron amarme se rieran de mi, en mi casa, en mi colegio, en mi trabajo...A pesar de quedarme casi completamente solo, a pesar de no haber conocido mujer, he seguido adelante, y que se me quiebren todos los huesos antes de ser como la mayoría, que un rayo me fulmine en el mismo instante en que pierda la fe, y crea poder dar lecciones a todo el mundo, sin escuchar las que merezco...Que el mar y el cielo se abran para engullirme a mí, y a tantos otros, en el día final, cuando crea que soy mejor que muchos, y no distinto...Que las legiones infernales me quemen con su fuego hasta que no quede nada de mi propio cuerpo, ni de mi misma esencia, si creo que no puedo mejorar, si creo que ya no puedo hacer más el bien, si creo que no puedo amar...Mi trauma no es culpa mía, así lo digo aquí, mi culpa es la de no superarlo...Porque soy débil. Porque, en el fondo, merezco mi cruz. Como todos...Y porque, aún así, estoy dispuesto a luchar, y no a colaborar...Porque me arriesgo, porque escucho esas voces, y en ocasiones, soy lo bastante valiente como para guiarme por ellas...Porque veo cómo una anciana pierde a su perro y no logra volver a cogerlo, yo me lanzo hasta él, y lo agarro por el gaznate, para que no se escape...Porque camino, en la penumbra, y más allá de esa curva, de esa cresta...Porque, aunque mi corazón se rompa en mil pedazos, por enésima vez, lloro, bebo, quiero morirme, pero sigo adelante...Porque no soy como aquellos que jamás me amaron como yo necesitaba ser amado...Da igual cuál fuese su verdadera intención, lo que cuenta es el efecto, ese residuo, y con cerebro, uno percibe perfectamente la huella que deja en el resto, no hay excusa...Porque soy humano, pero, lo sé, sé lo que habita detrás de cada mente, de cada alma, y de cada roca hecha carne...Porque sé que, cuando llegue el momento, pagaré por todo cuanto he hecho mal, y así lo aceptaré, signifique lo que esto signifique...Y finalmente, porque, a pesar del nervio, el miedo, la inquietud, y más tarde, ese sagrado impulso, en mi vida de soleada penumbra, me recompongo, y logro ver nuevamente tu rostro, Alice...El sufrimiento nos hace mejores sólo si lo comprendemos, sólo si lo intuimos, incluso antes de que se produzca... Entendiendo que, en la vida, puede, y debe, hallarse, el equilibrio justo entre la felicidad y el final de la misma. Esa es la ley del hombre, como experimento, como proyecto. El error es pensar que sólo su deseo oculto es suficiente, porque no lo es...El deseo sólo sirve si existe un objetivo. Sólo sirve, si, al final, uno contempla el amor como un don de dios que nunca termina...Es deseo, entonces, pero se convierte en *el algo más*, un algo anónimo que prevalece, cuando nada más lo hace...Siempre vuelvo a ti en estos libros, Alice. ¿Puedes creer que imagino situaciones que todavía no hemos vivido, buenas y malas, y que, cuando son malas, me enfado, conmigo y contigo? Las vivo tan intensamente que me duele, tanto si me hacen feliz, como si me regalan una dosis precisa de amarga súplica...Antes, mientras escribía todo esto, estaba muy enfadado, no contigo, claro, sino con otra persona...Ahora, la marea se ha detenido, y la luna está calmada, nuestra luna, la misma que nos vio nacer en el invierno de finales de los ochenta...Y pienso, ahora sí, en qué historia es la mejor, ¿la sobrenatural, o la humana?...Cualquier persona con imaginación guardaría para sí la primera, ya que, como decían los sabios, *dios es lo mismo*. Ese secreto que nos susurra la voz, nuestra, o de otros, al rezar: La esperanza... Mi amor por ti no se extinguirá jamás, como jamás se ha extinguido en mí, el amor que sentí hacia mis ángeles de luz y oscuridad. Esto es amor, no deseo...El deseo nunca se concretará, pero mi corazón ya se ha decidido...Hace mucho que lo hizo, hace mucho, que decidió amarte, a pesar de todo...Por ello, voy a dejar de escribir por hoy... Olvidaré todo aquello que me ha hecho enfadarme, todo aquello que me ha provocado que hable solo, chillando, además, para desencadenar toda mi rabia, y no pagarla con otros, e imaginaré que te tengo, una vez más, a mi lado...Que somos sólo dos niños pequeños paseando por un parque desierto, que tú eres un poquito más alta que yo, y que me coges de la mano...No nos miramos siquiera, sólo paseamos, tras una curva soleada, tras la cresta más alta de la colina de Lewis...Y en el entorno mismo, la voz me dice: **Te amo**. Y yo te digo lo mismo a ti...**Te amo**, en esta, la mismísima imagen nuestra que tuve en Berlín...Y seguimos paseando, sinfín, por un paraje verde que se abre al parque...No nos hace falta hablar, pues nos lo decimos todo en la mente...Somos la evolución, ya hemos crecido...Estamos lejos de la tormenta eléctrica...Lejos del fuego que a todos sigue...Lejos de la penumbra...Si pienso en esta bonita imagen, si me concentro en ella, ya no hay inquietud, nervio o miedo...Sólo hay impulso...Sólo hay amor, no veo ya nubes negras, ni escucho el mal...Soy yo...

El camino al futuro, según Howard Hugues

Están en el secreto, qué más puedo decir...Tiemblo ante la sola idea de escribir estas palabras, que parten de una mente cansada, que estuvo muy enferma, a las 3:33 de la madrugada, esa hora mágica...Una mente que ha dado tumbos durante mucho tiempo, más allá de la oscuridad de un corazón profano, que nunca llega a recomponerse lo suficiente, pero que ahora comienza a lograr remendar, ciertas partes, de lo que en su día fue su físico, quizá para adherirlas, en un incierto futuro, un tanto más luminoso, a su invisible espíritu, uno conectado a un sitial muy lejano a las estrellas...Así es, *están en el secreto*...Lo sospeché hace mucho, pero hoy, al fin, caí en la cuenta...Os hablo de mi reciente conocido, y amigo, el señor Pierce Roberts, y familia...Pierce Roberts, tan british, un ente interesante donde los haya, uno, al que, claro, os sonará a risa tras haberlo dicho tantas veces, ya conocía antes de vivir esta existencia en la que escribo...Si bien, con una salvedad: Lo conozco debido a un sentimiento antiguo, ocurrido antes de esta encarnación, antes de mi doble naturaleza...Un sentimiento que no viene acompañado de su habitual y correspondiente revelación temporal, o atemporal...Sólo, ese sentimiento...Os hablo de un hombre noble, de ojos oscuros, un tanto marrones, pero, sobre todo, oscuros. Un hombre duro, pero afable, un ser excepcional de los que sufren por dentro...Lo conocí en relación a otro personaje que ya menté previamente, pero al que ahora no voy a hacer referencia, porque Mr. Roberts, es, en realidad, una persona importante e insigne en la estructura social en la que hoy me muevo, en este último año en que conozco a más gentes que en toda mi joven vida...Un hombre que *está en el secreto*, un hombre que sabe mucho más de lo que aparenta...Un enviado hasta estos distantes lares, con motivo, alguien con objetivos, años luz de la corriente vida humana...Pero, cuáles son estos misteriosos objetivos...Lo desconozco, porque Pierce Roberts sabe mucho más que yo sobre el mundo del brillo, y sobre aquellos que están entre nosotros...¿Acaso pertenece a Sión? He llegado a preguntarme...¿O a la resistencia frente al maligno, que ya fue anunciada, y de la que tanto os hablo, en otra clase de libros?...Sea como fuere, todo ello queda en el especial sentimiento, porque ya no consigo ir más allá...Las voces amigas no quieren decirme nada, y la visión feérica, ni siquiera hace acto de presencia, cuando la busco para este menester...Y hay algo más, Pierce Roberts tiene una hija pequeña, una niña encantadora, buena, el proyecto de una mujer que, yo sé, sacudirá la Tierra...Así es, y como algunos imaginaréis, también ello me hace cuestionarme, si es que no se tratará de la niña con la que he soñado desde que yo mismo era tan sólo un niño, pernoctando en mis ventanas mentales dirigidas al principio del fin, aquel que tanto he vivido en trance y éxtasis, aquel prometido, en que sobreviré, únicamente para cuidarla, y por cierto tiempo...¿Acaso eres tú Clarissa del Monte Blanco, bella niña, que me has dado un beso en la mejilla al despedirte, y que me observabas en la distancia, no con la curiosidad y extrañeza con la que habitualmente observan todos los niños, sino como si fueras ya una sabia y honorable dama?...Otra pregunta trascendental más, lanzada al aire por este perro verde, en los inciertos tiempos llenos de sorpresas, desembarazados de la penumbra de Lewis, que nosotros, los que somos peligrosos, o poco modernos, vivimos...Tiempos extraños que nunca antes he tenido en esta nueva vida mía...Jornadas de tonalidades grises, con trasfondo blanco...Días de amor y odio, de don y poder...

Pero hay que continuar avanzando...*El camino al futuro*, repetía inexorablemente un Howard Hugues en pleno apogeo de su TOC, frente a un claro espejo, en que veía reflejado el pasado de su vida, el único en que se sintió a salvo, junto a su madre...*El camino al futuro*...Cuántas veces me dije, hace tan sólo un tiempo, la misma cosa, mientras miraba el filo del cristal, portal a la propia psique no física, y en él veía irradiada a mi Maestra, la dama de Magdala, la diosa de Sión, con la que me reencontré años después, sin verla, realmente, en el místico **Rennes-le-Château**, mi otro templo sacro, mi otro hogar, el de mis tantas otras vidas....Hoy he experimentado una jornada imborrable más en televisión. Pero, de todas las maravillas que estoy viendo, en un mundo que para mí es el nuevo Hollywood, no puedo dejar de preguntarme una cosa más, siempre la misma: ¿Me merezco todo esto? ¿De veras he sido un buen hijo, de veras he hecho el suficiente bien como para ganármelo?...Porqué dios me ama, hasta el punto de darme lo que nunca tuve, o lo que tuve, y que, sin embargo, tantos otros no tienen...Lloro, así es, lloro siempre, aun cuando soy feliz, quizá de ahí puedan venir todos mis problemas...Quiero, deseo, necesito sentirme digno, pero siempre acabo por joderla, por no ser lo bastante bueno...Por sentir una pulsión dentro de mí, frente a un invisible y vaporoso espejo, que me devuelve la mirada desde mi propia imagen, preguntándome, otra nueva vez: ¿Me lo merezco?...Tengo miedo de que la felicidad verdadera, que apenas sí estoy rozando, quede sólo en eso, y termine por escaparse entre mis manos, como la arena de la que hablaba Gregg Allman, al referirse a su propia existencia, en la canción I'll Be Holding On...Y, hablando de canciones, recuerdo otra de mis favoritas, I Ain't No Nice Guy, que decía: *Cuando encontré lo que buscaba, lo perdí*...Quiénes mejor que unos irreconocibles Motorhead, con un Ozzy Osbourne pasado de vueltas, para describir la gran caída del que no tiene nada, y de pronto, tiene todo...Aunque, a mí me faltas tú, aunque *tú no seas ella*, me faltas tú...Aunque este libro sea un libro enfermo, estará dedicado a ti, y a un alma oscura que necesita compartir contigo...Soy egoísta, mi gran amor, te quiero...Sufro por ti, y te quiero...Porque, aun con todo, es difícil llevar tu vida sin amor, es difícil llevar tu vida frente a la adversidad real...Pero, cuando has conocido bien todo esto, *el triste*, me he percatado de que, a pesar del gozo, es igualmente difícil vivirla cuando eres feliz...Sí, soy feliz, apenas tengo que esforzarme ya para no beber, aunque todavía quiera, cada vez que veo, cerca de mí, una botella de whisky...Recuerdo una ocasión en la que, hallándome en una degenerada fiesta, me desafiaron, tras faltarme al respeto espantosamente, como si yo no fuese más que un tirillas sin personalidad...Entonces, tuve una visión mía de otra vida paralela, en la que, en vez de superar el vicio, me entregaba por completo a él, y así, y sólo para dar una lección a quienes me rodeaban, decidí compartirla con ellos: *¿Quieres ver realmente de lo que soy capaz, si ahora mismo decido cambiar, si pierdo el control, como nunca lo he perdido?* Cuestioné, para estar seguro...Sí, dijo aquel valiente de entre todo el atajo de subnormales profundos. *Muy bien*, contesté yo...*Pásame esa botella de whisky, y* *un arma, la que sea...Te prometo que ninguno de vosotros saldrá vivo de aquí...*Todos quedaron aterrorizados, pero me dieron la botella, sin el arma, y me dejaron tranquilo. Yo me marché, para beber asolas, durante toda la noche, mientras caminaba por la gran ciudad...Algo corriente en mi, por aquel entonces...Sólo que con un añadido: En un arrebato de histeria, debido al dolor y la angustia de una vida que sólo albergaba temor y tristeza, golpeé el cristal de un establecimiento con tal fuerza que lo rompí, milagrosamente, sin propinarme ningún daño...Aún no comprendo cómo nadie me detuvo en aquel mismo instante. Días más tarde, pensé que llegaría el momento en que la ley vendría por mí, pero ello nunca ocurrió...Han pasado más de diez años, desde entonces, y hoy vivo con dios cada día, porque él nunca pierde la fe en mi...Él siempre me perdona, porque se lo ruego, porque intento corregirme, ayudando a los otros...Más de una década de viajes, conocimientos y religión, con el cruce en el camino de diversos maestros, me ha costado convertirme en lo que soy...Pero, no te asustes, por todo cuanto relato aquí, Alice, no te asustes, por favor, porque hago todo esto para poder seguir adelante, sólo para depurarme...No te asustes, te digo, una vez más, como me lo decía la señora del módulo blanco, cuando arrancaba de mi corazón y mi mente, aquellas moscas negras que me devoraban por dentro...Cómo no iba a creer en dios, tras conocer a una santa, y antes y después, a una hija de Sión...Pero sí, hasta ahí llegó mi decadencia en el gris pasado, hasta ahí puede llegar el peligro del ego humano, lo último que uno pierde en su desesperación...El peligro de llegar a corromperse sin remisión, cuando las cosas no van bien, olvidando todo lo que ha pasado en tu vida de bueno, y cuanto ejemplar, o bien, nocivo, pudiste sentir en los demás...Fuera este un conocimiento relativo o no...Mi padre siempre me dice que vivo en ese pasado del ego suicida, y se extraña de ello, porque no fue un pasado feliz, en realidad, no tengo nada que rescatar de él...Ciertamente, mi padre es un hombre lógico, como yo intento serlo ahora, en mi nueva vida de perro verde...Pero no puedo olvidarlo, no puedo olvidar un comportamiento, que si no me condujo a la muerte, fue sólo porque debía acometer, en un futuro, algo más, el algo más, no tan referido a mi superación y reeducación, como a ayudar a otros, que pasen por lo que yo pasé, o simplemente, no conozcan la fe, no conozcan cosas, que todo hombre, o mujer, lleva dentro de sí...Eso prometí a dios en el Languedoc, por ello, mis maestros me aceptaron bajo su protección...Pues he tenido muchos en distintas disciplinas, aunque haya sido una, la que más me influyera...Para prepararme finalmente ante un hecho que jamás creí posible: Lograr tanto en poco tiempo, cuando antes no tuve nada que realmente me satisficiera...Es algo que ya digiero, pero que continúa sacudiendo, con suma violencia, mi mente y mi corazón...Y que me hace decir, cada día, cuando rezo, mientras camino: Quiero estar ahí, dios mío...Quiero estar a la altura, pero ello me quema...

Por otro lado, me he dado cuenta de que, hasta cierto punto, no comprendo el amor, al menos, no el verdadero amor...Tantas personas buenas, tantas personas que lo han pasado mucho peor que yo, que me han soportado, y aun así, me aman...A pesar de todo el mal que he hecho, y de lo poco que les di de mi parte, porque, entonces, no tenía nada, en aquella noche, en aquel momento, en aquella tragedia...Y me aman...Pienso en las veces que he negado la palabra a quien me hizo daño, tantas veces en que después de recibir mil golpes, al fin, devolví un buen guantazo de una forma brutal y casi inhumana...Se lo merecían, me dije entonces. Y Dean C., mi Maestra o mi madre, lo corroboraban, diciendo: Sí, se lo merecían, hijo, amigo, hermano, discípulo...Pero yo me sentía tan mal...Es una sensación íntima, semejante a la que ahora encuentro en mi interior. Soy feliz, siento tanto amor, te siento ahora tan cerca, padre...Pero todavía no lo comprendo, todavía no soy lo bastante maduro y fuerte como para hacerlo... Cómo es posible que la esencia de un hombre pueda cambiar de esta manera, y su vida, y su oportunidad...Tan, tan rápido, padre...Tanto, que, como dije, me da enorme vértigo...Tanto que recuerdo ese *camino al futuro*, que me decía yo a mí mismo, mirando en el cristal, la imagen de la esperanza que era ella, la mujer del diván...Observando aquellos ojos azules, tan brillantes y ricos, y esa mano que me acariciaba al despedirse, con una ternura como nunca la he vuelto a conocer, con un amor que *era el secreto*...

Y después, te miro a ti, Alice...Hoy, de nuevo, durante el previo al plató. He llegado prontísimo, en parte, porque quería que los compañeros valorasen mi compromiso, y en parte, claro, y por ridículo que resulte el admitirlo, porque estoy loco por ti, porque quiero pasar más tiempo contigo...Este viejo de corazón, tan solitario, te necesita, y mira que he puesto interés por evitarlo, por evitar sentirte...Pero no puedo, aunque no te merezca, si miro al pasado...Soy incapaz, porque algo me asegura que hoy te merezco, o te podré merecer, pronto...Por cierto, me he fijado en un pequeño y delicioso tic que tienes, que me encanta...Desde hace unas semanas, veo que ya no llevas las gafas que solías, ahora usas lentillas, pero no estás aclimatada a ellas, y por eso, te molestan mucho...Quise hablarte sobre ello, pero me dio vergüenza, además, me parecías tan graciosa así...Cuando querías mirar de refilón, pestañeabas, dos o tres veces seguidas, como en señal de duda, aunque continuabas estando igual de guapa...Más tarde, cogías el teléfono móvil, y esbozabas una sonrisa tierna...Era obvio que hablabas con tu pareja...Y yo me preguntaba: ¿Eres feliz? ¿De verdad lo eres?...Y el frío del jinete pálido poseía mi cuerpo en esos instantes, porque, al fin, querida amiga, he descubierto que sí lo eres...De los tres días que llevo acudiendo al programa con Frank y Rachel, este ha sido en el que me he sentido más dudoso, más intranquilo...No sólo por el encuentro contigo, sino por ese *camino al futuro*...Y pensar cómo nos hemos topado: Llegaba a los estudios, y, como casi siempre, me quedé un rato en la entrada, deambulando, apurando un cigarro...De pronto, se abre ese portalón azul, y sales tú, con un afeite rosa en los labios que te sienta de miedo, y me da ganas de besar esas dos líneas que recorren tu boca, hasta quitarte el carmín y tragármelo, haciendo que forme parte de mi corriente vital...Has salido a fumar, ¿casualmente?, y empezamos a hablar...Ya lo hacemos de todo, y hasta decimos tacos, y nos reímos inocentemente, el uno del otro...Me dices cosas que me dejan blanca, me comentas, con una mirada entre alucinada y romántica, cariñosa, amistosa, ingrávida en tu proceder...Y tu sonrisa ya no es la misma, te ríes porque me conoces, y porque te encantan esas determinadas cosas que te cuento, que, por lo corriente, no escuchas en el resto...Como lo que me ocurrió cuando regresé del bello Berlín: Me dijeron que la televisión había terminado, acabé *Black Sheep*, y me sentí más vacío que en mucho tiempo, como ya dije antes aquí, pero no a ti...Si bien, no profundicé en exceso al relatarte lo infeliz que me sentí, todo cuanto me di a la bebida, en la caída antes del alzamiento que ahora vivo, como Green Dog, a la que, eufemísticamente, me refiero ante ti, como una leve entre las crisis que he tenido, guardando para mi, por supuesto, lo mucho que he sufrido por no tenerte...Tú me hablas de ese *Están entre nosotros* tomo primero, me dices que ya casi lo has terminado, cuando, ni siquiera ha pasado una semana...Dices que lo lees camino de casa, en el tren, y que te gusta, pero lo criticas constructivamente, y eso me gusta...Yo te digo que las siguientes entregas te convencerán todavía más, que ese primer tomo lo escribí hace mucho, y que, desde entonces, he mejorado...Te ríes otra vez, y me dices: *Mejorado, qué modesto*...Así que, de verdad, te ha gustado...Y otro detalle tuyo que me vuelve loco: El Cortés Caballero ha preguntado esta mañana por mí, y tú le has dicho que habían cambiado mi horario, y que llegaría por la tarde...Lo sabías...Y lo has dicho...Nena, lo tienes todo para ser mi tigresa amarilla, lo malo es que aún no lo sabes...Y mientras, yo conservo la esperanza de poder tenerte, de ser para ti, la misma clase indetectable, de inocente droga indolora, completamente ausente de mal, que tú eres, desde hace ya más de un año, para mi...

Al final, el comentar Irrational Man de Woody Allen con Frank y Rachel sale bastante bien, mejor que las últimas semanas con American Ultra y Everest. Creo que nunca me sentí tan correcto, y una vez más, te lo debo a ti...A pesar de mis inquietudes, tú, junto a mi fe, habéis logrado esto...Tú me das suerte, y me da rabia admitirlo, pero así es...De un extraño modo, sabes cómo obrar esa química magia sobre mí, en ocasiones, sin darte cuenta, o sin que yo lo perciba, hasta mucho después...Tu efecto en mí es a la vez instantáneo y retardado...Eres un bálsamo que me acompaña durante todo el día...Cómo no vas a volverme loco...Pero el culpable soy yo, sí, soy culpable por pagar tu decisión de ser feliz con otro hombre, con una inesperada y pragmática frialdad, porque sólo te quiero para mí...Este efecto me produce pánico, por supuesto...En especial, en mis momentos de mayor soledad, en que ideo paisajes, nuevas escenas contigo, en que llevamos a cabo actos de amor físico puro, sin exceso, o ningún reproche...¿Puedes creerlo? Mis fantasías contigo siguen siendo así puras...De manera que, al menos, por el momento, he decidido ya dejarte marchar, porque no quiero complicarte la vida... Prefiero ser el amigo que tú necesitas, recogerte bajo mi protección, como tú lo haces conmigo, antes que no ser nada en tu vida...Y sólo es mi culpa, sí...Cambio de parecer conveniente y dolorosamente ante tu pálida actitud, pero nunca cambiaré mi amor, por más que me pese...Y es que te querré siempre, Alice, porque, como ya te dije, en mis sueños ocultos, las veces en que he llegado a amar, lo he hecho de verdad...Y pocas veces han sido estas, pero ese sentimiento sí es sincero en mi...Lo lamento, pero nunca podré quererte sólo como amiga, sino como ese algo más que busco en ti, y a medias, me das, entre juegos, sonrisas y sanas confidencias, previas al plató de televisión...De esta forma continuaré avanzado laboriosamente, eso sí, siempre a contracorriente, cuando el pasado negro ya no puede alcanzarme, o eso pienso...Lo que es seguro es que el destino sí lo hace, ese maldito bucanero gris siempre termina alcanzándonos a todos...Este momento semanal termina como una de las visiones en el espejo...Es cuando llega Victory, una auténtica productora, seria, tan señorial, una mujer que no me sonríe hasta que señala su cutis con un dedo índice, para que le dé un beso...Y así me despido de ti, corriendo, siempre a riesgo de hacer un ridículo que apenas temo, diciéndote que ansío que me hables de unos cursos que vas a comenzar en breve tiempo...El cine, querrías trabajar en el cine, y lo harías...Aunque sirva de poco, quiero hacer fuerza para que esto ocurra, a mi peculiar modo...Si yo estoy en racha, y hasta Dean C. ha logrado el trabajo, acorde a sus necesidades y objetivos, que hacía ya cinco años buscaba, porqué tú no podrías conseguirlo...En el círculo de la vida que me rodea, todos parecemos estar en racha...Y la frase *camino al futuro* ya no me sirve, sólo me sirve una palabra, en absoluto nueva. Una que, últimamente, no me canso de repetir: **_Amor_**. Esa sí que me vale...Porque describe una sensación secreta, que me alumbra y robustece, cuando no me encuentro en la futura rutina...Una que me hace más feliz...Una que me obliga a no beber, que me da la fe...Gracias a la primera mujer de mi edad con la que me siento hombre en años...

Penumbra

Hoy he salido a pasear, como cada semana. Evitaba, claro, volverme loco en casa, y a falta de un buen bosque en el que encontrarme a solas con mis pensamientos, y sacar de mí la negrura y la tensión acumuladas en todas y cada una de las jornadas del setenario, inicié el camino que siempre recorro, desde que salgo de mi propia casa, y que se extiende por el margen de los viejos espacios solariegos, en que un día jugaba cuando era pequeño, hasta la larga avenida recorrida por los ancianos jubilados y jóvenes deportistas, que conecta este barrio con el siguiente, dejando el faraónico cementerio municipal a un lado.

Este peculiar camino, arriba finalmente a una zona gris, otro viejo barrio abandonado que hoy casi nadie transita, en que se agolpan gigantescas lápidas y gatopardos que casi parecen sacados de los relatos de Poe. Más allá, se inicia una nueva ruta que remata en un puente, al que se accede por una larga y espaciosa cresta, rodeada a ambos lados de rosales en los que toda clase de insectos reposan. Una vez alcanzado su centro plano, uno contempla, en el vacío, los nervios que recorren toda la red de ferrocarriles, y aún en la distancia, los vetustos caseríos en que antaño veraneaban los gerifaltes valencianos, durante las épocas de mayor desasosiego económico. Cruzado este puente, encuentras el verde más semejante a un bosque que pueda hallarse en la zona urbana menos característica de esta ciudad repleta de historia.

Allí, sólo ves perros, gentes yendo y viniendo de la ciudad hospitalaria, que apenas se oculta, debido a su gran alzada, tras los pequeños árboles y matas, y, de cuando en cuando, también te encuentras con gentes extrañas. Lo que yo suelo llamar "gentes del brillo". Hoy he visto a una de ellas, no me ha dicho su nombre, pero me ha contado su historia. Nos conocimos en el camino cercano, previo a la rotonda de los anzuelos, en que hay dispuesta para el viandante una de esas endémicas fuentes color verde oscuro, cuyo centro se encuentra sellado por el rostro de un coloso de cuya boca brota el agua.

Era un señor de mediana edad, no demasiado alto, pero con una larga mata de cabello gris, prodigiosa, que casi lo hacía parecer mucho más joven. Se encontraba en una extraña pose, como intentando agarrar a otra persona, y su expresión era triste y atemorizada. Estaba llorando, desconsolado, y parecía hablar con alguien a quien yo no podía ver. Me acerqué, y le pregunté si le ocurría algo. Me miró fijamente, con unos ojos oscuros que hicieron que se me erizase el vello de los brazos y la cabeza. Luego, se sentó en un bordillo próximo, hecho de adoquines naranjas, que suelen utilizar los transeúntes más cansados, y comenzó a decirme que había visto el final. Yo pregunté: ¿El final de qué? "El final de todo", contestó.

"El cielo era rojo, de un rojo claro, como extraído de un lienzo. Todo se deshacía, había fuego, mucho fuego, y bandadas de personas corrían en busca de auxilio, intentando guarecerse de cuanto ocurría, pero ninguna llegaba a buen puerto, ninguna se salvaba...Todos ardían, y no quedaba nada de ellos"...No era la primera vez que la vida me regalaba un testimonio tan peculiar, de manera que, a pesar de mi gran impresión, no cejé en el empeño de conocer toda la historia. Así que le pregunté al hombre maduro de ojos oscuros sobre la persona con la que estaba hablando antes de que yo llegase, aquella a la que parecía querer agarrar, y él me dijo: "Ah sí, a ella también la vi. Era una mujer preciosa, creo que, probablemente, la mujer más hermosa que he visto en mi vida. Era joven y rubia, con el pelo largo, muy largo...Estaba muy asustada, y lloraba como jamás he visto llorar a nadie...Se acercó a mí, separándose de la multitud de gente que corría, me agarró de los brazos con mucha fuerza, y yo la agarré de ellos también. Entonces, me dijo: Por favor, ayúdame...Pero yo no podía hacer nada, porque veía una ventana al futuro, y no era nadie para intervenir en él"...

Y qué ocurrió entonces, continué cuestionando..."Entonces, le pasó lo que a los otros, lo que siempre pasa...Cuando se acercaba a mí ya comenzaba a quemarse, y para cuando me agarró, su cuerpo ardía, su pelo se consumía, su carne caía a pedazos por el suelo, y más tarde, se convertía en polvo, poco a poco, hasta desvanecerse por completo...Siempre ocurre lo mismo, amiguito, ¿sabes?"...Ahora, el hombre maduro de ojos negros y yo nos mirábamos fijamente otra vez, sin mediar palabra. Después, en su rostro mancillado por las lágrimas y las arrugas, se esbozó una extraña sonrisa, inclasificable, como si estuviese bajo los efectos de algún extraño cóctel farmacológico.

Y poco después, agregó: "¿No me crees, verdad?" Y antes de que yo contestase, bajó las mangas de su camisa para enseñarme las marcas que la mujer rubia y bella le había dejado al sujetarlo con tanta fuerza..."Esta es mi prueba", dijo. "Esta es mi verdad". Aquel hombre se levantó unos segundos más tarde, sin mirarme, como si yo nunca hubiese estado allí. Siguió caminando, lentamente, hasta desvanecerse en el bosquecillo situado frente a la ciudad hospitalaria, y no volví a verlo en el resto del paseo.

En el camino de regreso a casa, curiosamente, no me hice pregunta alguna sobre cuanto había ocurrido, sólo intenté retenerlo en mi mente para no olvidarlo y poder escribirlo. También hice enormes esfuerzos por tratar de captar en mi interior profano, aquellas visionarias imágenes que aquel extraño personaje aseguraba haber visto. Pero no lo conseguía, sólo apreciaba determinados destellos, a modo de luz parpadeante en la penumbra. Y entonces, lo supe: Cada vez que pasase caminando sereno por aquel lugar en que me encontré con él, sólo una palabra brotaría de mis labios en señal de triste y acongojado recuerdo: Penumbra...Penumbra...

Recuerdos del dolor aplazado

Aparentemente, era un día corriente, uno, como otro cualquiera, pero sólo aparentemente. Llegué a aquel viejo pueblo, que casi formaba ya parte del casco urbano, diez años después de mi huída, únicamente pensando en reencontrarme con ella, a pesar de las circunstancias que iban a rodear aquel espontáneo encuentro.

La vi, por vez primera en mucho tiempo, a la salida de la capilla de la iglesia. No había cambiado nada, tenía los mismos ojos azul claro, esos que siempre me atraen en una mujer, la estatura menuda y erguida, unas manos delicadas, y ese cabello rubio ceniciento, recogido en una simpática trenza nórdica. Aunque, fijándome mejor, descubrí que algo sí había sido alterado en ella, contra su voluntad. Aquellos ojos claros que yo tanto había amado, estaban ahora llorosos, y ante mi incomparable impresión, también, un tanto vacíos. Parecían buscar con desesperación aquello que habían perdido en esa mañana de agosto: Un ser querido.

Lo cierto es que nunca conocí demasiado bien al hermano de la señorita C, pero me caía en gracia. Era una de esas personas sencillas, que no hacían nada por empeorar el mundo. Un hombre que conservaba en su rostro, y en su gesto, el afable carácter de un bondadoso niño que todavía se hallase desperezándose ante la vida. Quién habría dicho que un semblante tan sincero, tan tierno y feliz, era tan sólo una máscara que ocultaba una inseguridad que ni tan siquiera su propia madre podía sospechar.

Así era, yo me reencontraba aquel día con un amor perdido, en un entierro. Una despedida triste, uno de los peores momentos en la vida de ella, y, a pesar de mi distanciamiento en los últimos años, también de la mía. El señorito J había muerto hacía tan sólo un par de días, en circunstancias extrañas, casi de mal gusto, solo, sin amistades, únicamente con el apoyo y socorro tardío de un guardia de seguridad, en un sucio párking de los sábados por la noche. La cocaína a la salida de una estúpida discoteca había tenido la culpa. Quién sabe si un drama oculto, un odio, un rencor, o un sentimiento más poderoso que la vida corriente, condimentaron, en realidad, aquel momento preciso en que un alma grande y benévola finalmente había abandonado el plano físico de la existencia.

Cuando llegué al velatorio nadie podía creerlo...Siempre recordaré, con temor y horror, cómo la madre del señorito J se desmayaba, al salir del enorme auto fúnebre, para presenciar la dantesca escena, mientras su noble esposo trataba de sujetarla, con unas fuerzas que no tenía, y que jamás volvería a tener dentro de sí. Por un instante, su mirada se cruzó con la mía, y con unos ojos encendidos por la tristeza, aquel pobre hombre, que regentaba un negocio cercano al instituto al que mi viejo amor y yo acudimos, casi pareció querer decirme: "¿Lo ves? Nunca se puede estar seguro, porque amar, es sólo dolor aplazado"...

Los cobardes amigos que debían haber socorrido al señorito J no se atrevieron a entrar en la iglesia, quedaron agazapados en los comercios aledaños, en shock, apesadumbrados, o más bien, avergonzados de no haber estado a la altura, de no haber sido lo bastante humanos, no digamos ya hombres, en aquel terrible momento pasado, de aquella maldita noche. Abandonaron a un amigo leal, no en un momento crucial, sino en el momento de su misma muerte.

Al entrar en la iglesia, todo el mundo lloraba. El mismo párroco, un hombre joven que mantenía un idilio con la panadera del pueblo, estaba pronto a dejar los hábitos. Tal era su desdén respecto a su mismo oficio, que las palabras que pronunció en memoria del difunto no pudieron ser más absurdas, más ridículas, más inmerecidas...Yo también lloraba, en uno de los bancos más próximos a la salida, porque no quería que la señorita C me viera.

Aquel episodio nefasto pasó rápidamente, al menos, así lo recuerdo, llevándose una parte del alma de cada uno de los asistentes. A algunos, nos hizo ganar experiencia, a otros, apenas les cobró un par de horas de sus tristes y vacías vidas. Y es que, alrededor de mi querida señorita C, no había personas lo bastante buenas...Eso había querido decirle yo, cuando, años antes, nos despedimos, durante nuestras vacaciones en Mallorca. Cuando, finalmente, resultamos ser incompatibles, y terminamos sólo por desearnos lo mejor en nuestras respectivas vidas.

Aún la vi una vez más, antes de marcharme aterrorizado de aquel pueblo que hoy es barrio. La abracé, pero en aquel abrazo ninguno de los dos lloramos. A pesar de las circunstancias, ambos seguíamos siendo unos niñatos orgullosos con una capacidad inmensa para amar, pero una vida insatisfecha que nos impedía poder admitirlo hasta las últimas consecuencias.

La abracé, sí, a pesar de todo, lo hice...Casi como si fuese un deber, casi como queriendo agarrar de nuevo, con fuerza, un tierno recuerdo perdido. Y luego, la miré a esos hermosos ojos azules una vez más. Pero aquellos ya no eran los ojos de la persona que años antes me había hecho arder el pecho en mitad de la clase de geografía. Ya no eran los de aquella dulce, inocente y avispada chiquilla que me había robado el corazón, cuando la vida todavía no me había dado mil vueltas. Aquellos eran, ahora, ojos de mujer fatalmente realizada, ojos de mujer gris, ojos de mujer de la vida...Por eso mismo, decidí no volver a verla nunca más...

Me fui de allí siendo más yo mismo que nunca, mientras terminaba de archivar el capítulo de la vida que me unía a la señorita C, pero, casualmente, me encontré todavía con otro viejo amigo del pasado, con el que crucé un par de frases, y bebí un par de cervezas. Él era amigo del difunto, mientras que yo había sido amante de su hermana. Y sin saber porqué, este conocimiento previo de los protagonistas, nos impulsó a ambos a sincerarnos sobre nuestras propias vidas, extrayendo de aquella conversación casual, alguna que otra verdad sobre nuestro futuro.

No recuerdo bien cuál extrajo él de mí, o si lo hizo, pero sí recuerdo cuál extraje yo de él, cuando me preguntó si aún quería a la señorita C. Lo pensé mucho, y contesté: "No, que Dios me perdone, pero ya no la amo"...Él me miró apenas sorprendido, y agregó: "Al fin encontraste a otra persona en tu vida"...Y me vino a la mente una nueva joven, la chica más dulce y bonita que había conocido en mucho tiempo. Una, cuyos ojos, yo aguardaba que jamás cambiasen de parecer en su intensidad. Y así, contesté: "Sí, he conocido a alguien hace poco...Otra mujer"...

Ahora pienso que quizá el padre de los señoritos tuviera razón, después de todo, al decirme con aquella extraña mirada, repleta de humano dolor y amargura, que amar es sólo dolor aplazado, por una u otra razón...Pero, creo, que las personas, a veces, debemos intentar engañarnos...Es el único modo de lograr esperanza, en los momentos duros de nuestra vida.

De luces y sombras

Muchas veces, la gente que me lee, me pregunta porqué al escribir pongo tanto interés en la mirada, o en los ojos de los otros. Hace poco, me lo pregunté yo mismo, y realmente, no encontré una respuesta aceptable a tal cosa, a tal manía mía. Aunque, ahora pienso, que se trata de una mera cuestión de luces y de sombras...

Sí, hablo tanto de los ojos, porque es lo primero en que me fijo al conocer a una persona, me encantan sus matices profundos y brillantes, o de tonos claros, las pequeñas manchas que plagan el iris, cuidado, si estas son coloridas, por cierto, y las imperfecciones cromáticas. Jamás en la vida he logrado conocer a una persona de ojos limpios y planos, aunque, seguramente, esta persona no exista, del mismo modo en el que en la naturaleza no hay una sola línea recta.

Los ojos son lo primero en lo que me fijo, de veras lo digo, aún tratándose de la más despampanante dama, son lo primero en lo que reparo, quizá, porque desde mi propio nacimiento, aún antes de saber hablar, pronto comprendí que mis ojos no eran exactamente como los de los demás. No me extenderé en detalles, porque no hay nada que deteste más en la vida que concebirme a mí mismo como a un mártir egotista, pero no todos saben que yo nací prácticamente siendo ciego, y que no logré recuperarme de mi dolencia, hasta cumplidos los veinte años, recuperarme, o superar lo que en medicina muchos llaman el umbral de dolor.

Es curioso, ¿verdad? El ser humano se acostumbra a todo, suele decirse, y es muy cierto. Si algo te duele, al final deja de dolerte, no porque no siga produciéndote dolor, sino porque ya has aprendido a vivir con él. Y para que te doliera, como adictos al sufrimiento que somos, ese dolor debería ser más intenso, más fuerte...Por ese motivo, el ser humano debe ser el único en todos los mundos conocidos, al que le pueden romper el corazón veinte veces, y todavía continuar en pie.

Sí, al fin y al cabo, quizá sea por todo esto por lo que siempre me fijo en los ojos de los demás. Recuerdo que una vez me encontraba en un garito de jazz, pues, aunque suene increíble, también existen en Levante, y muy buenos. Yo no lo supe hasta entrar en uno. En realidad, yo odio el jazz, y no soy especialmente melómano, pero me atraían sobremanera los cócteles que allí se servían. Allí fue donde por vez primera tomé un Bloody Mary, la misma bebida que William Holden tanto apuraba, en la denostada película Encuentro en París. Mezcla de tomate, vodka y pimienta, o algo por el estilo...No sé si aquel era un Bloody Mary auténtico, lo cierto es que poco me importaba, era joven, y estúpido, y bebiéndolo me sentía más sofisticado.

Ocurrió entonces, que, acabado el primer Bloody Mary, decidí repetir la jugada, mientras mis nocivos acompañantes, algunos de los más peligrosos elementos de la noche valenciana, con los que por aquellos días acostumbraba a juntarme, jugaban al billar. Me dirigí a la barra aún sereno, y ya sin sentir temor alguno a que me pidieran el carné de identidad, pedí otra copa. Entonces, se situó justo a mi lado una mujer morena impresionante, que al menos tendría diez años más que yo. Aquello me sorprendió más que a nadie, porque, de haberla visto antes, habría reparado en ella, pero no había sido así...Quizá la noche estaba próxima a la hora del lobo, y ya iba siendo el momento de irme a la cama...La mujer se acercó un tanto a mí, y me miró decidida. Al principio no podía creérmelo, pero finalmente me armé de valor y le devolví la mirada. Creí que iba a ocurrir algo más, pero, entonces, ella dijo: "Qué ojos tan bonitos tienes". Y yo me quedé frío, más seco que el vodka, o que cualquier otra bebida soviética...

Seguramente, mi expresión maravillada debió cambiar en el acto, porque ella parecía cohibida. Le di las gracias por el requiebro, e instintivamente pagué el segundo Bloody Mary y lo dejé sobre la barra. Me marché del bar de jazz, sin sentir nada, sin pensar nada. Simplemente me marché, porque de alguna forma noté que debía hacerlo. Y como había gastado todo mi dinero en la noche, no tenía suficiente efectivo para pagar un taxi, cosa que por entonces solía ser bastante normal, así que emprendí el largo camino a casa, desde el centro de la ciudad, a pie.

Luego, mientras caminaba durante esos largos e interminables cuarenta minutos, me vino a la mente la imagen de la mujer morena, luego, recordé esas casi dos décadas en que mis padres y yo viajábamos hasta Barcelona, para visitar la clínica en la que cuidaban de mi vista. Y cuando quise darme cuenta, ya estaba en casa.

Aquella noche, sin embargo, tuve un sueño muy curioso que nunca he conseguido olvidar. Me encontraba en un monte, muy escarpado, no sé en cuál, practicando el senderismo...Tomaba una dirección más que arriesgada entre las rocas, y perdiendo el equilibrio, caía. No a través de una enorme distancia, pero con una torpeza y una mala suerte tales, que me hacía verdadero daño. Creo que incluso me partí una pierna, y el fémur atravesó mi carne, aunque no lo recuerdo bien. Sólo recuerdo que no podía moverme...

Pasaron horas, la tarde cayó, y la luz del día dejó paso a las sombras del crepúsculo, y a un frío antártico que me indicaba que aquella iba a ser mi última hora. No obstante, la luna reemplazó al sol, una luna casi llena, que alumbraba lo oscuro del bosque. Durante todo ese tiempo, mi conciencia oscilaba entre el duermevela y el delirio. Hasta que lo vi...

De la profunda oscuridad amaneció un lobo. Era negro y blanco, como los de las películas, pero no era un lobo normal. Sus ojos eran diferentes, un tanto brillantes, como el resplandor de un cristal en el día más caluroso y soleado de agosto. Pedí entonces ayuda a Dios, e hice lo imposible por no estremecerme. Pero el animal no parecía acecharme. Se acercó poco a poco a mí, para no darme miedo, como si se tratase de un felino, y luego, se recostó sobre mí como si fuese su cama. Me dormí, y al despertar, me sentía mucho mejor. Pronto, otros peregrinos de aquella montaña indeterminada, me encontraron, y me trasladaron hasta el hospital más próximo. Allí, los doctores me dijeron que no entendían cómo yo había podido sobrevivir, en la noche más gélida del año. Como un idiota, les hablé entonces de aquel lobo. Y se rieron de mi.

Con las risas desperté...Eran las cuatro de la madrugada. Y me pregunté cuál sería el simbólico de aquel lobo del sueño. Aquel lobo de ojos tan brillantes como el cristal iluminado...A día de hoy sigo sin encontrar respuesta a aquella fantasía. Sólo me digo que se trata de una cuestión de luces y de sombras...Las mismas con las que tanto conviví en mi vida, al escapar de la ceguera.

Dibujos animados hechos carne

Mi madre dice que en la vida hay personas normales, y personas que tienen cara de dibujo animado, y esto no es normal...Cuando tenía algunos años menos, cada vez que la escuchaba decir estas cosas, me echaba a reír. Sin embargo, con el tiempo, he aprendido a descubrir que la habitual simpatía con que mi madre comparte sus opiniones, encierra más sabiduría de la que yo podía apreciar a los dieciséis años.

En fin, hoy he acudido a una nueva entrevista de trabajo, tras una jornada infernal en la que tuve grandes problemas en la gestión de determinada labor, ajenos a mi propio control. Esta entrevista motivó un nuevo desaliento en mi rutina diaria, como más tarde explicaría a mi amiga Annie. "Quieren venderte la burra", le dije, cuando le contaba cómo, por enésima vez, acudí ofreciendo mis servicios como escritor, mediante previa recomendación, siendo despreciado en el acto. Perdí toda la mañana al prestar atención, por educación, a lo que yo llamo Las mentiras políticas.

Así es, mentiras, desprecios a la labor de los demás, velados, con encanto, y muchos modales, pero desprecios, al fin y al cabo. Esto debí haberlo visto venir, cuando al entrar en el despacho de la persona en cuestión, me vino a la cabeza la voz de mi madre diciéndome: "Cuidado, tiene cara de dibujo animado". Pero, por entonces, yo no quise escuchar esas voces internas en la regresión constante hacia el pasado...Me senté frente al gerifalte, un hombre muy correcto, un gran profesional, y él me pidió que le explicase qué hacía. Le resumí brevemente mi currículum, sin extenderme demasiado, por temor a resultar pedante, y luego, este señor me hizo una pregunta que me dejó helado: "Entonces, ¿tú eres aficionado al cine?". Le dije que así era, y que había escrito algunos libros sobre el tema, e incluso, que, en una lejana ocasión, un director de culto, ya fallecido, había contado conmigo para escribir su biografía. Aquel hombre quedó parado mirándome fijamente, pasándome su agudo escáner, con unos ojos fríos pero humanos. Quedo callado un tanto, y después, me preguntó: "¿Y a ti qué te gusta del cine?".

Aquella pregunta me sorprendió. E inmediatamente, recordé una frase del film Casi famosos, una película muy agradable, aunque nada del otro mundo, que destacaba por mostrar unas impresiones maduras sobre la vida, a través de un adolescente que apenas había vivido, un chico muy especial, basado en el propio director de tal obra, el gran Cameron Crowe. Aquella frase, la lanzaba el menospreciado Billy Crudup ante aquel chiquillo fascinado por el mundo del rock: "Para empezar...Todo". Así decía la frase, "Para empezar...Todo". ¿Y es que una pasión no lo abarca todo, sea cual sea esta? ¿No permite que nos elevemos por encima de nuestra rutina diaria? ¿No permite que nos sintamos dichosos en la inspiración, y que así, podamos hacer más felices a cuantos nos rodean? Así lo he creído siempre. Incluso en aquellos momentos en que, paradójicamente, desencantaba a mis seres queridos, por concentrarme totalitariamente en escribir, en intentar hacer algo que me satisficiera, y exorcizase mis muchos demonios internos. "Para empezar...Todo"..."Eso fue lo que contesté a aquel señor. Y luego, me marché...

Bueno, quizá no fue tan cinematográfico, hubo algunas palabras más, pero, poco después, me marché...Había perdido toda la mañana, apenas había dormido y me sentía hecho polvo. Para más inri, aún debía acudir, durante la tarde, a la televisión, donde me esperaba la talentosa Shyla Garp, y mi querida amiga Annie...Qué hombre no podría sentirse dichoso, al contemplar unos ojos y una expresión que lo tranquilizarían hasta en el peor momento, que le dijeran, como en un susurro: "Tranquilo, todo saldrá bien"...Hacía tanto tiempo que no me sentía cómodo hablando con mujeres de mi edad...Así es, más de tres años...Recuerdo que Annie me preguntó qué tal había ido mi día, y dije la verdad: Querida, ha sido una auténtica mierda, sólo espero no fastidiarla aquí también. "Seguro que no", me dijo. Y le relaté sobre personas con rostro de dibujo animado, y desastres en temas laborales en los que me veía inmerso. Pero me centré en la fallida entrevista de trabajo, diciéndole que hacía diez años me habría deprimido su resultado, pero, que, hoy día, iniciando una lenta madurez, me sorprenden menos ciertas personas, las mismas de las que hablaba mi admirado Jess Franco. Sí, cuando uno mira al vacío, contempla la naturaleza de esas ciertas personas...Y no son mala gente, sólo se encuentran condicionadas, por cosas que tienen que ver con ocupar un cargo, o con su propia madurez...

Quién sabe lo que yo haría en su lugar, por ejemplo (Dios me libre, a mí y al resto)...La verdad es que resulta cobarde, resulta muy difícil criticar a alguien cuando no sabes en qué consiste su labor...Pero todos somos humanos, y porque no soy ningún santo, me gusta hacerlo, me gusta, incluso, compartirlo, y ello no me hace en absoluto más feliz, pero me limpia por dentro...

Esta tarde hablamos de Hipnosis, la nueva película de Frank Cash, y en el plató me encuentro aterrorizado...Pero Shyla Garp me salva, de nuevo, con su afable expresión, que sacaría de cualquier persona sus secretos más íntimos de indolora forma, sólo con las palabras sinceras que, habitualmente, quienes tenemos menos experiencia en el audiovisual, no encontramos.

Todo termina, finalmente, en orden, y me siento feliz, me siento realizado y satisfecho...Lo único que ahora temo en esta nueva vida mía, es estar a la altura, y no dejar jamás en mal lugar a las personas que tanto confían en mí, a las viejas, a las que ya he matado a sustos y espero poder compensar algún día, y a las nuevas, a las que espero mantener a mi lado en el largo futuro, al que, quizá, un lejano día acuda cuando sea pasado, en esa regresión constante de la que tanto hablaba mi admirado Fitzgerald, completo, con trabajo, y aún más maduro...

"Para empezar...Todo"...Es la mejor frase con la que podía quedarme hoy...Y con los instantes buenos, por supuesto...Por cierto, a la salida de televisión, todavía veo a Annie una vez más, con la que hablo a propósito de esos odiosos orzuelos que nos salen con el cambio de tiempo. Le recomiendo a mi propio médico, por si en el futuro tuviese necesidad de él. Y obsesionado, patológicamente, como lo estoy con mis propios ojos y los de los demás, en un arrebato de improcedencia le pregunto si los suyos son realmente color verde. "Depende de la luz", me dice...Durante el próximo puente de octubre, me maravillaré a mí mismo con las películas de Woody Allen que me quedan por repasar, y si Dios me lo permite, prepararé la próxima crítica. Quizá, si aún me queda tiempo, pueda escuchar de nuevo a mi madre en la tranquilidad del hogar...Pero no me reiré...Intentaré sacar, de cada frase, su correspondiente dosis de verdad.

De cuando comencé a escribir con otros pseudónimos.

Como todo lo demás

Hoy me dirijo con mi padre hacia un evento muy interesante, en el que no sólo gozaré de experiencias nuevas, sino que me reuniré con unos grandes amigos, Tony Barrow, y su esposa, Rose Murch, además de sus hijos, a quienes quiero como si fueran los primos que nunca tuve, Marc y Reuben. Pero, antes, nos aguardaban unos cuarenta y cinco minutos de autopista, en los que escuchábamos la radio para amenizar el trayecto. Entonces, me sorprendió mi propia risa, al escuchar una sección determinada, que hablaba de las erratas en prensa escrita, física o digital. En concreto, se me quedaron grabadas tres de ellas: 1. *El precio de los calzoncillos baja el doble que el de las bragas.* 2. *Fallece, por segundo día consecutivo, una mujer de 103 años.* 3. *El diario se disculpa por colocar dos viñetas iguales, ya que una de ellas no contenía las siete diferencias...*Sí, me sonó a chiste, y reí hasta llorar con cada una de ellas, pero, luego, me cabreé. Sí, así es, pasé del amor al odio en un instante, porque me vino a la mente la de veces que he discutido con ciertos *profesionales*, no sé si de veras lo son, sólo sé que se hacen llamar así, sobre las grandes diferencias existentes entre el periodismo y la literatura. Para muchas de estas personas, esto es lo mismo. Y es lo mismo, porque les conviene, porque he conocido a más periodistas que jamás han escrito un libro, que escritores que terminan colaborando con un diario, sea cual sea este. Y es que es insoportable. Porque, ¿acaso alguien se atrevería a decir que un cirujano cardiovascular es lo mismo que un neurólogo? Es obvio que no. Cada uno de ellos sabe de cosas que el otro no sabe, a pesar de ser, ambos, médicos. Pero no, esto me cabreó especialmente, porque recordé que, hace años, acudí a la presentación de un "libro", que publicaba una conocida mía que, claro, era periodista, y que decía ser, además, escritora...

Quedé encantado con la noticia, en un principio, pero, cuando llegué a la presentación, una arrogancia y una tontería sinfín por su parte, me revolvieron las tripas y también los sesos. Me hablaba de igual a igual, como si hubiese escrito decenas de libros y los hubiese editado ella misma, cuando es un trabajo de negros, perdón por la racista y tan extendida expresión...Yo soy autor y editor de mi propio trabajo desde hace más de diez años, no porque me encante editar libros, ni siquiera los míos propios, es algo que detesto y que terminé dominando sólo por necesidad, sólo porque nadie quería editarme...Todavía recuerdo cuándo sujeté entre mis manos el libro de esta persona, de esta *profesional* que decía ser idéntica a mí, y comencé a ojearlo. Ese "libro", esa "novela moderna", tal y como ella la publicitada y describía, no era tal cosa...Sino un recopilatorio de pequeñas gacetillas, previamente publicadas en el diario para el que trabajaba. Artículos grotescos de seiscientas palabras amontonados torpemente, sin criterio alguno. Cuando descubrí este engaño moral, me lo tomé tan mal, que, radical, como lo era en mi reciente juventud, no volví a llamarla, ni a hablar con ella nunca más, porque sabía que nuestro próximo encuentro habría de resultar terrible...En fin, ahora pienso en una magnífica frase de mi, en ocasiones admirado, en ocasiones despreciado, Woody Allen. Proviene de uno de sus peores films, sino el peor, pero, también, un film en que nos deparó su última gran interpretación de seguido: Todo lo demás. Un calco barato y aburrido de su revolucionaria Annie Hall. En esta película, su excéntrico personaje discute con una joven versión de sí mismo encarnada por el poco convincente Jason Biggs, quien, tras soltarle toda una perorata sobre sus inquietudes como autor, recibe la respuesta de Allen, que dice así: *Una vez iba en un taxi, esto fue hace años, y yo le abrí mi corazón al taxista, sobre todo lo que estabas largando hace un momento: Vida, muerte, el universo vacío, el significado de la existencia, el sufrimiento humano...Y el taxista me dijo: Bueno, es como todo lo demás. Piénsalo un poco...*Así que, sí, de nuevo, el autor de la bella Manhattan, descubría toda la verdad sobre la rutina diaria, sobre la inutilidad filosófica de los entes que se consideran a sí mismos distintos, cuando, en realidad, no lo son, en tan sólo una frase, una tan simple y tan tonta como esta, pero sólo aparentemente...

Esta noesis, por otro lado, me trasladaría a muchas otras en mi calenturiento cerebro, que por las mañanas, y durante el sueño, jamás parece querer detenerse...Así que recordé otra frase irritable, esta vez, no dicha de forma intencionada. La persona que me la dijo es un amigo al que respeto muchísimo y que me ha ayudado en recientes tiempos: *Escribes muy bien*, me dijo él. Yo estaba algo cabreado aquel día, había discutido con cierta mujer, y, para qué mentir, una resaca tremenda me destrozaba los intestinos, así que, intenté calmarme frente a mi amigo, pero, aun así, le contesté: *Mira, Collie, hoy quizá pueda destacar en algún texto breve, porque la competencia es pésima, gane dinero con ello o no...Hace cincuenta años, yo hubiese sido un autor del montón, eso, como mucho, porque, entonces, sí habían grandes escritores en el mundo, profesionales, que en nuestra época son tan anacrónicos como los santos, o los héroes olímpicos...* Ello encadenó con otro flashback, esta vez de mis oscuros tiempos, en que, cuando trabajaba en el sur, descubrí algo muy distinto: Que el jugar con las mujeres de la noche era algo muy común por allí, tanto como coger unas melopeas que hicieran que te cayeras de culo sobre tu propio vómito, o te estrellases con tu coche, o aún, que ese coche se atrancase frente al mar, debido a un neumático reventado...Sí, en el sur terminé por saberme un perro verde, cuando acompañaba a mis compañeros de trabajo hasta lo que ellos denominaban *su relax semanal*, que no era otra cosa que irse de putas, vamos a decirlo claro de una vez...Cuando esto ocurría, ellos hacían su faena, mientras yo me quedaba en la barra del bar hablando con las chicas, que me tomaban entre sus brazos como si yo fuera un osito de peluche...Tantas veces fui a los más diversos locales de este tipo, que, al final, me convertí en su amigo, o algo por el estilo...Nunca me acosté con ninguna, por dos razones: Porque siempre tuve muy claro que lo que yo necesitaba en la vida era una compañera, y no una amante, y porque recordaba las palabras de mi abuelo, que siempre me decía que aquello era *un foco de infección*, y yo siempre he sido un tanto maniático con esas cosas...Imaginaba una vagina gigantesca rodeada por manchas rosadas o protuberancias inconcebibles, junto a la imagen odorífica de un hedor a pescado peor que el de la propia muerte...En fin, os hablaba de las noches en los serrallos, no quiero desviarme demasiado del tema por ahora...Y de cómo me supe un perro verde, que es el título de este endemoniado libro. Bien, como acertadamente supondréis, muy pronto me convertí en un bicho raro entre los buscadores del económico sexo fácil, al quedarme siempre afuera de las habitaciones coloridas, con una cerveza fría entre las manos, como claro sustituto del divertimento...Una noche, mis colegas no pudieron contenerse más, debido al respeto que, por aquel entonces, me profesaban, y uno de ellos me dijo: *Por qué no quieres acostarte con una de las chicas, ni siquiera con esa rubia que siempre se sienta contigo. Sé que le gustas, y que a ti te gusta...*Les expliqué el porqué, y la expresión con que me respondieron, exenta de palabras en un inicio, casi parecía querer indicarme que yo era estúpido, pero, no maricón, menos mal, porque algunos hombres del sur son muy machos, hasta llegado el momento de la verdad. Finalmente, uno de mis compañeros, concretamente, mi antiguo jefe, trató de salvar la situación, haciendo gala de su tan conocida generosidad, diciendo: *Si es por el dinero, yo te invito...*Insistí de nuevo en que no quería, y al final, él, medio enfadado, agregó: *Eres más raro que un perro verde*, al tiempo que otro de mis iguales pasaba justo por detrás de él, diciendo: *Qué coño un perro verde, es un viejo en potencia, el cabrón...*A pesar de todo, debo admitir que acudir a aquellos locales solía divertirme, porque, por aquellos días, me sentía muy solo...Creo que, por ese motivo, empecé a intimar con Amanda, esa rubia preciosa a la que antes hacían referencia mis tocayos.

Sin embargo, llegó un momento en que me dije que también debía dejar aquello, gracias, justo, a mi última conversación con ella. Amanda me preguntó: **No entiendo porqué vienes a estos sitios.** ¿No lo entiendes porque no nos acostamos?, contesté yo. **No, no es por eso**, agregó, **es porque eres muy joven. A ver, ¿cuántos años tienes?** Veintidós, dije yo. Y ella dijo: **¿Ves?, este no es lugar para** *ti, sólo eres un niño.* Luego, quedó pensativa y algo triste, jamás la había visto así, y añadió: **Yo también tengo veintidós años.** Aquello me entristeció tanto que le di un beso en la boca, con toda mi pasión y fuerza, unas que ni siquiera sentía...Después, me marché, y no volví a verla nunca más...Por cierto, en relación a ello, debo decir que, en aquellos días, conocí, por derivación de mi jefe, a un director de cine casi retirado al que yo admiraba muchísimo, y con el que llevé a cabo diversos proyectos que no salieron adelante, debido a su falta de solvencia. Este señor convivía, desde hacía cuarenta años, con una mujer treinta años más joven que él. Un día, él me reveló que siempre habían tenido una relación abierta, y que eso le parecía lo más natural en la vida. Entonces, lo vi bien. E incluso, intenté probar con ello, contradiciendo todos mis anteriores principios...Por suerte, no tardé demasiado en darme cuenta de que yo no valía para eso, ya que era demasiado cursi para este mundo moderno...En fin, es como todo lo demás, ¿no?...No obstante, muchos años después, conocí a una encantadora pareja que era capaz de respetar su amor, llevando una relación de este tipo. Daba lo mismo lo mucho que se probasen el uno al otro, finalmente, siempre volvían a casa juntos, veraneaban juntos, y al final, hasta tuvieron hijos juntos, buenos chicos, sanos...Más sanos que sus padres, incluso...Por unas temporadas, más adelante, me empeñé en analizar, constantemente, mi propia situación de castidad monjil, que vivía desde los quince años, y que me había hecho perder realmente grandes oportunidades en el mundo del amor, sólo porque *el comienzo* significaba echar un insulso polvo...En aquellos días, todas las mujeres que cruzaron por mi vida acabaron creyendo que yo era gay.

Tantas veces me ocurrió esto que, llegó un momento, en que yo mismo no sabía si verdaderamente lo era. Y entonces, como por arte de magia, comencé a conocer a toda clase de personas homosexuales, hombres y mujeres, a las que, curiosamente, me unió muy pronto una intensa amistad, pero, a las que el tan sólo observar, me indicaría que aquello tampoco era lo mío, y así sigo...

En fin, a la postre, mi padre y yo llegamos hasta nuestro destino. De camino al edificio en que se celebra el evento, contemplo el escaparate de una librería, y en él, un libro cuyas letras de título en portada son tan grandes, que tienen que separarse por un guión. ¡Una palabra simple dividida en tres partes! No podía creerlo, otra forma más de la mayor y solemne estupidez humana, que trata de aprovechar lo que ya hay, en exceso, sólo por no hacerse preguntas, sólo por no pararse a pensar...Aunque, llegado este punto, ya me recuerdo al Max von Sydow de Hannah y sus hermanas, de Mr. Allen, un ser hastiado del trato humano, cuyo único contacto con la realidad es su joven acompañante, su joven amor, eterno y artístico...Esta película también tiene otra frase de esas míticas del señor Allen, que me hace reflexionar cada vez que pienso en ella: *Es difícil convivir con alguien que da tanto y necesita tan poco.* Esto mismo me dijeron otras ciertas personas en el pasado, porque era lo que yo les suscitaba, pero, ahora, aprovecho para reiteraros, queridos repelentes, que, de lo que parece, a lo que es, hay un mundo, sí, como en todo lo demás..Hace poco, también disfruté de uno de los films más extrañamente rodados de Allen, en que la maravillosa Julie Davis clasificaba a las personas como "erizos y zorros". Los primeros tenían una vida interior extraordinariamente rica, y los otros, eran extremadamente físicos...Quizá se trate de una diferenciación demasiado freudiana, harto particular, pero no está mal del todo, si lo pensamos detenidamente...Los mayores problemas de nuestra raza se dan por las grandes dificultades de comprensión y comunicación íntima y personal, cada vez más insalvables en nuestra modernidad. Es en ellas donde comienza nuestra degeneración...El aislamiento, el egoísmo desenfrenado ante lo que nosotros provocamos: La desesperación. Desesperación, al no saber escapar, por lo corriente, de los estereotipos tan aceptados...Por ejemplo, hoy, en el evento, he conocido a una mujercita encantadora: Guapa, educada, inteligente...e hipócrita. Hablar con ella me ha encantado y me ha dolido a la vez, porque se notaba que *actuaba* ante el resto. Actuaba, como lo hacen las mujeres vulgares que salen con su chico, hablan como gitanas, y creen no saber entender de literatura. Algo que no rompe precisamente con el tópico de que todas las rubias son tontas...Y me cabrea tanto, tantísimo, ver esto, cada vez más...Siempre he creído, y en la leve práctica pienso no equivocarme, que las mujeres son seres sensibles que en ocasiones necesitan a alguien que les reconozca lo mucho que valen, lo mucho que pueden llegar a ser...Toda mujer merecería un hombre así, toda mujer buena, pero hay tantas que se conforman con menos...Porqué, yo diría que por la impaciencia, una que yo ya perdí hace mucho... Aunque, Dios me libre de considerarme un ejemplo a seguir en algo...Sólo soy un perro verde...

Durante el transcurso de los acontecimientos en la presente jornada, también me he dado cuenta de que siempre creí tener cierta percepción psíquica frente a la mayoría de la gente, pero, es obvio que conforme me hago mayor, caigo en el mismo error evolutivo, porque ese instinto me falla...El sentimiento de culpa, a veces, tan incomprensible, me vuelve egocéntrico, y me hace pensar si esa o aquella persona estará enfadada conmigo, o si su desgracia puntual, en parte, será debida a mí, o si esa persona pensará mal de mí...Y yo detesto ser así, pero no puedo evitarlo...Simplemente, me resulta imposible...

Hoy he pensado, además, en que me gusta la gente corriente, pero buena, cuando he conocido a dos seres falsamente místicos, dos intelectualoides de los que plagan el mundo...Dogmáticos en todo lo suyo, en la falibilidad académica...Ello me ha hecho reflexionar sobre el hecho de que el ego me impide amar a alguien que sea como yo, o quizá lo haga el sentido común...Lo hablé el otro día con Annie, diciéndole que no se me daba bien poner buena cara, que no se me daba bien fumar un pitillo, si en realidad no me apetecía...Annie, querida, sigues salvándome, ¿o acaso no lo ves?...Mientras hoy cubría el evento, recordé las decenas de guiones para televisión y cine que hice, la mayoría de ellos, en solitario, y sin ayuda, para nuevos superiores, y que finalmente quedaron en nada. Ninguna de esas producciones terminó por ejecutarse, no porque fuesen espantosamente malas, sino por culpa de los que debían hacer bien su trabajo. Recuerdo un caso en especial, en que acabé un guión, y entonces, llegó el listillo líder, niñato rey de turno, que no sabía hacer la o con un canuto, sólo para figurar en nombre de todos, y decir chorradas de la clase de: *Bueno ya habéis terminado, ahora me toca a mí*...Y yo me quedaba con cara de aparición, como diciendo: *Te toca a ti hacer el qué, hijo mío, si ya está todo hecho*...En fin, esos recuerdos se desvanecen en mí cuando Annie me dice en el trabajo que tengo mejor color de cara. *¿Ya te da más el sol?* Me pregunta...Y yo le digo que sí, que mis paseos por San Isidoro son cada vez más habituales y extensos, claro, a falta de la espesura y encanto de un buen bosque...

Ahora bien, debo admitir que no todo en este estupendo acto oficial fue alentador. Tuve que abandonar la santa misa, porque los sonidos de mi tripa retumbaban por todo el complejo, y debí rogar a una amiga que me prestase el baño de su casa, para recomponerme. A mi regreso, los intelectualillos me preguntaron a dónde había ido, cuando ni tan siquiera me habían dirigido la palabra antes. Yo contesté, quizá porque el potente sol de aquel día me había fundido los plomos, quizá porque no había dormido nada: "*Haga de vientre con regularidad y conseguirá la felicidad*". Que es la frase que repite el entrañable Scatman Crothers en El resplandor...Por cierto que, en el aseo, durante la necesaria dilatación de más de una hora de duración, recordé la historia de una amiga mía con la que compartí clase en el instituto, y con la que estuve cerca de tener un breve e incorrecto romance. Entonces, teníamos como profesor de cultura clásica a un hombre nauseabundo al que llamábamos El pequeño Hitler, cuyo aspecto era verdaderamente peculiar. Al parecer, llevaba colocada una impresionante sonda en el pene, que le abultaba el paquete más de lo debido. Solía acercarse con ese mondongo a los pupitres de las chicas más bonitas, hasta que mi amiga decidió que ya no podía soportarlo. Llenó de tiza la repisa delantera de su mesa, y cuando El pequeño Hitler se arrimó a ella, marcó por todo el día su paquete, haciendo las delicias de las mancilladas hembras. Si bien, no sé porqué pensé en esto mientras cagaba...

El otro día, por cierto, me fijé de nuevo en mi querida Annie, en una de mis famosas, sólo en estos libros, *fugas psicogénicas*, o momentos de emparramiento mental ante una belleza tan encantadora...El lugar de donde provenía, aquel fascinante pueblecito, era todo su mundo, así me lo confesó. *Me costó mucho vivir en la capital, y ahora estoy en un momento en que no sé qué hacer...*¿Dudas? Le pregunté...*Sí, sí que dudo*, contestó redicha...Hasta en su reflexión, e inquietud gris, solapadas por su inigualable talento para la vida, seguía pareciéndome hermosa, más que un ángel...Fuese sólo mi amiga Annie (Alice), o algo más, continuaba siendo mi gran heroína, y no es que yo ya quisiera evitarlo, es que no podía, ni quería hacerlo...La amaba...Puede que más que nunca, conforme más se abría a mí, como nunca antes lo había hecho...Mis, en ocasiones, obscenas o psicóticas confidencias, la hacían sentirse muy segura, y yo me alegraba por ello...Incluso podía controlarme estratégicamente ante su presencia, cada vez con mayor holgura, sin tan siquiera preverlo demasiado, porque el invierno ya había llegado a mi corazón, antes que a la misma Tierra...Al regresar de aquel evento magnífico rodeado de amigos, gente corriente, agradable y buena, y algún que otro ser extraño, pensé en la mujer del módulo blanco, que, como Alice, también suele habitar por aquellos magníficos lares en que yo viviría...Pensé en que *el don* se pierde durante la vida, cerca de la vejez, aunque siempre dependerá de con qué intensidad lo uses...Yo me sentía ahora en estado de hibernación a tal efecto, ¿o es que, quizá, ya lo había gastado por entero, y hacía unos meses que había dejado de ser aquel ser temido conocido como *El brujo*?...Quién sabe, y a quién le importa...Si no llega a importar a Alice, sé que a nadie le importará...Eso es como todo lo demás...

Por cierto, me gustaría terminar, por esta vez, citando aquí una frase con la que mi buen amigo Charles IronGood ha finalizado brillantemente su programa de radio en la presente semana, uno en el que, si Dios quiere, pronto habré de intervenir: ***"Utiliza en la vida los talentos que poseas, el bosque estaría muy silencioso, si sólo cantasen los pájaros que mejor cantan"***. Es original de Henry Van Dycke, autor de ese casi apócrifo y maestro relato titulado El otro rey mago...Y bueno, sé que quizá no tenga mucho que ver con todo el contenido arriba comentado, pero, simplemente, no quería dejarlo pasar...Siempre es bueno que nos recuerden que, más allá de nuestra rutina, todos podemos soñar...Y eso, ciertamente, sí que no es como todo lo demás...Es lograr, al fin, ser más de lo que somos.

Una tigresa celosa e intentos de asesinato

En cierto momento de mi pasada vida, ciertas personas, como siempre, "esas", me apodaban Doc. Lo hacían como forma de simpatía, por poner un apodo que no quedase demasiado mal, cuando, antes de los quince años, siempre me habían llamado, simplemente: *El abuelo*, por mis antiguos gustos, por no decir demasiados tacos, o porque no salía con muchas mujeres. También me llamaron cosas espantosas, como *El ciego*, qué originales, *Paella*, por mi virulento acné ya extinto, gracias a dios, e incluso, *El cojo*. Esto último, debido a que durante un año me hice pasar por uno, sólo para divertirme, sólo para comprobar, si los extraños se lo creerían... Aquellos días disfrutaba, de vez en cuando, del visionado de Sospechosos habituales, un buen thriller moderno, un disfrutable entretenimiento, que, por lo demás, incluía a un Kevin Spacey fuera de serie al que yo adoraba. Así que pensé, que, como él mismo fingía su cojera en el film, quizá yo también podría intentarlo en mi vida, al fin y al cabo, no tenía nada que perder...Para mi sorpresa, ello funcionó, hasta que un día, mi padre me descubrió andando de esta forma por la calle, y me dio un guantazo que nunca olvidaré...En adelante, pensé que ya me colocaban las bastantes etiquetas, o sobrenombres, como para buscarme otros yo mismo. Sin embargo, aquel de Doc me gustaba bastante, dado que, sin saber realmente el porqué, yo sentía una admiración redicha por la figura de Doc Holliday, el pistolero tuberculoso, antaño dentista, que acompañaba al héroe americano llamado Wyatt Earp, sí, la misma leyenda responsable de la muerte de decenas de bandidos, a quien jamás rozó una bala, y que, en la vejez, asesoraba al maestro John Ford en sus westerns, dejando siempre abierta la veda para emborrachar a todo su equipo durante las noches de descanso. Imaginaos cómo acudían al rodaje del día siguiente, a temprana hora de la mañana, esos vaqueros de quita y pon del periodo mudo...En fin, Doc Holliday me encantaba...Era un antihéroe a la sombra del verdadero protagonista, que se tambaleaba hacia la muerte, sin importarle en absoluto su propia vida. Una de esas personas que sencillamente vivían el momento, sin esperar nada más, y cuya ciega amistad hacia el intocable y recto Wyatt Earp resultó proverbial...Por desgracia, yo nunca fui como Doc Holliday, así que, antes me hice famoso como cantante barriobajero y psicótico, gustaba de ponerme a cantar en mitad de la clase de historia, por ejemplo, o por reírme a mangas anchas en el colegio, recibiendo como castigo una nota a los papás que decía así: *Su hijo ha sido castigado por reírse en mi clase*, que por convertirme en mi anhelado antihéroe del salvaje oeste. Esto podría parecer indoloro, hasta que el sobrenombre de Doc sería trasladado al de *Crazy* Doc, cuando entrase en la peor época de toda mi vida, aquejado por un trastorno obsesivo compulsivo, una depresión de caballo, con brotes suicidas incluidos, y una adicción al alcohol, que ni Toulouse-Lautrec...Así fui llamado *Doc, el loco*, y hasta cierto punto, me satisfizo, al menos, ya nadie se atrevía a llamarme *El ciego*, *Paella*, o *El cojo*, aunque este último apodo tampoco me importase tanto...No obstante, por algo no había acudido todavía a psicoanálisis, porque no creía estar loco, hasta que ocurrió algo en mi vida, que me demostró, finalmente, lo desequilibrado que estaba. Esto ocurrió dos veces, y después, cesó...En una ocasión, en el instituto, cuando unos pandilleros me hacían la vida imposible, para mi desgracia, debía compartir con ellos el aula de tecnología, qué asignatura más estúpida, dios mío...El caso es que, un día, me cabrearon tanto, que me sobrevino dar por fin un buen uso al material de aquella nihilista materia...Agarré el martillo más grande que encontré en el taller y me dirigí a ellos decidido a matarlos a todos. Creo que casi se mearon en los pantalones, y no fui consciente de lo mucho que los había asustado, hasta que algo, no sé exactamente el qué, me frenó antes de abrirle la cabeza al líder del grupito con aquel enorme martillo...Desde entonces, me convertí en un paria. Todavía más, en aquel instituto repleto de gitanos, drogadictos de catorce años, gente que no podía comprarse siquiera unos zapatos nuevos, e hijas de prostitutas, nadie volvió a molestarme, y años más tarde, por recomendación, lograron transferirme a otro centro, uno concertado, dirigido por sacerdotes...Unos cuantos veranos después, empecé la universidad, y con ella, regresaron los problemas...Aunque, esta vez, mi instinto homicida estaba más que justificado...No entraré en detalles, como tampoco especificaré, a estas alturas, porqué llevé tan mal mi adolescencia...Eso sería muy aburrido, y ya lo he descrito en muchos otros libros, aunque al escribir, siempre vuelva a tratar temas que me gusten, que puedan gustar y funcionen...Pero, mis nuevas complicaciones, concernían especialmente a un asqueroso tipo que gustaba de seducir a niñas, para practicar con ellas cualquier cosa menos el sexo tradicional. Lo conocí, porque en aquellos días, cuando peor me encontraba, aun afrontando la terapia realmente bien, gustaba de fumar marihuana en mis momentos de crisis...No penséis mal, nunca me hice un adicto, porque, a pesar de lo que los duros digan, puedes ser adicto al hachís y la marihuana... Fuera pecado o no, lo cierto es que en aquella etapa de mi vida, un cigarrito de la risa al mes, me sentaba estupendamente bien, me relajaba, y lo necesitaba, porque, por aquel entonces, ya intentaba no beber... Como digo, así fue como conocí a este tipo, uno de los mejores camellos de toda la comunidad. Tan creciente era su negocio, que vivía en una especie de caserío en un pueblo apartado, del que no recuerdo ni el nombre, esto es cierto, cuya enorme terraza estaba repleta de plantas de la marihuana...Así, y debido a la extraña amistad que surgió entre nosotros, él me proporcionaba de vez en cuando lo que yo necesitaba, e incluso me liaba los canutos, porque yo jamás he sabido hacerlo...Mi error, o mi revelación, sería conocerlo cada vez más íntimamente. Y es que esta persona era un auténtico sádico, sí, un pedófilo, no existe otro calificativo...Cuando fui testigo de un par de escenas a tal efecto, en las que intervine para tratar de hacerle cambiar de actitud, él se tornó agresivo e intentó destrozarme la puta vida. Hasta que mi instinto homicida regresó de las fauces de mi interior, para dar una lección a este repulsivo ente. Lo amenacé, porque no veía ningún otro modo de que reaccionase. Le conté la historia de, cómo años antes, un enfado crónico casi me había hecho ejecutar a un grupo de infelices seres. Y ello, sí pareció obrar algún tipo de mágica catarsis en él...Pero no fue suficiente para mí, porque en la lejanía, continuaba observando cómo corrompía a jóvenes diez años menores que él...Yo tenía sueños recurrentes sobre las personas a las que este maldito cerdo hacía daño, en ocasiones, ni siquiera podía dormir, sólo de pensar en su cara...Así que un día decidí charlar con un viejo amigo mío, uno de los de verdad, que me puso en contacto con un experto en explosivos. A estas alturas, ya estaréis convencidos de que lo que os estoy contando es mentira, pero, por desgracia, no lo es...Conocí a este experto, finalmente, y le cuestioné sobre mi idea de asesinar a un elemento de tales proporciones malignas, sin que nadie pudiese echarme la culpa. Incluso llegó a crear cierto dispositivo para mí, que terminé costeando, y que yo debía colocar en el auto del desgraciado, llegado el momento clave...Un día estuve muy cerca, sin embargo, en el último momento, me dije: *¿No sería más apropiado hablar con un mecánico, para que me dijera cómo manipular el coche de este asqueroso sin levantar sospechas?*...Sabía que el demonio circulaba por un buen tramo de autopista, famoso por su siniestralidad, antes de llegar a su guarida. Así que creí que tal vez aquello sería lo más apropiado...No obstante, yo soñaba con verlo volar por los aires, en el mismo parking de la universidad, al que algunas personas ya se habían acercado, en alguna ocasión, para pincharle los neumáticos, o rallarle la tapicería con una llave...Me puse una fecha límite, y mientras tanto, estudié el ir y venir de las gentes en el aparcamiento, las horas puntas, las horas dormidas, el itinerario del vigilante, y el día que consideré idóneo para operar los cambios en el vehículo, me vestí de un modo muy diferente al que solía hacerlo, e incluso, me corté el pelo, para no dejar cabos sueltos...Me acerqué al coche con el paquete, y lo coloqué bajo la carrocería, tal y como me habían indicado...Pero, en ese mismo instante, algo me ocurrió adentro, sí, otra vez...Un sentimiento que me aseguraba que yo no era tan valiente como para hacer aquello, y que, además, eso no era muy propio de mi...De pronto, contemplé, en mi mente, el sufrimiento que esta persona iba a tener en los años venideros, casi como en una visión mística, y ello me encantó, me apasionó, y me pareció justo...Por otro lado, pensé que me quedaba todavía mucho por hacer en la vida, como para ir a la cárcel siendo tan joven, porque, seamos sinceros, como mi padre diría: *La policía no es tonta*. Y yo no era ningún especialista en esto, por lo que, finalmente, me habrían descubierto...Sí, me deshice del paquete, y por causas del destino, terminé abandonando aquella universidad...Hoy, no deja de maravillarme la estupidez de ciertas personas, su gran ignorancia, que llega hasta el punto de no conocer lo cerca que han estado de la muerte...Tiempo después, me atreví a relatarle todo esto a mi psicoanalista, y creo que nunca dejará de resultarme cómica la pregunta que este me hizo al terminar: *¿Y eso ha vuelto a ocurrir?* No, contesté, porque era cierto...Y ya han pasado casi diez años...Y es que ya no soy *Crazy* Doc...Me convertí en *El brujo*, luego, en *Black Sheep*, y ahora, sólo soy *Green Dog*.

Por cierto, cambiando a un tema más amable, el otro día olvidé contaros un poco más sobre Alice, en lo relativo a un suceso ocurrido durante la jornada en que comenté el film Hipnosis con Rachel Garp. En determinado momento, entró en la sala de maquillaje, una de las reporteras de la cadena, a la que llamaremos quizá Belle Wyth. Una chica preciosa, muy bien hecha, con la mirada más sexy que he visto nunca. Es además terriblemente inteligente, como suele ocurrir entre las mujeres de este gremio, traviesa y muy agradable. El caso es que yo ya la conocía de antes, lo que son las cosas...Cuando trabajaba en Luz de Cruce, me entrevistó brevemente, a propósito de una película, pero no había vuelto a verla desde entonces...Aquel día, Alice la estaba hermoseando tan perfectamente como siempre hace con todos, mi artista favorita...Y sin saber cómo, dejé de hablar con ella, tal y como lo estaba haciendo, para hablar con Belle Wyth...En aquel momento, ella estaba diciendo que deseaba ser actriz, e instantáneamente, de veras que no sé por qué razón, dado que no pretendía piropearla en absoluto, le dije que desde que la conocía, o desde que la veía en televisión, siempre lo había imaginado...Ella me miró directamente, y con esa expresión tan irresistible, me sonrió. Debo admitir que la escena en sí semejó un coqueteo, a pesar de que esa no fuera para nada mi intención, pero, luego, seguimos charlando, hasta que Alice nos interrumpió...No recuerdo bien cómo, o con qué, pero irrumpió en la conversación siguiendo con el tema que Belle y yo tratábamos ahora, cómo no, el pasado...Hasta se colocó entre Belle y yo, para que no mirase a los ojos de su compañera, sino a su hermosa espalda, esa tan recta, y tan bien constituida, que siempre quiero abrazar fuerte, hasta dejarla sin respiración...Y eso me encantó, porque me percaté de que mi tigresa amarilla estaba celosa, a pesar de que, al menos, a día de hoy, ella no querría admitirlo...Y eso fue lo que me hizo dejar de mirar a Belle Wyth en ese mismo instante, y centrarme completamente, como siempre hago, en mi querida amiga Alice Foster, a la que, por razones diversas, ajenas a esta narración, de cuando en cuando denomino Annie...Sigo soñando contigo, y sé que cada vez te intereso más...Pero iniciar *ese algo más* conmigo te supondría dejar definitivamente atrás todo tu mundo, y para ello, no necesitas valentía, porque ya la tienes, como tigresa amarilla, sino tiempo, y he decidido que quiero esperarte, por lo menos, un poco más...Vuelvo a la carga, sí, discretamente, como a ti te gusta. Ahora sé que si todavía no me has llamado, que si todavía no nos vemos fuera de los estudios, es sólo porque tú no quieres. Te resistes a hacer algo que los dos queremos, porque eres buena persona, porque no quieres dañar a nadie, pero, sobre todo, porque crees que lo que ya has hecho con tu vida es más que suficiente, y yo sólo represento un cambio que quizá ansiaras por encima de todo...Sé que no me llamarás, y también sé que yo no te pediré que me acompañes a ningún sitio, como al cine, al que ahora voy solo, una vez por semana, cosa que no hacía en años, debido a que mi trabajo con Frank y Rachel me obliga a hacerlo...Pero también sé que quizá llegue el momento en que tus celos se manifiesten de otro modo...Sé que quizá exista para mí la oportunidad de poder quererte, después de todo, quererte, como nadie te ha querido nunca, ni te querrá...Siento decirlo así, pero es cierto...La oportunidad de poder ofrecerte otro punto de vista, uno que aún no conoces, y que, creo, lograría hacer que cumplieses, cuanto menos, una pequeña parte de tus merecidos sueños...Pero, mi querida, queridísima Tigresa amarilla, cuándo llegará ese momento...Porque lo necesito tanto como el no regresar, en mi mente, o en mi físico, a los tristes tiempos que, paradójicamente, me acercan más a ti durante nuestras confidencias...Aunque no entiendo todavía el por qué haces ciertas cosas que continúan provocándome la duda...Sé que acabaste el primer *Están entre nosotros*, pero ya no me has vuelto a hablar de él... ¿Significa eso que te ha gustado mucho, y que, por eso mismo, no quieres continuar leyéndome?...Pero, quién soy yo para juzgar tu intención cuando no la conozco por completo...Debes saber algo para cuando leas esto, y es que no he contado a nadie lo que te cuento a ti, o como te lo cuento a ti...Lo hago porque extrañamente sé que puedo confiar en ti, aún sin saberlo todo de ti...Como sé que, cuando me sonríes, ello simboliza que me apruebas, por loco que esté, o por excéntrico que te parezca...Sí, sé bien que hasta ahora has sido la única hembra de mi edad que no me teme, y que, de alguna manera, me ama...

Por cierto, hoy, al regresar de mi paseo diario, he visto a otra mujer brillante, otra del don, que ha introducido sus ojos negros a través de los míos...¿Era una bruja? No lo sé, puede...Aunque he sentido algo muy extraño...No sé exactamente quién, o qué era...Por estos lares ocurren cosas que nunca antes había percibido. Sí, por ese camino que conecta San Isidoro con la nada, me siento a gusto, así que no sólo Alice me da ganas de caminar, también lo hace el poder del don...Un instinto, sí, no asesino, pero un instinto, a fin de cuentas, que me retrotrae a mi más tierna infancia, cuando sólo, porque lo sentía, me gustaba separarme del resto, idear mis relatos e historias sobre un mundo distinto, que no un mundo perfecto, y rezar, sí, exactamente, porque sentía que no hablaba solo en absoluto...Quizá eso suponga parte de lo que es la fe, quién sabe...En cualquier caso, ello me recuerda la frase final de Delitos y faltas de Allen, la final obra maestra de un ateo desesperado por creer, que reza así: "**La felicidad humana no parece haber sido incluida en el proyecto de la creación...Somos sólo nosotros, con nuestra capacidad para amar, los que damos sentido al universo indiferente...Y, sin embargo, la mayoría de los seres humanos, parecen tener la habilidad de seguir intentándolo, e incluso de encontrar la felicidad en las**

cosas sencillas, como su familia, su trabajo, y la esperanza de que las futuras generaciones puedan comprenderlo...mejor". Genial, ¿no es cierto? Allen dice no creer, pero tampoco admite que Dios no exista. En el fondo, lo teme, y siempre deja la peor parte para el final: Su duda...Y bueno, quizá no esté tan mal acabar como lo hace mi buen amigo IronGood en la radio...Con una frase, una de las muchas grandiosas del autor de September.

Caminando entre los ángeles verdes

Mares de humo se introducen tras la rejilla del subsuelo, al partir de mi boca, formando un laberinto elegante y grisáceo, que entrelaza, en su recorrido, con tres reveladores rayos de luz, filtrados a través de un pequeño ventanal, llegando hasta los comensales que, alegremente, conversan en el garaje del cuartel. Un lugar perfecto, práctico y coquetamente dispuesto por las mismas personas que nos han invitado a pasar, en este día, una de las mejores jornadas que he podido vivir en mucho tiempo. Instantes, momentos, que se extienden a toda una mañana, a toda una tarde, y que terminan su proceder, cercanos al crepúsculo...

Cómo describir las sensaciones que han acudido a mí, durante todo ese tiempo, cómo plasmar con todo detalle, el microcosmos generado en el día del Pilar, en que no había una sola cara seria, ninguna insatisfacción prolongada, o nada que no demostrase que el mundo feliz, sin taras, o problemáticas de falsos y artificiales recuerdos, desposeídos de luz blanca, había llegado al cuartel de Xàtiva, desde que los primeros hijos de los guardias abrieron los ojos a primera hora de la mañana, entusiasmados por acudir, junto a sus padres, a la celebración para mayor gloria de una gran familia, una que aún conserva una tradición hoy perdida en la mayoría de los departamentos que conforman nuestra sociedad, y que muchos hipócritas identifican con aires a tiempos peores y pasados, que ni siquiera aquellos que verdaderamente los vivieron quieren recordar...Y es que el astro solar siempre ha sido el sol, realmente...

Ningún ser humano ha podido advertir ostensiblemente su cambio durante miles de años, siempre ha estado ahí, acompañándonos, regando con su luz nuestros momentos de mayor penumbra, inspirándonos a continuar con el advenimiento del nuevo día. El sol siempre brilla, haya guerra, desidia, crueldad o brutalidad bajo sus ojos, donde se encuentra el mundo del hombre, habitualmente orgulloso de sus muchas tonalidades en gris. Pero, siempre hay momentos, en que el hombre, y la mujer, sufran lo que sufran, o vivan lo que vivan, devuelven por fin la mirada a ese sol radiante, y quizá entonces, sin decir una sola palabra, uno de ellos piense: "Dios, es hermoso"...Mientras su pareja, casi por inercia, responda: "Sí, lo es"...

Hay quien dice que los ángeles no existen, y quizá sea cierto, quizá estos mágicos seres sean como los demonios de los cuentos de brujas, simbólicos de nuestro propio corazón, pues el hombre siempre será ángel y demonio a una sola vez, siempre cometerá errores, y grandes aciertos, porque en la vida debe esforzarse por transitar entre la penumbra y el brillo, entre la luz y la tentadora oscuridad, para conformarse en un modelo a seguir para las generaciones venideras. Esto, sólo se consigue conservando las tradiciones pasadas, extrayendo de ellas su mejor rostro, conservando la memoria de los caídos, de los momentos felices que volverán a ocurrir, y que, correctamente asimilados por sus protagonistas y testigos, acabarán formando en la conciencia colectiva una familia que no sólo atañe a un hogar, sino a diversas casas.

Por eso, hoy digo que me he encontrado entre ángeles verdes...Lo cierto es que pocas veces en mi vida he asistido a un acto oficial que me pareciese auténtico. E incluso, debo admitir que, guiado por los prejuicios de nuestra actual sociedad, a los cuales ninguno podemos escapar, al menos, en un principio, pensé que un izado de bandera, o un canto que rememorase el origen de un cuerpo, de una promesa cumplida, de un pacto con el ciudadano de a pie, no lograrían hacerme sentir nada ciertamente profundo, porque, en mi vida, ello me cuesta, en los eventos de mi rutina diaria, o en el trato con otras personas, aunque, finalmente, siempre lo consiga...

Hoy también lo he logrado...Me emocioné por dentro, como los condecorados lo hacían al recibir sus galones, mordiéndose los labios para no llorar, cuando el himno sonaba más alto durante el engalanado de nuestra bandera, o cuando esa veintena de ángeles verdes cantaban al mismo son, con voces de gente corriente, gente buena, que no hacía aquello por obligación, sino, porque, realmente, amaba la celebración. El homenaje en memoria de los desaparecidos tuvo un especial atractivo para mí, con esa aureola que coronaba la sinceridad del acto en sí mismo. Recuerdo que, mientras contemplaba la escena, la mujer de un guardia subía a su bella hijita a una de las sillas, para que contemplase bien cómo su padre sentía el gozo de compartir esos momentos con todos sus iguales. Por un segundo, mientras se citaban los nombres de los que nos dejaron, en el cumplimiento de su deber, aquella niña inocente y pura, me miraba con unos ojos azules, contentos y graciosos, y por un instante, comenzó a bailar en su asiento. Y no era ofensivo, porque se trataba de la personificación de la inocencia, que celebraba, como mejor sabía, y sentía, la trascendencia de un día que adquiere especial satisfacción para sus artífices, uno que cada año otorga nuevo vigor a sus amantes creadores, para resultar triunfal.

Aquí, la unión y el respeto entre los hombres resulta increíble...Una familia renueva el tópico desaparecido del mundo feliz y sacro, el que sólo atañe a las cosas simples, o como decía el sabio, a las pequeñas idiosincrasias, dejando el sueño de la decencia en sorprendente hecho constatado. Hay algo a la vez extraño y exótico entre estas gentes, un algo más conmovedor de lo que se acostumbra en la festividades de nuestra gran nación, que como todos sabemos vivió tiempos mejores. No obstante, hoy, era imposible pensar en eso. Pues, durante la progresión del acontecimiento, iba forjándose en todos y cada uno de los presentes, un nuevo recuerdo exento de tristeza, el recuerdo conservado, y no perdido, de una victoria ante la adversidad amenazante, contenida de incandescente forma y modo por el color verde de ciertos ángeles.

Todo ello me hizo emular en mi mente, no por falta de interés, sino porque mi cerebro suele dividirse en dos, cuando de veras siento, recuerdos reencontrados que yo, efectivamente, creía ya perdidos en el abismo del tiempo. No todo era oscuridad en el pasado, y este día del Pilar parecía comunicármelo a voz en grito. Y es que, en momentos como este, uno sabe que la vida merece la pena, al comprobar, en ausencia del escapismo cinematográfico, por ejemplo, que entre ciertas personas aún pervive un código, una manera de vivir que funciona, y cumple con una tradición que debería extenderse, y no temerse por ignorancia de los falsos profetas.

Penumbra era el ayer, que hoy me quita la venda de los ojos para poder ver. Y es que hoy me he sentido más humano entre los ángeles verdes. Entre los caballeros verdes, idénticos a aquel de la leyenda que así advertía: "Donde hay tristeza, alegría, donde hay oscuridad, fuego". No me importa no haber dormido apenas en la noche anterior, mientras trataba de impulsar un nuevo libro más bien poco alegre, de aquellos que me liberan por dentro, pues ahora mismo, mientras escribo esto, sonrío al cristal de la ventana frente a mi escritorio, al que tantas veces lloré hace ya tantos años por la falta de impulso, uno que hoy ha cambiado su monocromática tonalidad, tras la jornada del Pilar. Esta me ha demostrado cómo ordenar en mi interior un pasado que no quiero recordar, pero que, tomado con la determinada perspectiva, no resulta tan sólo en los momentos opacos, ni tan siquiera en esos vulgares matices en gris, sino en momentos blancos, momentos de vida que fueron felices, y que ya creía no poder recuperar.

Esto sólo puede ocurrir cuando el presente inspira, cuando es revelador, cuando enciende en nuestro organismo una llama que no quema, sino que otorga paz, al contemplar el bello rostro de un niño contento, a personas paseando, uniformes estrechando sus lazos con el público, a enamorados de cualquier edad, que, de un modo u otro, transitan el cuartel, comentando qué les ha gustado más, qué, de entre todo cuanto han vivido, valoran más en la presente jornada.

En la final despedida, deseo buena suerte, como otros, a una joven pareja que me ha resultado encantadora, sí, de esas que de veras ilustran lo que significa amar...Él es todo un caballero, aún más joven que yo, pero con una larga carrera, y ella, realmente no importa a lo que se dedicase, porque se trataba de una de esas personas cuya sonrisa y simpatía transmitían un sagrado impulso de los que podían elevarte el ánimo sin siquiera hablar. Y yo me pregunto: ¿Puede la masculinidad ser tan pura, transcurrida una cierta edad? Sí, puede. ¿Puede la femineidad ser romántica, cumplir el ideal sensible, sobrepasada cierta edad? Sí, sí que puede. Puede, cuando conserva un rito, unos principios, una tradición como la que hoy se vive aquí.

Por eso, ahora pienso en ese pasado mío mientras creo esos enormes dragones de humo que se funden entre los haces de luz, esos laberintos tintados de gris, que son rastro de mi vieja vida, una en la que todavía no había encontrado el principio, que esa sonrisa cuasi onírica, por hermosa, pretendía inculcarme: Despertar, eso es. El ser humano sabe de antemano muchas cosas antes de aprenderlas, el problema es que cuando nuestro cerebro está dispuesto a obrar el cambio, muchos son lo que dicen no. Ese debe ser el misterio de la vida, pienso, la elección, la fortuna de ser testigo de eventos maravillosos o espantosos, la fortuna de encontrar en tu camino tanto a ángeles como a demonios, y aún así, saber escoger entre ellos. Por suerte para el género humano, nunca es tarde. Porque la pulsión hacia el bien no muere...Ya que esta es capaz de dar a otros, un ejemplo que quizá nunca tuvieron: El de la verdad, el de la integridad.

Y así recordé en el coche, camino de casa, una frase de Bukowski que siempre llevo a cuestas, y que cerraba uno de sus geniales poemas, unos en lo que siempre se entreveía el ardor de una cándida y pura luz, cuasi infantil, a pesar de la tan tentadora oscuridad: "No dejaré tesoros en mi huída"...Pues he encontrado el bien, y aunque jamás decida volver atrás, en busca de lo que perdí, el sueño de otro hombre que no soy yo, sé que éste me sorprenderá cuando menos lo espere, en experiencias como este día del Pilar. Y en esos instantes, sentiré que ya no habré de huir, porque la sola idea me cansará, y estaré ansioso por vivir día a día, y no por momentos.

Porque mirando a los ángeles verdes del hoy, observando a estas gentes que abren su corazón y tradición a los civiles de a pie, con una entrega intachable, uno siente que comparten con él uno de los más valiosos instantes que el año les regala como profesionales. Y así, cómo podría uno no querer oír, o entender, su ejemplo. Uno que no tiene palabras, sino hechos. Uno que no tiene simbólicos, sino acciones. Uno que devuelve al hombre una dignidad que yo ya creía perdida...Sólo puedo decir una cosa más antes de acabar: No deseo perderme ningún otro día como este. No deseo perder ninguna oportunidad que me haga mejor persona, mejor hombre.

Caída y auge entre los seres extraños

Una vez, cuando mi madre me preguntó con qué clase de mujer esperaba vivir, yo le contesté que, en principio, con ninguna. O, en su defecto, con nadie...Porque sólo dos clases de mujeres podrían soportar mis rarezas, mis crisis, o mis trances vitales: Las santas, o aquellas que fuesen exactamente iguales a mí. Y de esa clase de mujeres, no hay tantas, sepas merecerlas, o no...

Y después de esa clase de mujeres, estás tú...Otro ser extraño, como yo, sí, pero diferente...El único enigma femenino que no he podido descifrar. Ese al que, cuando le pregunto por su cara de chica feliz, me responde con una. Contigo, o cerca de ti, lo que jamás podría ocurrirme, me ocurre, y para bien...Tú eres la excepción a la regla, mi nueva verdad conocida, mi Aradia...

Tú me sonríes con la boca y los ojos a la vez, desde que entraste a trabajar en la cadena. Llegaste allí, justo cuando yo llegué...¿Otra casualidad del pensamiento mágico y secreto que, en realidad, nos une? Yo diría que no, me atrevería a jurarlo...Es demasiado perfecto como para no estar escrito en las estrellas, ese Sino que ningún ser, o enamorado, puede conocer...

Hasta qué punto eres musa, ángel o ilusión, nunca lo sabré...Hoy ha sido una jornada muy fría, llegué, y creí que me tomabas, inocentemente, el pelo. *Yo ya me voy*, dijiste. *Has llegado muy tarde*...Y así fue...No estaba en mi elemento, me encontraba cansado, confundido, y luego, estabas tú, otra vez. Pero no te marchaste. Esperaste a que me maquillasen, y al salir de nuevo a fumar, allí estabas, y te quedaste hablando conmigo dejando de lado a las demás chicas del descanso. Charlamos, qué se yo de cuántas cosas, como siempre, hasta que me lo contaste...

Querías hablar de los que están entre nosotros, aquellos a los que tanto temes, y de los que no quieres saber nada, como la mayoría de las personas...Aquellos a los que ninguno podemos escapar, porque forman parte de nuestra naturaleza, de la verdad...Me hablas nuevamente de tu amiga nigromante, te pregunto su edad, y sobre los consejos que te da...No me gustan, y además, ella es muy joven, y yo no me fío de los brillantes jóvenes...Remedios de aceite, me dices, y yo te hablo de los remedios de sal, porque la sal lo mata todo...Prueba con ello, te digo, colócala siguiendo el rito en el agua, y si hierve, llámame...Yo te ayudaré, o en su defecto, encontraré a alguien que pueda ayudarte...Las envidias, pensamos que te afectan, como a todos...Crees que ellas te han provocado la infección en los ojos...Insisto en que visites a mi médico...Te digo que tienes mucha luz, que estás llena de vida, y que la mayoría de la gente no es así, y que por eso te quieren mal...Pero tú no sabes quién te está haciendo daño. Yo sí...

Sí que lo sé, pero no se lo voy a permitir. Está más cerca de ti de lo que tú te crees...Pero no importa, si me dejas entrar en tu vida, no podrá hacerte ningún daño. Tendrás que confiar en mí completamente, si quieres que te ayude, entonces, serás capaz de dar el siguiente paso...

Hoy la televisión ha sido un cumplido desastre para mí, con el *Golpe de Estado* de Pierce Brosnan, espantosa película, y espantosa, también, mi intervención...Por qué, porque tú no estabas ahí, ni yo tampoco, realmente...Dónde estaba, dónde me encontraba yo, cuando debía estar trabajando...Quizá confié demasiado en mi propia suerte, o en el éxito conjunto que logramos la pasada jornada, cuando tuvo lugar mi debut en el programa de Charles IronGood. Lo había trabajado mucho, quería gustarle, quería que el nuevo equipo se sintiese orgulloso de mí. Quería estar a la altura, y lo conseguí, pero hoy me he levantado casi con resaca, a pesar de no haber bebido ni una sola gota, tal y como prometí...Quizá tu enemiga brillante trate de enfrentarse a mí también, pero de poco le servirá....¿Te imaginas? Un demonio y una tigresa contra una simple bruja...La devoraríamos al instante, como Will Graham y Hannibal Lecter hacían con su némesis, El dragón rojo, al final de la serie televisiva...Era esa una canibalización en la ficción, porque los combates reales, siempre son mentales...Y creo que a ti tampoco se te darían mal...Sea como fuere, el programa con Charles y mi encuentro de hoy contigo me han cedido la visión de un nuevo momento futuro que, ciertamente, no sé si llegará a tener lugar:

Necesitas promocionarte en tu labor, y aunque he tratado de ayudarte, no ha sido suficiente. Decido pedir a Charles la oportunidad de entrevistarte en nuestro espacio de cine, y él acepta. Pasan unas pocas semanas, en que tú y yo preparamos las palabras exactas que quieres decir, no como Alice, sino como la estilista y maquilladora audiovisual tan fantástica que eres. Llega el momento, llega el día, eres mi primera entrevistada en la sección, estás nerviosa, pero todo sale bien, y nos encontramos satisfechos al terminar. Conoces más el cine de lo que yo creía...

Tras despedirnos del equipo, salimos afuera, me das las gracias por todo, y antes de que me dé cuenta, rompes la distancia prudencial de seguridad entre los dos cuerpos, cosa que ya había ocurrido antes, cosa que nos ocurre a veces, sólo que, en esta ocasión, llegas a tocarme, pasas tus manos ligeramente sobre mis hombros, tu rostro queda peligrosamente cercano del mío... Casi me rozas con la nariz, y tus ojos y los míos conservan, como separación, una perfecta línea recta de pocos centímetros...Estoy en el cielo, y quiero besarte, lo necesito, pero no puedo...Te digo que mientras estés comprometida no puedo hacerlo, porque a mí ya me traicionaron una vez, y sé lo mucho que duele...No me lo perdonaría...Te alejas otra vez, y estamos a punto de separar nuestros caminos, cuando me preguntas qué haría yo si no estuvieses comprometida: Quedaría contigo una tarde, para explicarte lo mucho que significas para mi, desde hace años.

Que sueño, ¿verdad?...Incluso he llegado a comprender que, en tu progresiva ternura, en tu preocupación e interés hacia mí, en lo poco amenazada que te sientes cuando estás conmigo, hemos hallado una milagrosa capacidad común para decir lo justo, lo necesario y lo hermoso en cada instante que hablamos, una especie de espontáneo talento para escoger las palabras que hacen que nos comuniquemos sin error ninguno...Eso hasta me hizo pensar que creías que era homosexual...Pero, en seguida vi que no era así, ¿sabes por qué? Porque si me vieras sólo como un amigo ya nos habríamos encontrado más veces a lo largo de la semana, lo sé...Pero tú no me ves así, ¿verdad que no? No, por eso no quieres arriesgarte, no quieres que te tiente...

Te amo, te amo tanto porque eres un corazón en Atlántida, de bellos ojos enfermos repletos de orzuelos, que pronto haré que se curen...Te amo, porque eres uno de aquellos corazones que conservan todos sus pedacitos intactos, y su magia, a pesar de haber alcanzado la dolorosa y obligada madurez, que suele consumir la inocencia...¿Acaso eres un reto en mi camino, otra persona a la que debo escuchar y ayudar?...Ello me cansa, como tantas veces digo, aunque me guste...Quiero a alguien para mí, te quiero a ti, porque, quizá mañana, o quizá dentro de diez años, todavía pueda seguir ayudando a los demás, pero, al final, sé que me volveré a hundir.

El sexo está sobrevalorado, ¿verdad? La soledad también lo está...Hasta el misterio...De verdad que ya no sé qué hacer Alice, no sé cómo actuar, ni qué pensar, no sé qué próximo paso dar, porque, por un lado, creo que lo esperas, y por otro, que no...Mi heroína favorita quiere algo más...Pero nunca se decide, y por eso, finalmente la perderé, y ella me perderá, porque yo no soy un corazón atlante...Estoy cansado y roto al final de esta semana, sólo el seguir charlando contigo me habría salvado, pero por ahí andaba ella, la bruja que quiere hacerte daño...Por ahí andaba, también, el demonio cojo que siempre me persigue, casi con una cerveza en la mano, casi con una nueva imagen de sucio y vicioso sexo que regalarme...Y yo, simplemente, pensaba en ti, y en este libro...No podía pensar en la televisión, ya no, porque mi semana ha sido mortal, en la gestión de redes sociales, webs, Luz de

Cruce, Charles IronGood, este Green Dog...Así, no me ha quedado tiempo, ni verdadera esencia sin fisuras, para los encantadores Frank y Rachel...

Sólo me quedaban ganas para ti, pero el tiempo siempre está en nuestra contra...Mi corazón está partido en dos desde que nací, mientras el tuyo permanece intacto...Mi contacto con el brillo, a pesar de todo, nunca se detiene...Mis ojos duelen, pero ni me entero, los tuyos duelen y ello te afecta, el brillo te sigue...Así que, qué importa ya...Seguir trabajando, sin más, es lo que debo hacer, y recordar la tan simpática expresión que portabas en el rostro nada más verme, cuando me preguntaste si no tenía calor al ir ataviado de invierno...Te dije que debía ir vestido de invierno, o de verano, sin excepciones, porque el entretiempo me constipa...*Qué complicado eres*, dijiste, riéndote...Cómo puedes conocerme tan bien, si aún no te he besado...

Recuerdos del amor psíquico

*Cómo duelen los recuerdos de amor, los recuerdos de amor siempre duelen...*Decía el mago Merlín a través del más genial Sam Neill que haya pisado la Tierra...Hoy he llevado una jornada tremenda. Desde que trabajo extensamente en redes sociales, no paro de asistir a eventos que ni tan siquiera imaginé, y que tampoco esperaba, me gustasen...Conozco a tanta gente...Con lo difícil que siempre me ha resultado el trato humano, especialmente, en mis tres años como eremita...Es el nuevo mundo, es América para mí, o lo que debió ser la verdadera América...

Aun así, te he recordado, como ya podrás intuir...Porque siempre recuerdo esos detalles que de ti me gustan tanto, y que me dan vida para toda la semana. Sé lo que pensarás...¿Me estaré obsesionando contigo?...Ojala fuera sólo eso, ojala el amor pasajero me diese la libertad de acción cada vez que comparo a cada mujer contigo, cada vez que en cada nueva sonrisa, o en cada acto feliz, pienso en ti...Hoy no sólo he contemplado una preciosa feria de automóviles clásicos, o he repasado una enorme nave de inspección técnica, sino que me he encontrado con viejos amigos, de forma casi espontánea...La clase de amigos con los que mis padres y yo acudimos a ese magnífico bar asentado en las entrañas de un barrio cercano, cada miércoles, bar dirigido, curiosamente, por otros grandes amigos...Personas buenas, la verdad...Jamás las conocí hasta ahora, bueno, para ser exactos, había conocido a unas pocas realmente buenas, cuando la mayoría eran espantosas...No puedo olvidar sus rostros, ¿sabes?...Te digo, en este diálogo contigo que ni siquiera sé si escucharás...Quien mejor parado salió de aquel grupo de unas doscientas gentes que cruzaron por mi vida, entre ellas, putas, drogadictos, camellos, pandilleros o matones, a un paso tan sólo de entrar en el crimen organizado, sí, de ser esos hijos de la anarquía, fui yo...Yo sobreviví a todos ellos, pero ninguno más pudo hacerlo...

Te decía que me había reunido con viejos amigos, me desvío del tema cada vez más...Una joven pareja que desde el principio me cayó en gracia...Ella se llama Mary, y es una mujer auténtica, con carácter, gran sentido del humor y un enorme amor para regalar a sus seres queridos. Él, Joshua, es todo un hombre, el tipo de persona que te vendría a la mente cuando pensases en un buen padre, un ente con convicciones inamovibles, principios, y una pasmosa sinceridad hacia sí mismo y hacia los demás, aunque nunca habla de su pasado, cosa que, creo, todo el mundo acaba haciendo menos yo, algo que hay que respetar...Tiene gracia, nunca he podido evitarlo, pero siempre he imaginado a Joshua como un personaje de western, un auténtico vaquero, pero no de los rudos, sino un hombre del campo, un hombre de vida sencilla, de felicidad sencilla, lo que la gente del don llamaría: *Un hombre del bosque*...Sin embargo, es el hijo de esta pareja quien me ha provocado tu imagen hoy, y me ha hecho recordar algunos detalles aislados de mi trato contigo, que he podido ir acumulando...Joshua Jr. es un chico extraordinario, inteligentísimo, hiperactivo, que un día resultará en el perfecto híbrido de su padre y de su madre, un hombre del que estar orgulloso...Como todos los buenos niños, es muy travieso, y yo, que nunca tuve, durante mi infancia, un amigo verdadero, cada vez que lo veo no puedo vitar enternecerme, y seguirle siempre que me lo pide, en cualquier clase de juego que él mismo inventa, o pequeña excursión por los alrededores en donde nos encontremos...Mirando a Joshua Jr. me siento mejor...Siento que puedo conectar con una persona aún pequeña, con un raciocinio más próximo al origen del hombre que el de un adulto...Un niño, sí, al que muchos creerían simplemente un niño, cuando los niños, más allá de su sacra inocencia, encierran una filosofía de vida que todos hemos perdido...Sí, compartiendo algunos momentos con Joshua Jr., el único niño al que conozco, creo que puedo recuperar parte de mi corazón en Atlántida, y realmente, creo que sólo un chiquillo tan especial como él, puede lograr tal efecto en mí...No puedo evitar pensar si el día de mañana yo podría llegar a ser tan buen padre como Joshua...¿Seré capaz de mirar a los ojos de mi hijo, o de mi hija, porque yo sueño con una casa repleta de mujeres, y decirle la verdad, explicarle porqué las cosas son así, regañarle sin maltratarlo, y hacerle entender que, a pesar de mis muchas rarezas, lo amo?

Debe ser difícil ser padre, creo que lo más difícil y hermoso de una vida...La mayoría dicen que sus hijos los vuelven locos, aunque, luego, quedan pensando unos segundos, y llega el *pero*: *Pero hay momentos que lo compensan*, me decía un compañero mío el otro día. *Igual estoy rendido, durmiendo en la cama, y mi hija pequeña se acurruca a mi lado, entonces siento lo que he hecho bien en mi vida, por la nueva vida que he creado, y eso me llena de satisfacción...*

¿Tú y yo podríamos crear esa vida juntos algún día?, me pregunto...Sé que me llamarás loco, y seguramente acertarías, pero no he podido dejar de pensar en ello desde la primera vez que te vi...Menudo tema resulta este, cuando hoy, de madrugada, con los ojos casi cerrados, trato de escribir todo esto tras una de las semanas más duras y emocionantes de mi vida...Sí, siempre me consideré un solitario, pero, al conocer en los últimos tiempos a tanta gente buena e interesante, pienso que me voy hartando cada vez más de la soledad, y que sólo me gustaría dejarla en momentos, aquellos en los que trabajo al teclado y la pantalla...Así es como nos recuerdo cada viernes...Seguimos jugando cada vez más, tú y yo, divirtiéndonos en esa amistad nuestra tan especial...Habrá que ver a dónde nos lleva ese juego, porque sé muy bien que nos llevará a algún lugar final...En mi vida actual, todo el plan, todo el ejercicio esquemático de futuro está bien dispuesto, sólo me faltas tú...Aunque no se puede tener todo, eso también lo sé muy bien...La última vez que te vi, hablamos del misterio. Me dijiste: *El próximo viernes te lo cuento todo*...Como anunciando los próximos capítulos en nuestra propia serie, y refiriéndote a esas cosas que te ocurren, y a las que quieres poner remedio...Siempre me dices eso, el próximo viernes...El próximo viernes...Eres tú la que acudes a esa interjección, dejándome con cara de estúpido, queriendo mamar de tu pecho sin parar...No puedo, simplemente no puedo esperar hasta el próximo viernes, eso es lo que me pasa...Tú y yo nos compenetramos muy bien, es así de sencillo. Tú tienes lo que a mí me falta, y yo tengo lo que tú necesitas. No lo digo en puro ego, sé que es así, pero, ¿tú lo ves?

Este enigma tuyo me atrae, me enamora, me sensibiliza cada vez con mayor presura, pero, al mismo tiempo, me da mucha rabia...Puedo verlo casi todo en los demás, menos en ti. Porqué será...Cada nueva vez que te veo, me haces un comentario de mi intervención en el programa, me ves, y opinas, cuando nadie más lo hace: *Cuando te gusta la película de la que hablas, yo te lo noto*, me dices, señalando, y me guiñas un ojo...Tú lo notas todo en mi, mis cambios, todas mis permutaciones de luz a oscuridad y de oscuridad a luz...Eso lo consigue una verdadera amiga, pero, ¿lo logra en tan poco tiempo?...Yo nunca lo había visto hasta ahora...Me cabrea que me conozcas así, cuando tu misterio supera a tu conocimiento de mí...Cómo es posible. Cómo es posible que engañes tanto a la gente que te rodea con tu máscara. Todos te quieren, aunque algunos te envidian precisamente por lo que eres, los que pueden mirar más adentro de ti...Pero, en el fondo, nadie sabe cómo eres, o porqué eres así...*El otro día me dijiste que tenía mucha luz, que estaba llena de vida, ¿a qué te referías?*, preguntaste, porque el anterior día no fuiste capaz de hacerlo, aquello te impresionó...*Quieres preguntarme por qué lo sé*, te digo yo...Y me explico: *La primera vez que te vi, me dije: Ahí va, una tigresa, una buena chica...Y ni siquiera te conocía. Me gustaste al instante, y eso que tardamos en hablar...Nunca podré olvidarlo...Por eso me caíste bien desde el principio, y hablé contigo, cuando me cuesta tanto, más ayer que hoy...*Te vuelves suspicaz, ya no sabes cómo mirarme, es esa la misma forma en que actuaste, cuando leíste, delante de mí, la dedicatoria al libro que te regalé, y te quedaste muerta de sorpresa, con una cara que nunca antes me habías puesto, y luego, hiciste como si no te dieras cuenta...Entonces, cuando creo haberte convencido algo más, me preguntas por Rachel Garp. Me preguntas si ella tiene esa misma luz que tú, para ver si me pillas, para ver si consigues que admita que, al fin y al cabo, otras mujeres puedan atraerme, a pesar de lo indefenso que me deja mi amor por ti...*Ella tiene gracia, ángel*, te contesto. *Eso es diferente...Qué diferencia hay*, agregas. Y yo te digo, como un día me dijeron a mí: *La luz es bondad, pura y blanca, la gracia es encanto, resplandor, talento...Las personas somos esencia, ella irradia a través de nuestro cuerpo, eso es lo que llamamos aura. Eso es lo que yo vi en ti. Pero no todas las gentes del don, como yo las llamo, ven, o son capaces de leer un aura en su totalidad, como no todo el mundo ve de la misma forma a un espectro. Aquello más natural que lo que consideramos verdaderamente natural, la verdad para la que la gente no está preparada, se revela al hombre y a la mujer por medio de un suceso progresivo...Una marea implacable, que a veces se adelanta, y otras se contrae, dependiendo de la persona. Ella simboliza un traspaso de los límites supuestos de la propia Psique...*Me canso de hablar, pero tú me escuchas anonadada. Y simplemente, dices: *Suena hermoso...Lo es*, contesto yo...*Qué bonito, tú ya lo has conseguido, por lo que veo, me refiero a que, has rebasado esos límites que el ser humano por lo corriente tiene...No, yo nací así...*Y nuestras voces, que progresivamente terminan por ser una sola, se hermanan para siempre...

El tema se suaviza algo más tarde...Te cuestiono sobre el hecho de haberte mandado cierta información por la red social...Dices que la viste, pero, sin embargo, no me contestaste...*Qué mala eres conmigo, Alice*, te digo...*Sí,* *sobre todo contigo, perro verde...*Y así nos despedimos hasta el próximo viernes...Ahora recuerdo, sin embargo, que el gran Woody Allen decía algo muy interesante al final de aquella obra con la que finalmente triunfó a nivel cinematográfico, Annie Hall, una en que narraba su vida de forma simulada, desde su infancia hasta el momento de su consagración. Un film que, por otro lado, me recuerda mucho a ti: **Fue magnífico volver a ver a Annie, me di cuenta de lo maravillosa que era, y de lo divertido que era tratarla, y recordé aquel viejo chiste, aquel del tipo que va al psiquiatra y le dice: Doctor, mi hermano está loco, cree que es una gallina. Y el doctor responde: Pues porqué no lo mete en un manicomio. Y el tipo le dice: Lo haría, pero, necesito los huevos...Pues, eso más o menos es lo que pienso sobre las relaciones humanas, ¿saben? Son totalmente irracionales, y locas, y absurdas, pero, supongo que continuamos manteniéndolas porque, la mayoría, necesitamos los huevos...**

A los que, de veras, aman

Alguien peludo llamó a mi puerta...Hace ya muchos años...Y, ¿a quién me he encontrado hoy durmiendo en mi cama?...Un perro mágico, y pensando en hermosos animales, aunque no soy muy de gatos, porque, de la misma forma en que hay gente de frío y gente de calor, hay gente de perros y gente de gatos, he recordado a mi berlinés amigo Leo, fiel protector del hogar germano que me acogió. Un sabio felino que incluso me acompañaba cada vez que regresaba de mis largos paseos por el bosque, o la capital, cuando tomaba la mejor cerveza del mundo. El gato más guapo y simpático que he conocido, aunque, para mí, mi perro mágico siempre será mi perro mágico...

Aún recuerdo el día en que nos conocimos, eras el único que en aquella triste tienda tenía su propia manta y su propia cama. Desde el principio de tu vida te ganaste ya el cariño del mundo entero...Te cogí en mis brazos, me miraste fijamente, te miré fijamente, y te abracé...Empezaste a darme besos y morder los botones de mi camisa, y ya no nos separamos jamás. Esté como esté nunca me fallas...Enfermo, gordo, delgado, sano, desencantado o alegre, siempre estás ahí. Doy gracias cada día por tener a mi lado a un verdadero amigo y compañero de aventuras, porque hasta por el Languedoc anduvimos juntos...

Por mis rarezas, hay veces que no consigo estar a tu altura, porque soy hombre y soy imperfecto, pero nunca te abandonaré...Valió la pena esperar veinte años para tenerte, eres uno de los pocos sueños que he logrado ver satisfechos en mi vida...Si estás cerca de mí siempre siento calor, ojalá sintiera lo mismo con cada persona que ha cruzado mi vida, pero raro ha sido el caso...Eres uno de los pocos que de veras me ha amado, como jamás pensé que nadie me amaría. Poca gente tiene manos tan pequeñas, o patas, y sin embargo, alcanza tanto el corazón. Un corazón cada vez más frío y difícil, que, no obstante, conoce lo que es el amor, aunque a veces no lo demuestre lo suficiente...

Sí, tú me enseñaste que no sólo el hombre tiene alma, que no somos únicos, y que escuchando las distantes y tan sabidas voces que nos separan del resto de los seres, los animales humanos podemos llegar a ser mejores...Sí, pienso al ver a un animal libre y sano, son mejores que yo porque aprecian la sencillez y sienten la sinceridad, y así rigen su vida, pero yo me ahogo en un palmo de agua, necesito impulsos que no sólo se encuentran entre la gente o los animales buenos y corrientes, necesito la penumbra para acrecentar mi luz, porque así he vivido siempre...

Por eso respeto, aunque no comparto, esa frase que me dijeron una vez: "Hay que aspirar a llevar una vida sencilla, que no simple". Es muy cierta, cualquier ente lógico la tomaría para sí, pero yo no puedo...Quizá algún día, cuando de veras sea un hombre realizado, logre valorar el completo sentido de esta frase, pero hoy no...Hoy sólo puedo llegar a ser fiel, hoy solamente puedo permitirme amar, me correspondan o no...Al menos, es un comienzo...

Muchos me preguntan cómo, pensando así, mantengo mi fe, en mi vida y en todo lo demás, por ejemplo, mis peculiares creencias...No soy yo quien la mantiene, son ellos...Se lo debo a menos de diez personas que he conocido, hombres, mujeres y niños, animales pequeños y grandes, hermosos y nobles...Al fin y al cabo, almas blancas y puras, seres de luz, a los que la sombra nunca podrá tocar...Ellos me hacen abandonar la penumbra excesiva, me hacen triunfar y poder orientarme en la espesura...Por ellos, y por su ejemplo, como decía el sabio: "Soy capitán de mi alma". A todos vosotros, peludos o humanos, que amáis, y enseñáis a amar, gracias...

El brujo en sintonía y sinergia

La vida tiene mucha gracia, en general...La mía también...Justo cuando ya creí finiquitado el misterio, al menos, durante buena parte de mi nueva vida, este arremete con fuerza contra todo mi ser, trastocándolo por completo...Me quita la venda negra de mis pardos ojos, una que la mayoría, por su propia salud y cordura, debe conservar...Quizá en ello tuviese que ver El caso Alice, porque ya comenzaré a llamarlo así también, o quizá, los últimos acontecimientos relacionados con nuestra relación de amistad, mis nuevos y personales encuentros laborales, y mis largos paseos por San Isidoro...Todos pensarán que soy un loco cuando lo digo, aunque jamás ningún médico detectó tal cosa en mí, pero hoy, he vuelto a ver el mal, al demonio, como muchos lo llaman, pero no a cualquier demonio, sino al demonio mismo, el padre de todos los demás...En realidad, he podido verlo desde que era pequeño, bajo la forma de un hombre oscuro, y rara vez me ha hablado, salvo en mis sueños, pero siempre lo he visto en la lejanía, y hoy no ha sido una excepción...Seguramente, recordaréis que en determinado tramo de mi tránsito, durante mis caminatas más allá de San Isidoro, suelo llegar a un puente, uno alto, desde el cual pueden contemplarse todos los nervios de la red de ferrocarriles...A estos nervios de hierro y plomo los rodea una inmensa estepa de hierbas bajas, verdes, algunas, pero, en su mayoría, amarillas, ya quemadas por el sol...La noche había caído, aunque sólo fueran las siete y media, porque estamos en invierno, pero ahí estaba él...Un hombre talmente oscuro, en medio de los matorrales, tan oscuro que no se le apreciaban los ojos, ni el rostro, aunque, de todas formas, yo sabía que me estaba mirando desde la baja distancia...Le devolví aquella mirada con desprecio, como siempre hago, y seguí andando...Ya pasé aquella fase de negación frente a lo vivido, ante lo que es más natural que lo natural...Simplemente, vivo con ello, aprendí a hacerlo gracias a la señora del módulo blanco, a mi maestra, y otros tantos brillantes que me encontré en el camino...Por eso, cuando veo, normalmente, no me hago el loco, sino que continúo con mi vida, porque los verdaderos entes de luz y oscuridad no son humanos, son algo más, son otra cosa...Aquellos a los que llamo los que *están entre nosotros*.

El otro día, por cierto, volví a tener otra visión con Alice, al percatarme de cuál era su fecha de cumpleaños...En la precisa imagen que percibí, yo le daba un regalo. Todo ocurría así: Primero, ese día concreto, ella me relataba sobre los últimos acontecimientos en su vida, el contacto con el brillo que no la dejaba quieta, porque había aprendido a amarla, y quería compartir con ella parte de su saber...Quizá por este motivo nos conocimos justo a la vez al entrar a trabajar en la cadena, quién sabe...Y Alice me decía: **Imagínate todo lo que me está pasando, qué más puede ocurrirme...Estoy muy asustada, Diego...**Y realmente lo estaba, pues ese es el principio de negación, que después, por propia inmunidad, ha de pasar al de aceptación de la verdad de lo invisible, que interactúa con lo visible...Así que le dije: *Mientras yo esté aquí, a ti no te va a pasar nada, por lo menos, relacionado con esto...Y a quien intente hacerte daño lo aplastaré como a un gusano...Créeme, no sería la primera vez...*Hasta este crucial punto había llegado la situación del caso Alice, sin embargo, fue la primera vez en que, además de su admiración y amor velado, ella sintió miedo de mi, un miedo instintivo, que, no obstante, la excitaba antes que repelerla...Fue esa la primera y única vez en que, en su fugaz temor, se sintió segura y sexual, al lado de un redimido demonio...Alguien que, sin embargo, había nacido para ser algo muy distinto, pero que, finalmente, debido al amor y la fe, acabó escogiendo otro camino, tras ver, a su peculiar manera, el rostro del Padre...Después de la anterior escena, la felicité, y le di aquel regalo que sólo una persona muy especial en mi destino debía poseer, **la cruz de Rennes** que yo mismo encontré y atesoré con mi vida, desde mi viaje al Languedoc: *Este medallón es muy especial*, dije a Alice, *me lo construyó un herrero auténtico en el sur de Francia, un lugar al que me gustaría viajar contigo, algún día, si resultas ser lo que yo creo que realmente eres... Está bendecido por los verdaderos creyentes...Tómalo y no te lo quites nunca, te protegerá, y no lo pierdas, o te dará mala suerte...*Ella quedó parada, tal y como yo sospechaba, y luego, añadió: **No sé qué decir, es precioso, es...muy bonito...Pero no debiste gastar nada en mí...***Estas cosas no cuestan nada*, agregué. *Me lo dieron, y ahora, yo te lo doy a ti*. Se hizo el silencio, y por vez primera pensé que estaba en un sueño, la luz de la habitación cambió, y escuché ese zumbido agudo y profundo que oigo cuando mis sueños parecen cobrar realidad en la rutina de la vida. Alice estaba más guapa que nunca en este gran cambio de visión, y me preguntaba: **¿Quién eres, Diego, quién eres tú realmente?**...Porque hablábamos en nuestra mente, ahora, aunque tardé en darme cuenta...*Eso no importa,* contesté, siendo yo mismo, pero no el yo físico...*Lo que importa es que ya sé lo que debo ser para ti. ¿Y eso es?*, preguntó de nuevo. *Seré tu protector en esta sagrada tierra, tu ángel caído*...La escena regresó entonces a su estado original, estábamos en la misma sala de maquillaje de cada semana, de cada viernes...Y ella jugueteaba con **la cruz de Rennes** entre sus delicadas manos, como queriendo inspirarle su energía personal, y contagiarse de la que el objeto llevase a cuestas. **Diego, no me lo merezco, no me merezco este regalo de ti, yo nunca te he dado tanto**...*Aún estás a tiempo*, contesté, guiñándole un ojo, y esbozando en mi rostro una seductora sonrisa. Ella sonreía con esos dientes blancos, con esos ojos verdes y azules, según la luz, y esa expresión de niña hecha mujer que me vuelve loco, inocente, dura, y avispada...*Tú me importas mucho, Alice. Déjame ser bueno contigo, ¿eh? Es lo único que puedo hacer*...Y me besa, al final, me besa...Ya no sé si esta es sólo una visión futura, o un sueño dentro de un sueño de los que hablaba Poe, pero me encanta...Me gusta, porque narra la verdad psíquica, distinta a la de la vida real, y por ende, más auténtica...La de la vida interna que nadie se atreve a vivir, la que cumple el Destino...

Ahora, me gustaría hablaros, brevemente, de otro encuentro que he tenido hoy. Uno que me ha impresionado sobremanera, porque hacía ya mucho tiempo que no me encontraba con uno de los míos, un ser como yo...Un amigo muy querido, un hombre bueno, un hombre adulto, me presentó esta misma mañana a una mujer con una carrera profesional impresionante. La verdad es que yo no tenía muchas esperanzas al acudir a esta entrevista, pero el conocerla motivó mucho más mi interés en aquella charla laboral. Esta mujer ostentaba un importante cargo en un famoso diario de esta provincia, y por eso mismo, acudimos a su encuentro en el mismo enorme y antiguo edificio en el que trabaja...Tan antiguo era, y tan extraña me pareció la escena en sí misma, a pesar de acudir a ella con todo un ángel terrenal como es mi amigo, que me recordó la frase que da título a la visualmente impresionante, aunque esencialmente pobre, casi rozando el mero plagio, nueva obra de Guillermo del Toro: <u>Cuidado con la cumbre escarlata</u>...Frase que susurraba un espectro realmente logrado a la protagonista...Tiene gracia, a la gente le aterrorizan este tipo de advertencias fantasmales, pero cuando te acostumbras no es para tanto...En fin, recuerdo que nos situamos frente a unas amplias y largas escaleras color mármol oscuro, mientras la aguardábamos. Esperamos un rato, no demasiado, pero tampoco poco, y finalmente, una mujer, que desde la lejanía me pareció tan impactante como Marlene Dietrich, descendió peldaño a peldaño esas asombrosas escaleras, deliciosa y sigilosamente, hasta posarse justo frente a mí, sin dejar de mirarme fijamente a los ojos...Esto ya fue una sorpresa para mí...Al principio, creí que se había centrado tanto en mí, porque mi amigo, que era su conocido, el puente en este encuentro entre los dos, hablaba por teléfono. Pero pronto me di cuenta de que no había sido así...Ella me estaba esperando, y mucho antes de terminar aquella breve reunión, supe que volveríamos a vernos...Era una mujer de estatura media, quizá un tanto más alta que yo, bien constituida, con unos ojos azul gris gigantescos, que parecían devorarte por dentro, y una mediana melena rubia...No era una mujer mayor, si bien, tampoco una jovencita, pero tenía muchísima fuerza, cosa que comprobé en cuanto percibí ese hedor a hierbas, que sólo la gente femenina del don suele poseer...Es totalmente contrario al hedor a azufre, que despiden aquellos que son más oscuros...Un hedor que sólo percibimos los que vemos el brillo...Ella no dejó de mirarme durante toda la conversación, ni siquiera cuando nos mostraba las instalaciones en las que quizá un día yo pudiera trabajar. Iba la primera en la cola, y de vez en cuando, giraba un tanto su rostro para mirarme con una sonrisa muy especial. Muy pronto, me di cuenta también de que ella ya me conocía antes de vernos, y que aquel día, en realidad, no le provoqué impresión alguna, negativa o positiva, porque ya sabía quién, o qué, era yo. Sabía exactamente la clase de persona a la que iba a recibir...El momento clave lo constituyó nuestro pulso mental, nos miramos ojo frente a ojo, en un instante de aquellos en que el tiempo no parecía correr..Todavía no sé bien cómo explicar este proceso, que con tan pocas personas me ha ocurrido, entre ellas, especialmente mujeres, pero es una sensación semejante a una fuga interna, como la visión dentro de la visión que he tenido hace poco con Alice...Medimos nuestras fuerzas, ojo frente a ojo, y ella es poderosa, es una serpiente...Y yo, bueno, qué creeríais que soy yo aunque de veras os lo dijera...Lo cierto es que, como me ha ocurrido con otras personas en los últimos tiempos, estaba completamente seguro de que ya la había conocido antes, nada más verla...Pero la confirmación me llegó un tanto después, no recuerdo bien en qué momento, con una cierta regresión, como hacía más de un año no había tenido...En ella, yo me encontraba en otra época, en un templo, o ciudadela druida, hecha de roca. Era un caballero del dragón, que portaba la misma espada, o una similar, a aquella con la que hoy practico...Yo desenvainaba esta espada, y con ella, cortaba por la mitad el vientre de una enorme bestia sobre una pila sacramental...Esta bestia era una serpiente, y su dueña, era la mujer a la que he conocido esta mañana, la mujer del diario...La serpiente era su simbólico, por eso, una vez yo la mataba, su esencia partía a la suya propia, se fundía en ella, otorgándole más poder...Tras unos instantes, la sacerdotisa druida cerraba y abría los ojos, hasta llegado el momento en que esos ojos azul gris, eran tan azules como el color del cielo más despejado y brillante...Con ellos se acercaba más y más a mí, casi hasta estar frente con frente...Esa fue la visión que me reveló la verdad...Después de nuestra despedida, lo cierto es que no sé bien cómo sentirme respecto al encuentro con esta mujer. No sé si es buena o mala, la percibo gris, aunque, como antes comenté, estoy seguro de una cosa: Volveremos a vernos, muy pronto...

Y como decía el peregrino de la cueva de cristal, yo mismo terminaré diciendo: ***Así es, el futuro se ha sembrado en el presente, merced a la pasada vida, se ha cumplido...***Estoy seguro de que este encuentro en el día de hoy, me dejará inquieto durante el resto de mi vida...Adoro a las mujeres brillantes...Porque, como el extraño ser que soy, ese perro verde, lucho contra mi propia esencia, contra mi misma naturaleza, porque jamás he sabido dominarla, pues nací hombre...Pero ellas sí saben dominarla, y es que el don, desde el inicio de los tiempos, les pertenece...Están dotadas para él, genética y psíquicamente...Por eso, suele decirse que son tan distintas al macho...Quién creería que durante la mayor parte de la historia, la mujer fue la diosa, la sacerdotisa, la religiosa...Sí, podemos extraer la lección: El clérigo es una invención moderna...Aceptado o no, forma parte de una mentira: La de la falsa profecía del hombre.

Bajo el sol de agosto

(Ficción basada en una de las mejores personas que jamás conocí, mi abuela Elvira. Estés donde estés siempre te llevaré muy cerca de mí. Te quiero).

Hoy he iniciado uno de mis paseos semanales, encontrándome con algo que, por las cercanías de San Isidoro, mi barrio, nunca antes había visto. Se trataba de algo aparentemente simple, una paloma, aunque el entorno escogido para reposar su vuelo no lo fuera en absoluto. Su pista de aterrizaje elegida no era otra que un charco de agua, y sobre ese palmo de tierra, ella transitaba, bebiendo, de cuando en cuando, el sagrado líquido que a todos da la vida. Sin embargo, había algo en esa paloma, o en aquella escena, que a mí me pareció poco corriente.

Aquello se convertiría en breves segundos en lo que yo suelo llamar "una estampa brillante". Pues todo, alrededor de aquella paloma, y su natural baile contenido sobre el agua, pareció detenerse de forma espontánea, mientras el ritmo de aquel ser animal y su acción sobre el charco no mermaban en absoluto...Aquello me pareció el simbólico de un recuerdo, siempre, ese algo del pasado que conservamos, o perdemos. Y continuando, más adelante, con aquel paseo, no sé por qué recordé a mi abuela materna, de la que, creo, nunca antes os he hablado.

Yo la recuerdo delgada, siempre con una eterna sonrisa en la cara, tras la cual, siempre se encontraba el sol, que al cegar mi vista, me impedía ver por completo su rostro. La recuerdo también con su larga melena gris, que en ocasiones gustaba de recogerse en un bonito moño, casi al estilo propio de tiempos inmemoriales. Recuerdo, cómo, durante el verano, mis padres dejaban de lado sus vacaciones, guiados por el único y noble empeño de continuar trabajando sin parar, para así poder pagar mis tratamientos para los cansados ojos, y que, en aquellos días, me mandaban a vivir con mi querida abuela, que residía en un pequeño pueblo del interior alicantino. Un lugar no demasiado bonito, todo hay que decirlo, aparentemente, sin ninguna característica especial, que, sin embargo, parecía retener un algo, un algo brillante, que mi propia familia hubiese descubierto, cuando, en tiempos de guerra, se ocultase allí.

Mi abuela amaba su pueblo más que a nada, si bien, siempre, antes de su pueblo, estaban sus hijos, y yo...Recuerdo que yo era el único de entre todos sus seres queridos que podía llamarla abuela. Me decía: "Te lo permito sólo por ser mi nieto favorito", y yo le decía: "Abuela, si soy el único nieto que tienes", y ella se echaba a reír, con esa risa espléndida, natural, que la volvía tan guapa y la apartaba de sus momentos de melancolía...Una risa que era pura esencia vital.

Cuando pienso en mi abuela, recuerdo, también, cómo siempre me protegía ante todo como una tigresa, cómo me acompañaba a sol y a sombra, por el bosque en el que tanto le gustaba pasear, y recoger flores y distintas hierbas, o por el pueblo mismo, especialmente, durante las fiestas regionales, que la pobre mujer pasaba corriendo tras de mí, con un bocadillo en el que siempre emparedaba mi cena...Pero, sobre todo, recuerdo cómo nunca dejaba de mirarme, con una mirada que yo respondía, y con la que parecíamos decírnoslo todo, absolutamente todo...Ahora, siendo ya más mayor, pienso que mi abuela era una mujer muy singular, diferente. La clase de mujer exótica de la que yo, en la madurez, podría haberme enamorado...

Sin embargo, su belleza, o bien, su buen carácter, no la hacían especial tanto como su "tono de brillo". Recuerdo que, una tarde, cuando el sol del agosto, que sufríamos en aquel pueblecito, era tan fuerte que quemaba nada más salir a la calle, nos encontrábamos jugando a un juego de mesa. No recuerdo cuál exactamente, pero eso poco importa...Entonces, ella me preguntó si quería un chocolate con leche, y yo le dije que sí. Se levantó, y de pronto, sufrió un mareo, que junto a su correspondiente gemido, y aterradora expresión pálida, me sobresaltaron. Gracias a dios, le ocurrió muy cerca de la mesa, por lo que pudo apoyarse, y no caer al suelo.

Raudo, le pregunté a mi abuela qué le pasaba. Y ella me dijo: "Nada, hijo, estoy bien. Pero vas a hacerme un favor, llama por teléfono a casa de tus abuelos mayores (así era como ella se refería a sus padres, mis bisabuelos), y diles que las pastillas se encuentran en el cajón bajo el reloj dorado"...Hice lo que ella me dijo, y al terminar la llamada telefónica, corrí a buscarla. La encontré en su cama, tumbada...Recuerdo que entonces me preguntó que qué me habían dicho los abuelos mayores, y yo contesté que habían encontrado las pastillas perdidas, y que mi abuelo, que sufría del corazón y las necesitaba, ya se encontraba mejor...Ella se mostró aliviada, pero la sentí enferma, por lo que cuestioné: "Abuela, qué te pasa". Y ella me contestó: "Nada, mi niño, sólo estoy un poco cansada...Me voy a acostar un rato...Por qué no vas a ver la televisión hasta que despierte"...Y eso hice...Recuerdo que aquella tarde durmió hasta la hora de la cena, y que, al levantarse, no se acordaba de casi nada de cuanto había ocurrido.

Como descubriría más adelante, esta clase de episodios eran muy habituales en mi abuela, y también en su padre, al que estaba realmente unida, aunque ambos trataban de disimularlos, si no, de ocultarlos. Lo que jamás imaginé es que, pronto, antes de abandonar la niñez, esta clase de "momentos brillantes" también me pasarían factura a mí. Y un día, se lo confesé. Le conté que a veces veía cosas, que sentía y escuchaba cosas que los demás no parecían ver. Le dije que no me atrevía a decirlo, porque sabía que me tomarían por loco, y me llevarían a ver a los médicos...Ella me dijo que hacía bien, porque las personas, en el fondo, éramos todas así.

El tiempo pasó, y yo me convertí en un adolescente todavía imberbe, orgulloso y triste. Había pasado mucho tiempo desde la última vez en que vi a mi abuela, y en ese tiempo, habían ocurrido muchas cosas, por ejemplo, los abuelos mayores fallecieron, ella había abandonado el pueblo, y ahora vivía en la que fuera la casa de su infancia. Por razones del destino, yo había cambiado el instituto de mi barrio de origen, por uno concertado que se encontraba muy cerca de su nueva residencia, y al que sólo me permitían acceder si me empadronaba en algún lugar próximo. Como siempre, mi abuela estaba allí para salvarme de las fauces de la incertidumbre, y no sólo eso, sino que me sirvió comida caliente cada día de la semana que acudía al colegio.

No obstante, por aquellos días ocurrió algo que jamás olvidaré. Mi abuela enfermó, decían que era un cáncer, pero que, seguramente, todavía viviría unos años, con el correcto tratamiento, aunque, ya entonces, ella y yo sabíamos que no iba a ser así...Durante el año siguiente, tras conocer la noticia, fui viendo cada día de la semana cómo se apagaba poco a poco, a pesar de su resistencia. Hasta que aquellas sonrisas suyas quedaron en nada, como las bromas, o su voluntad para hablar conmigo de todos los temas posibles o conocidos. Yo no me lo tomé a mal, ni la culpé, porque, mirándonos, siempre en esa mirada resplandeciente, ella era capaz de comunicarme cómo se sentía, y yo la entendía, a pesar de ser, en el fondo, todavía un niño.

Así hasta que un día, antes de acudir a clase, mis padres me dijeron que mi abuela estaba en el hospital, y nunca más volví a verla...Al principio sentí mucha rabia, y aún hoy la siento. Rabia hacia dios, pero, en particular, hacia mí mismo, ya que no logro recordar cuándo fue la última vez que la vi, o hablamos...Creo que pasaron pocos días, solamente, antes de que nos dejase para siempre, jornadas en las que se me impedía verla, dado que su estado era lamentable. Se había vuelto tan amarilla como los soles que dibujan los niños pequeños en el colegio, debido a la profunda metástasis, que la había devorado por completo, en menos de un año entero.

Y luego, en un instante, sin más, se marchó. Sin embargo, para mí ella no se fue del todo...Creí que, al principio, en los primeros años en que ya no estaba con nosotros, sólo significaría un recuerdo en mi mente, luego, descubrí que los recuerdos, de algún modo, y en efecto, siempre se pierden...Y más tarde, empecé a pensar insistentemente en ella. Hasta soñaba con ella, y en esos sueños, mi abuela me hablaba de muy diversas cosas, como lo hacía cuando todavía vivía en físico...A veces, incluso me advertía de ciertos peligros que, después, en la rutina de mi vida, se materializaban...Los cuales yo sorteaba siempre gracias a nuestras oníricas conversaciones...

Y hoy, en ocasiones, ya hasta creo escucharla despierto, cuando veo a cualquier animal bello actuando de extraña forma, como si no fuera animal, como si tuviera una conciencia más próxima a la humana, como me ha ocurrido con esa paloma que bailaba sobre un charco de agua, cuando salí a pasear. En esos momentos, no siempre, sino sólo de cuando en cuando, una voz aparentemente femenina parece decirme: "Tranquilo, no tengas miedo, busca dentro de ti". Una voz que acude a mí en los momentos en los que la fe más me falla...Momentos que, especialmente, tienen lugar en mi vida, qué cosas, ¿verdad?, bajo ese sol de agosto, en que los recuerdos que una vez poseyera, huyen de mi maltratada memoria cinéfila, indicando que el testigo de los que ya no están conmigo, pasó a mí en el mismo momento de su desaparición.

Sí, mi abuela era una mujer realmente especial...Y desde que faltó, temí nunca estar a su altura, supongo que toda la familia temió lo mismo...Pero, por suerte, puedo ver su rostro en otros muchos amigos que conocí, desde que me embarcase en la saga Están entre nosotros, mi serie de libros favorita...Gentes bondadosas y brillantes, que me enseñaron que el mundo es muy distinto, comparado a la percepción de la mayoría. Que éste, queda lleno de símbolos y cosas maravillosas, no quemadas por el sol de agosto, a las que personas tan peculiares como mi abuela siempre acudían, para inspirar y proteger a otros, que tuviesen necesidad de ellas.

Al fin y al cabo, he de decir que creo que, así, es como uno comprende que una paloma pueda bailar en un charco de agua, sin que ello sea poco corriente, e igualmente, llegar a comprobar que el recuerdo, una vez perdido, puede lograr ser recuperado...Pensándolo mejor, ahora creo que esa paloma bailando bajo el sol de agosto, era mi propia abuela tratando de decirme que aún me observaba, y que, a pesar de todos mis errores, de mis fallos vitales, de mis pérdidas, ella continuaba mirándome fijamente, y protegiéndome como una tigresa...Y esa es mi fe...

Me importa muy poco que los demás me llamen loco, a estas alturas, porque, en "el brillo", encontré, hace ya muchos años, una razón para vivir...Una que me separa de las puntuales melancolías del agosto y mis delitos de amor...Una que me recuerda que puedo ser bueno, y, quién sabe si, incluso, llegar a parecerme a la mujer mágica que me enseñó a amar lo invisible.

Tiempos ásperos del demonio oculto

Hoy regreso de otro nuevo día en los medios, un tanto triste, la verdad, con la oscuridad siguiéndome de cerca...Sin embargo, todo ha ido como la seda...Y al terminar, ese ángel llamado Rachel Garp, que se mueve siempre en medio de un nido de víboras, como lo es el audiovisual, me muestra su pulgar hacia arriba, con una sonrisa enorme y sincera. Me dice que ya ni siquiera observo el guión, que llevo cada viernes, cuando hablo, y se ríe descaradamente, porque le hace gracia, que, a pesar de no trabarme al conversar, me sienta como un flan...Y me he sentido tan bien hoy, a pesar de todo...Porque el mundo es oscuro y triste, como decía el protagonista de *Los casos del departamento Q*, un Harry, el sucio danés y nihilista que sólo vive para su trabajo, y que, en cierto momento, en la segunda película, llamada Profanación, dice a su nueva víctima rescatada: ***¿Sabes por qué no me tomo un bote de pastillas para acabar con todo? Porque gente como tú me necesita***...Siguiendo con el suspense, el otro día acudí a un preestreno, uno de los pocos que puedo disfrutar hasta ahora. Fui a ver *Black Mass*, la nueva película de Johnny Depp, siendo Johnny Depp, y no una vulgar extensión de Tim Burton. La cuarta película del género gansteril en que interviene, el que fue un obrero de la construcción aficionado a la música, que, como esas anteriores *Blow*, *Enemigos públicos* o *Donnie Brasco*, quiere ser un Scorsese purísimo, que termina en un Martin pasado por agua. Film estelarizado por el actor que tanto viaja al Caribe, basado en hechos muy reales, como tanto gusta, que no era sino la historia de un demonio muy histriónico, aunque convincente, y para nada oculto, si acaso disimulado un tanto, que prefiere hacer el mal, antes que amar a sus seres queridos. Mostrando así, no una mera adicción al riesgo, tal y como la calificaría la psiquiatría moderna, sino un desprecio total al regalo de dios, casi tan grave como el destino de esos bebés que los sectarios llevan asesinando desde el principio de las épocas...Y todo ello me hace enfadarme mucho, entre risitas odiosas y espontáneas por mi parte, a la vez que imagino que Alice y su dañina, pero igualmente encantadora, compañera llegan a trabajar antes los viernes, sólo para disputarse mi puntual atención...Y ambas lo consiguen, aún así, sólo porque yo no quiero que nadie se dé cuenta de cuánto te deseo, sólo a ti, tigresa amarilla, de cuánto te quiero. Aunque, para mi sorpresa, no sea este un deseo dudoso y sexual, como antes me había ocurrido con otras, sino una verdadera necesidad de estar contigo, de pasear contigo, de ir al cine contigo, o hacer cualquier otra cosa que no sea follar...Sí, eres la primera mujer en la que pienso como una compañera, y nada más...Por cosas así me enfado también, por la belleza de la inseguridad rutinaria que tú me demuestras, cuando intentas evitarme, pero no lo consigues...Ahora sí sé que te hago dudar. Si te diera grima no me dejarías preguntarte lo que nadie te pregunta. Si no tuvieses interés en mí, no me dejarías ver, aun por unos segundos, tu debilidad en cara triste, y tomando una larga cambiada, antes de que yo te pregunte, irte corriendo...Esa máscara tuya está muy cerca de deshacerse. Sólo el amor consigue eso, es algo que yo sé muy bien, algo que conozco desde mis tiempos ásperos, con los que te identifico, porque en eso somos idénticos.

Recuerdo un caso, porque no me quito de la cabeza los acostumbrados crímenes del hombre moderno, que, en el fondo, siempre fueron los mismos, en que una verdadera escoria entró sin previo aviso en la casa de una anciana, en esta misma ciudad, no hace demasiado tiempo. La ataron mientras le robaban, y luego, no se les ocurrió otra cosa que quemarla viva. Qué bonito...Cómo demonios puede existir alguien así en este mundo, y luego, existir tú...Cuando el horror del infierno se traslada a esta sacra Tierra, estamos acabados, pero aún así, estás tú...Si no supiera lo que ya conozco, seguiría sin entenderlo, y me destruiría por dentro...Y luego, hay pequeñeces en comparación, que me hacen cabrearme como un demonio, y por las que me preocupo, a pesar de escuchar relatos como el de esta anciana...En ciertos trabajos me exigen hacer cosas costosas por las que no me pagan, y encima me lo sueltan como si yo fuese idiota. Me cansa tanto esta gente, siento tanta rabia dentro de mí, pero, especialmente, cuando estoy solo...Porque cuando estoy contigo no siento nada, sólo observo una pantalla blanca, en la que escucho tu voz, y veo cómo te contoneas, cómo me sonríes queriendo decirme algo más, y en el momento justo, no dices nada...Entonces, cae sobre mí, de nuevo, ese cielo tormentoso, del que rara vez puedo escapar, y me convierto, internamente, en la peor versión de mí mismo.

Algo huele a azufre en mi interior los últimos días...Un fuego que arde y transita en paralelo a mi amor por ti...Qué significará esto, cómo se concretará, cuando la bestia que llevo adentro estalle por algún motivo, porque lo hará, ahora que ya no bebo ni una gota de whisky. Aunque me contento al recordar buenos momentos, que, como chutes de insulina, merman mi cabreo crónico. Sí, recuerdo los días en que al salir de televisión íbamos al bar de al lado todos juntos, el gran equipo antiguo. En especial, recuerdo aquella gloriosa tarde en que cerré, no sin ayuda, mi primera entrevista para el programa...Una campeona de motociclismo nos acompañaba, una verdadera mujer, alguien con luz, que me interesaba, y con la que logré mantener amistad en el pasar del tiempo...Ese momento se esfuma, y recuerdo otro aún más reciente, en que me encuentro frente a un café, en el centro, alejado de los estudios, con tres grandes colegas, al salir de la radio...El hombre que me dio mi primera oportunidad en el medio, que me habla de su pasado, de cómo conoció a su brillante y tierna esposa, justo en el momento en que lo contrataron para trabajar allí...Un experto en seguros de automoción simpático y agradable, con carisma, quien te vendría a la mente cuando pensases en un auténtico apóstol, un hombre que cada vez que me ve, me sonríe y me respeta, e incluso comparte detalles conmigo sobre su gran labor. Un auténtico enamorado del cine, que hasta gusta de pasar trozos de películas clásicas relacionadas con el derecho, para calmar los cansados ánimos en los debates que modera, fomentando así la relación de compañerismo...Y estaba también, claro, Ed Cash, ese hombre que decidió dividir su intervención, para darme cabida a mí en Luz de Cruce, hace ya más de un año...Sentí entonces, que me encontraba entre grandes, que siempre me hablan de lo que más aman en su vida diaria, en el pasado, pero, además, en el presente. Y me pregunto: ¿Podré hacer lo mismo cuando tenga su edad? Su ejemplo me conmueve y me da fuerzas cada vez que los veo...Benditos sean aquellos que sin apenas conocerme confiaron en mí, les estaré agradecido siempre...El amor que me inculcan me recuerda que todavía soy humano, a pesar de todo...Mientras sepa que puedo hacer el bien entre gentes así, me daré cuenta de que vale la pena vivir, aunque, a veces, me cueste no ser capaz de sentir el amor profundo como lo hace esta gente con su familia, o con su pareja, en el brillo y la vida...La realidad es que el amor que siempre he sentido ha sido simplemente amistoso, familiar o imposible, hasta que llegué a ti.

Por eso me he sentido vacío toda la vida, por no hablar de otras cosas...Si bien, el Padre tira de mí, ayudándome, correspondiendo esa fe que tan nítida siento desde hace años, y que puedo compartir, con la capacidad que él me dio para expresar todo cuanto oculto a la mayoría, esa que me permite poder decir cuanto siento, siendo sincero...Sólo eso parece salvarme en los habituales momentos de depresión, junto al hecho de verte...Qué patético soy, ¿no es cierto? Acudo antes a la televisión sólo para compartir más tiempo contigo. Ni siquiera puedo ya decir tu nombre sacro, que tal cual, evoca al sueño plácido...El único paraíso que ahora conozco, y que siempre, a pesar de tu negligencia, parece lograr alcanzarme...Porque ni siquiera la sexy mirada de Lady Belle Wyth, siempre contenida, siempre sublime, consigue hacerme cambiar de parecer...Eres tú, únicamente tú, la que hace sentir a este corazón tan frío y solitario...Hoy todos se sorprendieron de que llegase tan pronto, incluso Victory, la incomparable producer, me lo hizo notar...Yo le expliqué que estaba agobiado de estar en casa, que había salido a dar un paseo, me había tomado un café, y decidido a acudir a pesar de la temprana hora, porque quería estar rodeado de gente, pero no añadí que, claro, especialmente, quería encontrarme contigo...Y así, todos estuvisteis conmigo, me recogisteis, pero no por educación, sino porque queríais hacerlo...Y me sentí mucho mejor por eso...Cuántos años hacía que no me ocurría esto...Incluso adelantasteis mi sección, porque os falló un invitado anterior, y estuve quince minutos con Rachel y Frank, acompañándolos mientras grababan, sin preocuparse de que yo hiciera algo indebido...Sabían que no lo iba a hacer, y se sentían cómodos...Aquella sensación me calmó tanto, me hizo sentir tan humano...Porque en mi morada de roca cada vez me siento más como un falso demiurgo, alguien que observa en la lejanía la vida de otros, y que, cuando gusta de hacerlo, interviene para ayudar a quienes considera dignos. Pero, quién me ayuda a mí, me pregunté siempre. Ahora puedo decirlo, vosotros, todos los que confiáis y estáis ahí...

Por otro lado, me ha venido hoy a la mente un recuerdo de esos que creía extintos, uno de esos recuerdos que acrecentaba el hecho de que tú te marchases tan pronto de mí, que, sin embargo, se desvaneció en cuanto Rachel y Frank, como siempre, me tomaron bajo su manto. El recuerdo en concreto procedía de los tiempos en que mi barrio casi parecía sacado del film *Mystic River* de Clint Eastwood, cuando aún no se había desarrollado hasta formar verdadera parte de la capital...Tiempos en los que tuvo lugar mi primera y única pelea con los hampones del recreo, que la mayoría hemos sufrido, salvo los que son malos...En un arrebato de histeria, propio de la desmesura infantil, uno de ellos me agarró por el cuello, colocándose justo detrás de mí, me agarró a mí, un chiquillo anónimo que no hacía daño a nadie, y que solía pasar bien desapercibido porque, sencillamente, no molaba nada...Pero, ahí no acaba todo, mientras este desgraciado me cogía fuertemente por el cuello, tan fuerte que me ahogaba, y me hacía saber que, finalmente, podía llegar a matarme, el otro imbécil me golpeaba tercamente en el pecho, como si fuese un mero saco de boxeo...Ocurrió entonces, y por vez primera, que surgió de mí esa bestia a la que tanto temo y procuro siempre encerrar, salvo cuando escribo, el demonio oculto...Uno que todos llevamos dentro, y que, por otra parte, nunca imaginé, al menos, en mi infancia, pudiera ser tan brutal al sentirse amenazado en su noble acción de preservación... Mordí con todas mis fuerzas el brazo de quien me agarraba hasta arrancarle un ínfimo trozo de carne, la impresión que le causé fue tan grande que no me costó apenas reducirlo, tirándolo al suelo de un violento empujón...Al otro niñito repelente me acerqué más tarde, golpeándole en la cara con todas mis fuerzas, regalándole así un buen muñón por ojo, de los amoratados, que duelen, y parecen gangrena, antes de sanar. Recuerdo que al caer hacia atrás, levantó su mano por el impulso, y me tiró las gafas al suelo...Esas gafas por las que mi familia tanto trabajaba...

Me marché de allí llorando, no por la escena en sí, sino porque imaginaba que aquella jugada le costaría a mi padre hacer más turnos como guardia, cuando ya hacía hasta veinte horas seguidas, no obstante, el bien, aquel que en ocasiones parece invisible, estaba allí conmigo, pues encontré socorro en brazos de mi amiga Sofía, la bella y dulce hija de un matrimonio amigo de la familia, algo más mayor que yo...Una chica muy dulce y maravillosa, con la que, ya entonces, fantaseaba, con tener una bonita relación, a pesar de ser tan sólo un crío...Mientras ella me consolaba, toda la maldita clase y el asqueroso profesorado auxiliaban a ese par de engendros humanos que jamás evolucionaron...Así que, además de romperme las putas gafas, e intentar matarme, por tratar de defenderme como mejor pude el malo de la película fui yo. Me aislaron por el resto del recreo, mientras mi amiga me abrazaba y la escoria que poblaba aquel malévolo lugar me observaba con temor y vergüenza, en la distancia...Me condenaron a una semana sin patio, pero lo que más me jodió fue que la maruja de turno, madre de uno de los dos subnormales, tuvo la osadía de pedir explicaciones a mi madre. Ella contestó: Págame las gafas que el bestia de tu hijo rompió al mío, y Diego le pedirá perdón. La muy puta se cayó la boca. Yo tenía sólo diez años, pero ya me había convertido en un auténtico perro verde, sólo por hacer lo que debía...Aunque, seguramente, Johnny Depp tenía razón en *Black Mass*: **Debes hacer lo que debes hacer cuando nadie te ve. Si nadie te ve, no ha pasado...**Lo que cuenta es que nadie se atrevió a volver a ponerme la mano encima, ni siquiera los gitanos, hasta llegar al instituto, pero eso es otra historia que ya os conté en su momento...Sí me habían marginado en el colegio, pero a mi manera había triunfado. Nunca pude olvidar a Sofía, y quizá por ese hecho, en adelante, siempre me sentí más cómodo entre mujeres, si bien, ninguna, hasta la fecha, ha podido, o ha querido, corresponder a mi amor profundo, frío y misterioso...Como mi amigo Dean C. me dijo una vez: **Hubieses arrasado en la otra acera, pero no se hace, se nace.**

Como digo, nunca más volví a poner la mano encima a nadie, aprendí a desarrollar mi intelecto por mi cuenta, hasta que ya no me hizo falta, y hasta el fin de los días tendré miedo de mí mismo. Porque, qué habría ocurrido aquella tarde, de no haber crecido con los reales valores humanos que mi familia me había inculcado...Tenía el mal frente a mí y no sólo quería salvar la vida, si no darle una lección ejemplar, hacer verdadero daño a esos niños repelentes, que con una tontería casi me estrangulan, pero me contuve. Durante un tiempo me arrepentí, pero hoy me siento muy orgulloso. Aquel que me pegaba, mientras el otro me agarraba, terminó siendo un fracasado camello de coca, que tras algún que otro encuentro con la ley, ahora trabaja en McDonald's, y cuando me ve, se hace el loco. Ni para matón de colegio llegó a servir. En cuanto al otro, la verdad es que no sé bien definir en qué se ha convertido. Una sombra débil del penoso ente que fue...Concluyendo, sí, la vida puede ser tan oscura como se relata en *Black Mass*, pero está repleta de pruebas, y en ella, sólo los principios nos separan de los criminales y los borregos, que se empeñan en hacernos creer que la mente es algo que ya nos viene dado, cuando hay que aprender a desarrollarla para lograr amar, evitando así los tiempos ásperos...

Y aunque, por mi parte, siempre trataré de seguir este axioma, sólo puedo pensar en que al terminar de recordar esta escena, o grabar el programa, no he podido mamar de la leche que tu luz me da...Sólo me queda el recuerdo, como cada viernes, de una imagen, de la sombra de una duda, como diría Hitchcock, como siempre...Esa imagen en que yo me encontraba sentado en tu sofá de recreo rojo, mientras tú me hablabas de pie, alta e imponente, preciosa, con esa mano sujeta a tu delgada cintura...Te habría besado los pies y me habría agarrado a tu cuerpo para no soltarte en el resto del día, y es que necesitaba lo que tú me das: Esa infancia perdida que yo identifico con el origen del amor, un principio que perdí y que prometí a dios recuperar.

El encendedor naranja
y la enfermera Ratched

Hoy me he levantado realmente cabreado, sí, todavía...Arrastro unos días grises desde que vi *Black Mass*, o quizá, desde que supe que *Están entre nosotros XV* finalmente había terminado. Y acabar un libro, es como tener un hijo y perderlo a partes iguales, porque una vez termina, al menos, yo, no vuelvo a verlo nunca más. Quizá lo ojee de vez en cuando, sí, pero debo admitir que nunca he vuelto a leer completo un libro mío, una vez lo he acabado...Y no sé si eso me convierte realmente en buen o mal profesional, la verdad es que no me importa mucho...Otro de los motivos por los que hoy me he sentido muy irritado, ha sido el hecho de saber que muy pronto tendré que encontrarme de nuevo con la mujer que, desde el cambio de gobierno, regenta el asiento del despacho de la propiedad intelectual, al que debo acudir a registrar cada manuscrito acabado. Antes, y que conste que la política siempre me la ha traído al pairo, tenía que entregar mis libros en la hermosa ciudadela que es San Miguel de los Reyes, donde había todo un equipo de hermosas damas dispuestas a ayudarme, bueno, en ocasiones también de gentiles caballeros...El caso es que aquello funcionaba...Llevo ya dos años aguardando que me manden las cartas de aprobación de mis últimas obras, y ya me he hecho a la idea, pero lo que de verdad me cabrea es que al recibir las mismas, estas contengan los títulos de mis obras alterados, o mal escritos...Dios mío, gastas más de cien euros en papeleos y burocracias legales y editoriales por cada nuevo libro, por no mencionar el trabajo previo de escritura y auto edición, o el hecho de cumplimentar la documentación o pagar las correspondientes tasas sin ninguna ayuda, y encima, se equivocan al clasificar tu obra en el maldito archivo. *Burrocracia, no burocracia*, como diría mi abuelo. Pero, lo que más me indigna es este nuevo elemento en el edificio de la propiedad intelectual. Es idéntica a la enfermera Ratched de *Alguien voló sobre el nido del cuco*, un verdadero demonio...Tras diez años acudiendo a registrar mis obras, ahora, esta mujer siempre encuentra pegas en mi trabajo cada vez que me ve. Cosas tales como el obligarme a llevar en cada nueva visita una fotocopia de mi carné de identidad, importa poco que presente quince libros en un mismo año, como ocurrió una vez, siempre tengo que llevar la maldita fotocopia repetida, cuando, antes, tan sólo tenía que hacer una por temporada. Luego, están lo que ella llama Los folios en blanco. *Oh, aquí hay un folio en blanco*, me dijo un día. Y yo pensé: Ya está, una entusiasta. Le expliqué que lo que tenía entre sus manos no era un manuscrito al uso, sino un manuscrito ya maquetado, a punto para imprimir en la editorial correspondiente...Como todos sabemos, los libros tienen páginas en blanco para separar sus capítulos u otros contenidos. Bien, ella no lo entendió. En otra de las ocasiones, aparecí por allí y le entregué otro trabajo correctamente encuadernado...Ella abrió la tapa de plástico que separaba el papel recién impreso, quedó mirando fijamente la primera página durante sesenta segundos, y haciendo un singular y estúpido gesto con la mano, añadió: *Esto es el título, ¿no?* Obviamente, la primera página de un manuscrito, con esas letras mayúscula tan monísimas, considerablemente superiores en tamaño a las del resto del texto, suele serlo...En fin, que me ha cabreado tanto el recordar que tengo que volver a verla, que hoy, mientras paseaba, he imaginado una escena en la que saltaba por encima de su escritorio, tal que Hannibal Lecter, la agarraba por el gaznate, y lo apretaba al estilo del *Frenesí* de Hitchcock, hasta que sus venas del cuello a la cabeza se le volvían gigantes, lívidas, y sus ojos se inyectaban en sangre. Al final, escuchaba un clock. Su cuello se había partido...Yo estaba sudando como un cerdo, e incluso me caía un poco de babilla por la comisura de los labios. Me erguí satisfecho, con una media sonrisa, y el canto de mi mano corrió el sudor de mi frente, mientras el resto de la oficina, sus compañeros de otros departamentos, me echaban guirnaldas encima como si fuera un César, al tiempo que me vitoreaban y silbaban en mi honor. Yo esbozaba mi mejor carcajada, alzaba mis brazos al aire, con los puños cerrados, y los agitaba, como si terminase de ganar una gran maratón. Más tarde, la imagen se desvanecía, y me encontraba sentado frente a la enfermera Ratched, que volvía a preguntarme: *Esto es el título, ¿no?* Y yo, simplemente, contestaba: *Sí señora*...Ello me recuerda la aguda frase que una profesora de mi infancia regaló a un chico sudamericano recién llegado a nuestra clase: *Jaime, ¿sabes de qué color es el caballo blanco de Santiago?...Negro,* respondió él. Y todos se rieron...La verdad es que a mí no me hizo ninguna gracia...Las maestras que tuve toda mi vida fueron entes ridículos que creían estar por encima de la media sólo por enseñar a los niños. Qué fácil es sentirse más inteligente frente a un niño cuando se es adulto, ¿verdad? Sí, es lo que la gente más débil y prescindible suele creer...Jaime llegó a ser un buen amigo mío, durante algún tiempo...Hasta que se convirtió en un ladrón de poca monta...Hace un par de años, me contaron que había muerto de un navajazo en el cuello. Una historia muy corriente, y verdaderamente negra, esta vez sí, en San Isidoro. Después, en la universidad, este tipo de frases tan simpáticas las decía yo mismo. Conocí a un tipo idiota que decía ser todo un cinéfilo. Un día, hablando de cine cómico, yo le pregunté: ¿Conoces el film Dos pistolas para un manco? Y él dijo: *Sí, es muy bueno*. Y yo pregunté de nuevo: ¿Y La bala que dobló la esquina?...*No lo he visto, pero dicen que es mejor*...Y ninguno de los dos existía...

Como digo, hoy me he levantado cabreado de verdad. Y cuando paseaba, esta sensación no ha hecho más que acrecentarse. Hasta el encendedor me falló cuando deseaba encenderme un pitillo a mitad de camino...Me sentía aún tan impotente, sólo una hora tras acabar el libro, que agarré ese maldito encendedor color naranja, al que no le quedaba ni una gota de gasolina, y lo lancé frenéticamente contra el suelo, mientras pensaba: *Por qué coño es color naranja*. Y me sorprendí a mí mismo al plantearme tan ilógica cuestión...Por qué estoy tan, tan, enfadado, me dije después...Todo me molesta hoy, uno de los pocos días en mis últimos tiempos, en los que puedo dormir ocho horas seguidas...Una pareja joven, sentada en un banco, me observaba en la distancia...Normalmente, siempre paso cercano a ellos en mi recorrido, sin saludarles. Ellos tampoco me saludan, porque se encuentran demasiado atareados en sus besuqueos, cosa que me parece fantástica, y digna de sana envidia. Pero parecen buenos chicos, no lo que se suele ver por aquí...Así que, al deshacerme de ese maldito encendedor traidor, por vez primera, me percaté de que reparaban en mi. Él no hacía mucho caso, era más joven que yo, y seguramente preferiría no reparar demasiado en la cara de Jack Nicholson que llevaba por montera, si bien, ella, como mujer que era, valiente y curiosa, quedó mirándome fijamente, con una expresión preciosa, casi invitándome a que le contase qué me pasaba. Sentí los pensamientos de ambos mientras me alejaba de la escena, harto de no poder fumar...Aún me quedaba un largo trecho para completar mis siete kilómetros diarios, y ni siquiera había llegado a la mitad del camino. Había parido a un hijo al que no volvería a ver, y para mayor locura mía, la nicotina me había abandonado. Pero quedó en mí el rostro de aquella joven dama, tierno, preocupado, casi con el llanto oculto de una inocente princesa de cuento...Más tarde, en el camino de regreso, un perro pequeño y gracioso reparó también en mí cuando me crucé con él, quizá preguntándose, de alguna perruna forma, porqué había asesinado a mi encendedor naranja, penoso símbolo de esta jornada gris, junto al recuerdo de la Ratched. Y después, recordé aquella tarde en que llegué a los estudios de televisión, y me encontré con cuatro compañeras que descansaban afuera fumando un pitillo. Cuando me acerqué, todas ellas me miraban, por un instante, como diciendo: *Este quién es*, cuando Alice me acaba de saludar, separándose del resto del grupo. Cuando llegué, la miré muy brevemente, porque no quería que las demás se diesen cuenta de lo interesado que estaba en ella, sólo en ella. Pero, al final, cuando se dirigió a mí, para hablar largo y tendido, no pude contenerme...Me tenía en sus brazos, otra vez, y no le había costado ni lo más mínimo...Estos sentimientos, tenidos en medio del aprecio del aroma a café recién hecho, que escapaba de los bares cercanos, o los primeros estertores de los restaurantes italianos, cocinando la pasta de las pizzas antes de la cena, me reconfortaron, e hicieron que mi enfado fuese sustituido por mi clásico anhelo de amor, uno que puede que contenga algo de enojo, sí, pero mucho más de afección...Aunque, al llegar al barrio, pasando por uno de los pocos espacios solariegos que quedan camino de casa, el olor de la fuerte marihuana de los lumpens casi me quita de la cabeza este nuevo y agradable sentir...El otro día, por cierto, Alice me preguntó en relación a un texto que colgué en la red social: *¿Estás muy ocupado todavía con tus romances furtivos, como tú los llamas?*...Yo ya estoy muy mayor para romances, Alice. Sólo busco una compañera en la vida. Y la ninfa quedó con esa sonrisa cerrada, esa que indica que se hace preguntas que no comparte conmigo, ni con nadie...Qué piensas, me preguntaba entonces. Porqué no puedo escuchar lo que piensas, tigresa amarilla. Qué tienes que tanto me fascina, y que las demás no poseen...Y tras un silencio amable de los que acostumbramos, me atreví a cuestionarla sobre un brillante sueño que había tenido la noche anterior, en el que ella aparecía. En ese sueño, yo le preguntaba insistentemente si le gustaban las flores, o cuál era su flor favorita. Y ella me miraba totalmente seria, casi enfadada, sin contestarme. Así que le dije: Alice, ¿puedo hacerte una pregunta que, sin duda, te va a parecer muy extraña? Y ella asintió. ¿A ti te gustan las flores?...*Sí, me gustan mucho*...Y cuál es tu favorita...*La lavanda, por qué lo preguntas*...Si te lo digo creerás que soy un loco...*Quiero* *saberlo*...Verás, habitualmente sueño mucho. La otra noche soñé contigo, y en ese sueño te preguntaba esto mismo, pero tú no me contestabas, así que quería lograr una respuesta real...*Eres un caso*, contestó ella, riéndose. *Nunca he conocido a nadie como tú, Diego Canós, ni lo conoceré*...Ya será menos...Tenía que preguntártelo, eso es todo, aunque no sabía por qué...Y guiado por esa dulzura sinfín, a veces apenas manifestada, sólo intuida, que mi tigresa amarilla me regalaba, continué explicándole otra parte de mi historia: Desde que era pequeño, mi mente no descansa cuando me voy a la cama. Normalmente tengo sueños muy extraños, de algunos extraigo ideas para libros, pero a veces, sólo a veces, sueño con gente a la que conozco, y las menos, con gente que de verdad me gusta, como tú...*¿Así que te gusto?* Cuestionó ella, a estas alturas olímpicas...Claro que me gustas, qué tonterías dices. Sobre todo, me atraes porque no me tienes miedo, ¿verdad que no?...*Claro que no, qué podría yo temer en ti*, agregó, descarada pero aún así temerosa de mi respuesta...Nada en absoluto, si es que te gustan los perros verdes, o las ovejas negras...Pero omití decir todo cuanto de veras pensaba: Cuando estoy cerca de ti sólo soy un minino, pero sólo cuando estoy cerca de ti, no lo olvides nunca...Te has convertido en mi piedra angular, mi refugio sólo por un día a la semana, en que te tengo por completo...Pero ya me acompañas a todas partes, pequeños retazos de ti se incrustan en mi alma, como perlas incandescentes que jamás dejarán de brillar en medio de la noche dormida. Sólo he sentido algo similar por el Padre...Imagínate, el enorme dolor que me producirá no poder tenerte nunca, si ese es mi Destino...Eres contagio de día que codicio a cada segundo, y que ya nunca podré olvidar. Eres tara que a la vez perfecciona y complica mi cuerpo, y que, en mi mente, logra recorrer cada último recodo con curiosidad y valor. Al tocarme, como el otro día lo hiciste, sí, la segunda vez, al dibujarme una cruz en el ojo cerrado, tú no te quemas. Nunca te quemas. Al escucharme, no pereces...Al acercarte a mí, ninguno de mis malos sentimientos te afecta, porque no eres color naranja, no eres un encendedor que falla, ni ninguna enfermera Ratched de segunda...Eres un tesoro del presente pasado, uno del que ya no querré huir, o abandonar. Esa eres tú, unos tres puntos entre paréntesis...Esos que indican que siempre falta texto, un manuscrito secreto a completar, que no conseguiré retratar hasta que no me des tu mayor tesoro, y me dejes entrar en ti para no salir de tu vientre...Volver a ti es un descanso que me hace fantasear con visiones de futuro hermosas...Hay una, en especial, que últimamente me encanta: Paseamos juntos por los alrededores silvestres de tu lugar de origen, tú te caes, y te raspas la pierna desnuda con una piedra áspera...Te sientas, yo toco tu zona dañada, y te lamo la herida. Tú me sonríes y me das un beso. Tu sangre dulce es compartida por nuestros dos paladares...El sol es muy potente.

Aunque imagino algo más, para cuando publico *Están entre nosotros XV: El León Durmiente y La Tigresa Amarilla.* Me preguntas quién es ella, sin pensar por un momento que puedas ser tu misma, y yo te respondo con una frase propia de mi saga muerta: *Un fantasma pasado que se convertirá en eterno presente*, pero no digo que lo hará gracias a ti. Luego, hablamos de esta saga que todavía lees, te cuento que tenía que acabarla en el preciso momento en que lo sentí, como ocurrió en todas las demás entregas, porque, de lo contrario, hubiese sido una porquería absoluta, como ocurrió al final de la Saga del Color...Pesaba mucho, y su momento ya había pasado para mí...Como ocurrió a King al escribir *Misery*, necesitaba pasar página y hacer algo distinto...Espero que ese algo distinto sea finalmente *Green Dog (Mi Nueva Vida)*, un libro en el que expreso cosas de las que jamás me creí capaz, gracias a una tigresa amarilla, no naranja.

Y ahora, no puedo dejar de pensar en que al fin conquistarte sería el mejor de los desenlaces...

La joven del perrito

En esta vida, hay personas que no son buenas ni malas, personas que, como decía el gran Bob Fosse, simplemente, tienen jazz. Personas que nacen con una luz vital desmesurada, tanto, que ésta casi las hace parecer más que humanas, y cuyo poder para obrar el bien y el mal sobre las vidas de los otros, las hace sentirse muy inquietas, hasta el punto de tomar la final determinación de no reconocer lo que dios les ha dado, e iniciar su descenso a la penumbra.

Hace tiempo que llevo hablando de mis pasados amores y de alguno nuevo, pero nunca antes he podido escribir sobre una mujer que cambió mi vida, y dejó en el centro mismo de mi cuerpo y de mi alma un poso a medias agrio, a medias feliz, que arrastraré hasta el final de mis días. Un recuerdo de vida que, como una cicatriz, tiene la virtud de recordarme dónde he estado antes, lo que he sentido, y a quien, realmente, he logrado amar con todo mi corazón.

Ella tenía el pelo largo y negro, azabache, más negro que la misma noche, no era muy alta, y su piel era blanca como la de una princesa rusa. Lo cierto es que físicamente nada parecía indicar su nacionalidad, pero ahí estaba ella, siempre, una incongruencia en el mundo que transitaba, una anacronía en los locos tiempos que a ambos nos tocaron vivir. Tenía la sonrisa más bonita que yo nunca he visto, una voz suave, pero profunda, y era capaz de transmitirte una alegría y una autoestima, de aquellas que siempre quedarán perdidas, cuando nunca nadie ha sabido colocarlas, o potenciarlas, en su correcto lugar. La conocí un día, a la salida de la universidad, hace ya varios años. Todavía recuerdo la primera vez que la vi, cuando me invitó a una fiesta, bajo la luz naranja de las farolas valencianas, y el oscuro profundo de la nocturnidad. Casi en un momento en el que ella misma podía haber nacido de mi propia mente, como uno de mis personajes reales, o imaginarios...Digo que recuerdo bien la primera vez que la vi, porque nos miramos fijamente, yo debía tener una expresión seria y somnolienta, porque apenas había dormido, pero ella poseía esa característica sonrisa angélica y diabólica en el rostro, con la que seducía a cualquier ente vivo...Sin embargo, cuando ella me miró firmemente, dejó de sonreír, quedó totalmente seria, casi como en los momentos mágicos en que, con el ardor del verano, inexplicablemente, las cigarras dejan de cantar...Nos mirábamos de una forma extraña, que revelaba nuestras verdaderas esencias, y después de ese día, ninguno pudo olvidar al otro.

Empecé a acudir a muchas de las fiestas a las que sabía que ella asistiría, a las que yo no tenía demasiado problema en acceder, porque mi reputación de bala perdida me precedía, por aquellos días. En esas fiestas descubrí lo excepcional que era, y en el fondo, lo loca que estaba, al igual que yo. Se multiplicaron así muchos momentos asolas, en los que cada vez llegábamos a compenetrarnos mejor. Yo la hacía reír, a saber porqué razón, y ella me hacía sentir querido, como hacía mucho tiempo no había sentido. Nunca llegamos a ser pareja, porque su vida era un completo desastre, todavía más que la mía, y quería conservarme como un buen amigo, ocasional amante, antes que como algo más. No obstante, recuerdo un día en que me propuso una invitación muy distinta, a las tres de la madrugada, cuando terminamos nuestra clásica locura nocturna en un pueblo del interior. Sus padres tenían una pequeña casa en la costa, alejada del mundanal ruido, y ella quería ir allí en ese mismo instante, conmigo. Ello supondría romper nuestro pacto, uno en el que, a veces estábamos juntos, y otras tantas no. Uno en el que sólo podíamos abrazarnos y hablar de cualquier secreto prohibido. Al final, terminamos en aquel lugar mágico a medio construir, con una botella de whisky, también a medio acabar. Nos tumbamos juntos en la playa, mientras fumábamos un canuto, y poníamos a parir a todo el mundo, riéndonos al recordar estupideces inocentes de nuestra malgastada infancia. Recuerdo que entonces vimos juntos el primer amanecer compartido de nuestra vida. Y como inquietos que éramos, sin conseguir dormirnos, nos levantamos...Ella me cogió de la mano e insistió en que paseáramos por el borde de la arena, que el amar a punto estaba de empapar, una arena que yo recuerdo tan blanca como su piel, antes que beige...Recuerdo que el amanecer no era completo, y que el cielo, sin amenazar lluvia, era casi blanco, estaba ciego, como mis ojos al nacer, y el mar calmo, listo para que Sorolla lo pintase. Mientras caminaba cogido de su mano, ella, de vez en cuando, se giraba para mirarme con aquella seductora sonrisa, una que indicaba ya, más que en ningún otro instante previo en nuestra amistad, que yo de veras le importaba. No dijimos ni una sola palabra durante al menos una hora. Hasta que me sentí cansado, y me senté de nuevo en la arena recientemente húmeda, mientras ella empezaba a bailar despacio. Se le daba muy bien, tenía mucho encanto para aquello...Recuerdo que cogí el móvil dispuesto a hacerle una fotografía, y la lancé justo en el momento del baile en el que daba un salto hacia arriba. Esa instantánea quedó grabada en la tecnología pero también en mi mente: Una ondina de ojos azul hondo y cabello sedoso, largo y negro, tan sólo provista de su ropa interior y una gruesa camiseta de chándal, y, claro, esa enorme sonrisa que se salía de la escena, con el mar calmo, la arena blanca como su piel, y ese cielo cegado como escenario de fondo. Cómo iba a imaginar yo, que aquel sería nuestro único, y último, momento juntos...Tras aquella mañana, aquel amor furtivo me evitó cada vez con mayor asiduidad, hasta que una noche señalada, nos reencontramos en otra de aquellas fiestas jóvenes, excesivas y penosas. Ella venía con otro tipo que no me gustó nada en cuanto lo vi, el primero de muchos, y sólo con una mirada me dio a entender que todo había terminado entre nosotros, porque así debía ser...A pesar de todo, me empeñé en hablar con ella en cuanto encontré el momento. Y me hizo daño, dijo que no quería volver a verme, o que, verme, nos perjudicaría a los dos. Dijo que ya había cumplido su función en mi vida, que de verdad me quería, y que nunca conocería a nadie como yo. Así se convirtió en la primera y única mujer en decirme tal cosa...Comprendí pronto que no quería comprometerse conmigo, y que, ante todo, quería conservar el momento de aquel amanecer en la playa, que habíamos vivido juntos, tal y como la fotografía que yo le tomé, para que este instante no se corrompiera jamás. Muchos creían que ella estaba loca, pero a mi manera, yo la entendí. Entendía, que no había podido superar el trauma de su madre muerta, entendía, que sólo se sentía realizada, si unía su potente luz y magia a la penumbra de los entes inferiores a ella, en una casi inexplicable y morbosa corrupción de su propia esencia. Entendía, que nunca querría olvidarme, a pesar de todo, ni tenerme cercano a ella, porque estaba convencida de que no era lo bastante buena para mí, que terminaría destruyendo la vida de un chico al que consideraba especial, impidiéndole crecer como persona, y como profesional...Ella tenía ese sentimiento de protectora madre hacia mí, sólo porque yo era más clásico, y ella, puro jazz.

Lo cierto es que no volví a verla nunca más tras aquella noche, pero, amigos comunes me iban relatando su progresiva y definitiva caída en los abismos de la iniquidad. Abandonos, drogas, sexo sucio...Hasta desaparecer por completo de las noches locas y las fiestas comunes. Me contaban, que un día encontró a un perro callejero en la calle, lo adoptó, e iba a todos los sitios con él. Ese perro, que yo creí simbólico de todo lo bueno que había dejado atrás...Me contaron, que se había hecho prostituta para conseguir sus dosis, me contaron, que su chulo le pegaba, me contaron, que cada noche vivía con su perro en un tugurio cada mes peor...Me contaron, que ante todos esos sucesos, la gente que la conocía comenzaría a llamarla, nunca a la cara: La joven del perrito. Y yo, quería escucharlo. Pero, ante todo, no quería volver a verla...

Ella nunca fue inocente, sólo tuvo demasiada luz para compartir, y un sentimiento de culpa que jamás logró superar, y que no debía superar, porque la vida es así de jodida. Y por eso, finalmente, sucumbió...Separada de su familia, a la que no soportaba, separada de todas sus amistades sanas, separada de mí...Unos vecinos la encontraron junto a su perro en un triste callejón, con una jeringuilla clavada en el brazo. Lo más duro, fue saber que llevaba ya casi un año limpia, aunque continuase ejerciendo la calle...Por lo que siempre quedó la duda de si ella misma se había chutado la sobredosis, o se la había provocado otra persona a propósito...Mi ángel tenía sólo veinticuatro años, y aquella alma imposible de comparar, aquella mujer que me demostró la ternura de una verdadera amistad femenina, y el auténtico amor de los entes plenos, había dejado este mundo para embarcarse en una nueva cruzada más allá del velo que separa la existencia de los seres vivos. El día que conocí la noticia, tuve una visión con ella, muy similar a la del final del film del gran Bob Fosse. Su delicado cuerpo azotado por la inmundicia estaba metido en una bolsa de cadáveres color negro, como su pelo, que iba cerrándose poco a poco sobre su blanca piel, hasta sobrepasar su rostro de antigua diosa de la vida. Impresa en aquella escena, noté, mentalmente, la frase promocional de Empieza el espectáculo: All that pain, all that love, all that jazz...Todo ese dolor, toda esa vida, toda esa purpurina en las fiestas, todo ese amor, que ya sólo quedaba en el recuerdo de quienes la conocimos...Todo ese jazz...

Al terminar esa real fantasía, casi me pareció verla con completa nitidez en una esquina de mi habitación. Me sonreía como aquel día en la playa, donde la había visto más guapa que nunca, donde me permitió amarla, tocar sus pechos rosados y beber de ellos, regresando a mi infancia perdida, peinar su pelo sedoso y negro, y hacerla mujer, al tiempo que ella me hacía hombre. Creo recordar que a aquella aparición me atreví yo a devolverle la sonrisa, a mirarla fijamente, fusionando nuestros ojos de distintos colores, ocurriéndoseme, sólo, preguntarle: ¿Qué será de tu perrito? A lo que ella me contestaría: Se lo quedará mi familia. ¿O es que acaso lo quieres tú?...Y mi sonrisa, sin poder sostenerse, rompió en llanto, mientras, conteniéndome, una vez más, contestaba al fantasma de aquel pálido ángel: No, ya no puedo tener nada de ti. Ella cambió su expresión a la de un gris enternecido y melancólico, y luego, la imagen se disipó.

A veces, en la vida hay personas que no son buenas ni malas, sino que, simplemente, tienen jazz...Ella era una de esas personas. Era capaz de darte la fuerza de un toro, hacerte sentir en el cielo, y una vez alcanzabas la fe, una vez comprobabas que esa sensación, ese sentimiento, era posible en la vida, marcharse de tu lado para que encontrases algo mejor de lo que ella podía ofrecerte, sabiendo ya que existía...Porque las hadas sólo regalan su don por momentos, no por toda una vida...Nunca podré olvidar a la joven del perrito. Siempre querré a ese ángel...

The GD Club

A veces se diría que en esta vida existen lugares que, no sé sabe muy bien por qué razón, permanecen fijos al otro lado de un enorme río, al cual sólo pueden acceder aquellos aventurados barqueros, que gusten de saber de la verdad del misterio. Estos lugares conservan en su propio interior la memoria de todos los caídos en la batalla, la memoria de todos los mundos desaparecidos, y asimismo, encierran la sabiduría de las eras. Son refugios anónimos a los que muy pocos pueden acceder, oráculos en mitad de la nada, oasis en los desiertos, amaneceres en medio de la noche oscura, a los que acuden las gentes del brillo. Uno de ellos, es The GD Club, cuyo paradero omitiré en la narración, por razones de conservación.

Allí asistí la pasada noche, para encontrarme con diversos amigos y amigas, gentes que, como algunos de los que podáis leer todo esto, están en el secreto. Personas que saben más de lo que creen saber...Así, tras repasar las fauces de la inmensa mandíbula que encierra el lugar, los retratos de antiguos miembros, los manuscritos, cuyas palabras fueron plasmadas por manos ya inertes, o haber disfrutado de sólo un sorbo de la famosa absenta negra como el petróleo, que, a pesar de la creencia popular, también existe, pude acudir a una gran lectura de cartas oficiada por Madame Esther, una de mis grandes colegas, en la que se encontraba además una persona, una entidad, a la que llamaremos El peregrino gris, pues su secreto precede al mío, y este atañe, verdaderamente, a dos naturalezas distintas, una humana, y otra más que humana.

En la lectura, El peregrino gris preguntaba a Madame Esther por un amor muy sentido, del que no conseguía escapar. Él quería saber si realmente aquella mujer era importante en su vida, si de veras lo amaba, o lo llevaba metido en su mente cada día. Porque él había sentido, desde el primer instante, que ella debía ser su compañera final. Las cartas revelaron que había logrado hacer dudar a la dama en cuestión, pero que ésta se encontraba atada a la fascinación por un hombre que realmente no la quería, un hombre mayor que ella, a quien había conocido desde muy joven, el cual, hacía de esta señorita todo cuanto quería. Ella era incapaz de ver el vicio y la traición que este personaje encarnaba, y por ello, no se fijaba en El peregrino gris, quien, a pesar de todo, había llegado a poseer un pedazo ínfimo, aunque esencial, de su inmaculado corazón. Este amor habría de concretarse, físicamente, sólo por parte de ambos, cuando ella descubriera el engaño, y fuese lo suficientemente valiente como para dejar atrás al asqueroso demonio...Sólo entonces, El peregrino gris, aquel que tenía la triste habilidad de percibir el mal en los otros, y ser capaz de sentir cuanto otros sentían ante la adversidad, podría conquistar al auténtico amor de su vida. Este peregrino gris era un gran amigo mío, en ocasiones habíamos tratado sobre sus ocultas capacidades, y me había hablado mucho de aquella chica, a la que solía denominar Mi Tigresa Amarilla...Nunca pregunté por qué, sin embargo, aquel hombre me parecía muy romántico, y por eso, incluso tomé el nombre ficticio de su amada, para nombrar a la mía propia, en algunos de mis libros...Pero, el peregrino, pobre peregrino, él me relataba exactamente lo que a ella ocurría. La soledad, la negación, la vulnerabilidad de un ente sano y bondadoso, repleto de luz, que, no obstante, iba camino del descenso total y completo...Las cartas revelaron algo más, anunciaban una pérdida para el peregrino, y al final de esa pérdida, la consecución de su amor. Pero, una pérdida diferente habría de afectar también gravemente a su amada, y esta sería la que la haría encontrarse finalmente con él, casi al mismo tiempo, en un hermoso reflejo de amor realizado, tras una vida destrozada, desesperada y necesitada. Ella buscaría entonces la ayuda de este peregrino, quien siempre la había venerado, descubriendo que, bajo su aparente amabilidad y fortaleza, se encontraba la dañada masculinidad de un hombre extraño, sólo en la cubierta frío, cuyo corazón, continuaba amando como el de un niño...Entonces, y sólo entonces, nacería en esa tigresa amarilla la final revelación del amor puro. Sólo entonces, ella descubriría lo equivocada que había estado, y en cuanto a él, bueno, podría ser él mismo por una vez, completo, y no deseando amarla, sino amándola totalmente.

Al terminar la tirada de cartas, recuerdo que El peregrino gris se echó a llorar. Se lamentó por la suerte de su amor, y puso a Dios por testigo, al jurar que nunca la abandonaría, que practicaría su paciencia, y la esperaría, el tiempo que fuese necesario, porque tras aquella mágica sesión, tras aquella lectura, aquel ente extraño y frío había descubierto que de veras la quería. Había percibido su horror, su desgracia, y aún así, la amaba...¿Se puede amar a alguien en la caída? Me pregunté yo entonces, mientras continuaba mi camino por el GD Club. ¿Puede amarse el retorcimiento humano, aun cuando uno ha pasado por un infierno? ¿Se puede querer a alguien, a pesar de que esta persona huya de la misma cosa que uno mismo? Yo sabía que era posible, porque yo mismo lo había vivido, y todavía lo hacía...El peregrino gris sentía asco por el maldito traidor, el cerdo que hacía tanto daño a su ángel...Pero no podía hacer nada, porque el destino de aquella mujer no era asunto suyo todavía, al menos, hasta aquel instante. Y sufría, aun por horas largas, con sólo imaginar la clase de pervertidos actos que el corruptor lograba de la corrompida, prometiéndole falso amor a aquella preciosa e inocente criatura, a la vez que él disfrutaba de tantas otras mujeres...Estoy convencido, hasta tal punto lo conozco, de que El peregrino gris pensaría tras aquella tirada de cartas: Justo cuando creí haber dejado atrás la tristeza en mi vida, a tantas personas buenas a las que vi corromperse, esta vuelve a mí, como un reto nuevo...El brillo regresa para enseñarme que la tragedia de los vivos y los muertos puede ser percibida aún con mayor claridad...A veces significa tanto dolor que no puede soportarse...Sólo si el amor es color blanco, puede soportarse cualquier cosa...

Aquella historia me afectó muchísimo, así que decidí proseguir con mi camino, obsesionado por la cartomancia tan bien aplicada, hasta arribar a otra mesa en la que se encontraba mi querida conocida Gabriela March, oficiando una lectura muy distinta, a otro hombre al que llamaremos El peregrino verde. Este peregrino, cuestionaba a Gabriela sobre una profecía que casi la práctica totalidad de los asiduos al GD seguíamos con ferviente interés. Era una profecía sobre el fin de los tiempos, que hacía palidecer los pronósticos de cualquier vidente famoso. Ésta, nos hablaba de un mundo inundado por el fuego, en el que los demonios hechos carne dominaban la completa faz de la Tierra, aún así, salvable tras toda suerte de catástrofes bélicas y naturales. Un mundo de terror ausente del amor color blanco, en el que sólo un pequeño grupo de personas, un pequeño grupo de entes, ejercía como resistencia ante el mal. Entre estas personas, se encontraría un día El peregrino verde, el cual, llegaría al final de los tiempos totalmente solo, habiendo perdido a todos sus seres queridos en el camino. Pero, ¿porqué este peregrino habría sobrevivido al juicio final?...Para proteger a una persona, para proteger a una niña, que cada vez quedaba más cercana a su vida...Recuerdo que, en sus sesiones, El peregrino verde siempre preguntaba por esta niña, según me relataba Gabriela...También traté en más de una ocasión con El peregrino verde, e incluso trabajamos juntos más de una vez. En aquellos días, él me reveló el plan que parecía mandar sobre todas las cosas, acabando sus más solemnes frases con una sentencia que decía así: Dios es sabio...Este peregrino verde, estaba relacionado con personas importantes de nuestra sociedad, que hacía poco tiempo habían casi irrumpido en su vida. Extraños, a los que él apreciaba en demasía, pero de los que desconfiaba. Gentes que, según el propio peregrino, estaban en el secreto...Durante la lectura, las cartas hablaron sobre estas personas, confirmando sus sospechas de que pertenecían a una sociedad secreta, una de las logias que contemplaban el mundo desde los más altos puestos para recabar información sobre el fin, o sobre el misterio en general, utilizando a toda clase de personas brillantes para lograrla, a las que tomaban para sí, en contra de su voluntad...Y no lo hacían por maldad, de veras, sino porque se consideraban los escogidos supervivientes en el próximo juicio, los maestros del nuevo orden, cuando, al igual que la mayoría humana, habrían de perecer en la batalla, frente a los elegidos del mal, y los elegidos del bien...Las cartas dijeron aquella noche al peregrino verde, que debía desconfiar de estas personas, que las logias nunca debían conocer su verdadera identidad, su identidad brillante, si bien, por motivos todavía más herméticos, él debía conservar su amistad con estas nuevas y poderosas gentes de su entorno. Estos motivos, se referían a la niña por la que el peregrino siempre cuestionaba a Gabriela, la cual, según la lectura, habría de encontrarse al lado de un maestro, de un sabio de las logias. Es más, las cartas relataron al peregrino un motivo añadido, menos importante, pero que tenía cierto peso, y es que sus propias revelaciones sobre el final, dadas por entidades invisibles y normalmente femeninas, habrían de corresponderse con las de uno de los hijos de estos altos potentados, que parecía tener grandes problemas, cuando, en el fondo, sólo era un visionario. Y es que ellos dos eran partes de una misma obra, que habría de ser leída al unísono, pues ella resultaría en la estampa final, segura y cierta, de los temibles y frágiles tiempos que vendrían.

Finalmente, El peregrino verde cuestionó a Gabriela March sobre un hecho que jamás se le habría ocurrido cuestionar a nadie en GD Club: El objeto del mensaje mismo de la cartomancia. Y Gabriela le contestó algo que no he podido olvidar: El Mensaje final son dos palabras: Amor y Niña...Yo creía ciegamente en esta real profecía, y tras contemplar esta lectura aún lo hice con mucho más ímpetu...Porque, como otros partícipes del misterio, sé que el amor es la respuesta a todas las cosas, y la niña, esa mítica niña, de la que llevamos oyendo hablar décadas, siglos, puede, su encarnación divina. No obstante, aun recuerdo además las palabras precisas de este peregrino verde, cuando de veras sintió que la tirada ya había finalizado, momento en el que realmente deben dejarse a un lado las cartas, para iniciar el proceso de asimilación y reflexión de cuanto se ha obtenido...Gabriela March decía haber sentido millones de sensaciones en un sólo instante, al revelar las visiones proféticas, las ventanas a otros tiempos, que poco a poco estaba percibiendo...Lo sé, son muchas voces, y todas ellas, hablan a la vez...Están aquí...Con nosotros...Eso le contestó El peregrino verde. Y antes de marcharse aquella noche del GD Club, por un instante, se rozó con El peregrino gris, que abandonaba la barra del bar. Me fijé en que ambos intercambiaban un par de frases, quizá ya se conocían de antes, aunque yo no lo sabía. Luego, ambos me miraron al mismo tiempo, en la distancia...Y yo escuché en mi mente: Es lo que somos...Es lo que somos...Da igual lo negra que sea la noche, el sol siempre volverá salir...

Amor vestido de otoño

Hoy he cambiado mi itinerario de paseo por recomendación de una buena amiga mía...No vayas por ahí, me decía, puede que, en algún momento, se lancen unos dardos, y alguno te toque...Cambié el espacio del que normalmente os hablo, por un camino inverso. Uno que, por desgracia, no escapa a la inane estructura urbana, y en el que predominan la inquietud de los cláxones de automóviles, y sus gases contaminantes...Un camino paralelo a la carretera, de los que, al alternar, escojo siguiendo una línea recta, para no perderme. No era la primera vez que tomaba esta dirección en mi vida, hacía muchos años, había transitado por los mismos lugares, en ese paseo interminable entre fincas, y algunos árboles sueltos y tristones, que desemboca en las diversas generalidades, y que, poco más allá, conecta con el descomunal cauce del río valenciano hace décadas seco...Sin embargo, todo eso poco vale la pena, hasta desembarcar en un lugar que en su mismo instante de inauguración era un verdadero paraíso...Ese parque de cabecera, en que predominan aves diversas, especialmente patos, e incluso algún cisne.

Casi me engañaría al pensar que merece la pena recorrer varios kilómetros, materializados en algo así como una hora a pie, hasta llegar a este lugar tal y como está hoy día. No obstante, la estampa que allí acontece llegado el crepúsculo, cuando las madres casi huyen del lobo junto a sus pequeños hijos, tiene un algo mágico, un algo místico...A pesar de que el agua del antaño cristalino estanque esté sucia, o de que los jóvenes y mayores echen su porquería en el hábitat animal, y un largo etcétera de cosas repulsivas, que me ahorraré comentar, aquel lugar dejado de la estructura urbana, casi, y digo casi, me recuerda en su esencia íntima a los grandes parques berlineses, en los que tan feliz he sido en el pasado. Sin embargo, aquí la escena era un tanto distinta...Imaginad ese crepúsculo valenciano, en el que el sol se agota poco a poco, como resistiéndose a dejar paso a la penumbra, y más en este otoño maldito, de microclimas de frío y calor, y luego, el resplandor naranja de nuestras farolas fundiéndose con el último haz de luz, reflejándose en las aguas de aquel estanque de agua sucia, en que diversos pelotones de aves creaban divertidos recorridos inconcretos, que casi me recordaron mi propia vida, o bien, a los míos propios...Al fin comenzaba a lograr que mi dudoso camino adquiriese, más allá del símbolo, su correspondiente físico, pero no en mi rutina diaria, sino en mis paseos diarios...

Aquellos patos y cisnes me enamoraron desde la primera vez que los vi, cuando hace tantos años, hundido en una depresión profunda y medicado hasta la médula, mis padres me llevaron allí a disfrutar del paisaje. Entonces, era bonito, era tan bonito que me hacía llorar...Pero hoy ya no era así...Era un lugar gris en que la acción de Dios apenas era percibida, pero, a pesar de todo, palpable, auténtica...Aquellos patos a los que me recosté a mirar, a mitad de caminata, reposando mis cansadas piernas sobre esa muralla de piedra previa, me recordaban una sensación que tenía en mi cuerpo desde hacía más de diez años, y que todavía no había podido concretar...¿Qué le diría usted a una niña? Que ame. ¿Qué le diría usted a una adolescente? Que ame. ¿Qué le diría usted a una mujer adulta, o a una anciana? Que ame...Era lo que la gran Edith Piaf contestaba a una reportera hace no poco tiempo...Hermoso, ¿verdad? Siempre que algo me entristece pienso en cómo debió ser esa charla antes de mecanografiarse...Cómo miraría la diva de rosa a la mujer que la entrevistaba. ¿O acaso la miraba? Qué tono de luz habría en aquella inolvidable escena, cuando el encuentro entre ambas se produjo...Haría sol, estaría nublado...¿Y su salud? ¿Las dos se encontrarían dispuestas para la conversación, o la decadencia anímica de Piaf eclipsaría la buena voluntad de la profesional que quería sacar de ella un tanto de luz?...Siempre que algo me entristece pienso siempre en esa conversación...El amor, se ha hablado tanto del amor, siempre...Tanto que resulta un algo hortera, tanto que resulta poco moderno, una artimaña estética, ridícula y casi infantil...En un mundo en que la información ha soterrado los sentimientos, y la frialdad inunda los corazones carentes de la fe anterior al año cero, qué es el amor...Qué puede llegar a significar, más allá de una provechosa unión...Yo siempre pensé que el amor era una opción. Sin más...Recuerdo que, una vez, ante mis muchas rarezas, mi madre, enfadada, me preguntó porqué no quería saber nada de la gente. Obviamente tenía mis buenos motivos, aunque estos no fueran ninguna excusa...Y ella me dijo: Qué persona conoces en la vida real, o en la ficción, que no ame. Sólo pudo venirme a la cabeza el personaje de Hannibal Lecter, que, por aquel entonces, me fascinaba debido a su inteligencia, por el descaro que tenía y la brutalidad con la que castigaba a personas aún más impuras que él. Yo no podía entender, siendo todavía un niño, cómo alguien tan extraordinario como Lecter, no podía estar del bando de los buenos, y sin embargo, amar a Clarice Starling como nadie la amaría jamás, tras las décadas, en aquella forma de altos y bajos sentimentales que nunca se concretaban...Pensé que eso era el amor, cuando era "un tipo de amor", uno que, en el futuro, me hartaría de vivir en mis propias carnes...Pero, en aquel entonces, me atreví a contestar a mi madre: Conozco a uno: Hannibal Lecter. Y mi madre dijo: Y ya ves cómo le fue...Yo era sólo un niño, como digo, y por entonces no sabía expresar mis sentimientos, y tampoco conocía a nadie que pudiera ayudarme a tal efecto, porque habitaba entre personas muy distintas a mí, que no tenían la culpa de nada. Por eso, una vez terminada la conversación, pensé además: Sí, a Hannibal le fue muy mal, pero era distinto, y sí sabía amar, a pesar de ser un demonio. Y no necesitaba a nadie más...Lo único que tenía que hacer era cambiar, dejar de comerse a los demás, aunque algunos lo merecieran...Por suerte, llega un momento en la vida en que los actos nos condenan, da igual que seamos buenas o malas personas, porque la mayoría somos grises, de lo contrario, no seríamos humanos. Es en esos momentos, en esos recuerdos pálidos, cuando pienso en lo que Edith Piaf contestó a aquella periodista: Amor, lo mismo que contemplaba hoy en ese estanque, al saberme dichoso por haber encontrado otro lugar al que acudir en mi soledad de las tardes del otoño...Una soledad que preciso para liberar de mi mente los demonios que me atormentan, la dureza excesiva del pasado, la puntual falta de impulso, o el saber que, simplemente, a algunos les va mal, y a otros les va bien, porque así es la vida y hay que seguir adelante...Pero, y no menos importante, pensé en la necesidad de comprender que no sólo deben saber colocarse los sentimientos de uno correctamente, sino, también, los de los demás...Seguro que al pensar en el amor nadie piensa en el odio, porque lo cree demasiado distinto, o en el sufrimiento...Si eres capaz de amar a alguien, también eres capaz de sentir cuánto sufre. Sientes lo mismo, pero en otro cuerpo, lo sientes en tu mente...

Cualquiera que logre tener una verdadera vida interna, una espiritual, que lo haga evolucionar a nivel intrínseco, descubrirá que cuando de veras se consigue amar, pero amar de verdad, cosa que la mayoría no puede, esto no sólo nos convierte en mejores personas, nos convierte en gente brillante, gente casi distinta, casi sobrehumana...Amor, amar, amante...Sospecharéis, a estas alturas del sermón, porqué tomé la firme decisión, hace ya algunos años, justo antes de mi retiro, de no volver a amar...Cuando me aislé del mundo a finales de 2011, estaba cansado de todo, deshecho, harto de mí mismo y de los demás...No podía soportar no comprender la vida, no podía aceptar haber perdido a tanta gente siendo tan joven, o la traición humana, o el no haber visto jamás satisfechos mis deseos de felicidad, ni en un ápice...Algunos lo habrían llamado debilidad, yo lo llamé, con el tiempo, la vida pasada, una que me ha dado para escribir varios libros...Esto ya lo he contado muchas veces, pero, lo importante es constatar cómo una persona, a pesar de perder totalmente la fe, puede recuperarla, sólo observando a los que aman...Sólo observando, cómo unos pequeños patos protegen a toda su recua, aunque el estanque esté sucio, y en vez de sol, haya la sola luz naranja artificial por la que tanto destaca nuestra ciudad...Viendo a otros, recordamos, y aprendemos...Podemos creer, y crecer...Así es como yo recuperé mi impulso hace tanto tiempo, y así es como volví a querer. Volví a sentir la necesidad de arriesgarme, muy poco a poco, de abrir mi corazón para que otra persona me importara, después de haber perdido a tantas...Todavía no comprendo siquiera cómo ocurrió, de pronto, un día la vi y me enamoré de ella en ese mismo instante...Y sentí rabia, porque sabía que el destino me había dado una lección, para mi propio bien. Porque sabía también, que no iba a resultarme nada fácil tenerla a mi lado...Debía practicar la paciencia, porque las personas excepcionales, necesitan de lo excepcional, lo merecen, y hay que dárselo, aunque uno nunca lo haya recibido, o conocido...Y para lograr amar, uno también debe lograr sentir el sufrimiento del otro...Tú me sientes a mí, yo te siento a ti, los dos compartimos una misma historia porque la rueda de la vida así lo quiso...Somos dos hilos enredados a la par, por las manos invisibles del demiurgo, o el hechicero auténtico...Lucharé el tiempo que sea necesario para que tú no dudes, y finalmente, sepas que yo soy tú...Somos dos gotas del mismo llanto, como cantaba Chavela Vargas, un crepúsculo que inunda un lastimoso espacio donde Dios habita disimuladamente, a través de los animales bellos...Eres mi impulso y mi descanso...Yo soy tu consuelo y tu confianza...Los dos somos una misma persona, separada por dos cuerpos diferentes. Pero cuando lloramos, lo hacemos a la vez. Cuando tú ves lo que he sufrido, lloras, y me abrazas...Cuando yo veo cuánto daño te han hecho, cuando no lo merecías, sufro...Y lloro cuando tú no me ves, porque aún no eres mía...Tú eres un ángel maltratado por los demonios hechos carne, yo soy esclavo de un pasado infernal que casi me destruye, y del que nunca podré huir...Nuestra naturaleza es diferente, pero busca un mismo fin: La felicidad. Por eso nos entendemos tan bien...Por eso, cuando sea viejo y alguien me pregunte qué decir a los demás, yo sólo diré que amen. Porque el amor es el mensaje. El amor es lo que nos salvará a todos. Y cuando al fin logremos ser parte formante de esa misma fuerza, cuando logremos traspasar el abismo, y vernos reflejados en el espejo eterno, entenderemos qué hay de bueno en nuestras esencias, y qué hay de malo en ellas mismas, y así, cuando preguntemos qué hacer, ¿sabéis?, el espejo nos responderá lo mismo: Ama por encima de todo...Ama, porque el hombre olvida con demasiada frecuencia lo que es amar, y reemplaza este sentimiento por otros que trata de hacer pasar por igualmente intensos: El odio, la envidia, el rencor, la adicción, el vicio...

Seguro que muchos creen que "amor" es una palabra demasiado sencilla como para significar una respuesta, pero, quién dijo que el resultado del enigma no habría de ser sencillo. La vida, en el fondo, es sencilla, las fotografías encerradas en un cajón no hacen daño, el crepúsculo, cuando cae, lo hace sólo para recordarnos que mañana, la paciencia se recupera. Y con ella, las ganas de amar. Las ganas de tener esperanza en que la vida puede ser mejor. Bajo el pretexto de saber que "el camino a la salvación es tan estrecho y difícil como andar sobre el filo de una navaja"...La calle de las tentaciones está siempre abierta y es de un sólo sentido, pero en ella hay múltiples desvíos repletos de escaparates, donde podemos contemplar las maravillas que nos rodean...Nunca estamos solos, estamos rodeados de cosas en las que fijarnos...No somos perfectos, no somos únicos, sólo somos personas...Que nunca parecen lograr alcanzar la cresta de la ola que, seguramente, supone el llevar una buena vida...Pero nunca lo sabremos si no lo intentamos...Creo que, a fin de cuentas, ese es el motivo por el que hoy me he atrevido a regresar a ese estanque sucio, donde los patos nadan con todos los suyos...Porque, a pesar de todo, mientras continúe habiendo vida, continuará la esperanza. Y la posibilidad de entenderlo todo mejor...Esa duda que debe resolverse, o la oportunidad de, finalmente, amar de veras...

Recuerdos musicales

y encuentro en el sofá fucsia

El otro día lo pensaba...Llego antes para verte, o tú me esperas cuando llego tarde...¿Somos o no somos uno?...Te miraba, mientras rebasábamos la distancia de nuevo...Tú estabas de pie. Yo estaba de pie. Luego, me senté, y no permaneciste extática, te sentaste a mi lado, y con tu sonrisa, y esas gafas nuevas de montura roja, que tan bien te sientan, comenzaste a hablarme de tu trabajo, a enseñarme tus bocetos de artista y pruebas de fotografía, y más tarde, me hablaste de la historia de tu familia...Y yo pensaba: *Es tan distinta a las otras mujeres de mi vida*...Para empezar, te sientan bien los colores vivos, que empleas de una forma exquisita, y que instaurados en otra mujer resultarían horteras, o de mal gusto...Pero a ti te sientan de miedo...Eres tan distinta...Y sin embargo, eres tú, bondadosa, tan tierna, la que sabe cuando estoy triste, cuando estoy nervioso, a la que cuento que, en el pasado, mis brotes psicóticos casi me hacen aniquilar a gentes asquerosas...Tú me miras fijamente, como yo lo hago cuando me hablas de todo, me miras, y al decir yo la canónica frase de: *Dejé atrás los tiempos oscuros*, te ríes cariñosamente, repitiéndola en tono muy bajo...Te acercas a mí, mientras compartimos momentos, mientras te hablo de Woody Allen, y de ese **todo lo demás**, mientras me atrevo a preguntarte a quién has salido, si a tu padre, o a tu madre...Y me cuentas tan bonitas historias, la pregunta te inquietó, no obstante, pero me las cuentas...Me hablas de los sueños perdidos de los mayores, de las pasiones que quedan más allá del trabajo, con el que uno suele ganarse la vida...El talento lo heredaste de tu padre, y la prudencia de tu madre...Aún no los conozco, pero ya me interesan mucho...Eres una rareza en mi vida y en mi tiempo, cuando te pregunté lo antedicho, te volviste toda seria, y me dijiste: *¿En qué?* Ese genio, esa fuerza que tienes, me puede...Yo señalé con el dedo índice a mi cabeza, y te quedaste tranquila. Y luego, para que te sintieses cómoda, yo seguí hablándote de mí, y de mi familia propia, para que vieras que no somos como los demás, para que vieras que no somos de alta cuna, sino como vosotros, gente corriente, gente de la vida, pero, con pasiones y deseos ocultos, a mitad de satisfacer, quizá... Estoy en la higuera te digo...Regentando alguna estrella lejana, en otra parte, casi por entero, salvo cuando alguien me interesa de veras. Salvo cuando te tengo cerca...Porque cuando una persona no me interesa, sí, que dios me perdone, pero no la soporto, y la ignoro brutalmente... Y como vuelvo a decirte, no me interesan muchas personas, y no sé si eso me convierte en mejor o peor hombre, pero es la verdad...Me miras, nunca dejas de mirarme, hasta cuando no lo haces, con esos ojos de mujer pequeña, y yo tengo unas ganas enormes de besarte...Me escuchas, pero no preguntas, sólo escuchas, me dejas hablar mientras los dos nos sentamos en ese sofá, cuando crees que nadie nos ve, porque no deseas que nadie hable de nosotros. Eres tan inocente...Siempre me hablas del cine, de lo que te gustaría hacer, y me dices que voy a ser director de películas de terror, es lo que quizá me gustara en otro universo al que viajo, y quizá también a ti...Te hablo de otros tiempos oscuros en el sur, de cómo acabó todo, y te digo una frase nueva que, sin duda, no esperabas: *Cada uno viaja en su propio tren, y el que no quiera subirse, que le jodan*...Te hablo de lo que he sido, de lo que soy, de todos aquellos que me han conformado en el hombre en el que me convertí, tras los tres años del retiro, y sin embargo, ahí sigues...Te quiero...Te quiero ya, porque sé que el otro no te quiere, y te hará daño...Te miro y veo el futuro, triste, solitario y desesperado, y en ese futuro, veo cómo de veras tienes necesidad de mí, porque cuando llegue el momento, sabrás que nunca te he abandonado, y que siempre pudiste confiar, algo que no sueles hacer en el ambiente en el que trabajamos, cosa lógica...Te sientes vulnerable ante mí, cuando no te pestañeo, y te miro profundamente mientras me hablas, entonces, tú te focalizas más que nunca, sin dejar de mirarme, y los dos sonreímos mientras compartimos el momento en ese sofá destejido color fucsia, con un cartel en el que resaltan los ojazos de Ava Gardner justo detrás, y aquel gran espejo enfrente...Está claro que empiezo a afectarte, que te acercas a mí cada vez más, y eso me gusta...Te sientes como yo me siento, a salvo. Sé que puedo hacerte feliz, al menos, más de lo que ya lo eres...Yo te daría la Tierra...Porque ya sé que tú me amas, aunque tú todavía no lo sabes. No sabes qué hacer conmigo, pero ya estoy en tu vida. Y sin embargo, sabes cómo tratarme, a esta bestia de corazón frío, a este perro verde...Sólo Dean C. lo logró, pero él es hombre, sólo mi Maestra lo consiguió, pero tú llegas a donde ella no puede...Tú llegas a darme el amor que siempre me ha faltado...Eres la amiga de la infancia que nunca tuve, esa figura femenina esquiva, sin la que crecí, reencarnada en un cuerpo de casi veintiocho años, un cuerpo de mujer joven, suave y hermoso, que sabe y huele al cielo mismo...Y cuando llevas tacones, otro detalle más que me mata...Cuando los llevas, te encorvas cuando te diriges a mí, para no parecer más alta que yo...Deliciosa eres, dulce Alice, siempre...Mi Tigresa Amarilla...El otro día, mi amigo Fernando, de la red social, me dijo que se alegraba por mí, que estaba contento de que las cosas me fueran mejor, de que no parase en Luz de Cruce, EnComuncicación, o charlando con Frank y Rachel...Le contesté que debía mantenerme activo, o de lo contrario, sería mala cosa...Pero no le dije quién había conseguido de veras hacerme dejar de beber, y más...No le dije, quién me daba fuerzas, cuando en esos instantes en que no trabajo, raros instantes, pero existentes, no obstante, lograba hacerme arder cuando creo que todavía soy tan frío como antes...Pero qué ganas tenía de besarte hoy, dios mío, ha sido por cuestión de unos minutos, en que el mundo entero nos dejaba en paz, mientras tú me lo enseñabas todo, me lo dabas todo, y lo hacías encantada...Sentí una conmoción tan grande que creí, sin riesgo a equivocarme, poder pasar contigo años enteros en esa casita de la que me hablas, la que está entre las montañas, aquella que construyó tu padre mismo, provista de ese pequeño porche, en que el hombre arregla motocicletas y repara muebles viejos...El artesano, habría de llamarlo, un hombre que embellece lo que los demás han olvidado, y tu madre, esa maestra sacrificada que nunca lo ha sido, porque no pudo...Simplemente, me apasiona esta crónica tuya...Estoy seguro de que temías que no fuera así, porque temes a cada segundo no parecerme interesante, pero eres la única que no ha tenido que esforzarse, al menos, por ahora...Tu familia me hace recordar que todos tenemos nuestras historias, pero la belleza del sacrifico ante la adversidad, que aprecié en mi propia sangre, la veo igualmente, ahora, en la tuya...Nuestro juego prosigue adelante, poquito a poco, pero cada vez estamos más cerca de besarnos...Cuando ocurra, la chispa entre nosotros se mantendrá durante mucho tiempo, será una estrella nueva que, en el improbable caso de morir, aun será apreciada por las generaciones venideras...Ahora no te tengo, pero he sentido tanto placer hoy, al no poder tenerte...Porque, sencillamente, estábamos solos...Tú y yo...Cuando eso ocurre siento que todo va a ir bien, que no me voy a equivocar cuando rueden las cámaras, que puedo ser el hombre que quiero ser...Estoy convencido de que jamás volveré a escribir así para nadie, como lo hago ahora mismo, para ti...Hasta diría que, si finalmente nos encontramos completos en el camino, ni siquiera podría volver a escribir los libros que tanto me gustan. Sobre cine, o en algún diario, claro, no hay problema, pero estos libros...Y la verdad es que ya no me importa, se acerca otro cambio en mi vida, y quizá sea el idóneo, quizá ese cambio signifique tenerte...Has llegado en el momento justo para hacerme terminar de decir lo que siempre quise decir, mi propio mensaje, como autor, como amante, como hombre, como persona...Por eso acabé *Están entre nosotros*, porque no podía más, no podía plantearme una vida de eterna duda y misterio, sin que tú estuvieras en ella, y una vez en ella, el misterio y la duda ya no tendrían sentido...Por eso expulsé mi rabia final en *Black Sheep*, y por eso, aquí, te conquisto, narro nuestra historia para que nadie la olvide, aunque no sea lo bastante brillante. Te retrato, junto a las memorias de este caído que yo soy, para que quede constancia de que todavía sé lo que significa amarte, a pesar de todo, a pesar del mal, o de que algunos hombres, como dice el film, simplemente, quieran ver arder el mundo...Nos uno en este texto a ambos, porque nunca querré perderte...Y aún así la inquietud me retrotrae otra vez al oscuro pasado...

Miedo sentí, a veces, a que me preguntasen: *Qué tal la música*, los queridos repelentes de mi pretérito. Recordándome los tiempos en que cantaba en un asqueroso grupo de Heavy Metal, sí, como lo oís, y decidí dejarlo a raíz de caer en desgracia ante los auténticos hijos de puta que lo conducían, endiosados, que no sabían más que sacarse mocos de la nariz y decir: *Mira qué maravilla he hecho*. Uno de ellos, que creía ser algo semejante a Freud, intentando ayudar a la gente, cuando sólo se ayudaba sí mismo, el muy alcahuete, me dijo una vez: *No soy un gran escritor y nunca lo he sido*, haciéndose la víctima...Ni tan siquiera había publicado un libro, era malísimo, y ya creía ser poco menos que Pablo Neruda...Maldito imbécil...Dieciséis años, y ya creía estar en la cresta de la ola, y así ha acabado...Como mi entonces *muy mejor amigo*, tal y como diría Forrest Gump, liándose con mi primer amor ante mis ojos, cuando admitió no tener ningún interés en ella, dejándome el camino libre...Lo mejor de todo es que ella era mi mejor amiga, por aquel entonces...Fue su demostración de niñato rey de los cojones, por decir: *Yo puedo más...Yo sólo quiero que ella vea mi obra*, me decía, el muy subnormal. Por dos dibujos de mierda que había hecho, sin apenas tener capacidad como dibujante, y no digamos como guionista...Era patético...Como yo lo sería sin fe, determinación y tozudez...Pero me regaló su mejor obra precisamente a mí, cuando, en secreto, estaba enamorado de mí...Escogía a las personas para usarlas y tirarlas, peor que un político, y eso mismo hice yo con su única labor decente, la descuarticé, y me encantó hacerlo, era lo mínimo que se merecía, más allá de marginarlo de mi círculo íntimo, a él y a todos los demás, y guardar con celo mi capacidad de oferta, sólo para quien yo decidiera era digno, porque sí, la vida no es gratis, pero también está llena de opciones...Y así acabó igualmente...Único triunfo en su degenerada vida, el conquistar a aquella femme fatale, y todo para qué, para nada...La gente que mete el codo para arruinar a otros es detestable, pero aquellos que lo hacen para no conseguir nada en absoluto son peores todavía...Pero, os hablaba de la música...Antes de convertirme en fumador empedernido, fui tenor en una escuela de canto. Me fascinaba interpretar a Puccini, a Verdi, Leoncavallo, y un largo etcétera, y aunque parezca increíble, no se me daba mal...Pero nunca fue lo mío, nunca me llenó, así que decidí desarrollar mi potencial lo suficiente como para tener una noción de hasta dónde podría haber llegado, y luego, me dediqué por completo a lo que siempre había hecho: Escribir, amar, y en menor medida, claro, fumar, la única adicción insana que me queda de cuantas he tenido como vulgar ente pasado...Aunque, no todo fue tan fácil. Tras mandar a paseo a los hijos de puta, estudié brevemente con una miserable profesora, una ex monja de clausura reconvertida en atea, que se consideraba a sí misma una experta en informática, poetisa y gran cantante, una que vivía recluida, la cabra tira al monte, en un penoso pisito del barrio bajo. Inocente como era yo entonces, aceptaba el que me hiciera pagar una pasta cada mes, y como ella diría: *Si algún día de la semana rebasa el anterior mes, tendrás que pagarlo aparte*...Maldita cerda aprovechada, se merecía toda su desgracia. Si provocas desgracia, ¿no es lógico que la recibas?...Y lo haces, vive dios que lo haces, antes o después...Ya no hablamos de ser digno o no, porque, quien a hierro mata, a hierro muere...Además, ella ni siquiera sabía cantar, no era capaz de dar el tono para mostrarme lo que yo debía hacer en correspondencia mímica...Sus enseñanzas eran del todo estúpidas, incluso vendía un libro maquetado con unas ridículas portadas, forradas con fotografías de pájaros, como si fuera de su autoría, cuando era un simple manual, mezcolanza de trabajos previos, y por descontado, ajenos. Se consideraba, por ende, psicóloga, curiosamente...En realidad, era una desgraciada y apesadumbrada a la que ni sus hijas soportaban...Y a pesar de todo, seguía creyendo en dios, en la verdad, como todos los hacemos, especialmente, aquellos que no lo admiten...Recuerdo que cuando íbamos a practicar, me decía: MIRA AL ESPEJO, Y CANTAAAA. Yo miraba al espejito espejito, y veía un folio, adherido cutremente con celo al cristal, en el que había impreso una flecha en medio de una diana...Será gilipollas, y seré gilipollas, pensé un día...Me largué de allí, y fue entonces cuando entré en la escuela como tenor...Allí conocí a una persona excepcional, una criatura insólita, mi verdadera profesora de canto, que tenía el don de los ángeles para interpretar las partituras al piano, o a la voz...Una soprano que cantaba sin equivocarse lo más mínimo, pero que, sorprendentemente, al hablar, tartamudeaba...Había aprendido dicción y canto sólo para hablar mejor, y finalmente, se había hecho cantante...Era la clase de persona que te devolvía la fe...Ella sí que era una mujer, una profesional auténtica...Y es que sabes identificarlas cuando han luchado, cuando tienen una historia que compartir...En fin, que a mis viejos camaradas les jodió este cambio primero en mi vida, como ya supondréis, porque la gente odia que te vaya mejor que a ellos, y ni siquiera les parece bien que te vaya tan bien como a ellos...Quieren que te jodas, en el fondo, si son unos malditos cobardes ausentes de fe, de amor o capacidad empática...Así, me permitiréis que os vuelva a decir hoy lo que he venido a deciros: **QUE OS JODAN**...Y si lo que pretendéis es juzgarme, pasad por lo que yo ya he pasado y paso...Dejad de ir de místicos y trabajad como esclavos, trabajad hasta que se os sequen los ojos, y tengáis úlceras en el párpado, luchad contra decenas de mierdosos antes de encontrar a gente que de veras os valore, y a la que de veras sepáis valorar...Entonces, sí podréis criticarme, idiotas...Y qué pretendo decir con todo esto, además de desahogarme...Pues, poca cosa, en realidad, que el odio existe, y que viene a mí cuando más cansado estoy...Llevo trabajando más de 48 horas seguidas, un ojo me duele horrores, y se me cierra espontáneamente...La naturaleza es sabia... Hoy, en la televisión, apenas pude aguantar entre la bronquitis y los nervios heredados de las redes sociales, pero Alice me volvió a salvar...Te sentaste conmigo en aquel sofá fucsia, abriste tu carpeta repleta de esos bocetos artísticos, que me dejaste coger entre mis manos, porque querías compartirlos, y más tarde, me mostraste esa maravillosa fotografía, en que tu maestra dibujó sobre tu piel, la enorme boca de un tiburón, de manera tan realista que parecía una prótesis, o aquella ilustración que mostraba cómo envejeciste a una joven de tu edad, como si fuera una bruja, haciéndola parecer cincuentona...El odio hay que frenarlo con amor, querida, y cuando te recuerdo, me doy asco por recordar, al mismo tiempo, cierto pasado, como si este lo mereciera...Pero, nena, yo soy así...Y lo odio, y sobre todo, me odio a mí mismo. Odio tener que encontrarme con las viejas caras, por eso quise abandonar Valencia, y cuando fui al sur, dios, o el destino, me dieron una lección...La entendí, y por eso, después, me recluí...Para mejorar, para tratar de ser todo cuanto pudiera llegar a ser, porque yo no era nadie, sólo tenía una idea de vida, pero no sabía amar, no conocía mi propia esencia...Es lo que comentaba con mis padres la última noche, cuando salimos a cenar para celebrar su aniversario...*Dedica cinco minutos del día entero a pensar, sólo cinco*...Ten fe, y ello curará tu malestar y tu enfermedad anímica, que siempre se trasladarán al físico...Ello contendrá el mal que azota la carne y la mente a la vez, anidando primero en la mente, y finalmente, te sanará...Pero eso lo aprendes cuando pierdes antes de ganar, cuando intentas ser noble y te joden...Y para cuando das la vuelta, recuerdas ese tren al que tan pocos se suben contigo. Recuerdas lo bueno, sí, pero, a la vez, tienes que seguir diciéndoles a los que te miran desde la estación lejana: **QUE OS JODAN**.

La vida no es gratis, ¿sabéis? Y así escribo toda esta basura mientras escucho a Maná y pienso en que el gran Roy Orbison casi era ciego...Todo a la vez, porque no merecéis más, y este es mi nuevo y sincero intento por olvidaros y mandaros a la mierda, hipócritas...Porque sois tantos, y pesáis tantísimo, a veces...No como mi perro mágico, no como Dean C., mi Maestra o mi Alice. Ellos son pastillas efervescentes, pesos pluma, bendiciones maravillosas y tesoros despiertos.

Por eso prefiero seguir pensando en ti, tigresa...En cómo sonríes cuando te digo algo que te da vergüenza, o que te conmueve, en lo dulces que te mereces que los demás sean contigo...Y cuando pienso en el dolor que te provoca, y te provocará ese cerdo, me muero por dentro. Recuerdo la magnífica película alemana *Phoenix*, en la que una superviviente de los campos regresa con el rostro alterado por la necesaria cirugía, y su esposo, el mismo cabrón que la delató, no la reconoce, y aún así, éste le propone que lo ayude a estafar a los familiares de su esposa, hipotéticamente muerta, para cobrar su herencia...De ahí el título, ese ave fénix que resurge de sus cenizas, para darse cuenta de que el amor de su vida, aquel del que siempre estuvo tan prendada, era, en realidad, una manzana podrida que jamás la había amado...Me gustó tanto la interpretación de la magnífica Nina Hoss, tan buena actriz como la sibila Barbara Sukowa, que me agencié su siguiente película, rodada con el mismo equipo técnico y reparto: *Barbara*, que versaba sobre una doctora en los tiempos de la RDA. Mismo sufrimiento para bondadosa fémina, cuasi hada, fría únicamente en apariencia, como buena berlinesa...Sí, sigo pensando en ti y en el cine, sigo pensando en todo esto, mientras sé bien que en el futuro me aguarda enorme trabajo en los medios, y que, decisivamente, este maravilloso trabajo acabará separándome de mi tiempo en los libros que me gustan, pero, como dije, ya no me importará, porque habré escrito nuestra historia, que quizá algún día agrupe en un nuevo recopilatorio de los que acostumbro, titulado esencialmente **_Alice_**, porque un escritor jamás lo es del todo hasta que no nombra a uno de sus trabajos largos con el nombre de una mujer, o, por qué no, de un hombre...Y pienso sobre todo ello, mientras ya sé que Dean C. regresa hoy de Berlín, e iremos juntos a ver *La verdad*, el nuevo *Todos los hombres del presidente* del octogenario Robert Redford, el artista favorito de mi madre, film que supondrá, quizá, su canto del cisne... Lo que me recuerda que tengo pendiente *Íntimo y personal*, también relacionada, como *Los tres días del Cóndor*, y una de las pocas del rubio de oro que aún no he disfrutado...Dean C., mi hermano, siempre pienso en ti, te llevo conmigo adónde voy, como a todos mis seres queridos, y siempre recuerdo, de entre muchas otras cosas tuyas, el hecho de que, al mandar a la mierda a toda la escoria de los viejos tiempos, fuiste el único amigo en decirme: *Yo me voy contigo*. Nos marginaron a los dos, en aquel ateo patio de colegio de curas, y aun así, fuiste el único que apostó por mí...Ya éramos buenos amigos entonces, pero desde aquel día fuimos hermanos. Nadie me ha sido tan leal...Pero sigo pensando en ti, Alice, antes de hablarle a él de ti, antes de que él me cuente cómo le va todo en la ciudad de la niebla helada...Recuerdo que te pregunté qué tal andaban las cosas por ese pueblecito entre las montañas en el que vives. ¿Hace más frío que en la capital?, cuestioné. *Sí, pero es un frío cálido*, contestaste. Sentí lo mismo en mi etapa berlinesa. Y lo mismo sentiré hasta "el próximo viernes"...Pero, me martirizo en la mente al pensar siquiera que consideres que te he utilizado al escribir estos libros...No creo que lo pienses, o que lo sientas, cuando llegue el día en que los leas, porque, entonces, me amarás...

Y más allá veo el futuro que me reveló mi tía Ana, la cartomante, el que antes comento, ese día oscuro para ti en que el demonio humano te abandonará, y creerás quedarte sola. Pero no lo estarás. Me pedirás que no te deje nunca, te apoyarás en mi...Y yo no te dejaré. Te diré: *Ahora yo cuidaré de ti, y nadie volverá a hacerte daño, te lo prometo.* Y ahí empezará realmente todo. Sin embargo, la duda me alcanza y me hace temer. Me has hecho esperar tanto tiempo que me da miedo que esta magia se apague por momentos, al llegar yo al lado oscuro de la luna en que nada me valga...Ruego a dios que me ayude a ser digno de ti, que aparte los pensamientos del demonio cojo, que te proteja, y que te ame, como nadie te amará jamás, que te devuelva la fe íntima y personal, y que te enseñe, de veras, quién es bueno para ti, quién te merece...Yo sólo quiero que seas feliz, de corazón...Implique tenerte, o no...Sólo quiero que estés mejor que ahora, o mejor de lo que vas a estar, porque puedes, puedes sortear esas montañas de las que tanto hablamos en la red social, puedes ser, qué sé yo, una santa, porque sólo te falta eso...Aceptaré mi rol final en tu vida, sea cual sea, eso ya no me preocupa...Sólo quiero estar a tu lado...Más allá de esta amistad, como protector, amante, o compañero, no dudes de que allí estaré...Pero, nena, ojala pudiera serlo todo para ti, y no llegar a fallarte jamás en nada...

Y remato las semana regresando al *estanque de los patitos*, porque así lo llamo ya...Recorro el nuevo camino que extrañamente me da más ganas, me hace incluso querer superar esos siete kilómetros. Llego a la Fundación Oftalmológica del Mediterráneo, desde San Isidoro, bordeo el zoológico, y entro a ver a estas pequeñas aves en el parque de cabecera...Estoy a gusto entre los animales, cercano a cualquier ser, o lugar, donde la naturaleza aún viva...Es muy cierto lo que en el pasado me dijeron: *En la naturaleza, en el bosque, encontrarás la paz.* La misma que me gustaría poder asegurar mirando a los ojos de mi maestra el próximo día que la vea, o a los ojos de Alice, cuando ella me coja de la mano, o me mire, mientras le hablo de cualquier cosa. Este tipo de paz, a media tarde, antes de caer la noche, me recuerda a una película lenta, pero con escenas bellas, llamada *De dioses y hombres*, en que unos monjes del Císter, de veras, aclaman su religiosidad...Yo lo hago a mi modo, porque soy de aquellos que piensan que no es preciso estar ordenado, o guardar celibato, o clausura, para servir a dios...En estos momentos, cuando mi negrura diaria merma, al contemplar la poca paz que queda guarnecida, a la sombra de la ciudad, siento que lo escucho, e incluso que puedo verlo, y quién sabe si ser lo bastante hombre como para hacerle una nueva promesa, además de no volver a beber: *Iré a donde tú me lleves, porque si en tu mundo todavía pervive lo hermoso, sé que podré hacerlo.* Y al llegar a casa, como siempre, sin dejar de fantasear con mi Alice, recorro un río de hojas muertas color dorado, que nos regala el otoño en nuestras aceras...Es mi camino de baldosas amarillas, uno que me acerca cada vez más al brillo, a un dios al que antaño consideré huidizo, y por tanto, a ti...Y así sé que lo que tengo ante mí, que no es sino el próximo y frío invierno, valdrá la pena.

Perro verde camina en rojo

Cada vez me cuesta más continuar con este libro, porque no estás conmigo, aunque el padre siempre lo esté...Ahora, salgo a pasear en cuanto la tranquilidad del hogar se turba, las voces malas son extremadamente fuertes, y los recuerdos asquerosamente vívidos...Tanto que no puedo contenerlos, por eso me marcho, ante la proclama de aquel sueño que tuve, en que se me decía: *Camina, camina, camina...*Y la verdad es que cuando lo hago, me siento mucho mejor. Hace poco tuve otro sueño, aunque no sé si fue apenas una sensación. En el sueño, vi la imagen de un amplio espacio campestre, en su interior, una hondonada, y alrededor de todo ello, una rotonda de carretera. Según esa imagen, sentí que allí, o cerca de allí, había algo que podía interesarme, quizá un anecdótico lugar al que poder acudir, uno de esos especiales, como aquella casita de la que me hablaste...Inicié el camino como cada tarde, cuando las notas del sol comenzaba a decaer profusamente. Recorrí los tres barrios que transito desde el mío, y al final, encontré el lugar del sueño, justo aquella misma imagen, pero, como todo símbolo, como toda zona muerta, o punto negro, en el que algo falta, esta imagen onírica aunque real, era imprecisa, porque al penetrar el campo y la hondonada, no encontré más que una ciénaga, tan sólo separada por unos kilómetros del estanque de los patitos. Aún así noté algo oscuro, algo mágico y arcano de lo que solía notar en el viejo camino de *Black Sheep*, que no me gustó nada, y luego, las sensaciones cesaron...Como apuntaba, no era ese el lugar concreto, sino uno que se encontraba enfrente, como más tarde descubrí, apenas por casualidad. Y era esta una antigua y humilde plaza, a la que se accedía por unas descendentes escaleras anchas y grises. En la plaza, el suelo estaba hecho de adoquines rojos, o pavimento rojo, casi destintado, a un lado había una pequeña casa de labradores, que ahora servía como oficina de empleo, y al otro, justo lo que yo andaba buscando. Un árbol gigantesco, cuyas ramas se disponían cual alas de ángel alrededor de su tronco fuerte y grueso, del que a su vez manaban simpáticas melenas color caoba provenientes de su sabia. A sus pies, el árbol había creado una llamativa base, en la que, tras la lluvia del día anterior, se habían formado diminutas lagunas de reflejos pálidos y atemporales. Aquel árbol despedía muchísima vida, y es que en su entorno, además, yo sentía jugaban muchos niños durante las mañanas y tardes que ya habían escapado a esta jornada. Su fuerza era tan grande que ni tan siquiera me atreví a tocarlo. Y me pareció tan especial, que creí pronto escuchar las voces buenas y femeninas de las que Tía Marjory me había hablado la última vez que la vi, hace tan sólo una semana...Nuevas revelaciones que pronto llegarían a mí...Pero, aquella escena no me provocaba el mensaje, sólo me compartía el sentir natural, la verdadera sabiduría que escapa al hombre moderno, y que únicamente se encuentra en el silencio, el pensamiento solitario, y la penitencia por diversos lares...Quizá ese bonito término sería mi nuevo descanso en el camino, o quizá jugaría alguna especie de papel en mi inmediato destino, quién sabe...En fin, mientras rondaba hoy por tantos espacios, no sé cómo explicarlo, pero sentí que todo iba bien...Al invertir el camino, pasé, como cada día, junto al bioparque, y en mí creció de nuevo una escena que siempre imagino, o el destino me regala, cada vez que sobrepaso sus puertas rojo oscuro: Estamos tú y yo en una soleada mañana, tan fuerte brilla el astro principal que apenas aprecio diversos recodos de nuestra andadura, pero a ti sí te veo. Aunque no estamos solos, cogido de tu mano hay un niño que es familiar tuyo, creo que tu sobrino, aunque no estoy seguro...Lo llevamos a ese zoológico porque nunca lo ha visto, y le encantan las jirafas y las cebras...Los dos estamos satisfechos de compartir ese momento con él, estamos felices, y de vez en cuando, cuando el niño observa los animales, yo te pellizco la cintura, o te doy un beso en ese lunar de tu cuello que tanto me gusta...Luego, le hacemos fotos, y él nos hace una a nosotros...En determinado instante, le advierto de que no se acerque demasiado a la barandilla de las celdas, y él me mira un poco disgustado. Al advertirlo, lo llamo hijo, y tu sobrino, extrañado, me pregunta más tarde que porqué lo he llamado así. Le digo que es una forma de cariño, como si lo llamase hermano, o amigo. El me dice que no soy su padre, ni su hermano, pero sí su amigo...Le digo que cuando crezca más, sólo unos años adelante, lo entenderá mejor, como tantas otras cosas que sabe pero que todavía no comprende bien...Así, pensando en esto, llegué al estanque de los patitos, como cada semana. Y me llevé una curiosa sorpresa. Uno de los grandes, con la cabeza moteada de rojo, un rojo tristón y apagado, se sienta a poco más de un metro de mí, y me mira de cuando en cuando...Yo contemplo el crepúsculo como cada vez que acudo allí, y el baile de los distintos patos sobre el agua, que casi parecen patinar, y moverse a un son distinto al de la laguna...Después, aparece un perro blanco, y comienza a perseguir insistentemente a mi amigo el pato, que se limaba las plumas con el pico, poco antes de la persecución...Es un juego inocente, pero al pato no le gusta, así que regresa al agua. Yo me levanto y me marcho...Mientras regreso, pienso en una frase que me dijeron una vez: *Hay que tener miedo a los vivos, y no a los muertos*...Una frase en la que yo jamás he creído, por razones obvias...Todo aquello que vemos tiene las de perder, pero lo que no podemos ver, nos resulta desconocido, y no sabemos cómo enfrentarnos a ello...Hace algún tiempo, como buen fan del cine de terror, traté de elaborar un pequeño listado sobre los médiums en el mundo del cine, en algunas películas...Comencé a escribirlo, pero, lo deseché, porque me parecía un empeño vulgar. Sin embargo, las vidas de estos marginados divergentes siempre me han apasionado, porque, en ocasiones, veo reflejada en ellas mi propia vida, o la de otras personas brillantes y excepcionales que he podido llegar a conocer...Me sorprende lo mucho que se aproximan a la verdad estos films, cuando las personas que los llevan a término de veras han sido partícipes del verdadero misterio, o conocieron a alguien realmente especial. Pienso así en *Corazones en Atlántida* y su Ted Brautigan, por supuesto, en la reciente *Insidious* y su Elise Rainier, no tanto *Expediente Warren*, porque los Warren auténticos me parecieron sólo estudiosos de lo paranormal, serios, todo hay que decirlo, antes que verdaderos videntes, la preciosa *Más allá de la vida*, del más inesperado Clint Eastwood, y así, en George Lonegan, y claro, pienso también en el John Smith de *La zona muerta*...Los más avispados, me hace gracia porque esto suele ocurrir, creen que cuando escribo sobre el misterio, como cuando lo hacía en la saga *Están entre nosotros*, saco mis conclusiones de otros trabajos ajenos. Es el método de defensa que tiene la gente débil y poco inteligente para criticar la labor de los demás...Me gustaría poder decir que todo lo que escribo en cuanto se refiere al sobrenatural procede de creaciones previas, en serio, la vida sería así más fácil para mí, y para tantos otros, pero, por desgracia, no es cierto. No lo es porque no vivimos en un mundo feliz, vivimos en un mundo en que los seres diferentes son arrinconados, pero, al mismo tiempo, también son necesitados...Y esa es sólo una porción del mensaje del que ya hablé...En gran parte, por este motivo tú me fascinas...Me ves hablándote, mirando a un punto muerto, o por encima de la cabeza de las personas, me observas como yo te miro cuando tú me hablas, con esa mirada fija, fría y a la vez tierna, que nunca delata lo que piensa, y aún así sonríes, no te da miedo, porque sientes que nunca te haría daño...A veces lo pienso cuando vuelvo del trabajo: Si alguien me mirase así yo sentiría pavor...Pero tú no, y ello simboliza el porqué del nuevo misterio en mi vida: El tuyo. Porque nunca puedo saber qué piensas...Te siento, como eres, siento tu bondad, tu amor, tu paciencia, tu interés, pero no sé en lo que piensas, me interesa saberlo, pero comprendo que contigo no me hace falta...Cómo puedes calmarme así, cuando el otro día llegué a los estudios, y estaba tan nervioso, por problemas de otros que no son míos, por carencias de amor, por faltas y delitos de los que ya no están, que yo trato de mitigar en los vivos, y aún así, no puedo, porque a la gente no le basta con saber la verdad, quiere cambiar lo que ya es...Siento tanta angustia en ciertos momentos, más allá de mis propias carencias y depresiones como hombre, que sólo el jugar con mi perro, ir al estanque de los patitos o estar cerca de ti logra frenar esas ansias de cometer una locura conmigo mismo, o contra los que creo que lo merecen...Y cómo llegas tú, y sin hacer nada consigues que me olvide de todo...Mi Maestra lo conseguía porque siempre sabía exactamente qué decirme, siempre sabía cómo terminar el juego mentalmente, pero lo tuyo no tiene nombre...Nunca antes lo había visto. Sólo tú eres capaz de hacerme amar el silencio que apenas siento, porque nunca estamos solos...Porque, para el que puede oír, los otros siempre hablan, nunca se callan...Recordarás, si lees esto, cuando hablé del peregrino verde y aquellos que lo perseguían, aquellos que lo buscaban, pero no estaban seguros todavía de si él era realmente quien creían que era...Quise escapar de vincularme a esta historia, por eso, en parte, no se la contaré a nadie al completo, pero a ti sí, aquí sí...Yo también conozco a esos viajeros de las logias, ellos tampoco saben quién soy, y es mejor que sigan sin saberlo...Yo los llamo *viajeros* porque me recuerdan a una leyenda muy antigua en la historia del hombre. Una que nos habla de personas con ciertas habilidades para transitar en el curso del tiempo. Olvidemos a Marty McFly o H.G. Wells, porque, viajar en el tiempo, realmente, sólo requiere de entrenamiento, de desarrollar una parte de nuestro cerebro que habitualmente permanece dormida, y suele despertar sólo a ciertas edades, o tras sufrir un trauma de la clase que sea. Hay gentes que tienen habilidades kinéticas, hay videntes, profetisas, brujas, médiums, incluso personas capaces de manipular los elementos, pero nunca se habla de estos viajeros con los que yo, como otros, casualmente me he rozado. Conozco una historia de segunda mano, me la cuenta mi abuela desde que era pequeño. Una mujer que no cree en lo imposible, sólo en sus seres queridos y el día a día. Esta historia trata sobre un amigo de su infancia, que desde bien joven, demostró sus dones en un pequeño pueblo. Estos dones tenían que ver con visiones de futuro que siempre se cumplían. Al principio, nadie lo creía, hasta que los accidentes que tanto describía, con una claridad pasmosa, tenían lugar sin poder evitarlos. La comunidad empezó a hacerle caso, y al final, los accidentes, a pesar de tener lugar, se abortaban finalmente gracias a la advertencia de este muchacho. Un chico que, llegada la adolescencia, comenzó a mostrar ciertos episodios críticos, en los que decía ser perseguido por dos hombres a los que nadie más veía, personas que querían matarlo. En el pueblo solían pensar que esos extraños únicamente provenían de su imaginación, o lo que hoy llamaríamos esquizofrenia a grandes rasgos, y sus más fervorosos creyentes los tenían por espectros. El caso es que un día este peculiar joven se encontraba de visita en casa de mi abuela, algo muy corriente, dado que vivía cerca y toda la familia le tenía enorme cariño, creyese o no en él. En aquellos tiempos, a media tarde, cuando el joven llegaba, la madre de mi abuela disponía unas limonadas en la terraza superior de la casa. Él esperó a mi abuela y sus hermanas en esa terraza, durante algunos minutos. Al final, mi abuela llegó la primera, encontrándose con una escena que no imaginaba en absoluto. Su amigo se encontraba agarrado a la barandilla del balcón, pidiendo socorro, porque, alguien, según aseguraba él, trataba de estirarlo para caer al vacío. Estaba a punto de hacerlo, cuando mi abuela lo agarró, y sin ver a nadie, porque, lógicamente, era imposible, según las leyes del raciocinio, notó claramente cómo unas manos empujaban a su amigo, una fuerza invisible y anónima que trataba de, efectivamente, matar al joven, tal y como él siempre contaba: *Dos hombres me persiguen y me quieren matar.* Ese día el tan especial amigo de mi abuela se salvó. Pero, tiempo después, lo encontraron ahogado en un palmo de agua. La causa de la muerte no fue un infarto derivado de un ataque físico, ni nada parecido...Tenía los pulmones literalmente encharcados...Pero, cómo era posible, si apenas se había ahogado en un charco de lluvia. Así, quedó la duda de si aquel joven había sufrido un ataque indeterminado durante sus trances, o si, realmente, aquellos dos hombres lo habían matado, aunque la respuesta médica continuase siendo la misma: Muerte por ahogamiento. Y no había mar por allí, ni lago, ni nada...Podían haberlo ahogado en un pozo, quizá, pero quién, y por qué, si todo cuanto hacía por los demás era para bien...Yo siempre tuve la teoría de que aquellos dos hombres de los que hablaba el joven eran dos entidades malignas, lo que en el Medievo se conocía por el término súcubo e íncubo, lo que vimos, por ejemplo, en la película *El ente*, o en diversas crónicas de exorcismos en las que un poseído, o perseguido, puede serlo por diversas entidades, como ocurre en *It Follows*...Pero, tras escuchar la historia del peregrino verde, me inclino por la hipótesis de los viajeros, esas gentes que saben más de lo que saben, cuyos ojos independientemente del color se vuelven más brillantes de lo normal, cuando se encuentran ante aquello que buscan...Una historia terrorífica, ¿verdad? Y hay muchísimo más que ya no puedo contar porque *Están entre nosotros* terminó y no es el momento, ni el lugar...Pero no quiero terminar así el capítulo de hoy, prefiero hacerlo con otra de mis fantasías, una que me ocurrió la otra noche, cuando me acostaba...Estaba en una habitación distinta, aunque también acostado en la cama, en un sitio acogedor, y tú estabas de espaldas a mí, sentada en el colchón, preparándote para reunirte a mi lado...Antes de acostarte en la cama, y acariciar tus pies calientes con los míos, te giras y me sonríes. No hace falta ninguna palabra más, porque sé que nos amamos de veras...Es la misma sensación que me ocurre cuando nos miramos, y sé que quieres preguntarme algo, pero no lo haces por respeto...No porque intuyeras que la respuesta fuese a disgustarte, sino porque sabes que, simplemente, me siento más seguro al no hablar de determinadas cosas cuando estoy contigo...Ante hechos así, me importa poco que en el pasado me dijeran que todo estaba en mi cabeza, y claro que lo estaba, demonios...En la mente humana está todo...Sin embargo, quise ponerme a prueba, y ningún especialista pudo demostrar mi posible locura. A pesar de someterme a toda clase de tratamientos, seguía siendo el mismo. Ciertas cosas que decía eran válidas, y otras no, pero qué importa, seguía siendo un perro verde...Y con esos exámenes, con aquellas dudas tan humanas, ellos sólo lograron plantearse las suyas propias, que sólo son una: ¿Existe el brillo realmente, o no? ¿Existe dios, existe el mal?...Y esta duda es el comienzo del camino que recorreremos hacia la verdad...Y por eso, os digo: *Caminad, caminad, caminad...*

El tenue espectro verde

Hoy he regresado del estanque de los patitos, aquellos que forman un triángulo perfecto que se va doblando poco a poco hacia los lados, llegando a convertirse en media circunferencia. Un vuelo o nado mágico, que no ha evitado que me sintiera destrozado por dentro. Sin embargo, hoy sábado, el estanque de los patitos estaba lleno de gente, y no me he sentido solo en absoluto. Incluso una paloma gris, como gris es el peregrino amigo, se posó a mi lado, y me miró tiernamente...Me gustaría decir que no necesitaba nada más, pero mentiría, porque no estaba en el Languedoc...Me gustaría decir que, durante todo ese tiempo de descanso, no he pensado en ti, pero también mentiría...Menudo plantón el del pasado viernes...No pude verte, pero, aún así, todo salió bien...Diferencié el trabajo de lo personal, algo que no se me da nada bien, porque siempre me implico, porque yo soy así...Estuve, no sé, como cerca de media hora hablando con gente de la que no sabía ni el nombre, antes de entrar al plató, y me gustaba, y a ellos también les gustaba, cuando normalmente, paso de todos, y únicamente me dedico a ti...

No sé explicar realmente el cómo, o el porqué, de esta situación opaca, de este sentimiento que ahora albergo dentro de mí, aunque, creo, es muy sencillo: Esta semana no he tenido mi dosis de ti. Te he echado de menos, pero sé que ya no estás. Me preocupa muchísimo el hecho de que algo que yo dijera te molestara, me preocupa el hecho de no saber porqué no conseguí verte...En momentos así, en que la magia desaparece, o parece desaparecer, deseo dejar de escribir este libro, dedicarme sólo a mi trabajo en los medios y redes sociales, algo cada vez más factible, y mandar lo demás a paseo...44 libros, que siento que sólo me han servido a mí, si bien, sé que no ha sido así realmente. Como sé que tú también me has echado de menos.

¿O acaso no? ¿Acaso no eres una chica Bond?...Ayer fui a ver *Spectre* con Dean C., y como me ocurrió previamente con *Skyfall*, no me pareció en absoluto una aventura de 007. Sin duda, lo era, pero en ambas películas me fascina el dolor, morbo y placer, que alcanzan los personajes cuando su oscuro pasado vuelve a por ellos. Como en los títulos de crédito ocurría, pensaba en todos los rostros de mis enemigos, congelándose sobre fondo negro, con sus ojos siniestros en resalte, mirándome de modo penetrante...Estáis muertos, pensé, y algunos efectivamente lo están...Luego, te vi a ti, junto a las otras damas de mi pasado, pero, sobre todo, a ti...Estoy en un instante de mi vida en que aquel tren del que te hablé continúa a plena potencia, siempre adelante, siempre laborioso...Me he dado cuenta de que, dado el estado de las cosas, quizá ya no tienes lugar en mi vida más que como fantasma, como espectro...Aunque, como todos los demás rostros sobre fondo negro, o blanco, si son buenos, sé que regresarás una vez más a mi vida, cuando tengas verdadera necesidad de mí, y así, volverás a sorprenderme, o al menos, sí me fingiré sorprendido...Pero, ¿seguiré siendo yo el mismo, tras haber recorrido ya tantas estaciones?...¿Aún seré capaz de quererte como antes?...Ahora mismo, ni siquiera tengo ganas de escribir. Simplemente, quiero seguir retocando este *Green Dog*, antes de que ya sea tarde...

El último día estuvimos muy cerca, yo me di cuenta, y sé que tú también. Casi te quemaste, y eso te ha dado miedo...Yo no he sabido verlo porque te quiero más que nunca, y me he dejado llevar, por primera vez, pero sé que eso no es lo que necesitas ahora...Llevo esperándote más de un año, en realidad, creo que toda mi vida, seas la compañera definitiva o no, pero, aún así, comprendo que ahora mismo necesitas estar tranquila y aclarar tus dudas, porque tienes muchas...Y yo debo seguir cultivando mi paciencia, si de verdad quiero hacer el bien en ti...Me digo a mí mismo que quiero permanecer a tu lado ocurra lo que ocurra, por mucho que pueda dolerme, porque sé que me vas a necesitar más pronto que tarde, pero me duele...Esta extraña concordancia de ánimos me quema mucho más que a ti, te lo aseguro...Y a pesar de todo, sé que aunque logres decidirte demasiado tarde, cuando mis sentimientos hayan pasado ya al gélido invierno, a pesar de todo, sólo por el cariño que me provocas, sólo porque, en el fondo, te amo por encima del propio amor de pareja, o de amistad, cederé ante ti...Porque te haré mucha falta...Como se la he hecho a tantos otros en el pasado, tantos que ni siquiera se dieron cuenta...Cada vez que aterrizo en un nuevo lugar sé que persigo un objetivo, uno que supera al del trabajo, uno que nadie debe conocer...En televisión, mi objetivo eres tú. Me he comprometido, como lo hago con otros, hasta conseguir ayudarlos. Pero, ahora, eres tú, y no te voy a fallar...Así lo quiere el brillo...Y yo, porque no deseo que te conviertas en la próxima joven del perrito, eso no lo soportaría, otra vez no...No soportaría que alguien tan crucial en mi vida se escapase nuevamente a mi corazón, como mi Maestra, mi M desapareció también de mi vida, aunque siempre me observe en la distancia, comprobando que sigo los pasos que le prometí continuar, que prueben que su sacrificio en mí mereció la pena...Entonces, no puedo permitirme perderte, o fallarte, porque lo he prometido...He arriesgado toda mi estabilidad por ti, aunque nunca lo imagines, porque, al descubrir que eras benigna, descubrí también que ese riesgo era auténtico, y que sólo me llevaría por el buen camino...Te debo tanto, como debo tanto a las mujeres de mi vida, y a mis aliados...El otro día acudí a un evento al que también asistió Luz de Cruce, Charles IronGood, mi motera guerrera favorita, y tantos otros...Fue tan hermoso, Alice...Y Charles es tan buen hombre, tan justo...Todo fue maravilloso, incluso asistí con mi padre para compartir aquel momento, antes que por trabajo, o por obligación, por necesidad de hacer algo bueno...Estábamos todos tan unidos por un justo afán en aquel día, en esos instantes sientes que el mundo puede ser mejor...Da lo mismo que todos los ponentes pensarán en lucirse al tratar de dar lo mejor de sí mismos, porque, al final, también sonrieron, porque, al final, lo dieron, como MJ lo hace cada día, cada jornada, a cambio de nada, más que de la satisfacción y su decencia personal...Admiro tanto a esta mujer...Es la clase de persona que además crea en mí un impulso nuevo, uno en que el alcohol o la muerte no tienen cabida, para continuar provocando en mi interior esa chispa que permite que no me convierta en el fantasma que ya una vez fui, al caer, antes del retiro...En fin, os debo tanto a todas, Alice...

Por eso quiero estar a la altura, porque por eso me salvaron, por eso me adiestraron...Para ser mejor, más digno de las madres...Alguien capaz de apartar la oscuridad que conoció, de la gente que la sufre, al menos, en una pequeña parte, en un pequeño compromiso...Alguien capaz de entregar un mensaje que provoque que los brillantes como tú no se pierdan...Si seré capaz de amarte todavía, o no, cuando llegue el momento, es algo que ya no conozco...Pero estaré ahí...Como te dije, no sé si sería buen compañero, pero sí cuál será mi papel en tu vida.

El tenue espectro verde, así he titulado este capítulo, aguardando, como siempre, al próximo viernes...Porque así transito el negro sentimiento, el del vacío ante el deseo, o la incapacidad de no poder hacer más, esa que siento desde que era sólo un niño, y que, a veces, esas veces antes llamadas depresión, brote suicida, o cualquier otro término absurdo, ahora vive como un imperceptible espectro, un humo verde y oscuro, que rezuma, de vez en cuando, a través de mi aura, y que pervive en mi alma como un estigma...Una sangre invisible que sólo la mujer del módulo blanco, o gentes valiosas como Gabriela March, podrían detectar...Así es, no lloro. Por unas horas, me transformo en otra cosa...Antes de volver a ser el dragón que tu creaste en los tiempos del *Black Sheep* que ya terminó, y que prosiguió su peregrinaje en esta nueva vida, un libro que espero terminar, decentemente, durante el año próximo...¿Me ayudarás a lograrlo?

Volviendo al hilo principal, he de decir que tengo una fantasía contigo que todavía no me he atrevido a compartir aquí, porque la mayoría de los lectores la tomarían como una forma de vulgarización. Pero es real, e inocente, en realidad...En esta nueva ventana al subconsciente futuro, me encuentro trabajando frente a un escritorio grande, en una casa de campo de dos alturas, con una pequeña piscina, curiosamente, muy similar a la parcela que Dean C. posee en Alicante, donde me siento tan bien, en cada nueva visita. No sé si es la misma casa, lo dudo, pero poco importa...El caso es que tú también te encuentras allí conmigo, y, al parecer, nos hemos enfadado, imagino que debido a mi puntual y cada vez más generalizada misantropía, o bien, a que estoy metido hasta el cuello en una dura tarea, y de alguna forma te has sentido abandonada por mí...De pronto, escucho una voz que proviene del piso de abajo, la tuya, que me pide ayuda, gritando mi nombre cada vez con más fuerza...Dejo el teclado y la pantalla en el acto, y bajo corriendo las escaleras hasta llegar al lugar de donde procede tu voz, una alcoba cuya ventana da al apañado huerto, y por la que penetra ese sol veraniego, acompañado de silencio, y diminutos e indoloros ácaros...Tú te encuentras tumbada en la cama, desnuda, y al advertirme, deslizas tu pierna derecha sobre tu pierna izquierda, para que yo no pueda ver tu sexo...Al descubrir que, sagazmente, me has engañado, porque en seguida compruebo que no te ocurre nada, te digo que estás loca, y tú me invitas a que me reúna contigo, sin ropa...No dejas de sonreír, estás tan guapa, tan sexy...El verano te sienta bien, en el verano, no necesitas ropa, ni yo tampoco, si estoy contigo...Me siento muy excitado, me olvido del trabajo y de mi cansancio, de la negrura de las voces buenas y malas, que con gravedad acusan mi raciocinio, y me abandono por completo a ti...Tú, que ya estás mojada, y eres cálida y compasiva, fogosa, cuando apenas te he tocado, cuando necesitas que lo haga...Me siento bien...No es sexo, es juego, y después, sexo...Es amor, como a mí me gusta amar...Amor de perro verde, y no de su espectro...Llegamos al cénit juntos, mientras me encantan tus suspiros, más que cualquiera de mis canciones favoritas, esas que tanto escuchaba mientras bebía y no podía tenerte...El verano ha llegado, y me siento consumado, me siento hombre otra vez...En adelante, querré que me engañes cada fin de semana...Te adoro...Sólo por esta fantasía, agradezco poder soñar.

Ahora ya es domingo, a punto de acabar...He necesitado dejar pasar otro día para acabar este capítulo, uno que me duele y gusta a la vez...Hoy he pensado en que, debido a esta pequeña brecha en nuestra puntual asociación, las voces buenas, el destino, el padre, o simplemente, el mundo del brillo, me ha recordado un sueño que tuve contigo hace ya siete u ocho años...En serio...Quedaba mucho para conocernos en aquellos días, pero contemplé una imagen a través de la cartomancia, la de una mujer importante, o **la mujer**, en mi camino. Tenía la piel blanca, unos ojos como los tuyos, y el pelo prácticamente negro. También iba acompañada de cierta oscuridad en sí misma, que no llegaba al fuego, por la acción de otros sobre su vida, algo que a mí no me afectaría al relacionarme con ella. Hace dos años creí que esta imagen correspondía a la joven del perrito, pero no era concluyente, era un tanto distinta, y es que había algo de esa joven en ti, pero no todo, a ella faltaba el símbolo, y este sí que siempre es concluyente...Había pasado tanto tiempo desde entonces, que a pesar de no olvidar esta imagen, no la relacionaba contigo, por este mismo motivo...Y es que claro, por aquellos años, imagino que todavía no te habrías tintado el pelo, de ese rubio sucio que siempre aparece en cada misterio brillante de mi vida, relacionado con el amor futuro...En fin, todo ello ha sido para mí una nueva señal, una nueva forma de quererte, aunque lleve ya tantos días sin verte...Siempre ocurre, como relato en estos libros, que cuando me decido a tomar la final decisión de cerrar este capítulo que tú y yo protagonizamos, apareces de nuevo con fuerza, no en cuerpo presente, sino como entidad feérica...Y así nunca puedo pasar página, porque sé que no debo hacerlo, porque esas señales, al igual que ciertos hedores extraños, o presentimientos, han de advertirme de lo que habrá de ocurrir, pero sólo de una parte, sólo, a través de una mínima esencia...Me advierten, como a otros, que los denominan instinto, porque los seres humanos con fe pueden y deben intervenir en el futuro inmediato, ese que no puede cambiarse, pero que, en ocasiones, puede alterarse gracias a nimios matices que, no obstante, pueden mejorar la vida de una persona, sin turbar la generalidad de los acontecimientos que avocarán nuestra raza a su temido desenlace, pero, bueno, eso ya es otra historia...He vuelto otra vez al estanque de los patitos, en otro nuevo día del que aquí dejo constancia, sin pena ni gloria...Sólo que hoy he llegado demasiado tarde y ya no estaban, como tú no estás...Supongo que se habrían ido a dormir, cansados de esperar esos trozos de pan que los simpáticos niños o aburridos ancianos les dejan...Así que decidí explorar el parque en la casi penumbra, y prepararme para la ascensión al gran montículo rematado en atalaya de piedra que hay...De día nunca me ha llamado lo suficiente, pero, de noche, cuando cantan los grillos con tanta vehemencia, y sólo certeras y solitarias luces naranjas alumbran un camino oscuro, como la boca de una temible bestia, ya es otra cosa...Mi sorpresa fue que, al llegar a la cima, me topé con dos o tres parejas susurrándose, entre los arbustos, toda clase de maravillas inocentes, cuando yo esperaba encontrarme asolas...No me importó, es más, me gustó mucho, el hecho de pasar a su lado, y que ni se inmutaran, que no les importase, ni tan siquiera cuando me senté sobre un pequeño trozo de muralla, y entre los árboles contemplaba tranquilo, y sencillo, toda la nocturnidad del parque, que es bien hermoso, cuando el sol ya ha caído...Más tarde, tras unos quince minutos, descendí, y regresé a casa. Y en el camino final de este domingo muerto, pensé de nuevo en la fuerza adquirida a través del dolor, a través de sufrir el mal intensamente, incluso en el retiro de tres años...La lógica que percibo, la lógica del principio, que tanto me condena o me atrevo a seguir, me daba la final proclama: *Debía ocurrir así.* Como debo seguir entre los que sufren y enferman, porque, gracias a mi posición, gracias a lo que ya sé, gracias a mi trabajo y lo que ha sido mi vida, puedo llegar a comprenderlos, quizá un poco mejor que otros...En cualquier caso, puedo llegar a apreciar su negrura, compartirla, y aliviarla...Estos largos paseos me devuelven la fe dormida, no sólo en el hombre o en ti, sino en poder cambiar las cosas...Yo no seré tan grande, pero conozco a otros que sí lo son. Algunos se corrompen, otros siguen adelante, como barcos contra la corriente, sobrepasando el fuego, o la tormenta eléctrica, pero, todos, siempre, cruzan su mirada con la del tenue espectro verde...

The Great Green Dog
and The Woman Clothed in Doubt

Hoy regresé de nuevo al montículo sacro del parque de cabecera. Llegar cansado hasta allí, después de haber recorrido cuatro kilómetros, rápido, sin parar en absoluto, sólo con el claro afán de quemar aquella rabia que siento adentro, por diversos sucesos en la jornada, sin duda, resulta beneficioso. La ascensión es nimia al lado de la del Montsegur o derivados, pero duele, y me gusta. Es ese mi modo de penitencia favorito, el peregrinaje...Arribar a la cima sudoroso, todavía tosiendo, con los restos de mi bronquitis, me hace sentir decidido, y recorrer en la subida y bajada, ese camino oscuro, iluminado por solitarias luces naranjas, me recuerda a los peores momentos vividos por Mulder y Scully...Ese entorno tiene algo especial, ello se siente, en particular, cuando te sientas sobre el muro de piedra, y completas la inmensidad de una artificial zona natural, plena de árboles grandes, cuya altura, sin embargo, no supera a la de los grandes edificios de pudientes, que con violencia destacan por encima de las fincas de la gente humilde. Un contraste típico en una novela de Ballard...Cuando llego allí, siempre me hago la misma pregunta: Quién construiría esto, realmente. Quién inspiraría al arquitecto...Todo ello me hizo pensar en la saga *Están entre nosotros*, que creí terminada con la entrega *XV*, pero ella no acabó de convencerme, ya que sólo era un final porque debía serlo. Y antes de los últimos acontecimientos, me dije: Oye, quizá con los años podría hacer otra...Y cómo se llamaría, está muy claro, tal y como mi cartomante Tía Marjory y yo acordamos: *Los enemigos del hombre*...Y así echaría por tierra los títulos de hipotéticas secuelas que ideé, que tampoco me satisfacían nada: *Ya no me dedico a esto, Perdida en la niebla* o *El último druida*, títulos de libros baratos, de kiosco...Así, seguramente iniciaría la nueva entrega con el capítulo del presente libro **The GD Club**, el cual no me atreví a incluir en *El León Durmiente y La Tigresa Amarilla*, porque era el apartado de cierre idóneo, abierto a una nueva secuela, o que daría para una continuación aún justificada, tal y como hice en muchas de las anteriores entregas...Y comenzaría diciendo que era obvio que ambos peregrinos eran yo mismo, y no personajes ficticios, porque en esos libros siempre soy yo, para proteger a otros...Y así, hablaría de la nueva logia, los que por ahí andan, del hecho de que no estoy en los medios por casualidad, y un sinfín de cosas que ahora no puedo tratar en ningún lado, por falta de tiempo, o porque mi fortaleza interna, por fin, me dijo: *Déjalo estar, acaba esa saga, pues, de lo contrario, puede que jamás lo hagas en breve*...Y yo quería cerrarla ya, tanto como tener a Alice...Así pensé también en tu drama futuro, en tu historia que colapsa, o eclosiona, según como se mire, en mi mente, cada vez que necesito sentir el amor que no poseo, cada vez que echo la vista atrás, en busca de los pocos momentos en que una mujer me hizo sentir a salvo, decidido y querido...Pensé en tu drama, el que ha de venir, sí, según escuché...Pensé en la frase de un film nauseabundo que decía que las mejores chicas estaban con alguien...Es cierto que siempre me he fijado en mujeres comprometidas, y que mis relaciones más completas han tenido lugar con ellas...Sé que no está bien tentar a la suerte, sé que es pecado, pero mi amor era puro, y no tenía que ver tanto con el sexo...Con los años, he llegado a averiguar por qué tan sólo me fijaba en esta clase de mujeres, a las que yo consideraba infelices...Lo eran en la medida en que todos los somos. Estaban con sus parejas por conveniencia, antes que por amor, una conveniencia que se forja con los años, o desde el principio, y que provoca esa cierta falla sentimental, que no impide que sus pares las adoren como merecen, y ellas mismas se dediquen a ellos, aunque no sean los ideales, sino sólo la mejor opción disponible, o lo que ellas creen es esa final opción...Yo no soy nadie para juzgar eso, porque jamás lo he tenido, sólo soy alguien para verlo...Al regresar a casa, pensando en ti, me encuentro con ese gato negro que en ocasiones parece perseguirme en el mundo etéreo, ese gato que a veces creo que no es real, que se ha fugado a través de alguna brecha entre los mundos...Tiene una cicatriz enorme que le cruza todo el lado derecho de la cara, me guiña un ojo, y yo, claro, le sonrío...Porque en mis visiones percibí, hace mucho, que un día yo seré como él...Porque en el fondo sé que mi destino tendrá más que ver con ayudar a otros que con compartir mi vida con otra persona...Esto último quedará en un sagrado momento, pero no será decisivo en mi historia...Si tú pudieras escucharme, Alice, si no te hubieses quemado tanto la última vez que nos vimos, y ahora no estuvieras empeñada en darme una lección, en negar lo que hemos conseguido, y ya sientes por mí, en tratar de no dudar, de olvidar lo que ocurrió en aquel sofá fucsia, con Ava Gardner detrás, como único testigo...Podría contártelo entonces, podría compartir contigo lo que sé que va a ocurrir, lo que tantos otros quieren que comparta con ellos...Pero no son dignos, sólo tú eres digna de los que están entre nosotros, aunque es muy fuerte, y yo no sé si podrías soportarlo, pero tengo que contárselo a alguien, todo, porque a algunos les conté una parte...Y lo contaré todo a la mujer que más me ame...Una que antes haya estado con otro, porque ese es mi otro trauma sin resolver...Me pasa desde que era niño, en mi sexualidad turbia y poco oxigenada, siempre he querido a la mujer de otro, porque es algo que me viene de familia, está en mi sangre, en la memoria de amores pasados que nunca se concretaron salvo una vez, y de los que aquí no tengo derecho a hablar porque haría mucho daño...Pero ahora te he conocido, en esta vida, por eso esta encarnación es tan especial. Es lo que somos, cariño ,es lo que somos, y yo nunca cambiaré...Sin embargo, ayer noche quedé con mi hermano, con Dean C., y le hablé de ti. Sólo a él puedo hablarle de veras de ti, porque me conoce...Porque es de los míos...Hablamos de ti, y mi dolor creció, ante tu ausencia, pero una sensación fría, la misma que me prometieron las cartas, me sobrevino, de pronto. Un helado que nada tenía que ver con la oscuridad, sino con los entes brillantes. Uno que me indicaba que no debía tener miedo de ningún ser humano, que debía continuar trabajando sin parar, y no esperarte más...No puedo esperarte ya, y eso me duele, aunque sé que vendrás...Hay gente que me necesita, amor, hay gente que, aún sin saberlo, sólo me tiene a mí, y si no los ayudo, da igual que otros los amen, no progresarán, cuando lo merecen más que yo...Ya ha ocurrido antes, ahora ocurre, y volverá a ocurrir...Por cosas así, los entes de otros mundos me llamaban *el pequeño sacerdote*, porque servía al padre, porque creía en el brillo y en las madres, esas voces buenas...Pero yo estaba aún más inmerso en las malas, de las que me ayudaron a salir... Es todo muy complejo, y si lo contase, nadie lo creería, más bien, nadie lo entendería, porque mi trabajo tiene más crédito conforme conozco a gente más profesional e importante, pero no cuando el mismo guarda relación con esa verdad que todos temen, una que sólo me atrevería a contarte a ti...Ya no puedo esperarte, cielo, no ahora, porque no puedo perder el tiempo... Seguiré con nuestro juego mental, si ese es tu deseo, si ello te complace todavía, como hice con tantas otras, pero, mientras que con las demás, con aquellas pocas que pueden jugarlo, me divierte mucho, contigo me duele demasiado...Mi necesidad es prestar ayuda, ahora, a la gente que se fija en mí, no por casualidad, y creyendo que cuentan, únicamente, con un buen profesional...El problema del ser humano, cosa que Dean C. y yo también discutíamos ayer, es que cree que sólo merecen su ayuda sus seres queridos, y ese es el principio del fin. Hay que desarrollar el instinto, para conocer de antemano quién merece nuestra ayuda, aunque esta persona jamás sepa que la hemos ayudado, eso poco importa. La gente buena lo merece, y la gente buena, gracias a Dios, todavía excede al círculo íntimo de uno...Si este bien lo dieran todos los seres humanos, nuestra condena no sería definitiva, no acabaría todo, como acabará, cuando llegue el momento, en esta era auto conclusiva...Esa es la profecía, no lo dudes, y la profecía del brillo, nunca ha mentido...Ayer, por cierto, cuando me acosté, todavía tuve otra fantasía contigo...Estabas preciosa de verdad, con el pelo recogido a lo Sharon Stone, que me vuelve loco, esos pendientes dorados de cenefas, tipo dama de Elche, que tan bien te sientan, y ese vestido fucsia tan elegante, que me encanta...Te lo quitaba frente a un espejo, cuando yo ya estaba desnudo, y te metía en la cama totalmente desnuda...A pesar del tan crudo invierno daba lo mismo, la casa estaba caliente, como nosotros, y el edredón nórdico protegía nuestros juegos físicos y fogosos, bajo las sábanas...Hacíamos el amor, los dos disfrutábamos mucho, de forma salvaje, aunque creo que yo disfruté más, y hasta me excedí, porque llevaba tiempo deseándote...Deseando amarte, no follarte, ya sabes que no soy así...Al terminar, mi epidermis sudorosa mancha tu piel, y me siento avergonzado...Cómo mi físico de hombre débil ha podido mancillar el de una diosa feérica...Te pido perdón, y voy por un toalla para secarte, pero tú me detienes, me dices que no te importa, me besas de nuevo, me montas, despacio, como a ti te gusta, esta nueva vez, mientras me agarras los brazos y los retienes por encima de mi cabeza... Nunca he visto nada tan hermoso...Nos corremos, te echas sobre mí, y te duermes, y yo me duermo...Nunca volveré a dormir tan bien, de eso estoy seguro...Incluso al levantarme hoy, me di cuenta de que la pasada noche de esa fantasía había sido la mejor de mi vida...A pesar de que la repulsiva polución nocturna hubiese hecho su efecto, había dormido mejor que en años. No dormía tan bien desde 2013, pero tú no estabas...En ocasiones, en un acto narcisista por mi parte, pienso que tú también tienes fantasías así conmigo, fantasías que te excitan, porque te hacen sentir muy mala, cuando compartes tu cuerpo con otro...Eres demasiado buena como para eso, pero aun así creo que te ocurre, y eso me fascina...Te tienta, pero no te hace oscura, sólo diferente, porque yo soy un perro verde, pero no soy tan malo...Sí, seré frío ahora para ti, como lluvia de enero, como ya he aprendido a serlo, sin dejar de centrarme en lo importante... Sin olvidar mi objetivo, mi misión, más allá de ti, de mí o de los demás...Pues aunque sea mi destino el perpetuo retiro, al menos, de algún modo, sé que podré soportarlo por la pupila que me aguarda. Ella se convertirá en algo más grande que todos nosotros. Ese es mi final, y mientras tanto, habré amado, y te amo. Amé a mi Maestra porque era un ente perfecto, amé a la joven del perrito, porque era un caído, como yo, te amo a ti, porque eres un corazón en Atlántida que cada vez se torna más difícil, sin por ello abandonar el continente perdido...Te amo porque, en mi avaricia, yo me atrevo a considerarte mi premio, mi regalo ante el fuerte e intenso dolor provocado por mi eterna pérdida en los tiempos oscuros...Si tú me comprendes, puedes amarme...Si yo te amo, es porque puedo ayudarte...Aunque, mi peligro lo representa otra frase de un moderno maestro: **No quiero necesitarte porque no puedo tenerte**...Y yo he fallado, he cedido a ese peligro porque te necesito, aunque, en parte, ya te tengo...He fallado porque eso para mí no es suficiente...He fallado, porque, por el momento, traicionaré tu amor, sólo para seguir adelante, para continuar...Porque no debo perder el tiempo, y así debe ser.

Cuando cierro los ojos en ese montículo de enorme energía, no siento nada, todo es blanco, y sólo entonces, ese lugar mío entre los ojos renace, y me siento yo mismo...Luego, abro los ojos, y vuelvo a escuchar todas las voces al unísono, humanas, invisibles, benignas y malignas, y son tantas, que finalmente se funden en un único y molesto sonido, del que nada se puede extraer, similar al zumbido que produce un avispero, cuando, inconscientemente, tú te acercas a él...El pasar de una sensación tan hermosa, a una tan espantosa, sólo es propio del hombre...Aquel que posee virtudes y pecados por igual, aquel que nunca trabaja en su equilibrio...Mi ego crece cuando me van bien las cosas, y decrece cuando no lo hacen...Cuando crece, me recuerdo a mí mismo el mensaje, el objetivo, y el hacer de las virtudes principales, que son el amor, la verdad, la humildad y la dignidad...Cultivando estas virtudes, uno logra vencer al mal, y ver a Dios...

Palabras del peregrino Verdigris.

Quién era el perro verde

-Antes-

Ya sé quién soy. Lo he visto todo. Al fin ha sido revelado...Llevo una semana con jaquecas más fuertes de lo normal, y ausencias. Sentía que algo iba a ocurrir, pero no sabía el qué...Sentía un tanto de inexplicable tristeza, como cuando ocurre algo grave en el mundo, o no veo a Alice, pero nada grave ocurría, e internamente, comprendía que Alice no tenía nada que ver, nada tenía tanto peso como lo que me iba a ocurrir...Sé que esto os sonará a chiste, y que creeréis que nada tiene que ver con este libro, sino con la saga del misterio, pero es voluntad y hora de que aquí lo diga...Durante el transcurso de la saga *Están entre nosotros*, yo, por diversos afanes de la vida, establecí contacto con una entidad a la que denominé, desde el principio, Kingston Eldridge, pero cuyo verdadero nombre jamás desvelé, por razones obvias. Este ser finalmente resultó ser un caído, y no un ente humano, antiguo habitante de las logias, como yo lo creí...Al principio, lo tomé como un contacto brillante, el más importante de cuantos yo había tenido, pero no era externo a mí, como los otros. Estaba dentro de mí, como un día descubrí. Es más, K.E. era yo mismo, al menos, una parte de mi esencia...La otra me retrotrae a otras vidas de las que, a través de mis libros raros, e incluso de este mismo, he hablado, previamente...Esa otra esencia no correspondiente al caído fue humana en Judea, hace más de dos mil años, y pisó los mismos lugares que aquel salvador magnificado. Esa esencia, era su mano derecha, que cayó víctima como falso traidor, cuando salvaguardó el legado...Aquel no era un hombre bueno, era un asesino fiel, aunque creía en el bien, y por ello, prestó sus servicios a Sión...En determinado momento de esta era, concretamente, a finales de los ochenta, el brillo decidió reunir esta esencia con la del caído más famoso, quien participó en una de las antaño guerras celestes, dadas antes del nacimiento del propio hombre, por echar de menos al desaparecido padre, y su superior corte de grandes hermanos alados, pero, al mismo tiempo, por haber perdido a su mayor amor etéreo, una de las poderosas madres, que mucho más tarde, al final de la batalla, caería a la Tierra, como los demás alados rebeldes, encarnándose en un cuerpo humano...El amor de K.E., la madre anónima, no era sino mi Maestra, mientras que el amor de Judas, el amor del hombre que se unió al mesías, fue siempre el del súcubo que lo adiestró en oscuras artes para servir al mal, cuando eligió, en última instancia, a Sión, al poder, a la única respuesta lógica...Como digo, llegados finales de los ochenta, ambas esencias se fundirían en una sola, en un código sanguíneo que se encarnaría físicamente en un cuerpo, un caso único, que no atañía ni a la posesión, ni a la doble personalidad, ni al recipiente que ocupa un ente del brillo. Era un ser único con la sabiduría del hombre, y la fuerza de los caídos a la Tierra, que vagan entre el misterio y las sombras de la atemporal conciencia universal...**Eso es lo que yo soy**...O al menos, eso fue lo que soñé la pasada noche...Y por ello, siempre veo a las matriarcas, siempre, entre mujeres, me siento más cómodo, porque todas pertenecen a las madres, del mismo modo en que todos pertenecemos a los angélicos del padre...Aunque no sé explicar, en profundidad, su relación. Por eso, mi instinto asesino que se funde en rabia, sólo puede ser sanado o contenido por la mujer del módulo blanco, o ciertos sitiales habitados por los que *están entre nosotros*, lugares como el montículo sacro, del que ya os he hablado...Allí me siento vivo, me siento yo mismo, sin restricciones. Soy bueno y puedo sanarme, porque ellas me ayudan...Allí, como en el Languedoc, puedo curar las muchas fallas en mi alma de doble naturaleza, como inmortal y como etéreo...Pero, hay algo que aún no consigo comprender, desde que llegué aquí a finales de la década mágica: Porqué encarnar a ambos en un cuerpo humano, aunque, interiormente, cada vez lo sea menos, cada vez sea más diferente, un perro verde...Por la niña, por el final...

Eso me han dicho hoy, y mi cabeza cansada, finalmente, se ha despejado...El cielo lluvioso y oscuro ha rematado en potente y fuerte sol, pero no sin antes haber sufrido otro episodio extático...Al cruzar un paso de peatones por el barrio bajo, camino del parque de cabecera, un coche frena justo delante de mí, de pronto, llega otro, y lo empuja...Percibo por los daños en la carrocería trasera, que el impacto ha sido muy fuerte, sin embargo, el tiempo se detiene, y llega el zumbido, tal y como siempre acostumbró en mi vida...Todo es silencio, antes de que ocurran más cosas, como cuando las cigarras callan en el verano...Siento una presencia detrás de mí, en ese sencillo y casi imperceptible detenimiento, antes de que los autos compartan su colisión para arrollarme y acabar conmigo...Y entonces, digo: *Arphaiël, sabía que tenías que ser tú...*Me doy la vuelta, y sin ser consciente de mis palabras, ni del hecho en sí mismo, pues el hombre duerme, y amanece K.E., lo veo...Está un poco por encima del suelo, pero no flota, es como si en plena realidad, se hubiese abierto una simple hendidura que me dejase verlo, y la física de nuestra Tierra no corriese acorde a él...Escucho ruidos de gotas cayendo hacia arriba, voces de las muchas gentes caminando hacia esa brecha, que alumbra al nuevo ente caído, e incluso algo de agradable y cierta música...Se me revuelve el estómago, y me duele más y más la cabeza, y los oídos...El ente es alto, de rasgos afilados, medirá unos dos metros, tiene el pelo negrísimo, como algo mojado y sucio, y la tez pálida, entra amarillenta y marrón, como la de un gitano de Europa del este...Los pómulos se le marcan de forma exagerada y sus dedos son larguísimos, rematados en uñas gruesas...Va vestido con una especie de traje negro, con tonos entre grisáceos y anaranjados, no lo recuerdo muy bien, y porta sobre el cuello algo como una corbata, sin serlo...Me mira penetrantemente, con esos ojos negros y brillantes, pero no dice absolutamente nada...Yo, creyendo que esa sería mi última hora, tampoco dije nada...Cierro los ojos, aguardando la muerte, pero, entonces, una suave voz, de mujer y hombre a la vez, esputa: **No, hermano, no morirás...Este sólo ha sido un aviso ante tu odio...No somos buenos, nunca fuimos ángeles, recuerda al padre, recuerda aquello que hicimos...Protege a la niña, sálvanos...**El ente baja la cabeza, como si se contrajese un poco sobre sí mismo, y luego, va desapareciendo poco a poco, como polvo ante la ventisca...Vuelvo al plano real, vuelvo a ser el inmortal en su última encarnación, con K.E., ahora, adormecido...Y así contemplo, de nuevo, los automóviles asesinos en tiempo real, y no en el minuto, que fue hora...El gran impacto que el primero aportó al segundo que se hallaba ante mí, de pronto decrece sutilmente, quedando el siniestro en un simple golpecito, que provoca que el coche delantero entre en ralentí...Yo reacciono rápido y consigo esquivarlo, y no sé por qué, pero siento que debo salir corriendo de la escena, hasta llegar al montículo sacro, donde debo terminar de sanarme...He vuelto a casa ahora mismo, y me duele la cabeza como en la vida. Aún siento tristeza, pero también un gran alivio...Sé que cuando descanse, me encontraré mucho mejor, y ya no odiaré tanto...Sé que, a partir de mañana, volveré a pensar únicamente en mi trabajo, y en ti, Alice, la única mujer humana a la que amaré de veras...Y sé que ese amor, como hombre, o como caído, en parte, también me habrá de salvar un día...Aunque lo pierda, aunque el tiempo me pase, aunque la niña sea mi objetivo, el amor me salvará, el amor por los seres humanos buenos, que siguen en el Edén...La clase de personas a las que, antes de mi gran caída, me hubiese gustado proteger, cuando sólo protegí en la Tierra a los animales bellos y pequeños, caballos y perros, de ahí mi veneración por ellos...Ahora todo tiene sentido...Como Tía Marjory me indicó, iba a tener otra revelación, una de las madres, para seguir sirviendo al padre...***Ya sé quién es el perro verde***...

*Objetivos próximos:

1-He conocido a las que habrán de venir, elegidas, cómo no, mujeres, al margen de los deseos de las logias...Tres niñas he visto ya, rubias, de azules ojos, cuyo poder es descomunal, de distintas clases sociales, y sin aparente relación...Las elegidas siempre han sido ellas, no los que poseen el saber desde tiempos inmemoriales, el saber perdido que creen que los salvará...

2-Sé que tengo que apartarlo de ti, me cueste lo que me cueste...Es una de mis inmediatas misiones...Aunque me odies, Alice, tengo que apartar de ti a ese demonio que tú entiendes por compañero...Tengo que hacerlo, aunque signifique, a la larga, no tenerte, porque ello también permitirá que compartas tu vida con un hombre mejor, que te sea fiel y te ame de veras...

3-Hoy casi lloro al hablar con mi madre...Le dije que no entendería cuanto me pasaba, y arriba he compartido con vosotros...Le dije que cuando ellos te dicen cosas es obligación emplearlas, influir en el resto, sin que se den cuenta, haciéndoles pensar que los prodigios los logran ellos mismos, porque no te creerían si les contases la verdad...Pensarían que estás loco, a pesar de apoyarlos...Hay que ayudar a la mayoría ignorante sin que esta se dé cuenta. *Es lo que somos...*

-Después-

El otro día, antes del viernes mágico, soñé de nuevo contigo. En el sueño, estábamos paseando por un prado verde, bajo una luna llena casi azul, en mitad de una noche honda pero preciosa. Nos sentábamos en una especie de roca, nos abrazábamos, y entonces, tú me recordabas que en ciertas culturas orientales, las personas tienen su correspondiente símbolo animal, en vez del zodiaco...Y tú me preguntaste: *Oye, ¿si yo fuera un animal, cuál crees que sería?* Mientras sonreías, traviesa, esperando a ver lo que yo decía...Lo pensé un poco, aunque ya lo sabía, así que te contesté: *Serías un ciervo, elegante, delgado, con clase, un animal que no sabes cuándo ríe o cuándo llora, de esos que sabes cuándo están pensando, pero no en qué...*Y tú prosigues, como si no hubieses escuchado nada de cuanto te he dicho, cuando sí lo has hecho, eso me encanta...Para preguntarme, claro, qué clase de animal sería yo...Y contesto que una serpiente, y contesto, sin necesidad de pensar, porque ya lo sentí, y me lo dijo, hace años, un hechicero vudú...Una serpiente escurridiza, astuta y mortal, para cualquier oído, para cualquier cerebro humano, aquel que nos dice que todo es difícil hasta que le demostramos lo contrario...Cómo odio a la gente que dice esa frase: **Qué difícil es todo...**Pero qué satisfacción encuentro cuando demuestro lo equivocados que están, como débiles que son, ante mi simple acción...Ay, amor, nadie me conoce tan bien como yo, esa es la verdad, nadie humano, al menos, ni tan siquiera tú...Pero tú, quizá, un día pudieras...Como solemos decir Dean C. y yo: *Puede que en* *próximos episodios*...El nuevo viernes mágico fue bueno y triste a un tiempo...Esperaste a que yo llegara, haciendo como si no se notase tu espera, pero se notó. Saliste en mi busca, en cuanto cerré la puerta de entrada, y la atalaya Natalie, me sorprendió con una larga y magnifica conversación sobre la profundidad de la saga James Bond, el talento inesperado de DiCaprio, y más...Tú me viste fumar afuera antes de entrar, y te apresuraste por recoger y encontrarte conmigo, ya que te marchabas a casa, pero esa atalaya nos frenó...Ella quería saber de mí, y aún así, esperaste más, te encendiste un cigarro en la puerta, aguardando que yo te siguiera, pero tenía que ser educado con Natalie, sólo por respeto...La tristeza se reflejó en mi rostro, y también en el tuyo, sonreías sin sonreír, porque te diste cuenta de que en el mercado del corazón, quizá, no fueses la única que disfrutase con mi compañía...Te cansaste y te fuiste, finalmente, pensativa, diría yo, dedicándome una mueca alegre en llanto, mientras yo me deshacía por dentro...Porqué, Alice, porqué nos hacemos esto, si los dos nos queremos...Porqué no olvidas a ese asqueroso con el que estás, y te vienes conmigo...Sé que ahora lo pensarás bien, mejor, porque cada vez nos veremos menos, a no ser que tú le pongas remedio...Él te tratará como si fueses basura, y yo me quedaré esperándote, quizá sea esta la forma en que puedas darte cuenta de todo, y ser sincera contigo misma...Yo te he echado de menos, ahora de toca a ti...Pero sí, te fuiste, eso es lo que importa, y más tarde, hablé con la misteriosa Miss Shey, tu nueva compañera, una mujer fuerte, con mucho encanto...Todo ello no me dio tiempo ni a repasar el guión, antes de encontrarme con Frank y Rachel en el plató...Deje de oír las voces, fui feliz, pero no estabas, nuevo indicativo de que debo seguir adelante, hasta que tú debas luchar por mí, y no al revés... Ahora te toca a ti, mi vida...Ahora te toca a ti...Poco antes de veros a todos, me sentía triste, apesadumbrado, por una semana espantosa en la que hasta tuve fiebre una noche, cuando me disponía a no beber. No lo hacía por ti, no lo hacía por mi perro, que me necesita, no lo hacía por mi futuro, pero el demonio cojo me quemaba tanto por dentro...Lloraba, y me preguntaba el porqué, el cómo sucedía todo, alrededor mío...Cómo era capaz de ver el mal y el dolor, y no curarlo...Entonces, vi el auténtico rostro de ese otro, que no soy yo, pero soy yo a la vez, y no era demasiado distinto a mi rostro actual, sólo algo diferente, otros ojos, quizá otro tono de piel, pero con similares rasgos faciales...Tú podrías haberlo retratado en uno de los magníficos bocetos que haces, si yo te lo hubiese descrito...Y es que además eres artista, creas, lo tienes todo, joder...Me sentía mal en la semana, como digo, creía que ni siquiera iba a ser capaz de entrar tras la puerta azul, de verte, o no verte, como la pasada semana, en que me sentí tan mal, pero, aún así, conseguí hacer mi labor correctamente, porque así debe ser...Este viernes yo buscaba una señal, como siempre lo hago, sólo que esta vez, desesperadamente. Ese guiño representado quizá por la aparición de un simbólico animal, que me impulsara, que me dijera: *Estamos aquí, tranquilo, sigue adelante*...Porque sospechaba que no podía contar contigo para eso...Y justo cuando creí que no tendría lugar, casi como sacado del film Amèlie, amaneció el tendero que servía a todo el equipo, cuando Luz de Cruce era imagen...Él me elevó el ánimo, recordando viejos tiempos, diciendo que yo le transmitía alegría, y que me veía bien...*Alegría*, pensé...Cómo pudo ver eso en mí, cómo puedo transmitir ese sentimiento, cuando rara vez soy feliz...Poco me importó. Lo que de veras me satisfizo fue el comprobar de nuevo que los ángeles verdaderamente están en todas partes...Luego, ocurrió lo que comentaba: Yo ya sabía que me esperabas más allá de la puerta azul...Aunque todavía no te hubiera visto, sabía que me estabas mirando en la distancia, tras esos cristales casi opacos, que no revelan nada debido al potente reflejo del astro diurno...Sabía que ya me sentías, cuando me encendía el cigarrillo antes de entrar, como hago cada viernes, de espaldas a la puerta...Sé que tú me ves aunque yo no lo haga, y viceversa, porque, en el fondo, somos muy parecemos, o porque, simplemente, nuestras mentes hace un tiempo que están conectadas por la promesa atlante...Sí, y yo sólo te sentía, sin poder verte...Percibía cómo preparabas tus cosas, y planificabas con sumo cuidado el encontrarte conmigo, casi por accidente...Para cuando yo entrase, sacarías un pitillo, y me dirías que ibas a fumar antes de irte, invitándome a que hablásemos en el pequeño rincón de la entrada, cuando no habría nadie, pero eso no ocurre...Lo que más rabia me dio cuando te marchaste fue cuanto ocurrió con Shey, a pesar de que ella no tuviera culpa alguna...Y es que compartiría con ella lo que hasta ahora fue para ti...Me hizo bien, pero me dolió tanto...Ella se atrevió a preguntarme por las mujeres de mi pasado, por el sur, por la incapacidad de amar mi tierra, hasta ahora, por haber roto los lazos con el pasado, sólo olvidado externamente, por haber dejado pasar el tren que tomó aquella joven del perrito, o no querer a nadie hasta que te conocí, aunque, claro, esto último, yo sólo lo pensaría...Tú nunca me preguntaste por eso, porque eres demasiado prudente, demasiado buena, aunque quizá ya intuiste la verdad que no querías conocer, y es que en el pasado no eres la primera en mi corazón, aunque ahora sí lo seas, mi tesoro, la única que merece conocer mi auténtico rostro...Todo cuanto le dije a Shey, e incluso a Natalie, era para ti, mi amor, pero el destino lo ha cambiado, porque yo necesito compartir, y tú no estás...Ya te indiqué en sueños que no me arriesgaría más que tú, porque de veras que habrá de ser cosa tuya, y eso te jode. Te jode, porque te coloca en una situación que no esperabas, pero que querrás aceptar...Sé que reaccionaras algún día, pero, por ahora, te jode...Y me quieres, de lo contrario no te habrías comportado así hoy. Pero, por qué el destino me roba las palabras que antes sólo eran tuyas...Creo que para que tú lo veas, y para que yo siga avanzando, sin pensar tanto en ti...Cómo te amo, maldita sea, Alice, cómo te amo...Hoy también vi a Serge, por cierto, un encantador caballero de entre todos los grandes jóvenes que hacen funcionar el engranaje televisivo...Me alegré tanto por su reciente boda...Ver un rostro feliz, en feliz compañía, no tiene precio...Esta gente vale mucho, creo que los quiero...Poco a poco, vuelvo a lograr querer como un ser humano...Pero no puedo dejar de lado lo principal, lo que amo, lo que amas...Manda a paseo ya a ese hijo de puta, yo estoy aquí para apartarlo de ti, entérate. Él te corrompe, te menosprecia, y sin que quieras verlo, te trata como a una puta. Cuando tu destino es mucho más brillante de lo que él te hace creer...Yo puedo ayudarte a conseguirlo, yo...Puedo hacer que olvides el miedo y renazcas como el fénix...Porque es lo que eres, un ser hermoso, un ser de cuento de hadas...Él te hace dudar en tu calor, y esa duda es el mal, Alice, estás con el mal...Si hoy, si esta semana no hubiese estado tan comprometido, te lo habría hecho entender como tanto intento, en los pequeños detalles, sin que te des cuenta, rascando la verdad en tu mente, en nuestro juego mental...Sé que esperas que llegue antes al trabajo para encontrarme contigo, pero ya no voy a hacerlo. Y dejaré que te preguntes porqué, sabiendo que eso te hará tanto daño como a mí. Quizá entonces comprendas que me amas, cuando otras crean ganarte la partida, mientras yo continúe trabajando, sin mirar atrás, y sólo a los rostros presentes, sin esa regresión constante, y a contra corriente, de la que hablé con Natalia...Ella es interesante, ya lo creo, pero no es tú...Ninguna es tú...Ninguna basta...Quizá, así, logre superar mi propia carga finalmente, quién sabe si al tiempo que tú lo hagas...Si ese día llega, la mujer vestida en duda será mi compañera, porque ya no tendrá dudas...Sabrá que el primer enigma de su destino ha sido resuelto: El encuentro con su perro verde, el que ella misma convirtió en un gran dragón...Mi Hécate será la princesa que dome lo que queda del demonio en mi interior, y así, el lienzo que Blake nunca llegó a pintar será concebido. Tú y yo somos una historia tan antigua como él mismo tiempo, cariño. Tú tienes sangre de las madres, y yo, bueno, dejémoslo ahí...Los polos que parecen opuestos se atraen para formar lo nuevo...

Ahora empieza el verdadero pulso, Alice, ahora sí...Porque has visto que no eres la única en el juego. Ahora los viernes ya no existen. Ahora comenzarás a echarme en falta y percibirás, al fin, cómo de hondo caló mi esencia en la tuya, hace ya más de un año...Serás mía por lo que yo debo hacer por ti, lo serás, porque por algo he llegado hasta a ti, y no me marcharé hasta que mi misión termine, como ya ocurrió antes en los medios previos...Si luego continúo con Frank y Rachel, o con cualquier otro, ya se verá, pero este objetivo es mío, de lo contrario, hubiesen enviado a otro Ted Brautigan, a otro Johnny Smith, a otro Howard Beale, sí, el iracundo profeta de la maestra Network, ese oscuro Íntimo y personal de Sidney Lumet que adolecía de literario en exceso...Y aún así, cuánto estoy sintiendo entre esta nueva gente, con Rachel y Frank, con el buenazo de Charles IronGood...Jamás pensé que aún sería capaz. Creí que Luz de Cruce había llenado el cupo, pero sólo fue el principio, y por ello, doy gracias. Por recuperar mi humanidad, mi dignidad, mi verdad, mi humildad, mi brillo...Por haber sido capaz de volver a amar...Ahora puedo permitirme ser feliz, no porque lo quiera, sino porque lo siento...Benditos seáis, mis nuevos amigos, en mi nueva vida de perro verde, que casi llega a ser hombre, un tanto freak quizá...El último de la fila, que ascendió hasta un puesto menos negro, uno en que puede ser visto, más tenido en cuenta...Me ha costado un infierno, sí, pero valió la pena...Estas esencias humanas que ahora trato me gustan más que todas las anteriores en mi existencia...Quiero estar ahí para ellas, compartir con ellas, intervenir, protegerlas...Lo ansío, lo amo, lo necesito, si tú no estás ahora...Dentro de mí, el amor nace y crece, me siento tan capaz...A veces pienso también en Rachel Garp, una mujer extraña y maravillosa, que sigue impresionándome con su cariño...Y es que aquí las mujeres son distintas a cuantas conocí...Sin llegarte a los zapatos, todo hay que decirlo...Ello me avoca a un inmediato futuro, en que ya no escribo, o estudio, pero en el que intervengo, cada vez más, en el terreno, de una forma que nunca imaginé, con una implicación para la que jamás creí estar preparado...Y a pesar de todo, sé bien que tengo que ser un auténtico cabrón para hacer lo que tengo que hacer, si quiero continuar, pero, aun así seré mejor que la escoria que intentó, e intenta, anularme, desde que nací...Después de todo, eso es cuanto hablo en la cena de esta noche con Dean C. Él está a punto de regresar a Berlín, y eso, en parte, me entristece, como siempre, aunque sé que es lo mejor...Le cuento que la conversación última contigo, en el sofá fucsia, **nos unió**. Le digo que he llegado a la final conclusión de que con los hijos de puta hay que ser un verdadero cerdo, porque lo merecen... Compruebo, nuevamente, que tiene mucha fe en la gente, que él sí ha sabido conservarla, y que es mejor persona que yo. Le digo que yo ya no puedo, a pesar de atreverme a contarle lo anterior...Una confesión que me hace vulnerable, y que sólo mi Maestra o él apreciarían...

Me despido de mi hermano, de mi amigo, y finalmente tengo una nueva visión contigo...En ella me encuentro a tu lado, otra vez, un día después de algunos meses, y me dices que no nos vemos nunca, primero sonriendo, luego, cambiada, un tanto triste, como si algo te pesara por ello...Yo no sonrío, sólo te miro, como te miraría un compañero sincero, y te recuerdo que tienes mi número...Reprochándote así que no nos vemos más sólo porque tú no quieres...Odio tener que hacerlo así, pero me da rabia, no soy lo bastante fuerte...Termino diciéndote que si me necesitas ya sabes dónde estoy, engañándome, para mal, esta vez, cuando el hombre sólo debería engañarse para bien...Espero, así, no volver a verte, pero sé que, un día, volveré a hacerlo...Este libro ya me duele en exceso...No sé por cuánto tiempo podré continuar con él.

Y por ahora, yo ya sólo pienso en una única frase: *A ciertas edades se sienten cosas que antes ni se sospechaban*...Y me pregunto: ¿Me estaré haciendo un hombre, o sólo vuelvo a serlo?...

Este libro finalizó cuando debió hacerlo, a pesar de lo que pareciera...

"He pasado toda una vida corriendo,

Y siempre salgo libre,

Pero contigo siento algo,

Que me hace desear quedarme".

Writing´s On The Wall, Sam Smith.

ALMA VIEJA

(Happenings)

Por DCB

Doy gracias por poder completar este libro a **Francisco Llopis**, un hombre de los que cuentan, recuerdan, valoran y aman.

A mi querida amiga **Ana Novella**, por hacerme partícipe de una labor hermosa, doliente y eterna. Eres increíble, una luchadora. Me has dado esperanza. Me has hecho más humano.

A mi querido amigo **Moncho y familia**. Por cierto, ¿qué tal funciona el Atrapasueños?

A **Fina**, mucho más que mi asesora de imagen. Una de mis más brillantes amistades.

A mi amigo, y tocayo, el inmenso poeta **Luis Colombini**, que me dio fuerzas para continuar la lucha.

Y especialmente, al equipo completo del programa **Estil Mediterrani**. Porque, gracias a todos vosotros, he llegado a conocerme profundamente, hasta descubrir qué andaba roto en los últimos tiempos de este alma vieja, y así poder desenterrar las raíces que debían tallarse para progresar.

ÍNDICE

Prólogo:

Happenings (Acontecimientos)...**537**

Día Mundial en Recuerdo
de las Víctimas de Tráfico, 15-11-2015...**545**

062-091...**549**

Amor, Elegía y Juventud...**555**

Castillo de Naipes...**567**

La Canción de F...**573**

Occidente se enfrenta a la realidad...**581**

Nota al pie...**585**

Cosas que nunca te dije, Vol.2...**589**

Alma Vieja hablando de ti...**597**

El Brujo ha vuelto desde la lejana galaxia...**605**

Cercado en la línea de piedra...**615**

Verdad de un Alma Vieja...**621**

El "otro" posible futuro...**627**

Atrapasueños en Venus y un gaitero escocés...**635**

Ventanas...**647**

EnComunicación: Personal Branding en Intérpretes y Creadores de Cine...**653**

A La Tigresa Amarilla, Parte 2...**661**

Tú eres Niebla...**673**

Alma Vieja cumple años en físico...**681**

La Tigresa Amarilla regresa al Alma Vieja, o viceversa...**687**

En Terapia - Alice. Viernes 4:30 pm (Everlasting)...**695**

Son ambas cosas: Gracias, Alice...**705**

Prólogo:

Happenings (Acontecimientos)

Siempre me acusan de ser demasiado negativo, demasiado pesimista, a pesar de la esperanza, del mensaje, que trato de incorporar en mi trabajo sencillo, más de lo que pareciera...Pero ahora sólo puedo pensar en una imagen...Sí, ya sé, se reitera la estructura, todo se termina convirtiendo en una convención, un convencimiento de que aquella fórmula escogida es la adecuada, pero esta es la que conozco, la única que me funciona en estos momentos...Pienso en la última imagen que tengo de ti...Ya se lo dije a mi padre de los medios el otro día: *Ella es diferente, no es como las que conocí...*Todo ha seguido su curso en este tiempo, cada vez nos conocemos más, cielo...Cada vez somos más amigos, pero ahí continuamos, con nuestro juego encubierto, aquel en que sólo hablamos cuando no hay nadie delante...Por qué, porque la intimidad es nuestra, sólo nuestra...Decía, de aquella imagen...Ha ocurrido hoy, justo en el día en que hablábamos de **Life**, bello canto a mi ídolo James Dean...Yo sabía que iba a salir bien, pero no quería decirlo muy alto, no quería ser egotista, aquello que siempre temo...Sabía que iba a salir bien, más allá de mi pasión por el famoso rubio que no interpretaba, sino que *era* el personaje, al este del Edén, siendo rebelde sin causa, pero con causa, o el más gigante del viejo Texas, porque sentía que te iba a encontrar a ti en el camino...El sentir de Dean, el de un genio, que se fundió con el mío, quedando a años de luz de mí, el que hacía de sus traumas de macho la sublimación de todo su arte, se licuaba en un crepúsculo que desaparece, que se concreta, ameniza y clarifica, únicamente cuando estoy contigo, nena...Así de capital eres para mí, que la vía de escape que es el cine, que me salvó hace tantos años, se confunde contigo...Llevábamos unas cuantas semanas sin vernos a solas durante largo rato, y hoy nos hemos puesto al día...La espera mereció la pena...Allí estabas, ahí, saliendo a fumar. *Te acompaño*, te dije. Llevabas esa camisa rosa que tan bien te sienta, y entonces, lo hiciste, te colocaste en el momento preciso, en el encuadre prefijado por las hadas...Ahí estabas tú...Sin darte cuenta creabas la escena que jamás encontré en un film, eras una aparición, eras mi chica...Con el pitillo en los labios, esos ojazos entre verdes y azules, tan grandes, tan expresivos...El pintalabios potente, incendiado en rojo sangre, y esa sonrisa, y esa expresión indicativa de estar como encantada, más a gusto que nunca...Yo me encontraba frente a ti, medio tuerto por la potencia del sol del atardecer, medio encorvado, con las manos metidas en los bolsillos de un pantalón, que un día contuvo a un hombre joven con sobrepeso...Y te miraba, te miraba en esa estampa que me regalabas, mientras me contabas todo cuanto había caído en saco roto, en el transcurso de las últimas semanas, en que el tiempo furtivo nos jugó malas pasadas, e impidió que nos uniéramos...Te pusiste de espaldas al sol, y con esa facha, el astro se situó justo sobre tu cabeza...Casi parecías la virgen de Guadalupe...Dios mío, estabas tan, tan guapa, tan encantadora...Y me ocurrió lo de siempre, lo que antes, pocas veces, me pasó con una mujer, con una buena amiga...Sentí esas ganas, casi irrefrenables, de abrazarte, de besarte, de dejarte claro que eras mía, porque ya lo eres...Pero no cedí ante mi impulso, porque ello habría destrozado nuestro estatus...Aun así, el juego mental prosiguió, y al regresar, de nuevo, a los estudios, te sentaste frente al póster de Ava, en ese sofá fucsia que tanto nos gusta...Justo en su gran brazo derecho...Estaba a rebosar de bolsas, de trastos, y si yo hubiese deseado sentarme a tu lado, habría quedado pegado a ti, bajo tu efigie de diosa, esa que está mejor constituida que yo, esa que rebosa de espaldas de fuerte mujer, de rostro agraciado y amplio, y limpio, en proporción al reino feérico...Pero te sorprendí, me situé en el sillón blanco de piel caduca, alejado de ti...Y tú te sorprendiste, había estado siguiéndote toda la santa tarde, y creías que seguiría así, pero te puse fin, puse límite, y dudaste sobre tus encantos para atraerme...Quizá ni te diste cuenta, pero lo hice adrede, y operé así, sobre tu sentimiento, aparentemente soterrado, sobre tu sensibilidad...Haciéndote, nuevamente, dudar...Cada vez me acerco más, mi amor...Al separarnos, después de trabajar tan gozosamente con Frank y Rachel, me despido de las chicas, a secas, pero tú me das dos besos, me dices casi a escondidas que planeabas irte a andar por ese monte tuyo, cercano a tu casa de losa bendita, que tanto me gustaría visitar un día cercano, pero que quizá debieras posponerlo porque prometiste a tu abuela arreglarle el pelo...Esbocé una pequeña idea mía, una de esas que pongo en práctica, y que a ti te apasionan también, porque las llevas a cabo de modo encubierto, sin decirme nada: *Hazlo, sin vacilar...A cualquier hora...A veces, yo me voy a andar sobre las ocho, tarde, y qué más da, no pasa nada, es necesario*...Te quedas pensativa.

Como te quedaste pensativa aquel día en que escribí a través de la red social la despedida a mi abuelo. Llegué a la televisión, y me miraste directa...Fue el día en que hablamos de **Sicario**, ese oscuro y pretencioso poema a la corrupción humana de Denis Villeneuve...Me miraste de una forma en que dijiste todo, sin poner palabra de por medio, y porqué, porque había gente...Me miraste con esos ojos azules y verdes, cálidos, protectores, de tigresa amarilla, como queriendo decir: *Estoy contigo, te entiendo, y sí, te quiero, ¿o es que no lo sabes?*...Pero no dijiste nada...Estabas conmigo, y yo comprobé que leías mis contenidos, los que tanto comparto, pero como es costumbre en ti, no dijiste nada, porque no quieres que yo sepa que también te pica el hada verde, que además de vigilar el absenta, realmente potencia el amor auténtico, el sincero y más humano, tocado por la gracia y el brillo...Esa mirada significó tanto para mí, aquel día en que me sentía abatido, no sabes cuánto supuso para mí, Alice...Lo fue todo, y nunca la olvidaré...Eres la única mujer con la que puedo hablar sin decir absolutamente nada, como hoy mismo...Al final, me dices que lo pase bien este fin de semana, a pesar de que ya sabes lo desnudo que me siento sin ti...Te miro con mi rostro completo al descubierto, imagino, que una cara triste pero sobrellevada, y te contesto: *Igualmente*...Tu mirada de regreso vuelve a decirlo todo, me miras con ternura, con sentimiento, con cariño, y casi la voz de un hada nueva, una de tantas, que te siguen, y protegen, parece querer decirme: *Ojala las cosas fueran de otro modo, Diego...Ojala pudiera acompañarte...Ojala pudiera dejarme llevar por tu pasión de loco visionario, ojala pudiera ir contigo, hasta ese montículo sacro del parque* *de cabecera, en que te sientes tan bien, tan en paz, cuando no hay nadie cerca...Ojala pudiera escuchar contigo a los patitos del estanque, que van hacia ti, cuando los llamas, devolviéndote el cuac ficticio, y luego, redirigiendo el verdadero al resto de la manada, casi como constatando que no eres uno de los suyos...*No puedo escapar a tu amor, nena...Cuando creo que puedo convertir mi pasión en una sencilla amistad, casi me echo a reír...El mismo demonio cojo me dedica una sonrisa malévola, a través de los muchos gatos negros con los que me cruzo cuando salgo a caminar...Eres mujer de mi destino, cielo...Muchas veces pensé que esa mujer podría ser otra, casi a la altura de Rachel Garp, de veras, sólo por pura lógica...Pero Dios me libre de mi pedantería y egolatría...Porque sin tu contraste, sin la luz y el calor que hace delimitar y no acrecentar mi frialdad, mi misterio, no lograría mi equilibrio, mi grial...Aunque, a veces pienso en ella, sí, pero sólo a nivel profesional, y me maravillo...Jamás conocí a una mujer como Rachel, tan mesurada, tan lista, con ese poderoso control sobre sus hombros...Nadie puede sentirse intranquilo trabajando codo con codo junto a ella...Pero tú, eres tú...Recuerdo, por ende, no se me vaya a olvidar, que endulzó el instante previo a estos hechos de prólogo El Cortés Caballero, el mismo que acudió a apoyarme el pasado día, cuando había perdido al ser de mi sangre...Penetré el simpático garito francés al que acudimos a tomar café, habitualmente...Me senté en la barra, y por instinto de voyeur, me fijé en el espejo que había enfrente. Allí contemplé su silueta, dispuesta a darme un susto. Me giré rápido, y él dijo: *MIERDA*. Porque pretendía pillarme desprevenido. En la fallida escena de tiroteo del Oeste nos recreamos entre risas...Hablamos de muchas cosas, como de costumbre. Entre ellas, sobre el rancio clima político de nuestro país, rescatando en particular, la anécdota de un famoso programa actual, en que un reportero alemán preguntaba, en un barrio alto de Madrid, a un hombre: *¿Es usted de derechas?* A lo que el peculiar sujeto respondería: *Claro, de toda la vida. ¿Y que lleva ahí?* cuestionaba el entrevistador, señalando un alargado paquete que portaba el consultado...*Una escopeta*, contestaba aquel...Nos desternillamos durante un buen rato, a costa de la situación...Y nos despedimos en este día, prometiendo cada uno ser el más rápido en el próximo duelo espontáneo...Pero hoy casi me asaltas contándome tantas cosas, cuando llevábamos tantísimo tiempo sin tener nuestro espacio, con el sólo testigo de los ojos de Ava...Y yo pensaba: *Caray, tenías ganas, eh*. No parabas de hablarme, de toda tu vida, y yo estaba encantado...Sentía que tenías necesidad, sentía que el poder de La mujer de los ojos limpios, mi Maestra, de veras se había filtrado en mí...Sentía que parte de su esencia vivía conmigo...Ese poder que me hace escuchar las historias de otros, amarlas, corresponderlas, dentro de mis muchos límites, pero no compartirlas enteras en mi trabajo, porque se lo prometí...Y me gusta tanto que me hables de tu vida...Cada vez que me enseñas uno de tus bocetos de artista, yo alucino...Hoy me mostraste el de un mimo...Uno que no llegaste a aplicar sobre la piel, y por ello te sentías enfada, pero nunca frustrada, porque dejarías de ser tú...Y era tan hermoso, era idéntico al rostro de los seres que veo cuando sueño...Con la tez morada, y esos ojos brillantes, y sosegadores...Y es que tú estás conectada con ese mundo, aunque no lo sabes...Sí, ya estoy seguro de que tienes sangre de hada, y por eso me atraes tanto...Te dije: *Me gusta tu trabajo porque cuando te piden que hagas un mimo, no haces un mimo, haces tu mimo, siguiendo tu estilo, y eso me gusta mucho*...Quise todavía decir más, pero no quería que te asustases...A veces, pienso que me prestas tanta atención porque te doy lástima, y en tu fuero más interno, e inconfesable, te despierto cierto erotismo...De ser así, ello me destrozaría, pero cuando termino de rodar la crítica de **Life**, y me atrevo a decirte que, en ocasiones, siento como si tuviera dos cerebros, uno humano, y otro que queda más allá del propio cosmos, tú te ríes, y contestas: *Qué me dices,* veo que sólo es paranoia, y que mi sentir no se equivoca con mi tigresa amarilla...La primera impresión es la que cuenta en mí, cariño, y jamás podría equivocar tu pureza...Pero esas cosas que suelto casi sin pensar te encantan. Como digo tanto, como repito tanto, no te asustas, quieras saber más, o no, te atraen, y cada vez con menor control emocional...Mujeres de mi pasado admitieron sentirse absorbidas con esta clase de cosas mías, y claro, con los piropos que les regalaba, pero tú, simplemente, sonríes, con ese sol del atardecer sobre tu cabeza...Eso es un *Happening*, como dice mi amiga artista Isabel F., mi vecina favorita...*Un acontecimiento* feliz...La misma mujer que se sobresalta al saber que pido orujo blanco unas veces, en el Bar del miércoles, mientras le explico que lo tomo porque estoy cansado, y sí, considerablemente, por alguna extraña razón, opera maravillas anti-sueño en mí, lo que me permite trabajar por unas cuantas horas más, cuando, abandonando la noche externa, regreso a mi hogar...Casi me recuerdo peligrosamente al Doctor Thackery de la magnífica y durísima serie **The Knick**, de mi admirado Soderbergh, aunque no es para tanto...Puedes estar tranquila, nena, tú eres ya mi única droga, y benigna...Y no sé, realmente, cómo debe ser una aparición mariana en masa, y poco me importa...Esa imagen que me has dado hoy ha sido gloria bendita para mí...Creo que nunca la olvidaré...Hoy me has salvado, otra vez...Y así continúa este juego mental que nos une...Uno que aguarda un desenlace...Uno que, a veces, odio, pero que, a fin de cuentas, me da fuerzas...

Día Mundial en Recuerdo de las Víctimas de Tráfico, 15-11-2015

Un domingo cualquiera es ese día habitual en que cualquiera de nosotros trata de descansar y compartir la completa jornada al lado de nuestros seres más queridos. En un día como este, gozamos de lo que Dios nos ha dado, muchas veces, sin pensar en lo que tenemos, o en lo fácil que el destino puede robárnoslo. En un domingo cualquiera jamás imaginaríamos que ciertas cosas pudieran tener lugar, prodigios, milagros, que acrecienten nuestra felicidad, o desgracias, que nos mantengan, aún sólo por cierto tiempo, en la penumbra sin luz, ni esperanza.

Hoy no era un domingo cualquiera, sin embargo, para todas aquellas personas que han sobrevivido a sus seres más amados, víctimas de la injusticia de la carretera, de la mala suerte, o del azar que colocó a personas equivocadas, personas corrompidas y oscuras, en ese camino que, en determinado instante, transitaban sus familiares, hijos, padres, madres, amigos...

Cuando se intenta, de alguna forma, alcanzar con simples palabras los corazones de personas así, que tanto han perdido, que tanto aprenden a valorar la existencia, y su día a día, y que, en consecuencia, logran recuperar su esperanza ante la gran pérdida, ante ese trozo de alma que la vida les arrebata, todo suena a tópico. Todo, cualquier palabra, es patéticamente ineficaz a la hora de manifestar la indignación sincera, la tristeza, o la profundidad de su propio drama.

Es imposible hacerse una idea de lo que estas gentes pueden llegar a sufrir, de lo que el ser humano, pues esto es problema de todos, y todos podemos sufrirlo, puede llegar a sentir ante la partida de los suyos, ante la desaparición de la luz que ha guiado su vida...Es impresionante, cómo personas que de veras han conocido lo que es el verdadero dolor humano, pueden, no sólo recomponer su vida, sino hacer honor a todos aquellos que el cruel destino les arrebató.

"No es lo mismo saberlo, que vivirlo", decía un señor que acudía hoy al acto, algo indignado, ante las palabras de un profano. Cuánta razón tenía...Porque, a pesar de las sonrisas, a pesar de la camaradería existente, entre todos los asistentes y afectados, que luchan por la seguridad vial, y ese número cero en las víctimas de siniestros viales, la melancolía, la tristeza, pero, sobre todo, el amor, se hacían palpables en aquel ambiente de justa celebración del recuerdo.

Algunos dedicaban mensajes a sus desaparecidos, o asesinados, escribiendo con rotuladores gruesos y negros sus nombres propios, junto a dedicatorias de toda clase, en la pálida piel de diversos globos blancos. Lo que puede llegar a sentirse, cuando este acto comienza, y tratando de captar algunas imágenes, uno contempla, a la vez, la bella inmensidad de todos esos globos blancos, sujetos por personas que han perdido, pero que siguen luchando, es indescriptible.

Luego, el silencio, y el respeto lanzado al aire, que ondea mágicamente entre las paredes de la catedral, a la voz de: "Que les lleguen"...El cielo azul de Valencia es blanco por unos minutos, antes de volver a su estado natural. Como blanco es el color de los inocentes que caen víctimas de un destino que nadie desea, y que nadie puede explicar, pero que, por desgracia, está ahí. En un acto como hoy, quien verdaderamente alberga sentimientos en su interior, quien tiene principios, y atesora su decencia como ser humano, no puede contener un llanto, o cierta clase de grito, hasta casi mudo, que guarda en sus entrañas, por el recuerdo de quienes lo preceden.

Desde Luz de Cruce queremos decir, una vez más, que las historias humanas nunca terminan mientras se las recuerda verdaderamente. Que la lucha, la pasión, y el amor por los que ya no están, mantienen viva la esperanza, y en cierta forma, también la vida que se les escapó.

A todos aquellos que perdisteis a alguien en la carretera, queremos deciros que, si seguís aquí, si seguís haciendo lo que hacéis por todos nosotros, en el noble y honorable deseo de que las tragedias al fin se detengan, no sólo es porque vuestros seres amados os inspiren en la abismal distancia, permanezcan a vuestro lado, y os ayuden a ser tan fuertes como nos demostráis, es también porque sois personas excepcionales, y a las personas buenas, a las personas únicas, con moral, se las dota, desde su nacimiento, con esa fortaleza que nos dará ejemplo al resto.

Desde Luz de Cruce queremos agradeceros a todos, que sigáis compartiendo vuestro ejemplo, vuestra palabra y vuestra vida con los demás, porque así, el mensaje, la memoria, siempre será respetada, siempre estará presente, y siempre, aunque, en ocasiones, no lo veáis, inspirará a otros, apartándolos de todos los males que puedan encontrarse en el camino del asfalto.

Os damos así las gracias a todos, y en especial, a nuestra queridísima amiga, una gran y vieja amiga nuestra, Ana Novella, Presidenta de STOP Accidentes. Una auténtica profesional, un ser humano bueno y fuerte, que nos inspira, y que, como todos vosotros, nos hace ser mejores.

Gracias de nuevo por hacernos partícipes de este hermoso acto. De esta gloria a los que ya no están con nosotros. Porque así, cada año, nos acercamos más a ellos. Hasta volver a verlos...

Artículo escrito en la red social para Luz de Cruce. Nuevamente, mis compañeros y amigos me hicieron partícipe de una experiencia imposible de olvidar. Os quiero por ello. Ese domingo fui muy feliz. En él, no sólo tuve oportunidad de valorar la vida y la pérdida, sino que aprendí la valiosa lección de las víctimas: Hay que aprovechar el tiempo. Estamos aquí de paso, nada más...

062-091

A tenor de lo acontecido la noche de ayer en París, no puedo más que escribir estos sentimientos que, espero, compartan la mayoría de los españoles:

Por desgracia, no es la primera vez que suceden este tipo de barbaridades cerca de nosotros (digo esto porque a diario suceden, pero dada la lejanía, no nos hacemos partícipes de tanto dolor). Las sufrieron, y sufren, en Estados Unidos, las sufrimos en España, y ahora las sufren nuestros vecinos franceses. Es, por desgracia, una lacra con la que tenemos que convivir.

Por tanto, me gustaría hacer una reflexión:

Viendo las imágenes compartidas por los medios de comunicación, quiero creer que a todas las personas racionales se nos encoge el corazón. Insisto, sólo viendo las imágenes.

Pienso que, en un acto de humildad, deberíamos situarnos en el lugar de los hechos, en que hemos visto a las Fuerzas de Seguridad francesas enfrentándose a una situación de alto riesgo, jugándose la vida. Pongámonos, aún por un momento, en la piel del equipo operativo que tuvo que acceder a ese local de ocio, donde los terroristas tenían secuestrados a los rehenes, equipo que respondió al tiroteo que todos vimos por televisión...Pensemos en el riesgo que los agentes vivían, al enfrentarse a unos fanáticos que no valoran lo más mínimo la vida humana. ¿Seríamos realmente capaces de ponernos en su lugar?...Si siendo testigos, desde nuestra propia casa, llegamos a sentir miedo, qué podían sentir estos profesionales, a pesar de su dilatada experiencia y compromiso.

¿Saben qué diferencia a estas personas del resto de los mortales?...Para realizar nuestro trabajo, algunos podemos vestir traje, otros muchos, pueden utilizar un uniforme, sea este de la clase que sea. Estos señores, sin embargo, visten un uniforme muy distinto, portan una armadura, que los ata, voluntaria y honorablemente, a un compromiso en pos de la seguridad de todos los ciudadanos. Un uniforme que la inmensa mayoría viste con gran orgullo, consciente de que ello pueda significar dar su vida por cualquiera de nosotros, por el bien común de la gente indefensa e inocente. Pero, no nos equivoquemos, no son superhéroes cinematográficos, son personas de carne y hueso como ustedes y yo, con familia, temores, y una intimidad que proteger y salvaguardar. Profesionales que terminan su jornada laboral y quieren regresar al hogar enteros, sentarse en un cómodo sillón, como sencillo premio a su sacrificio, y ver una película con sus seres queridos, descansar...Es decir, hacer, finalmente, lo que todos deseamos...Sólo lo que todos deseamos...

Aunque, como es habitual, aquí, en España, y en la mayoría de los lugares de Europa, muchas veces no sabemos valorar lo que tenemos...Que algunos de nuestros políticos permitan que ciertos impresentables se "caguen en los muertos de nuestras Fuerzas de Seguridad" (más concretamente, de la Guardia Civil), en actos públicos, y no contentos con ello, les rían las gracias, creo que es algo verdaderamente deplorable, indecente y flagrantemente penoso. A mí, personalmente, me gustaría preguntar a estos "señores": ¿Ustedes saben qué significan los números 062 y 091?...Les puedo asegurar al ciento por ciento, que todos lo saben perfectamente, es más, apostaría a que, más de una vez, los han empleado en beneficio de su propia seguridad personal...Entonces, ¿por qué criticarlos, por qué faltar al respeto a los mismos profesionales a quienes acuden cuando las cosas se tuercen y no tienen idea de qué hacer? A qué clase de malsana hipocresía están cediendo...¿Es que acaso se han vuelto locos?...

Permítanme decirles que, aunque ustedes no quieran verlo, esta es la realidad, el día a día de unas personas sencillas que no hacen más que velar por nosotros. Por todos nosotros...A pesar de las críticas injustas que reciban, a pesar de que los ignoremos cuando todo marcha bien, ellos siguen ahí, y darían sus vidas por nosotros, sin pensar en esos momentos de relax, vividos en el refugio del hogar, al final de la jornada...Quien no sepa valorar un sacrificio tan sagrado, no merece ser considerado una persona decente, ostente el cargo que ostente, proceda de la vena política de la que proceda...Si no valoramos a nuestros guardianes, no podemos valorar otras muchas cosas: La entrega humana, la bondad, la dedicación profesional, la honradez...

Ahora, diría yo, habría que pensar además en el poco o nulo reconocimiento que les brindan nuestros propios gobernantes, o en el odio visceral y repetitivo que les deparan determinados "sectores" de nuestra sociedad, sin contar, por ende, la obscena falta de medios, con la que brillantemente afrontan su labor, o el sinfín de ridículos obstáculos burocráticos a los que tienen que hacer frente a diario para conseguirlo. Pero ahí siguen, continúan al pie del cañón, demostrando, sin detenimiento, su entrega, su integridad moral, y como ya decimos, su profesionalidad.

Por ese motivo, he de admitir que me siento orgulloso de poder contar a algunos de mis mejores amigos entre los cuerpos de las Fuerzas de Seguridad del Estado, grandes amigos, familia, personas intachables, ejemplares profesionales que, en todo momento, en cualquier parte, tengan ustedes la certeza de que estarán ahí para ayudarnos, salvaguardar el orden, y protegernos.

Recuerden, por un momento, las imágenes que les he citado al principio del comentario. Esas imágenes del verdadero horror humano, que cada vez está más cerca de nuestra aparentemente impoluta estructura social. Y ahora, piensen sinceramente: ¿Se cambiarían por alguno de ellos? ¿Estarían dispuestos a arriesgar todo cuanto aman, por proteger a personas a las que ni tan siquiera conocen? Yo diría que no, porque, para eso, hace falta una palabra que describe un compromiso, un sentimiento que hoy día parece encontrarse en desuso, olvidado, y ese sentimiento, esa palabra, es el HONOR. Honor verdadero, una virtud casi imposible de lograr en la actualidad.

Desde aquí, quiero brindar mi apoyo a todas estas personas, hacerles llegar mi más humilde agradecimiento, y hacerles saber, de corazón, que en estos tan duros momentos, algunos de nosotros, entre la mayoría silente, rogamos por ellos, y les deseamos la mejor de las suertes en su vida, y en su trabajo. Igualmente, aprovecho el presente comentario, para regalar todo mi apoyo a nuestros vecinos franceses. España no os olvida, España sabe lo que estáis sufriendo. Estamos con vosotros, con vuestro dolor, y con vuestra lucha.

Artículo escrito para la red social en colaboración con mi padre Juan Manuel Canós, situación que me sorprendió gratamente. Los compromisos me indican que las nuevas tecnologías no sólo sirven a modo de quehacer telegráfico, sino que de veras alcanzan. Nuestro conocimiento se comparte, y nos hace mejores. De esta forma, y como el sabio dice: Pensando, estamos más cerca de la verdad...

Amor, Elegía y Juventud

-**A**_mor-

Love & Mercy, el biopic deseado de uno de los grandes genios de la música moderna: El líder de The Beach Boys Brian Wilson. O así nos lo vendieron...Una película magnífica que adolece de demasiado pretenciosa, por culpa de un director inexperto, fascinado por el testigo otoñal e inmisericorde del gran Stanley Kubrick, tan oído, por tan magnánimo, que ya da tirria...Más nos hubiese valido que Darren Aronofsky o Denis Villeneuve se hubiesen hecho cargo del proyecto, pero, a veces, los milagros no existen, y hay que conformarse con lo que queda.

Es esta la historia de un inclasificable genio con una sensibilidad única para el arte y la vida, un hombre que escuchaba voces que nadie más oía, desde el lejano 1963, las que, según él mismo decía, le revelaban las letras de sus canciones, las notas, o el buen hacer de ese sello, ese estilo irrepetible, que lo conformaría en uno de los grandes referentes de la música moderna.

Brian Wilson, hoy día prácticamente olvidado por el público general, era, en realidad, un ser que, simplemente, no pertenecía a este mundo...Se encontraba casi como al otro lado del río...Repudiado por su misma familia, por un padre maltratador que sentía envidia de su propio hijo, e ignorado por una madre alcohólica de mente débil, salió adelante gracias al apoyo de sus hermanos, primos y amigos, pero eso no fue suficiente...Sus demonios lo consumieron, y confundió su don, al tratar de potenciarlo con el mal, con la etapa de alucinógenos, cocaína y alcohol, que se llevó por delante a algunos de los más grandes genios de la segunda mitad del pasado siglo XX.

Aún así, Brian Wilson prosperó, demostrando a todos que la diferencia, muchas veces, era más que una casualidad, más que un cúmulo de pequeños y extravagantes detalles que, en el mundo contemporáneo, conducían a la marginación...Demostró que ser raro no era tan malo...

En el futuro, este genio de caduca fortaleza mental, heredada de su desgraciada madre, no pudo más que sustituir el fantasma de su padre por el de un psiquiatra malévolo que lo torturó hasta la saciedad, aprovechando su voluntad truncada y su genialidad dormida, hasta que entró en su vida su verdadero amor, una mujer buena, sencilla y decente que hizo todo cuanto estuvo en su mano para salvarlo del lobo...Finalmente, lo logró...Pero no deseó mantener su noviazgo añejo, sólo por temor a que Wilson pensase que deseaba beneficiarse de su gran fortuna, como todos aquellos chupópteros que se habían adherido ignominiosamente a él...

Fue el propio Wilson, quien acudiría en su busca, tiempo después, tras haberle revelado, en sus muchas y peculiares citas, los detalles desagradables, los tiempos oscuros que habían hundido su talento y su vida, su relación con las drogas, y su decadencia, antes del resurgimiento...

Ella nunca se asustó de él, pues supo captar su verdadera esencia...Aquel chico hecho hombre, sólo en apariencia, aquel genio que jamás había tenido una sincera infancia, le resultó tan tierno, inocente, y genialmente romántico, que cayó rendida, sentimentalmente, a sus pies...

A veces, las personas nos damos cuenta de cuál es nuestra misión en esta vida...

Love & Mercy no será una gran película, pero nos demuestra, nuevamente, cuál es el mensaje final del destino, o el azar mágico, el motivo por el que los seres humanos vivimos: El amor.

Muchos se corrompen, sí, pero al encontrar el amor y la misericordia del título, volvemos a nacer...Brian Wilson lo vivió en sus propias carnes. Y así lo plasmó en su música, tras levantarse del catre en el que había estado preso, tanto voluntaria como involuntariamente, sin moverse ni un ápice, durante más de tres años...Aún así consiguió ser feliz, casi en la vejez...A través de su genialidad y diferencia retornadas, pagadas con un largo infierno...Ese fiel testigo se percibe en este Love & Mercy, film que él mismo supervisó.

A aquellos que hayáis sufrido, o hayáis escuchado "la música de las esferas", un canto diferente, que nadie antes pareció escuchar, pero, que, sin duda, existe, y existirá, siempre al otro lado del trastorno, o la enfermedad mental incorrectamente diagnosticada, os puedo decir que no sois los únicos...

No sois perfectos: Sois diferentes. Y vuestro compromiso como tal, implica que compartáis con el resto toda esa diferencia, todo ese enorme talento, que es parte del final mensaje: Amar.

Querer, sí, pero no según el diccionario de la RAE, o cualquier otro academicismo, sino según el sentir humano. Y ante ese sentimiento jamás habrá que pensar, ya que sólo es sensación: Pureza y verdad.

Y al obtenerla, habremos triunfado...

-E_legía-

1.

-Las mujeres guapas son invisibles.

-¿Invisibles? Qué dices...Una mujer guapa destaca, se distingue entre las demás...No pasa inadvertida...

-Pero nunca llegamos a ver realmente a la persona...Vemos la cáscara hermosa, pero nos bloquea la barrera de belleza...

2.

-¿Te he contado alguna vez mi teoría sobre las chicas guapas?

-Un millón de veces: Nadie puede verlas...

-Bueno, ¿llegaste a verla, también, por dentro?

-No entendí lo que vi...

De Elegy, dirigida por Isabel Coixet. La obra maestra de una autora llamativa aunque desigual, su auténtica joya, exenta de cualquier tipo de convención o postura política. Verdadero cine, crónica de los desahuciados sentimentales. Una película sobre el más puro amor, y el dolor de la pérdida.

Este par de escenas casi provienen de una misma conversación, de una misma secuencia. La primera enuncia el film, y la otra, de alguna extraña forma, lo cierra. Ambas representan la trascendental charla entre dos titanes, uno cinematográfico, el inigualable Ben Kingsley, y otro artístico, en general, más allá del cine, la fotografía, la dirección o el guión, un animal vital, el desaparecido Dennis Hopper, aquel que logró desencadenar el cambio en el nuevo Hollywood, y que, paradójicamente, seguro, debido a su existencia plena de excesos, se echó a perder.

Pero sanó más adelante...El autor de la inspiradora Easy Rider, sobrevalorada, según algunos, no volvió a dirigir una sola película, una vez pasada la furia, pero siguió impartiendo lecciones vitales a través de su interpretación, cuando ésta, realmente, era expresión de sí mismo, y no un mero sustento económico.

Coixet siempre ha tenido un gran ojo para escoger a sus actores, intérpretes verdaderos, no estrellas...Tiene un don mágico para elegir sus repartos, aunque, personalmente, eché de menos a Mickey Rourke, en lugar de Tim Robbins, en La vida secreta de la palabras. Pero se hizo con Hopper, como antes se hizo con Seymour Cassel, Julie Christie, o la diva musical Deborah Harry. Sus trabajos con esta realizadora fueron su mejor carta de despedida.

Mención de honor, por ende, para la magnífica Patricia Clarkson que nos depara la presente, una de las mejores actrices de su generación, una tigresa intelectual, al fin, en un rol a su altura, del que pocas veces disfruta.

Más allá, he de decir que Elegy es el único film en que Penélope Cruz, verdaderamente, me pareció una actriz irrepetible...Ojala volviese a esta clase de papeles, de tan exótica química. Porque, quién hubiese imaginado a

Kingsley prendado de Cruz, o viceversa. Sólo Coixet podía lograrlo, y hacerlo auténtico, creíble...

Elegy, una película ineludible para los duros de corazón, que pasan gran parte de su vida dándose la apariencia de gélidos, como fútil forma de auto conservación, aunque, en el fondo, sean los más sentimentales.

-J_uventud-

En ocasiones, las palabras no son suficientes...Muchas veces, parece gritarme una voz invisible, cuando me encuentro sentado en mi pequeña habitación, frente al teclado. En este invierno, noto que las cosas cambian, no sólo para mí, sino para todos aquellos a los que quiero, y me rodean. De algún modo, creo sentir que ese despertar del mundo, con el que la gente íntegra sueña, está más cerca de alcanzarse, o quizá de resultar más palpable, y no es por la Navidad...

Y me hago una sencilla cuestión: Por qué nunca nos acostumbramos a que los demás cambien, cuando nosotros mismos lo hacemos...Es como si reescribieran nuestro libro favorito con un final distinto, que estuviera bien, pero no fuese el ideal...Eso hace que nos sintamos, al menos, en una parte, traicionados por nuestro propio destino, o lo que de veras esperábamos de él, si bien, lo dejamos pasar, al descubrir que ello merece la pena, pues nos damos cuenta de que el destino nos ha alcanzado, y sólo podemos hacer las cosas como las hacíamos, sino mejor...

Sin embargo, todavía me atrevo a quedarme sentado en el sillón, y es cuando me sorprenden, en ese auxilio, toda clase de pensamientos cinematográficos y literarios, mi eterno miedo al fin de los folios, la ausencia de tiempo...E igualmente, compruebo, de nuevo, que lo más sano es reírse de uno mismo, cuando empiezan a acudir a mi mente todas las escenas de las películas de Woody Allen, que hacen que rompa en llanto de tanto reír, o pensar.

Entonces, sé que llega el momento...Voy a descansar, por vez primera, en unos meses, pero descansar de verdad...

Voy a atiborrarme de dulce, y ver todas esas películas recientes que durante tantas semanas se me han escapado por cuestiones ajenas al ocio. Así que acudo a mi archivo, y escojo la primera de ellas, que, de verdad, despierta mi atención, algo cada vez más difícil para mí, teniendo en cuenta las últimas temporadas del celuloide...Y esa película es La juventud, La Giovinezza, de Paolo Sorrentino. Y, simplemente, tomo algunas notas desordenadas, sin compromisos, sin prisas, porque me siento aventurero, porque no me apetece tomarlo con la habitual seriedad.

Notas quizá algo inconexas, que me apartan del turrón navideño, y hacen que me recree en el mayor arte de todos, la suma de todas las artes...En sentido filosófico, porque, de algún modo, me identifico, egotismo aparte, con el desfile de personajes absurdos y raros que transitan por este bello film, que relata un sueño en el retiro, un retiro que siempre amenaza con regreso:

Búsqueda por recuperar el sentimiento perdido, identificado equívocamente con el pasado, esa juventud, tan perfectamente ejemplificada en el carisma y cuerpo de la Miss Universo Madalina Diana Ghenea, una diosa terrenal, y casi, yo diría que muy pronto, una gran actriz.

Qué pleno gusto destila esta, aparentemente, tan sencilla nueva obra del realizador de La gran belleza, al permitirnos contemplar a algunos de los mejores hacer lo que mejor se les da, lo que gustan y desean, aquello para lo que han nacido...Aquí sí se consigue...Qué milagro actual.

Un placer disfrutar de tanto talento joven, y otoñal, este último, a punto de desvanecerse para siempre...Y qué mejor forma hay de retratar la fugacidad de la vida humana, que haciéndolo a través del reflejo de los más grandes artistas de toda índole, que por aquel místico y felliniano balneario marchan en el film, moldeados por las manos de titanes como el ya prácticamente olvidado Harvey Keitel, quien creció junto al maestro Scorsese, cuando todavía era Scorsese, e introdujo a Tarantino en Hollywood, y ese inclasificable, por genial, británico de pura cepa, con pros y contras, que es Sir Michael Caine, sin olvidar a una decrépita, pero eternamente digna, Jane Fonda. Son ellos, embebidos en esos arquetipos privativos, a tiempo de ser sólo sueño y recuerdo, los que convierten la cínica y hermosa obra de Sorrentino en una propuesta seria, y no la mano de su mismo autor...Su liberación conjunta de demonios, sin duda, es testamento del que aprender...Porque, en el fondo, todos somos lo mismo. Vivimos, amamos y morimos, independientemente de la oportunidad para explotar, o compartir, nuestro brillo interior. Los genios, dejan tras de sí su sombra, el resto, quizá soñemos con alcanzar un humilde legado...

Sí, La juventud puede que sea, en definitivas cuentas, una película pedante y aburrida, a pesar de sus exquisitos momentos, y la puntual iluminación intelectual del controvertido Sorrentino, deseando, casi siempre, ser quien no es...Pero es también una película, un puro cine de otra época, que nos da una lección única: "Mientras hay vida, hay esperanza", como decía Stephen Hawking...Mientras hay noesis en la soledad, cerebro, acción mental, o claro está, amistad, en la desesperación, la destrucción no es completa, y el puzzle puede volver a recomponerse sin demasiados problemas...Mientras quede esperanza en el corazón, esa esperanza que nunca se pierde, quedará arte, mediante el amor truncado, es posible...Más allá todavía, este singular film, que mucho comparte con la también reciente obra maestra de Olivier Assayas Viaje a Sils Maria, que pasó igual de injustamente desapercibida por nuestras carteleras, nos hace pensar justo en lo mismo que ya anunció el señor Woody Allen en esa gozada llamada Otra mujer, una película escrita por un hombre, que parece escrita por una mujer, hasta ahí llega su ingenio:

"¿Un recuerdo es algo que tenemos, o algo que hemos perdido?".

Y yo diría que, mientras vivimos, simplemente, podemos recuperarlo...

Yo lo hice ayer, al recibir una visita muy especial.

Gracias a ti.

Castillo de Naipes

Me gustaría hablar desde la más profunda sinceridad que mi mente y mi corazón pudieran regalarme en este día, en esta noche, pero, como hombre, como ser humano, siempre me hallo frente a un muro, frente a una frontera invisible, que me impide filtrar los auténticos sentimientos que me gustaría compartir con todos vosotros, tal y como un día me prometí...En ocasiones, todavía me sorprendo en mi mediocridad, en la vulgaridad que caracteriza a ciertas personas, en esa hipocresía con la que todos nacemos, que casi nos obliga a juzgar al resto, en comparación con nosotros mismos, o con aquello que consideramos sacrosantos ejemplos...

Cómo puedo yo juzgar el pasado, cómo puedo yo juzgar la muerte, de aquellas personas a las que nunca se elige, y que puedan resultar más o menos acertadas en la vida de uno mismo: La familia...Creí que esta semana podría volver a hacerlo, como lo he hecho siempre, cuando esperaba un detalle de su parte, cuando esperaba que me visitase, estando enfermo de mis ojos, hace diez años, cuando dejé de verlo...Creí incluso que podría hacerlo, cuando, muchos años más tarde, lo perdí todo, y así sobrepasé mis problemas con el alcohol, y decidí buscar ayuda...Creí que podría, valientemente, juzgar al hombre al que echaba de menos, pero que no estaba ahí...Como tantos otros no estuvieron, hasta que fui yo mismo el que dejó de estar...

La verdad es que, en ocasiones, las cosas ocurren porque ocurren, sin más. En las negativas y aserciones que suelen plagar nuestra vida, está claro que cada cual elige un camino, elige unos principios, que lo conducirán a determinados hechos. Acepta su propia oscuridad, su propio drama, y con algo de suerte, así aprende a afrontar lo que todos debemos afrontar: La vida, la muerte, la desgracia, la pérdida, la incapacidad del hombre, o de la mujer, por materializar sus deseos más íntimos, más nobles y más profundos, que, con asiduidad, al no ser satisfechos, fácilmente pueden corromperlos, hasta tornarse en rencor, envidia, pecado de estupidez...

Dios sabe que soy un gran pecador. Lo he sido desde que nací, y por eso nunca he echado la culpa a nadie. Ya sé bien que siempre hablo del amor como forma de salvación, de ese mundo brillante en que perviven y reposan todas las cosas bellas que habitualmente no podemos ver, pero que nos salvan...Cuando pienso en todo lo bueno, que me ha convertido en un hombre, o su proyecto, en un algo más que jamás creí posible, dados los errores que me vinieron dados, y los que yo mismo he cometido, siempre acude a mi mente la misma imagen, extraída de la película El cielo sobre Berlín. Para el que no la conozca, se trata de una película en que se retrata la existencia del hombre desde el punto de vista de los perfectos entes de luz, ángeles, quizá, y de cómo su mundo interacciona con el nuestro. En El cielo sobre Berlín seguimos los pasos de uno de estos seres en concreto, y a través de sus ojos, vemos cómo sus hermanos abrazan al ser humano, cuando este está desesperado y cree que no va a poder más. Entonces, se obra el milagro, en esa imagen, esa escena en que nuestro vecino brillante contempla a otra alada compañera suya, impidiendo que un hombre gris y solitario se suicide...Sólo tocándolo...

Cuando trato de imaginar siquiera, todo lo que el hombre pierde, lamentándose de su pasado, como la mayoría hemos hecho, en alguna ocasión, cuando siento esa tristeza palpable en el ambiente, cada vez que salgo a pasear, por ese casi par de horas que me calman los nervios, siempre pienso en las personas a las que he perdido...Antes he mencionado veladamente a una de ellas, y es que esta semana he perdido a mi abuelo. "Perdido", casi sería una palabra dada con cinismo de mi parte, porque prácticamente llevaba diez años sin verlo. Sin embargo, cuando se fue, lo sentí. Sentí que no se había marchado solo, y ello me reconfortó. Recordé sus palabras cuando, en el duermevela, decía ver a mi abuela, que nos dejó muchos años antes, o cuando, identificando a la parca, hablaba de un enorme pájaro negro que lo miraba mal...

Porqué, me pregunté, porqué nuestra relación se enfrió tanto, hace más de diez años, cuando, nunca fue esencialmente mala...No encuentro respuesta en mi interior, ni angustia, ni congoja, sólo veo al ángel que nos abraza a todos...Sólo veo una esperanza, un motivo que me aparta del fuego del mal, o de la tormenta eléctrica que sacude mi mente, cuando más solo estoy, cuando deseo apartarme del mundo entero, para no escuchar ni un sólo ruido, más que el del percutor de mi propia memoria...Hoy he descubierto que preguntarme por qué soy así, es lo mismo que preguntarme por qué mi abuelo y yo mismo nos distanciamos hace ya más de una década...Preguntarme por mi propia esencia, a pesar de mi fe, a pesar de la bondad, o de la oscuridad, que puedo comprobar en este mundo, y en las personas que lo poblamos, sigue significando para mí una novela inacabada, por escribir, tanto como el futuro en el camino...

Qué sentí cuando ciertas voces amigas, cierto instinto, parecían querer indicarme que pusiera mi mano sobre su frente y lo mirase a los ojos, cuando casi no quedaba nada de él...No puedo decirlo...Qué percibí cuando sólo unos instantes antes de verlo, tras tanto tiempo, comprobé que algo me quemaba mucho por dentro...No era la inquietud del reencuentro, no era temor a afrontar mis propios pecados, y los suyos, era la sensación de la muerte, una que hacía mucho tiempo no sentía, desde que, siendo niño, vi un cuerpo tiroteado, y aún así, no sentí nada...

Mi fe no se tambalea, es un océano infinito que ya nunca se seca, desde que La mujer de los ojos limpios, y otras, me salvaron hace ya unas cuantas temporadas en mi vida...Pero, aún así, algo me falta, algo me duele, y no es esa inmadurez que trato de desterrar cada día de mi cuerpo, cuando hablo conmigo mismo y me miro al espejo, tratando de descubrir en mi rostro la respuesta final a la duda: Quién soy yo. Qué hago bien. Qué hago mal...Mi frialdad y mi amor provienen de un mismo lugar indeterminado...Mi sangre, la forman dos colores opuestos...

En ese instante frente al espejo, hoy no he escuchado a nadie, no he visto nada, ningún guiño, ningún símbolo me ha salvado...Ha sido como pagar por mi parte de culpa...Porque en lugar de una respuesta, sólo se ha abierto una ventana al pasado, del que aprendo, del que sufro y en el que me recreo...Y no siento tristeza, sólo una leve sensación de abandono, la que siempre he sentido, en el fondo...Qué me falta en la vida, cómo puedo seguir amando, cómo puedo sentir, en una época en la que cada vez resulta más difícil ser sincero...Cómo puedo abrazar mi dolor, como una forma de penitencia...Cómo puedo continuar mi camino a solas, en medio de la urbe desatada, frenada por constantes y ridículos semáforos, que nos impiden caminar de seguido, sin interrupciones vanas, mientras, simplemente, no pienso en nada...

El símbolo no existe, sólo existe el sentido, así que sólo trato de recordar una circunstancia de hace cierto tiempo, cuando era menos de lo que ahora soy, en que jugaba con mi abuelo en la terraza de su casa. Yo tenía una bolsa repleta de soldaditos de plástico verde, y él me pidió que le prestase uno. Le encantaban los petardos, por cierto, así que logró atar uno a la cintura de aquel soldado. Encendió la mecha, y luego, quedó frente a mí, como queriendo protegerme del impacto. Después, me miró a los ojos, y me preguntó: Dónde está el soldado...No contesté.

Ahora, casi su rostro, casi su misma expresión y tonalidad de voz, parecen hallarse frente a mí, en el reflejo de ese espejo en el que no consigo percibir ningún rastro de luz...En este mismo momento, esa ventana al pasado se convierte en un portal de doble sentido, que transforma el cristal aséptico. A un lado está él, donde quiera que esté...Al otro, estoy yo...Y a la vez, decimos la misma maldita frase: Qué has hecho durante los últimos diez años...Y ninguno contesta, no hay sensación. Sólo una sentencia que me contenta cada vez que salgo a pasear para expulsar mi negrura y soñar con amar como jamás lo he hecho: Seguimos adelante, a pesar de todo...

Ahora me acuesto, y casi me parece percibir una oración más que se escapó al contacto previo: "Cuidado con el castillo de naipes. La vida es un juego que se derrumba, pero que siempre se vuelve a hacer". En los próximos días, creo que me dedicaré a reconstruir mi propia estructura endeble. Quizá la sonrisa de mi chica favorita, quizá una canción, quizá una charla con un viejo amigo, refuercen mi sentimiento adormecido...Llevo tanto tiempo corriendo...Pero desde que salí del refugio, mi nueva vida me ha dado más de lo que nunca esperé...Sí, desde que regresé al mundo, si de algo estoy orgulloso, es de no querer correr más...Y por eso, sigo adelante...

Allá donde estés, te perdono. Y espero que tú también puedas perdonarme. Estoy seguro, porque lo siento, de que algún día, volveremos a vernos. Sé que entonces los años vacíos no importarán. Porque el tiempo ya no existirá. Sé que entonces, en el nuevo estadio, podremos vernos ambos, no como realmente fuimos, sino como siempre quisimos ser. Adiós, abuelo.

La canción de F

Sabido es que los lugares poseen cierta memoria, y que impolutos como eran antes de entrar a vivir, las personas que habitan en ellos pueden cambiarlos, amplificarlos, o retorcerlos...Casi interceder en su esencia, fabricada por el propio hombre, como el bien y el mal sobrenatural hacen a cada uno de los seres humanos, afortunados, o desgraciados. Yo tenía un amigo de los tiempos del colegio, que me sugirió esta historia...Lo cierto es que hace muchos años que no lo veo, pero, desde que lo conocí, cada vez que visito una antigua casa, una con historia feliz, o con problemas, siempre me acuerdo de él...El señor F había crecido en un departamento poco recomendable de las afueras del extrarradio, muy cerca de donde yo vivía, en una pequeña casa situada frente al cementerio municipal, cuyo propio emplazamiento ya parecía augurar malos tiempos. Allí vivía con su padre, un alcohólico que jamás lo quiso, y su madre, una mujer sacrificada que, sin embargo, jamás fue capaz de corresponder la compleja sensibilidad de su hijo...Así, F se escapaba con frecuencia de su casa, y a veces, coincidíamos en el mismo parque frente a la estación, en el que, de vez en cuando, ocurrían tristes sucesos, o eran hallados los cuerpos de los hijos de otras generaciones perdidas, de cuando la droga irrumpió en la ciudad del murciélago...Recuerdo que, una vez, realizamos una de nuestras inspecciones por el verde, que caía desde el hormigón de la estación cercana, y que a través de copiosas lianas formaba como una pequeña selva en la ladera amorfa, hasta rematar en una porción de terreno ínfimo, pero virgen, que conectaba nuestro viejo barrio con el nuevo. Allí, uno podía encontrarse con toda clase de sorpresas, como restos de bacanales, piel de conejo, sobras de ritos vudú, de una peculiar secta extranjera que operaba por la zona, e incluso, en una ocasión, una enorme caja de cartón que contenía una inolvidable colección de revistas pornográficas, que las chicas de San Isidoro robaron a la banda de los chicos para quemarlas, porque les parecían indecentes, o quizá, simplemente, porque se sentían ofendidas, ante nuestra falta de atención hacia ellas.

El caso es que aquel día en que nos encontramos, F y yo descubrimos, en nuestro pequeño refugio, una cabaña oculta por el verdecino, en cuyo centro había una vetusta farola delgada, casi hermanada al tronco de un árbol, otra clase de regalo muy especial: Una jeringuilla vacía, presumíamos que, vieja contenedora de heroína, y una botella de whisky, o licor similar. Aquel trozo de infierno que había ido a parar a nuestro íntimo Edén, nos resultó tan nauseabundo, que decidimos acabar con él. Tomamos la botella y la aguja, y las llevamos a la estación de tren que se encontraba al mirar arriba de nuestras cabezas, cual Olimpo divino. Las dejamos posar sobre la vía derecha, y nos apartamos en la prudencial distancia. El tren tardó en pasar, pero, cuando lo hizo, pulverizó ambos objetos con una facilidad pasmosa. No quedó nada de ellos, ni siquiera un pedazo. Recuerdo que, mientras el tren pasaba sobre ellos, F se puso a chillar como un loco. Tenía fama de serlo, del mismo modo en que yo tenía fama de retraído o de raro, pero nunca me afectó la compañía de F, ni me sentí incómodo con él. F simplemente era distinto...

Muchas fueron las veces en que la policía acudía a su casa, por diversas cuestiones que jamás conocí bien, salvo una de ellas, en que los agentes le preguntaron, frente a las chismosas del barrio, porqué se había escapado para instalarse como un náufrago en mitad del campo. Él dijo que se había marchado porque estaba harto de ver cómo su padre pegaba a su madre. Aunque yo no lo creí...Es decir, no creí que fuese únicamente por eso...Y es que, a veces, las personas buscamos respuestas fáciles a problemas complejos...Un día pregunté a F porqué había gritado tanto aquella vez en que el tren erradicó temporalmente el mal de nuestra cabaña. Él me miró triste y serio, pero no contestó...Me empeñé tanto en que lo hiciera, que, al final, se enfadó conmigo, me tiró una piedra a la cabeza, y luego, me abrazó, y me lo contó...Dijo que la botella de alcohol que habíamos encontrado, era la misma que solía beber su padre. Obviamente, no era preciso ser adivino para pensar que, por motivos más profundos, F estaba convencido de que la aguja también había sido utilizada por él...Pasaron muchos años, nos distanciamos, y yo finalmente logré huir de San Isidoro y la asquerosa Fuente Santa, a la que acudí al instituto por dos largos años, a los que, en otros trabajos, suelo denominar como "mi servicio en Vietnam".

Hasta que un día, se me ocurrió recorrer nuevamente los mismos concretos lugares que F y yo transitábamos, cuando, especialmente, en el verano, parecíamos ser casi los dos únicos niños del barrio, que no podían irse de vacaciones. Mientras paseaba por los alrededores de nuestro antaño refugio, ahora inexistente, y aquel prado de las sorpresas digno de El Bosco, recordaba también muchos otros detalles de mi amistad con F. Como cuando nos aburríamos, optando así por llamar a los telefonillos de los vecinos mayores, para gastarles toda clase de bromas inocentes: Él contaba chistes, o trataba de tomarles el pelo, y yo ponía voz de demonio, y les regalaba frases de ultratumba. Recordé además cuando decidimos que Lorena, la chica gorda y alcahueta que vivía sobre el mercado, merecía una lección ejemplar por excluirnos de su fiesta de pijamas. Ese día organizamos bien la operación conjunta: Íbamos a hacernos pasar por un par de mujeres de la vida, en busca de puntual servicio, a través de los telefonillos del barrio, centrando todo nuestro esfuerzo, empeño y diversión en el de aquella tirana marginadora. A él se le daba bien poner voz de mujer, pero a mí no...Es más, yo tenía otro impedimento, y es que, por aquellos días, empecé a desarrollar una dolencia, que me provocaba un continuado y extraño tic, con el que lograba reunir mi nariz con mi labio superior, esto va en serio, creando, como resultado, un inclasificable sonido semejante al de un estornudo...Aquello solía divertir a F, y nunca me juzgó por ello, pero esa vez me dijo que me contuviera, porque al enfrentarnos a Lorena, en seguida detectaría quiénes éramos, si yo no podía controlar mi tic...F era un genio.

En fin, que recordé esta y mil historias más, algunas agradables, y otras desagradables, como la de aquella tarde en que, paseando por la zona de los viejos caseríos, encontramos el cuerpo tiroteado de un hombre, en el portal de una masía abandonada...Ninguno de los dos sentimos nada, al menos, a nivel físico, pero sí el instinto de no llamar a las fuerzas del orden. Nunca lo olvidaré, a la mañana siguiente, todo aquello se convirtió en un avispero policial, e incluso vino la televisión, y dieron la noticia por la pequeña pantalla. Aquel hombre era un militar de rango, que, según los medios, se había suicidado tras propinarse repetidas puñaladas con un cuchillo de carnicero...Gracias a Dios que F y yo no avisamos a nadie cuando encontramos el cuerpo, a saber qué habría sido de nosotros, al situarnos como testigos de un ajuste de cuentas de tal calibre...Como decía antes, andaba por los viejos lugares recordando estas viñetas mentales, hasta que me sorprendió un hombre oscuro y taciturno, de aquellos que creía ya no quedaban en el barrio. Comenzó a atosigarme, y me pedía dinero, sin atreverse a atracarme claramente. Tenía el mono, así lo creí porque estaba bastante nervioso y sudaba, y no podía quitármelo de encima de ninguna forma, hasta que el demonio interno empezó a picarme, para enfrentarme a ese malnacido, y hacerle un regalito en la cara, pero yo no quería, ya no quería hacer daño a nadie, como me lo habían hecho a mí...Estaba a punto de explotar, cuando una voz se implicó en la trifulca, una voz que, algo más tarde, se convirtió en un cuerpo, que arremetió contra el individuo oscuro, e hizo que se fuera corriendo...Todo ocurrió muy rápidamente, en realidad, ni siquiera lo recuerdo bien. Pero sí recuerdo bien el rostro carcomido por la vida, que hizo que el molesto ser se marchase, acallando así la furia, habitualmente contenida, dentro mi alma...

Era mi amigo F, y estaba muy cambiado, ya lo creo...Lo cierto es que los dos lo estábamos, tanto que, al principio, ni siquiera me conoció, hasta pasado un rato. Ambos nos alegramos de aquel reencuentro, fuimos a tomar un par de cervezas, y en el transcurso del tiempo, F me contó que finalmente se había marchado de su casa a los trece años, justo cuando dejamos de vernos. Me contó que unos gitanos itinerantes lo habían recogido, que había trabajado en un circo, y visto buena parte de España, hasta alcanzada la mayoría de edad, en que ingresó en el ejército...Ahora F parecía un hombre de bien, eso pensaba yo, o quizá, simplemente, era F...Lo importante es que estaba entero, aunque un poco sucio y desdentado. Me invitó a su casa, me dijo que había conocido a una chica, me preguntó qué tal estaba yo, qué tal andaba todo en su ausencia...Le puse al día en mi vida y él se lamentó de no haber estado ahí, de no haber podido ayudarme cuando más lo necesité. Yo lo excusé de corazón, porque aquel no era asunto suyo, y me correspondía a mí hacerme un hombre, no a él. Pero le supo mal de veras, el no haberme defendido, como siempre lo había hecho en el pasado...Y aún le pregunté, después de todo, y no antes, así de ilógicos éramos, que porqué había regresado al barrio, añadiendo la clásica frase de: "Quién querría hacerlo"...Entonces, volvió a él esa mirada triste y seria, que yo casi había olvidado, y que ahora, no obstante, era acompañada por una expresión de somnolencia, y un contoneo de cabeza, y cambio en la intensidad de sus ojos, que eran nuevos para mí...

F no dijo nada, salvo que quería enseñarme algo. Me llevó a la que fue su primera casa, aquella en medio del solar casi desértico, situado frente al cementerio municipal. Allí ya no vivía nadie, no había ninguna pertenencia que delatara la memoria antigua de un lugar inyectado en el mal pasado...F miraba la casa de arriba a abajo, como si pudiera percibir algo más, en sus paredes, en su ambiente espectral, pero, aún así, no decía nada...Yo pensé que en su interior escuchaba los gritos de su madre maltratada, el ruido de los golpes de su cruel padre contra su cara, o las piernas de éste tambaleándose, cuando llegaba al hogar de madrugada, infecto por el veneno de las modernas épocas...Pensé entonces que cada lugar tiene su propia canción, la que forma parte de su memoria, una especie de resumen de su historia...Creí que aquel sitial, aun medio derruido, de alguna forma simbolizaba el interior del corazón y mente del señor F, y que ya no importaría que esa casa dejase de existir, porque en él resultaría eterna...Lo bueno de los seres humanos es que lo superamos casi todo, lo malo es que nunca olvidamos el pasado, porque no podemos, sobre todo cuando este fue trágico...Ese es el error de fábrica, la mala conciencia...

Ya no volví a ver a F nunca más, como ocurrió con toda la gente que conocí antes de los veinte años...Lo desterré de mi pasado para seguir adelante, porque creí que había llegado la hora de escribir mi propia historia...Pero siempre pienso en él, siempre vuelve a mi presente, cada vez que veo una de mis películas favoritas: Al este del Edén, la obra maestra con James Dean. Cada vez que disfruto de esta película, lo recuerdo, porque era idéntico a aquel rubio desaliñado, vicioso y loco, pero de buen corazón, que revolucionaba el inicio de una nueva estirpe, con el encanto de la vieja escuela...Un personaje bueno, pero tenido por malo, sólo por ser diferente.

F era un gran tipo, y estoy seguro de que le va muy bien...Aunque, sinceramente, prefiero no saberlo...Porque ciertas personas, ciertas amistades, a la larga quedan mejor reflejadas en una fotografía, que siendo mantenidas en la vida real...Ello es como mantener una distancia de seguridad ante la superación personal, y sé bien que mi amigo no me lo tendría en cuenta, porque siempre nos llevamos mutuamente en el corazón...Cuando una fotografía nos capta no hacemos daño, pero, cuando queremos, llega un momento en que sí...Creo que la lección final que se puede extraer del pasado es que está para vivirlo, para aprender de él, pero no vivir con él...Quizá mi huída final de todo aquel mundo me convirtió en una peor persona, pero soy de los que creen que, a veces, hay que luchar por uno mismo, y hacer algo malo, para evitar hacer algo peor...En ocasiones, lo que nos viene dado, simplemente, no va con nosotros...Algunas de esas veces, ello se puede cambiar, otras no...Yo pude, y la verdad es que no me arrepiento...

Pero lo echo de menos...Como James Dean, F era un artista de la vida, una luz en mitad de la oscuridad...Una llama salvadora, casi siempre, a punto de extinguirse para siempre...Un animal acorralado e hipersensible, fiel y enigmático, que nunca decía cuanto pensaba...Yo siempre me digo a mí mismo que no se había inventado el mundo para personas como él...Por eso, todos los dioses mueren jóvenes, por eso, quizá, nuestros sueños no son satisfechos con asiduidad, y uno recuerda su juventud como la mejor época de su vida, no por lo que consiguió realmente, sino porque sentía que podía haberlo conseguido todo...Quizá esa sea la moraleja final de esta historia...Creo que F fue el único que logró hacerme sentir joven, cuando siempre fui viejo...

Occidente se enfrenta a la realidad

Mi abuela siempre me dice dos cosas que, a menudo, me hacen reflexionar sobre problemas personales, o sucesos terribles y generales de toda índole. Puede parecer cínico admitir esto, pero, vean las frases: "*La paciencia hoy se pierde, pero mañana se recupera*", "*El dinero va y viene*"...Si algo distingue a los seres humanos buenos es su paciencia, en cuanto a lo del dinero, también es cierto, va y viene, como trágicamente lo hace una guerra...

En una ocasión, también contemplé una película presuntamente antibelicista, llamada Trampa 22, del gran Mike Nichols, una película que todo el mundo ha olvidado. En ella, un remedo fascistoide decía a sus soldados: "*Un poco de guerra no hace daño*", o algo similar...El sarcasmo de una comedia, por desgracia, no es aplicable a la realidad de la cuestión, porque los seres humanos hemos aprendido a reírnos de todo. Absolutamente de todo...

En el mundo de hoy, en **Occidente**, nos devanamos los sesos por cuestiones políticas y religiosas que, para aquellos que aún no lo sepan, en el fondo, no importan un comino. No importan, porque la humanidad continúa repitiendo su ciclo evolutivo, uno en que las guerras y sus horrores siempre perviven. Y como ellas, todas las demás atrocidades que el hombre a perpetrado sobre sí mismo. Vean si no la famosa fotografía del pobre niño ahogado.

Seguramente, de no haber sido publicada en **Occidente**, no habría tenido trascendencia. Seguramente, de haber ilustrado una escena asquerosamente sangrienta y repugnantemente injusta, no habría afectado a nadie, porque es lo que estamos acostumbrados a ver, o siquiera, a escuchar. No, esta vez, simplemente, vemos a un niño ahogado. Y por qué nos impresiona tanto, en relación a la crisis de los refugiados sirios, y la nueva guerra que ha llegado a nuestras puertas. Por una razón muy sencilla: Un niño puede ahogarse en cualquier lugar, en cualquier playa, y la gente con estómago, o la gente que enarbola unos valores que probablemente jamás deberá defender, no como lo hacen en otros mundos separados del nuestro, porque son otros mundos, no les quepa duda, siente ganas de vomitar, o de soltar algunas lágrimas...

Sí, *las guerras van y vienen*, decía Tupac Shakur, **pero mis soldados son eternos**. Y hay que pensar en estos soldados, créanlo, en las personas que física, o casi invisiblemente, cubren el conflicto de la verdad, y dando la noticia, captando la imagen, defienden a nuestro bien ganado mundo occidental, que tanto piensa en políticas, en religiones, pero que, finalmente, se vuelca, aun en una mínima parte, en prestar ayuda a otros seres humanos que sufren.

No hablamos de Angelina Jolie y sus viajes por zona de guerra, o de Oliver Stone y sus fallidas visitas a Arafat, hablamos de gente que ayuda a gente. Pero lo que más me indigna, a pesar de las virtudes de nuestra civilizada Europa y América, es que de algún modo toda esta gran tragedia, aparece cubierta en los medios como si fuese la primera vez que pasa. Cuando, por desgracia, no hay nada nuevo en ella. Es obvio que debemos centrarnos, como se ha intentado hacer y se intenta, en ayudar a aquellos a los que podemos ayudar, y vienen hacia nosotros, porque no les queda otra. Pero, qué hay de nuevo en esto. ¿Hemos olvidado **_Kosovo_**? ¿Hemos olvidado el **_nazismo_**?...Y como detalle final, porque también cabrea un rato, dados los **_recientes sucesos en Francia_**, ¿hemos olvidado que los cabecillas nazis también escaparon al ejército rojo?...Y en ese caso, si podemos recordarlo, ¿a dónde diantres creen que fueron?...

No tenemos sólo la tragedia de una guerra, no tenemos sólo el deber moral de ayudar y velar por las personas desamparadas, a las que podemos ayudar. El problema es que ha **Occidente** le está faltando más perspectiva que nunca, y tal cual parece, está peor preparado que en la vida. Tenemos muerte, hambre, crimen y terrorismo...Todo a la vez...Y hay que recordar que la Guerra fría acabó hace mucho...Qué nos toca ahora...Tristemente, un **Occidente** a poco de afrontar los problemas que se han vivido en el resto de la Tierra desde su inicio...Qué vamos a hacer al respecto...Para empezar, esta vez, todos lloraremos de verdad...Pero, al menos, lo haremos juntos, con el resto del planeta. Y quizá, quién sabe, si esto, al fin, nos haga mejores...

Nota al pie

La pasada noche, hablando con una buena amiga mía, que además es persona de mi sangre, charlé a propósito de los textos que por aquí suelo publicar, desde que decidí reunir el valor suficiente como para aterrizar de nuevo, tras unos cuantos años, pasado mi periplo sureño, en esta red social, tan esperanzadora, tan útil, para compartir con otros la vida y el sentimiento.

Sin embargo, esta persona, cuyo amor por mí sobrepasa al de cualquier otra que yo pueda conocer, cosa que muchas veces, he de admitir, no valoro lo suficiente, porque, como decía el sabio: "Yo soy como soy, y el mundo es como es", no comprendía lo que yo trataba de transmitir.

Razón no le faltaba, sentía temor por mí, me decía, sinceramente: Por qué compartes tanto de ti, cuando a la gente no le importa, o puede malinterpretarlo. Y yo, algo cansado, debo decir, le contesté. Cómo sabes que todo aquello que escribo es verdaderamente real...Mi amiga quedó dudando, y dijo: Es cierto, pero la gente es muy mala, y podría usarlo en tu contra, algún día.

Y yo respondí, no sin meditarlo unos minutos: Tienes mucha razón. Pero, en realidad, sólo sé que cuando escribo cuanto siento, sea verdad o ficción, me siento mucho más tranquilo.

Y ella me inquirió: Pero lo que dices no siempre es cierto, es una deformación de la realidad. Y yo le dije: Y cómo lo sabes. Cómo lo saben los lectores...Y relajándome en exceso, tratando de adquirir la deseable claridad, que uno afronta en la vida, cuando se encuentra ante un crisol, aún, seguí diciendo: ¿Nunca has pensado que lo que una persona siente, y lo que vive, son cosas muy distintas?...Verás, creo que cada uno tiene su forma de lidiar ante todas aquellas cosas que lo desencantan, cosas pequeñas, que, al cabo del tiempo, sin ser exteriorizadas, sin ser compartidas, de algún modo, lo pueden hundir...Yo soy imperfecto, porque soy hombre, a veces me equivoco, y no es fácil llegar a entenderme bien, pero yo siento, y mi sentimiento, corresponda a mi vida real, o no, es sincero, y debo plasmarlo. Es mi forma de decir: Está bien.

Mi amiga entendió entonces, sin dejar de estar preocupada por mí. Asintió, todavía pensando que lo que llevo diez años haciendo, de algún modo podía perjudicar a mi labor presente. Aún quise tranquilizarla, diciendo la verdad de todos aquellos que crean: La escritura es fantasía, la escritura es ficción, sólo es una forma de terapia, un modo de expulsar lo que uno lleva dentro, con cierto mensaje, siempre, deseando, aguardando, que ese mensaje pueda ayudar a otros.

Y más todavía: Si un escritor de cualquier época, uno verdadero, hubiese pensado en lo que los demás, dogmáticamente, pudiesen pensar de cada una de sus palabras, ningún libro auténtico hubiese sido escrito jamás. Nunca nos habrían inspirado...

Desde aquí debo decir, porque siento que debo decirlo, que la negrura que todos apreciamos en la vida, porque la vida es así, y el color rosa sólo lo percibe el ignorante, e inconsciente, yo la plasmo a mi modo, porque así me siento más a gusto, y siento que, de la misma forma, doy, a mi manera, a aquellos que conocí, a los que la justicia, el amor o la bondad no tocó sus vidas, cierto alivio, a través de mis propios sufrimientos de hombre corriente, de hombre occidental, que no exceden a los de la mayoría.

Y a mi amiga, la de mi sangre, deseo decirle, de todas las formas posibles, que la amo. Porque siempre ha estado ahí. Porque siempre me ha aguantado, a pesar de mis errores de juventud y de madurez. Y que su memoria, su correcta memoria, siempre formará parte de los textos que la vida me regale para compartir.

Como suelo decir siempre, como digo tantas otras veces, sin la gente que me ama, sin la gente que me ha dado amor desde que era un niño, sin la gente que me salva cuando me encorvo, no podría escribir...La mayor gloria que siento cada vez que se me permite crear, no sería posible...Porque sin el amor de todos aquellos que me apoyan, no soy absolutamente nada...Y no es falsa modestia, es una certeza con la que vivo encantado.

Si en algún momento, alguien duda respecto a mis palabras, o me considera poco justo, quiero que sepa que jamás creo, jamás trabajo, contra la gente buena...Contra la gente honrada...Si ello implica dar una parte de mi sentimiento, de mi fantasía, me parece un sacrificio inane para con el resto.

En especial, para un concreto grupo de personas que son mucho mejores que yo, de las que siempre he aprendido, y aprenderé...Como decía Tom Cruise, al final de Risky Business: "La vida es maravillosa"...A ello me gustaría agregar: A pesar de sus zonas en gris.

Vivir es una celebración, en dicha o agonía. Poder disfrutar del amor, poder compartir, es sólo capricho, sólo deseo, exclusivo, del hombre...Y todo aquel que desee tornar este deseo en algo innoble es porque se cansa de luchar, o porque su esencia es menos blanca de lo que creía...

Muchas veces, en la vida, creí a este tipo de personas, cuando me decían: No lo conseguirás. No eres tanto como tú te crees...Pero eso sólo deben decidirlo personas como mi amiga, la de mi sangre...Te quiero, y quiero también que sepas, que esta noche me has dado una lección vital...Me has hecho reflexionar, y eso, para un cabezota como yo, es muy difícil...

Cosas que nunca te dije, Vol.2

Como hoy no tenía demasiado que hacer, cosa rara en mí, porque la mayoría ya sabéis que siempre logro ingeniármelas para que mi cerebro nunca deje de funcionar, decidí ir de nuevo al cine, tras la celebración del Sinsajo de ayer sábado, a ver la nueva película de Isabel Coixet. Una mujer comprometida con su política, pero que me encanta, especialmente, por un motivo externo a su propio arte: Jamás contamina sus películas, esas bellas intrigas de amor, cuyo único mensaje es aquel que nos dio la divina Edith Piaf, "ama, seas hombre, mujer, anciano o niño", con otra clase de contenidos que no sean intrínsecos a su sentir o concepción artística. Y esto, sobre todo, hoy en día, y en Europa, a nivel cinematográfico es algo digno de admirar...

En fin, como os decía, acudí a ver su nueva película, porque me interesaba sobremanera esa trama que yo encontraba, al menos, aparentemente, tan deudora de la magnífica El piano, de Jane Campion. Y era una sinopsis protagonizada por una mujer "civilizada", que acudía a Terra incognita en busca del bala perdida de su esposo, descubriendo, a fin de cuentas, que el amor es percibido igual en todas partes, y por cualquier tipo de persona, sea del color, la creencia o la nacionalidad que sea. Una película muy bonita, por cierto, con la estupenda Juliette Binoche rescatada de las sombras de su otoño, al alimón de otro reciente título como Viaje a Sils Maria.

Disfruté mucho, esta es la verdad, y recordé las premonitorias palabras de mi amiga Annie, cuando, el pasado viernes, me deseó que lo pasara bien en el fin de semana. Sin embargo, al regresar a casa, y comenzar a indagar sobre la filmografía de la autora Coixet, casi un guiño del destino, completamente inesperado, pero del todo lógico, me dispuso a pensar en algo muy distinto, en algo que yo había vivido en el pasado, y que recuerdo, cada día, con inmenso gozo, aunque, por lo corriente, no lo comparta. Y este recuerdo, esta memoria, tiene que ver con una de esas personas importantes en mi vida, a las que trato de rescatar, de vez en cuando, del somnoliento baúl que encierra mi pasado. No obstante, a esta persona, no me la recordó la mente o la vida, sino un objeto. Y es que, veréis, la primera vez que oí hablar del cine de Isabel Coixet fue hace años, cuando una mujer encantadora, una de las mejores personas que jamás he conocido, y de las pocas que, en el fondo, mejor ha logrado entenderme, me regaló por Navidades un pequeño libro que resumía su carrera, hasta la película conjunta Paris, je t´aime.

Recuerdo que aquel regalo me conmovió mucho, porque G no era muy dada a ellos, y menos, a regalos que implicasen algún tipo de gesto personal verdaderamente íntimo, de aquellos que indicasen el legítimo fuero interno de la persona que lo daba. Pero, recuerdo, que al mirarla cuando me lo dio, al principio, el libro no me importó nada, sólo el semblante tan sincero y tierno con el que me lo entregaba, y claro, el bello detalle en sí mismo. Ahora, he cogido, por vez primera en mucho tiempo, aquel libro que significó tanto para mí, el cual también guarda algunos recuerdos materiales, que, en determinados instantes de mi vida, yo decidí ocultar entre sus páginas...Como ese sobre verde que contiene la carta escrita por la primera chica que de veras me quiso, unas flores que cogí de la cima del Montsegur, cuando lo alcancé, y unas pocas fotografías, como esas dos en que mis padres fueron retratados de adolescentes, y que yo les pedí quedarme, cuando también lo era..."De los que aman", se llamaba el libro, en homenaje al film de similar nombre de la autora, uno que vi cuando estaba en el instituto, y que, entonces, no entendí muy bien, pero que, ahora, prometo para mis adentros volver a ver en cuanto tenga la ocasión...Sí, no entendí aquella película, es cierto, pero me hizo escribir aquel poema que le di a La mujer de los ojos limpios, como suelo llamarla a veces. Se lo di, a pesar de que, tan iluso como yo era, por aquellos días ya creyese que me abandonaría, como tantos otros lo habían hecho antes de conocerla, pero ella nunca lo hizo...Hay instantes en la vida, momentos, en que los elementos parecen tener clemencia de un alma joven que está cansada de lo que todos sufrimos, o llegaremos a sufrir...Cuando más solo me encontré interiormente, G se convirtió en todo mi mundo, en mi templo sagrado, logrando sacar de mí lo mejor que había, empleando lo mejor que ella tenía...Tuvo fe, me dio todo lo que yo precisaba en aquel momento, para que, después, yo lo diera, a mi manera, a todos aquellos a los que apreciase, amase, o llegara a querer...A la gente buena, "a los que aman", eso prometí...Ayudar a los que lo merecían, y sobre todo, nunca olvidar, que el amor era el mensaje, la aspiración que hacía distinto al ser humano...Con los años, a G he terminado debiendo mi vida, parte de mi trabajo, y mi lucha. Es por eso que siempre la querré, a pesar de que no pudiera darme lo único que me faltaba, porque era imposible no amar a nadie tan puro, que se entregase tanto a los demás.

Hace años, que cada vez que alguien me pregunta por qué soy así, por qué me esfuerzo tanto, por qué sigo adelante, para bien, o para mal, pienso en ella, porque ella representa mi mejor parte, la que me enseñaron, y nunca antes pude aprender como hombre...Las personas somos bloques de roca aún por tallar...Hasta que el artista no obra sus maravillas en nosotros, no sabemos qué escultura saldrá de ese bloque...Ella sacó algo más que un brazo mío de aquella roca, mucho más que un apéndice. Extrajo partes de mi esencia que eran indispensables para la vida y que yo no conocía. Me sanó, me dio esperanza, y tras su acción, fui lo suficientemente fuerte como para encontrar mi propia fe, y mi camino en la vida. Ella me dio las pistas que antaño no entendí bien, como lo hizo al regalarme ese libro que, desde luego, no era sólo lo que parecía.

Creo que, ahora, al final, he entendido su significado oculto...Hace falta tiempo y distancia para aprender a amar y saber a dónde podemos llegar, lo que podemos ser. Hace falta tiempo para madurar, y llegar a ser algo que merezca la pena, porque vulgares son muchos, y cada vez más. Es preciso tener valor para mirarse al espejo y decir la verdad, quizá no la digamos siempre, pero basta con que lo hagamos en los momentos decisivos...Pero, sobre todo, no olvido el mensaje, el que ella me dio, el mismo que nos da Coixet en su presente obra, cuando Binoche pregunta a la joven Rinko Kikuchi si sabe lo que es el amor, y ella contesta: "Come con persona cuando no está, duerme con persona cuando no está, ríe con persona cuando no está"...

Y me veo a mí como ese huraño explorador guía encarnado por el gran Gabriel Byrne, Dios me libre de mi egotismo, pero me veo en él, siempre adicto a la Terra incognita porque el mundo le cansa, porque no le gusta demasiado la gente, y allí, en el hielo y la nieve, entre los perros que arrastran los trineos o los esquimales, se siente vivo, se siente justo lo que no es: Limpio. Totalmente puro, sin restricción alguna...Él no lo sabe entonces, porque no cree en Dios, pero cuando se es feliz, o se encuentra paz, creas o no en él, es cuando lo encuentras...Encuentras tu forma de progresar, de ser mejor, y hasta, quién sabe, si de reparar tus daños y errores...Al mismo tiempo, también vi a La mujer de los ojos limpios en el papel de la indígena Allaka, que, durante el desenlace del film, parte hacia el final duelo contra su propio destino, ilustrado en un crepúsculo ahogado, que no se sabe a dónde habrá de llevarla, si el sol no queda realmente cercano, porque, claro, Nadie quiere la noche, tal es el título de la película de Coixet...

Todas estas sensaciones, totalmente inesperadas en el domingo, me hacen recordarla, y volver a verla, tal y como ella era en la realidad, y no en la ficción: Tenía el rostro de una sacerdotisa druida, de amplios pómulos, la piel más blanca que jamás he visto, unos ojos tan claros como el cielo en despejado verano, unas manos suaves, se las cuidaba mucho, labios carnosos y dulces, no grandes, y una voz preciosa, que hubiese sido capaz de hipnotizar a cualquier bestia. Lo consiguió conmigo, lo recuerdo y me río dichoso, lo consiguió con aquel que siempre decide por sí mismo, y nunca deja entrar a los demás, a no ser que le den una buena razón...Pero ella, simplemente, lo consiguió, yo ni siquiera tuve que decidir...Sólo fui un testigo de su magia, una que se me escapa, pero de la que, aún así, logré aprender unas cuantas cosas...Supe nada más verla, que me daría refugio, y que no me haría daño, y una certeza así se tiene pocas veces en la vida...En un mundo incomprensible, como entonces lo era para mí, similar en mi psique a la Antártida del film, ella no sólo era la opción más sensata, sino una aparición maravillosa, un hada, y yo, no sé cómo, porque sólo era un chiquillo, lo supe, supe desde el primer momento que iba a salvarme...Nunca nadie que no fuera de mi misma sangre se entregó tanto a mí, a excepción de Dean C., mi hermano berlinés...Por eso mismo, desde que mi aprendizaje con ella terminó, busco a alguien que esté a su altura, una compañera de esa clase de magia, alguien que demuestre que un mundo de ideas y sueños, sin apartarse excesivamente de la realidad, puede ser posible. Una que me merezca y a quien yo pueda merecer...Y eso es complicado...

Si bien, aunque mi Maestra desapareciera entre las brumas del viejo Avalon, porque era poco menos que un benévolo ser de cuento, pues había llegado el momento de despedirnos, esos días en que, satisfecho, termino de trabajar, también la veo. La veo en el rostro de Dean C., cuando, la última vez que visité Berlín, me sentía tan feliz, recorriendo el curso del río Spree, o paseando por el barrio de Mitte. La veo en las caras de mis compañeros, cada vez que trabajo con ellos, las que indican que me quieren ahí, y que me aprecian, la veo cada vez que juego con mi perro, y cuando está más cansado, lo estrujo porque se deja, la veo cada vez que visito a mis abuelos, y me dicen que me echan de menos, o cuando mi padres escuchan los programas, y me ven asimismo distinto, no tan apagado, contento de poder hacer lo que más amo...Y por supuesto, la veo, cada nueva vez que repaso alguna de mis películas favoritas, en la Claudia Cardinale de Hasta que llegó su hora, en la princesa Ginebra del Excalibur de John Boorman...Y me satisface conocer a personas a las que pueda relacionar con estos momentos de cine, que no siempre son cine, que no sólo son fantasía, sino que, algunas veces, hasta pueden llegar a ocurrir en la realidad...Pero, lo cierto es que desde que dejé de verla, busco el rostro de una mujer con su propia esencia, una que no me recuerde otro rostro, sino que me haga sentir querido, que me permita superar una fascinación como aquella, una que jamás he vuelto a sentir, ¿o quizá sí?...

En los últimos dos años, la felicidad me sorprende en cada esquina, espontáneamente, tanto es así, que creo estar en otro de mis sueños imposibles...Si bien, ello no agota mis dudas, esas que todavía se mantienen, cuando un día me propuse eliminarlas...Esto es imposible, porque la duda humana es algo así como decir: "Y en el próximo capítulo...". A fin de cuentas, creo que volveré a leer ese libro de Coixet, y me haré con los films que de ella no he visto, porque este recuerdo sienta bien en la soledad del invierno. Para mí será como cerrar un pacto abierto, una novela inacabada, un oscurecer mediano que debe ser sol, porque a nadie gusta su penumbra.

Sé que sabes que te echo de menos, aunque siempre estés conmigo. Cada día recuerdo algo de lo que me enseñaste, alguna frase, algún pasaje de un libro...Cómo me diste a conocer La carta robada de Poe, mostrándome que lo más obvio es lo que menos se ve, cómo te asombraste el día en que te escribí aquel poema, e inusitadamente descarada, me pediste una copia, junto a aquella sonrisa celeste...Sí, lo recuerdo todo, absolutamente...Ese archivo nunca desaparecerá. Sólo lo haría, si dejase de ser yo mismo, y espero durar con esta memoria por muchos años...

Me enseñaste a comprender el arte, sí...Me enseñaste a amar...Me enseñaste todo lo que una mujer podía ser para un hombre...Nunca te olvidaré, y hacía mucho que no me lo recordaba... Encontrar a personas como tú, me hizo ver que la vida tenía un sentido, un objetivo...Y sobre todo, recordarte, día a día, me hace pensar en que no todo está dicho. Que algunos recuerdos, los menos, pero algunos, están vivos por siempre, que las amistades auténticas son eternas, porque las personas que se entregan siempre están unidas, aunque las separen el tiempo y la distancia. Sé que, en mi mente, mientras transite ese mensaje aprendido, habrá un hueco para ti, uno cariñoso y cercano, del que aprender yo mismo y todo aquel que cruce mi vida...Sin embargo, de entre todas las grandes lecciones que me diste, en este día prefiero quedarme con una sola: Debo estar agradecido...Porque compartir contigo, nunca implicó necesitarte...Tu luz fue implantada en mi interior, y creció, para convertirme en lo que soy...Gracias, Maestra.

Alma Vieja hablando de ti

Me veo de nuevo desvalido ante ti, como un adolescente, y me encanta, aunque me siento patético. Tanto tiempo sin sentir de veras, me retrotrae ahora a una actitud infantil que, me digo, seré capaz de frenar, hasta que te vuelvo a ver...Sí, creo que estamos cerca, pero, por otro lado, mi paranoia de fallido agente de la Guerra fría vuelve a mí, diciéndome: *No seas idiota, ella no se fija en ti en absoluto. Sólo le caes simpático, le interesas, pero no te quiere, estás haciendo una montaña de un grano de arena...*Quizá, por cosas así, me oculto, durante las noches, en el salón, cuando mis padres se marchan a dormir, acompañado por una pastilla inmensa de turrón Suchard, que seguro me deparará un extra de kilos estas Navidades, a la vez que repaso toda la filmografía de Isabel Coixet, viendo, por ende, películas tristes con puntos de chiste. Ayer le tocó el turno a *Mi casa en París*, mitad comedia, mitad drama inmisericorde, con el siempre decadente Kevin Kline a plena potencia, y esa veteranísima Maggie Smith. El dulce cayó muy pronto, y me largué a dormir después de esta semana tan rara, después de algunas en que ya no escribo, ni sobre ti, ni sobre mí, porque necesito tiempo...Porque en los anteriores libros di demasiado, y quiero que este se resuelva contigo y conmigo, que sea el último...Ahora cada vez que te veo me haces tonterías, me estiras de un punto indeterminado de mis camisas de invierno, o me acaricias fugazmente el brazo. Eso me vuelve loco, aunque sé que sólo es tu forma de demostrar que me tienes confianza. Pero, ¿y si fuese algo más?...No veo que le hagas eso a ninguna de las chicas, ni a los chicos, en los estudios...Me lo haces a mí, y te quedas aún hablando conmigo durante mucho rato, porque, ahora, sobre todo, hablamos de ti...Me convierto poco a poco en tu contenedor de demonios, tanto que al resto asombra, cuando nos sorprenden...Las otras chicas me miran enternecidas a la par que tristes, como si fuera tonto al depararte mi mayor atención...Y pienso en porqué no sienten envidia, y a pesar de todo, no les resulto indiferente...Por primera vez en mi vida no tengo muchos problemas para despertar cariño en los demás...El otro día fueron gentes importantes al programa, me hicieron pasar y quedé al fondo del plató, esperando...El veteranísimo Frank se separó del famoso gentío, y se acercó a mí para darme la mano, con esa sonrisa suya, de hombre, tan agradable, tan sincera...Aquello me encantó, y el trato de Rachel, qué puedo decir...Encantado como siempre, aunque tu misterio supere cualquier otro suceso que por allí tenga lugar, casi a mi propio trabajo, aquel que llevaba ya diez años esperando, y que tanto tira de mí y me hace feliz...Ese otro día me hablaste de un concurso al que deseabas presentarte, en cuanto me lo dijiste me interesó, y no pensé en que ganases, sólo pensé en ayudarte cuanto pudiera...Por eso, no creas que no me costó, pero recordé que tenía algunas viejas revistas de cine y moda guardadas en un baúl, de las pocas que no he tirado, regalado o vendido...Nunca las volví a leer, desde hace más de diez años, entonces, simplemente sentí que debía guardarlas, quizá para alguien...Ahora compruebo que ese alguien eras tú...Te las daré, ya lo creo, si puedes sacarles partido, porque prefiero que las tengas antes que tirarlas, pues ya es obvio que yo no voy a sacarles ningún provecho...Todavía recuerdo aquel día en que el sol se posó sobre el centro merovingio de tu cabeza, esa estampa es la más bonita que he visto en años, y por ahora, de las favoritas en mi existencia, estabas tan guapa...En ese momento, con ese sol tardío, pero aún potente, luchando por mantenerse con vida, eras tú, sencilla y esencialmente tú, una luz que nunca decrece...Quizá debido a esto, la otra noche, en mis sueños despiertos, escuché una voz que me preguntaba: *Qué es lo más bonito que has visto*...Primero pensé en ti, más tarde, en La mujer de los ojos limpios, y luego contesté, casi automáticamente: **La sonrisa de una mujer, eso es lo más bonito que he visto.** Creo que seguiré diciendo lo mismo mientras viva...Y tú me sigues probando mientras tanto, pequeña bruja...Sigues provocando a este ser con dudas, al que de veras te mueres por conocer, al que quieres pillar desprevenido en unos defectos graves que realmente no tiene, pero que tú deseas comprobar para que tu conciencia quede tranquila y puedas regresar con el gilipollas que te atormenta...Te contentas con probar a este alma vieja, a la que cada vez echas más en falta, una que debe probarse, porque siente que te quiere más que a nada, pero todavía no ha hecho un gran sacrificio por ti, cuando eso es lo que precisas para confiar en un hombre, como yo preciso ya que me toques, levemente, y si te nace hacerlo, tan levemente, que sólo tú y yo lo notemos...El pasado viernes, no obstante, te esperaba, quería encontrarme contigo, y me desilusionó, pobre de ella, no tenía la culpa, ver a Shey, tan encantadora como siempre, ocupando tu puesto...Ella me notó tan triste, porque las mujeres eso lo notáis al instante, que comenzó a hablarme para animarme...*Todas* *lo son*, diría el sabio, todas las chicas de estos estudios son encantadoras, algo que jamás había visto, pero yo sólo tengo interés en ti, incluso me pregunto aún cómo es esto posible, pero así es...Y además, mi suspicaz mente cree que sigue habiendo intereses ocultos por doquier, cree que la traición siempre está próxima, aunque, esta vez, entre tantas mujeres, ya no lo siento igual...Y acto seguido continúo pensando en si me lo merezco, si soy digno de todo esto, y me atormento...Mientras la agradable y bella Shey, esa dulce geisha del baño caliente, me mira, explicándome cómo se distrae cuando intenta estudiar, poniendo nombre a los ácaros que sobrevuelan su mesa, o espiando por su ventana a los distantes peatones de la calle...En ese momento, la amo como a una hermana...Pero no soporto este fallido reencuentro, y ante la atenta mirada de la atalaya Natalie, que algo extraño nota en mí por ser mujer, me dispongo a salir a fumar...Qué alivio más grande disfruto entonces, qué prodigio transcurre por la mano del Destino, cuando, cercano a la puerta de salida apareces tú, sin verme todavía, mientras yo sí te veo, tras el cristal cromado... Abro el portalón azul que habitualmente sueles abrirme tú, y me sonríes...Y claro, dices mi nombre de ese modo tan especial, siempre con sorpresa, siempre con expectación, siempre, no sé, con ese sello tuyo que me vuelve loco...Me preguntas si ya he grabado, y te digo que no...Te recriminas sibilinamente el haber llegado demasiado pronto, y yo pienso: ¿Sería posible que lo hubiese hecho adrede para llegar a verme?...Ya es una relación extraña, lo nuestro, no una amistad sincera, querida...**Atracción singular y única**, rezaría un eslogan barato, cuando es cierto...Me doy cuenta hoy de que siempre hueles a limpio, pero no usas perfume, y eso me encanta...Prescindes de un tópico generalizado...*Esa es mi chica*, me digo, en un arrebato entre hedonista y creído...El otro día también hablamos por el chat del móvil, y me saludaste muy contenta, cuando te expliqué que ya había rescatado de mi archivo antiguo las revistas que necesitabas...Y acompañaste tus agradecimientos con exclamaciones, y tres iconos con tres niñas rubias parecidas a ti, que levantaban la mano derecha en señal de saludo. Me hizo tanta gracia...Justo elegiste tres, ese número que tanto trato de emular en mi vida, y en mi trabajo...En algún otro momento previo, chasqueas dos dedos sobre mi piel como un pellizco, te miro a los ojos, te hablo, me hablas, me miras, y una lluvia no triste moja las escenas que compartimos, hasta que Vicky, *la producer*, llega al camerino y te dice: *Me llevo a Diego*...Escena inocente, sentir extremo, bello experimento...A veces creo que te tengo entre mis brazos, que te colocas justo sobre mí, y me rodeas con esos brazos tan delgados y largos. No nos besamos, nos observamos, y yo te toco el pelo. Te digo que quiero que te lo dejes tan extendido que te cubra el trasero, para poder apartarlo cuando quiera tocártelo, como haría un caballero noble con una princesa de la Edad obscura...Sueño además con verte algún día en mi habitación, mi pequeño cubículo, situado en medio del mar de hiel urbano, tocando todas mis cosas, curioseando, descubriendo todos mis secretos en un sólo instante, bueno, los que todavía no conoces. Porque ya sé que serías capaz...Este año está a punto de acabar, y quiero cerrar ya este maldito capítulo...He interrumpido su redacción poco inspirada, porque ya viene siendo más de lo mismo y este escritor se cansa, como se cansa de las malas películas que dan en el cine, como *En el corazón del mar*, que hoy acudí a ver con mi madre, a la que le encantan los efectos especiales...El próximo viernes tendré que defenderla como pueda, porque es mi trabajo, tratando de sacar la luz a una penumbra tremenda hecha carne de celuloide...Seré capaz si tú estás conmigo, si veo sonreír a Rachel, si Frank me da la mano, entonces, creo, seré capaz, y sin embargo, no logro hacer lo mismo con mi vida...Todos tenemos momentos, y no creo poder flotar tanto como hoy lo hago, cuando de veras puedo compartir mi labor con la gente gracias al poder de los medios...Sí, todos tenemos momentos grises, pero aquí consigo rescatarlos, como también consigo hacerlo, cuando hablo de cine, o de libros, cerca de los que me aprecian, me aman, o tienen más experiencia que yo, y aún así me respetan...Esta tarde no podía más que pensar en un hecho ridículo que me ocurrió en el pasado...Debía tener como doce años, y por supuesto, ni un solo amigo. Entonces, estudiaba a los hermanos Marx, y me dio por hacer algo que sólo podía hacer estando muy solo, algo patético, de aquellas cosas que se te permiten hacer, cuando todavía eres un niño, y crees que, o bien no se notará tanto, o bien, a nadie le importará realmente...Me fui al centro de la ciudad y me compré un bigote postizo de Groucho en una tienda de mierda. Al regresar a casa me lo coloqué, y le pedí a mi madre que me hiciera una foto...Llegó tarde, el pegamento era tan malo que el bigote se cayó, y no pude hacerme esa estúpida foto...Perdí la puta tarde para nada, y a la noche lloré cuando nadie me oía...Si hubiese ido solo al cine en el día de hoy, menos de 48 horas antes del debate político que sacudirá la nación, y del día de tu cumpleaños y el de mi padre, ni se me habría ocurrido recordar esta inútil gilipollez que, no obstante, tanto daño me hizo sentir...Es por razones así por las que siempre busco el constante cambio, o la nueva huída, y aunque, como mi maestra me dijo una vez, ese cambio nada tenga que ver con marchar a otro lugar, con continuar viajando, o investigando, sino, más bien, con una conversión interna, ello ayudaría, ya lo creo que ayuda...Rindió sus frutos cuando viví en el sur y perdí de vista esta ciudad y este barrio, aunque incluso allí la mala estela me localizase, con objeto de hacerme volver al origen para afrontar mis pecados y mi futuro, maldito Skyfall...Quiénes somos en la vida finalmente, no marionetas, no seres racionales, ya que vivimos un destino que desconocemos, y del cual quizá podamos extraer uno o varios motivos que decisivamente justifiquen el camino, nuestra existencia...Ahora, entre otros pocos, el mío eres tú, formas parte de mi batería vital, tú eres mi fe...Por eso te quiero tanto, porque has sabido hacerlo, cuando la mayoría de la gente que se ha acercado a mí, por obligación, o por mero interés, hasta unas pocas por amor, no lo han conseguido. No **han sido**, para mí, así de simple...Han resultado ser débiles, todavía más que yo, y eso lo detesto, y eso me convierte en el mal...Me convierte en la clase de ente que pasea por la urbe y espera no encontrarse con nadie, porque, como tú ya sospechas, allá donde veo cualquier rostro, rara vez estos sonríen, rara vez sonríen por dentro, porque, por fuera, todos lo hacen...En mi mundo, sólo unas pocas personas de veras sonríen cuando las veo, mi maestra lo hacía, Dean C. lo hace, y claro, tú...Y como tú nadie...Tú de verdad sonríes, en especial tú, por eso me gusta tanto verte, por eso me calmas tanto por dentro...Por cierto, nunca te lo he contado, aunque ya lo he pensado bastantes veces...Quería preguntarte, no sé si alguna vez me atreveré a decírtelo a la cara, pero, quería preguntarte: ¿Sabes lo que significa tu nombre?...Es de origen griego, como el mío...**Alétheia**...***La que es verdadera***, según algunas fuentes. Al final, **Verdad**, eso seguro...Es increíble cómo algunos nombres cuajan tan bien con las personas a las que identifican, tanto o más que el perro que acompaña a su dueño...Tú eres la verdad, tú conservas tu función clarificada en la estructura del hombre...Yo también debería, porque soy el didáctico, el instruido...Pero, quizá por eso mismo no lo haga...Si Homero era ciego, yo también lo soy...Nací siéndolo, eso ya lo sabes, pero, en el fondo, de acuerdo al quehacer del mundo, sigo siéndolo...El conocimiento no te hace más sabio, te hace adusto, te hace oscuro, te hace querer gritar, amor mío...Por ello, deseo que nadie lo tenga, no el mío...Y sí, supongo que mi problema sigue siendo el mismo de siempre...Necesito el pasado para seguir viviendo, aunque, quizá, algún día, pueda prescindir de él...Entonces, el Alma Vieja por fin será Hombre.

El Brujo ha vuelto desde la lejana galaxia

He conocido al verdadero Hannibal Lecter de mi vida, y no soy yo, es otro hombre. Está escrito que nuestra rivalidad, iniciada primeramente con una suave lucha de egos, habrá de encontrar su final en un combate a muerte, cuando el mundo que conocemos haya desaparecido. En esa lucha lo mataré. Tendré que hacerlo para librar a mis seres queridos de él. Pero, por de pronto, sólo la prudencia y nuestro recóndito pulso psíquico nos separa del enfrentamiento total...Y es que ambos podemos ayudarnos mutuamente, o eso creo, con sumo cuidado...Pero ya empieza a afectarme, esta influencia que infecta cuanto me rodea, si bien, por ahora, prima su interés sobre mí, antes que el de querer confeccionar mi final. Veremos a dónde nos lleva esta oscura aventura en la que me encuentro solo...Porque no puedo implicar en ella a nadie del GD Club. El riesgo es muy alto, y podrían descubrirnos a todos...Es sólo cosa de la Oveja negra. Del Perro Verde, que ya es, simplemente, Alma Vieja, de Brujo, sí...**El Brujo ha vuelto**...Noto algo extraño cuando estoy junto a él. Como si no fuese del todo humano...Quiere ganarse mi confianza, ser mi amigo...Es, con diferencia, el espécimen más extraño que he conocido...Parecido a mí...Pero mucho peor, implacable. Casi un demiurgo. Y ahora, ha encontrado, al fin, a alguien que está a su altura mental, y le está empezando a gustar. No creo que se detenga...Nuestra relación cada vez se parecerá más a la del Doctor Lecter con Will Graham, lo que nunca imaginé es que yo sería Will Graham, y en el futuro que nos unirá, quizá, un nuevo Ted Brautigan...A pesar de su ralea no se mezcla con la mayoría de la gente, y por ello debería sentirme halagado, o atraído por su poder, pero no es así. Siento que no debo confiar en él, a pesar de demostrarme cada vez más que le importo y que es mi aliado, pero las revelaciones brillantes que me prometió Tía Marjory persisten, y me dicen con insistencia que no me fíe de él...En fin, en otro orden de acontecimientos, diré que me han ofrecido trabajo en una empresa, un buen trabajo, aunque no tiene nada que ver con mi labor. Ganaría un sueldo lo suficientemente potente como para poder formar una familia, pero ello podría destruir o apagar mis sueños. No sé qué hacer a tal efecto, porque esta vez no puedo simplemente probar. De aceptarlo, casi sería decisivo...Y no deseo acabar peor que Kafka. Dios sabe que ni de lejos soy tan fuerte, ni tan persistente, ni tan brillante como para seguir a cambio de nada, por nada, creando, ahogado, desde una celda, sin lograr ganarme la vida con lo que más amo...Y de ahí la paradoja, ¿no debería ser suficiente el poder disfrutar de mi pasión?...Pero, cómo disfrutarla si no puedo comer de ella...Como vivir con alguien, cuando siempre te sentirás solo...Sabía que 2016 sería distinto...Acostumbrado a otro mundo, entro de lleno en este, al fin, para bien o para mal. Pienso que debo pedir consejo a Charles IronGood, él conoce la vida, sabe lo que es trabajar duro, perder y ganar, y continuar al pie del cañón. Creo que la próxima vez que lo vea le preguntaré qué haría él en mi situación, aunque creo conocer ya la respuesta: **Adelante, Diego**...Es la sangre contra la elección, porque Dios lo quiere...El mayor desafío de mi vida, uno mental, y otro laboral...A la fuerza terminaré haciéndome hombre del mundo, como todos. No me quedan opciones, y curiosamente, no me siento triste ni feliz, sólo grisáceamente expectante. Sobre todo, porque ahora sé que si acepto la oferta de trabajo, seguro que Alice querrá estar conmigo más fuertemente que nunca. Quizá ese sea el sacrificio que ella necesite, el respaldo de un hombre que la proteja, y que la ayude a mantenerse en la vida. Sin duda, ella lo merece, pero ahora me pregunto a quién quiero más, a mi trabajo o a ella...Son preguntas que tantísimos miles de millones se han hecho antes que yo, pero para mí son nuevas, no obstante...E incluso, me aburre traerlas aquí, pero también es cosa del Alma Vieja, llegado este punto...Siento que la vida se cierne ya completamente sobre mí, y que me veré abocado a trabajos cortos, ya nada de libros, al menos, en años...Por un lado, me apetece intentarlo, pero, por otro, me da miedo, porque no sé hacia a dónde dirigirme esta vez...Siento que el cambio está aquí, sin más, y que esta es una decisión crucial, casi, una que me viene ya dada, en un camino de parcial oscurantismo que debo tomar...Porque ha llegado el momento, finalmente, ha llegado...Y tengo una visión contigo, que casi parece confirmarlo, tras estas cosas dichas que, en mi mente, quedan simbolizadas por un hielo y miel sugeridos...Te veo decorando y dominando mi futura casa propia, como esa Tigresa Amarilla que eres, salvo un pequeño espacio, prohibido a todos los seres pequeños y grandes. Mi despacho, que bien conocerás, cuando aceptes la condición: Mi computador protegido por contraseña...Porque mi caja de Pandora, tan repleta de esos misterios, que te mencionaré una sola vez, jamás debería abrirse ante un ser tan hermoso y puro como tú, mi amor...Porque, entonces, como ahora, mi misión consistirá en proteger a mi ángel, a mi reina salvaje...Ahora sólo soy capaz de decirme que cada vez más me apetece escribir lo que me dé la gana cuando me dé la gana, y esto nada tiene que ver con un libro...¿Seré capaz de hacerlo cuando haya empezado mi nuevo trabajo?...

-(Breve interludio de un par de días: De cara a Navidades, la cosa se pone difícil en mi cabeza)-

Hoy he salido a pasear, como cada día, ya sabéis...Pero, en mi interior, por diversas razones, había una dura lucha, una de las más grandes del año, entre ese odio interno, del que, parece, jamás podré desprenderme, y mi fe en la bondad de las personas, y en muchas otras cosas...De pronto, aislé mi pensamiento, separé la fe del odio, y justo en medio, surgió una ventana al pasado...En ella, me encontraba charlando con mi viejo amigo, el director de culto Jess Franco, que se reía a mangas anchas, y me decía: *La fe, caray...Un tema peligroso.* Yo respondí con otra risa, y le preguntaba por qué...Aquel, genial y profundo como era, contestó: *Porque cada uno tiene su fe, independientemente de la religión que sea. Tú tienes tu modo de ver las cosas, yo tengo mi modo de tomarme la vida...Lo que hacemos, lo que vivimos y lo que pensamos, eso es la fe, y brevemente, te diré, antes de que me preguntes si creo en Dios, y todas estas cosas, que me parece injusto que con esta vida termine todo...*Jamás volví a cuestionar a Jesús sobre nada relativo a la política o la religión en nuestro libro, aunque, por aquellos días, empezaba ya a despertar en mí, una clara postura frente a la vida, y los grandes problemas de los hombres, que parecían partir, las más de las veces, y en el aforo general, de estas dos cuestiones...Hoy puedo decir que soy apolítico, sin más, y que vivo mi fe a mi manera, igual que vivo mi vida, sin estar adscrito a ninguna religión...Todo esto, sin duda, condimentó mi paseo, pero necesitaba desesperadamente pensar en otra cosa. Necesitaba pensar en algo relacionado con lo que más amo, porque ya llevaba cierto tiempo sin escribir...Y claro, pensé, de nuevo, en **La gran belleza** de Sorrentino...Concretamente, en tres escenas...En una, preguntaban al personaje principal porqué no había escrito un solo libro en más de cuarenta años, y éste, apenas salía con alguna tergiversación intelectualoide de las suyas, como vulgar respuesta, pero, lo importante es que la persona que se lo cuestionaba, agregaba más tarde: *Es una lástima, en aquel libro se notaba que estabas verdaderamente enamorado...*Temo ahora, que la historia se repita en mi propia vida tras **Green Dog**, porque lo cierto es que ahora no tengo demasiadas ganas de escribir, sino de guiarme por la terrorífica inercia, y ello es malo. Si acepto aquel trabajo, será una reafirmación de esa inercia, así que creo que no voy a hacerlo...Pero, ¿qué hay del amor de Alice?...Una Alice a la que cada vez que veo me entran más ganas de besar, a la que no puedo acercarme demasiado, porque me vuelvo loco cuando ella se acerca a mí, y me da golpecitos en el pecho, o tira de mi camisa...Qué hay de mi amor por ella, cuando, cada vez que la veo, me cuenta sin parar cosas de su vida, como si yo me encontrase ejerciendo de puntual maestro y confesor, sin apenas dejarme hablar, y sin que ella apenas tenga tiempo de coger aliento...Cada vez que me pongo personal, me corta, no bruscamente, sino antes de comenzar esas frases personales, como intuyéndolas...*Su fuerza es grande*, diría un Jedi...Es obvio que el último encuentro en el sofá fucsia casi traumatizó su fuero interno, empeñado en ese amor tan consolado e inmortal, tal y como ella misma lo siente, ese amor de cuento de hadas con el que sueña, y en el que cree que puede confiar, cuando no es certero...Pero, definitivamente, qué hay de mi amor por ella...Quedará encerrado por siempre en el **Green Dog**, o realmente irá más allá...***En próximos episodios***...Siguiendo con **La gran belleza**, otra de las escenas que más me gustan, es aquella en que el tunante titular inicia una especie de romance psíquico con una morena stripper muy particular, una gran dama enferma...La primera noche que pasan juntos, no hacen el amor...Y a la mañana siguiente, él le dice: *Oye, ha sido muy bonito no hacer el amor, ya no recordaba lo que significaba querer*...Porque, claro, el auténtico querer no es físico...Esta escena me recordó uno de los momentos más imborrables de los que hasta ahora he podido disfrutar en mi vida, y este tiene que ver, claro, con mi ángel de oscuridad...En ese momento era de noche, y ambos estábamos tumbados en un sofá blanco, sí, incluso recuerdo el color...Los sofás terminarán convirtiéndose en un poderoso fetiche para mí, tal cual parece...En fin, ella quería presentarse a un concurso de modelaje, o algo parecido, así que me enseñó sus fotografías de prueba, mientras yo apoyaba mi cabeza sobre sus pechos...Recuerdo el olor a limpio que tenían, pero no del todo limpio, no el mismo al que huelen mi ropa y mis sábanas, después de ser lavadas por mi madre...Era un olor naturalmente limpio, como el de un bosque después del rocío, algo exquisito...Ella me enseñaba aquellas fotografías, y yo pensaba: *Están bien, pero te prefiero al natural*, aunque nunca se lo diría...Finalmente, nos dormimos, y al despertarme, ella todavía tenía los ojos cerrados. Una porción de su largo cabello negro me había caído sobre la cara, lo aparté con levedad, le di un beso cariñoso, notando el tierno vacío de una vieja espinilla, y me marché de allí...Un par de horas más tarde, me llamó muy enfada, preguntándome por qué no me había quedado con ella, y yo contesté que prefería quedarme con aquel recuerdo de ella dormida a las siete de la mañana...Como era mi ángel de oscuridad, me entendió...Pasemos a la tercera escena de **La gran belleza**, corresponde al final, por supuesto, el que da nombre a la película...Cuando el protagonista se encuentra con la santa que lo salvará...Una monja que ha vivido en la pobreza durante toda su vida, una que se vive, y no se cuenta, porque es real...La monja vuelve a preguntarle, como al principio del film lo hacen sus amistades, porqué no ha vuelto a escribir un libro. Y él, como no podía ser de otro modo, bendito Sorrentino, responde: ***Buscaba la gran belleza, pero no la he encontrado...***Luego, la monja le dice: *¿Sabe porqué yo sólo me alimento de raíces?*...A lo que él responde: *No, no lo sé. Por qué*...***Porque las raíces son muy importantes***, sentencia la santa. Otra frase tonta, como las de Woody Allen, que funciona de veras...Eso me recordó que, cuando aún era muy pequeño, tendría unos diez años, dije a mi padre que lo que yo quería era tener una historia que contar. Ahora me veo ya mayor, camino de la vida adulta, y creo haberlo conseguido, sin embargo, no quiero dejar de escribir, sé que nunca lo haré, pero no quiero dejar de escribir libros...Creo que eso me mataría...No sé qué demonios ocurrirá con Alice al final, pero sé cómo y en qué quiero seguir trabajando. Creo que la respuesta que buscaba está ante mí. Creo que por ahí queda mi gran belleza...En mi trabajo, en mis paseos hasta el montículo sacro, mis conversaciones con los que ya no están y me dan fuerzas, cuando miro fijamente a los ojos de mi perro, o cuando recuerdo los ojos de la mujer santa que me salvó, entre otros pocos brillantes...Creo que debo seguir mi camino, y sólo dejar ya a la duda, el hecho de si Alice formará realmente parte de mi gran belleza, tras **Green Dog**, o más allá...Sólo sé que tras el paseo de hoy me siento más pleno, y que únicamente ya pienso en una escena preciosa, que Harrison Ford comparte con una prometedora Daisy Ridley, en el tráiler de **Star Wars VII**. En ella, la joven actriz dice: *Se cuentan muchas historias sobre lo que pasó*...A lo que el legendario Han Solo responde: <u>**Todas ciertas...**</u>Espero llegar a la edad de Harrison, y poder decir algo semejante...

Por cierto, olvidé deciros que finalmente di aquellas revistas de cine a Alice...Se hizo un tanto la remolona cuando llegué a los estudios, como diciendo: *Tienes que darme algo*...Cuando lo hice, sonrió de una forma que, como de costumbre, me derritió por dentro...El comentario de **En el corazón del mar** no estuvo mal tampoco, claro, tras ese amistoso encuentro, en que me miras fijamente, y con esa chulería refinada que te caracteriza, dices: *Anda, vamos a fumar*, mientras vuelves a sonreír con esos dientes blancos, cómo diantres iba a ir mal...Aunque me sentía con las baterías muy bajas, no como cuando escribo esto. Veremos qué tal va la próxima semana, en que hablaremos de **Un paseo por el bosque**, o el segundo film de Robert Redford en un año, otro de los que ya no sabe qué hacer para volver a ganar el Óscar...Quizá debería esperar algo de tu parte por prestarte estas revistas, que apartarían tus habituales

Cuore, tal y como me prometiste, pero sé que lo mejor es no esperar nada...No hago todo esto a cambio de ganarte, o de que me beses de una maldita vez, para calmar mi erección constante, física y mental...Lo hago, porque sé que lo necesitas, y de corazón, me hace verdaderamente feliz...

Cercado en la línea de piedra

Sueño con oírte decir algún día que jamás te has sentido tan bien con nadie, que siempre que me acompañas, sabes que nada te ocurrirá...Por desgracia, creo que son palabras que puede que jamás escuche, o que tarde mucho en escuchar, como tan lejano veo el destino que me guía...Hoy he vuelto al montículo sacro, cuya ascensión se está convirtiendo para mí en una diminuta y agradable peregrinación diaria...Como siempre, me he sentado en uno de sus brazos de piedra, de los que rodean el verdecino sacro y central. Y allí, dupliqué en mi mente la línea de piedra extraída del círculo concéntrico, hasta darme plena cuenta de que me encontraba cercado en esa línea...En el mundo sólo existíamos yo, la nada, y esa línea, como puente que iba y venía de un lugar inhóspito, de principio y final desconocido, con un característico sonido de vacío como fondo, un sonido que, sin embargo, era sedante, como tu olor, como tu sonrisa y tus ojos...Estuve en ese limbo durante unos diez minutos, después, abrí mis ojos, y observé las parpadeantes centenas de luces que hacen de Valencia lo que es...Y por vez primera en mi vida, me dije: *Caramba, es una gran ciudad. Para cómo es el mundo hoy, sin duda, es una gran ciudad*...Seguía detestando San Isidoro, la Fuente Santa, y la mayoría de personas que allí había conocido, pero amaba mi trabajo, aunque no me reportase grandes beneficios económicos o materiales, amaba a mis amistades, y sobre todo, te amaba a ti...Todo ello me hizo pensar de nuevo en el odio, aquel que casi me destruyó hace años, si bien, Dios sabe que motivos no me faltaban para odiar, aunque ello sea lo más fácil...Y contemplé mi situación actual: Percibía un peligro grande, no temor, peligro de volver a corromperme, cuando me sorprendí a mí mismo, al desear ser más poderoso, más sabio, más alto, más físicamente fuerte...Toda esta ambición queda también a un paso de mi propia destrucción, como ambición tengo de completar este libro, el día que seas mía...Llegue ese día o no, qué locura, ¿verdad?...En ocasiones, no sé ni lo que digo, simplemente lo hago...*Quién está libre de defectos*, decía el más santo de todos los hombres...*Qué nublado está tu futuro*, me dijo la más santa de todas las mujeres...Y pienso en porqué la mayoría de la gente sólo reacciona ante el miedo que el mal provoca, cuando no temen al bien, ni lo ayudan...Gran error, nº1, porque el bien es el verdadero poder, el que nos alcanza más allá de la vida...La vida, que nos prueba, prueba a la gente más especial, a la más buena, para saber si pueden llegar a convertirse en algo peor, porque, al final, aquellos que venzan a la gran oscuridad serán muy necesarios, estén vivos o muertos...El mal lo pueblan muchos, y el bien también, pero, en este mundo, los adeptos del mal son superiores, a pesar de que su poder sea menor...Son horda, que nos conducirá a un futuro peor de lo que nadie pueda imaginar, peor de lo que cualquier obra de arte nos haya narrado...Pero, en fin, qué más podría contar aquí sobre eso, lo mejor sería callarme de una vez...Qué más puedo contar sobre nosotros, Alice...Creo que un día próximo, como impuro ser que soy, porque lo soy, a pesar de mis fuertes convicciones, y de mi lealtad total, me cansaré de ti, y justo entonces, tú volverás a mí...Como ya se dijo...Te costará ganarte de nuevo mi confianza, mi amor, porque tu inocente juego es tan dulce como cruel para mí, y ya me hago mayor...Mi alma es vieja, y mi cuerpo cada día lo es más...Imagino, y me pregunto, todo esto, cada vez que cuando crees que nadie te ve, haces una excepción en el departamento de maquillaje, y me peinas las pestañas, esas pestañas tan largas que tengo, y que a ti te hacen tanta gracia, especialmente, desde que te conté que debía quitarme algunas con pinzas, porque me pinchaban el lagrimal, y me hacían llorar...Oigo voces en los últimos días, cuando los sonidos dichosos de este maldito barrio me lo permiten, o los de esta ruidosa casa, o en general, los de este insoportable mundo que no se detiene ni a meditar, ni a pensar, porque *todo va sobre la marcha*...Gran error, nº2, porque nada va sobre la marcha, *todo se hace, muy poco a poco, y desde adentro*...Nuestro caos se lo debemos precisamente a no seguir este precepto milenario...Pero, oigo voces, como decía, cosa poco extraña en mí...Me hablan desde un lugar indeterminado, alejado de aquella línea de piedra...Son voces de mi sangre, de otro tiempo, de otro mundo, que me avisan de nuevo, y que me recuerdan que soy el último de ellos, que debo resistir, superar el mal que llevo dentro de mí, y al que veo fuera de mí, defendiéndome, no atacando, para completarme...Así, cuando esté listo, tendré todo cuanto añoro a nivel interno y brillante...Y me dicen algo más todavía: *Hace falta uno más de nuestra sangre...Uno más...Y ese eres tú*...Mientras escribo todo esto, mi perro mágico me mira a los ojos, con esa cara de peluche que tiene, es casi tan hermoso como tú...He tenido otro pensamiento contigo, por cierto...Espero que no sea cierto, pero algo me dice, por desgracia, que sí lo es...Es sobre tu futuro cercano...En este pensar apareces junto a una persona muy importante para ti, una amiga...Y ella te traiciona con él, aquel que crees que te ama...Sufrirás mucho, sin medida, cielo, más de lo que yo creí, al principio...Tanto, que, aunque yo intervenga, quizá ya nada pueda hacer...Quizá el GD Club sí pueda, y sin duda, sí podrán la fe, el brillo, el don...Si los dejas entrar te salvarán, como me salvaron a mí, como me salvan, a mí...Como pueden salvar a todo aquel que logre encontrar la verdadera pureza del bien, de la cual pocos son dignos, aunque, siendo conscientes de su existencia, ya nos haga más que humanos...O en cualquier caso, más de lo que el hombre es hoy, en el ahora...Más de lo que será en su horrendo futuro...Te amo, Alice...Por eso, tu dolor ya es mío, incluso antes de tener lugar...Te amo, porque, a fin de cuentas, me planteas los retos esenciales que me hacen seguir, y harán que me decida un día, por eso eres parte integrante de mi fe, la de ese hombre que nace, o que vuelve a ser...El otro día imaginé el título de un nuevo libro escrito: **Háblame de cine**...Pero me lo decías tú, en un sueño precioso...Y era un buen libro, una vez acabado...*Mi poema tuyo*, así creí nombrarlo, en la noesis...Creo que diré, aún, que *seguimos adelante*, mi querida frase...Mientras vuelvo a pensar en el hombre oscuro de mi vida, y en aquellos que lo rodean y secundan...Ahora es cuando entiendo sus precauciones, tomadas durante nuestra pasada reunión...Analizó la zona antes de encontrarse conmigo, porque temía que aquellos que me rodean, y están por encima mío, aprovechasen el encuentro para emboscarlo...Lástima que nosotros no seamos tan extremistas, y realmente, no nos importen tanto *ellos*...Veo que, un día, un hombre de los suyos, los traicionará, para ayudarme a mí...Y por ello, lo matarán...Un gran guerrero...Mientras todo lo demás permanece nublado, más allá de la línea de piedra, y como siempre, su secreto, que es mío, sujeto al fin del tiempo del hoy...Si bien, intuyo que ellos mismos me revelarán su futuro, el que ahora no puedo ver, su misterio, aunque tampoco me preocupe demasiado, ya que es secundario en mi actual vida...Realmente, mi Destino nada tendrá que ver con las logias humanas, sino con las otras...Pero, cómo puedo seguir hablando de todo esto todavía, de esta ficción basada en cierta gente, o en una parte suya, que también es mía...**Están entre nosotros** sigue siendo el motor de estos libros, el Spin-off de la saga que creyera terminada...Cuando nunca escaparé de ella, y tampoco sé si quiero, a pesar de llegar el momento...Porque el misterio no muere en mí, es mi fe potente, mi esperanza, lo único que no me abandona...A él me consagro, por él vivo, al final y al principio de cada día, preparándome para cumplir su voluntad futura y eterna...Y yo sólo soy una hormiga en su engranaje...A él pertenecemos todos, incluso los entes más oscuros, que por aquí pululan...Pero sigo pensando en ti, en que me rodeas con tus brazos y me besas...No sabes qué hacerme, por la ayuda que te he prestado, y me pides que te diga qué puedes hacer...*Quererme y cuidarme*, digo yo...*Eso será muy fácil*, contestas, eso me contestas...Nos conocimos en los medios, y lo cierto es que la televisión es algo muy especial para mí, por cuanto ya relato, y por ti, pero, la verdad es que, simplemente, siento que debo estar allí...De alguna forma, la mayor esencia, el objetivo en mi inmediato futuro, está ligado a este extraño y hermoso lugar, que, a veces, semeja un sueño bueno, y otras veces, la boca de una innoble bestia, dispuesta a devorar a cualquiera...Otro nivel de tentación, reto en que perder y ganar, lo que me incita y mantiene alerta...Cuanto lo rodea me da energía, vibraciones positivas y turbaciones negativas que me mantienen vivo y confunden a partes iguales, pero que me hacen continuar soñando, a pesar de mi alma vieja encarnada en físico, y sentirme joven, más joven y niño que nunca...La verdad es que hoy, tras abandonar la línea de piedra, cercado por todos estos sentimientos, tuyos, y de otros en mí, conservo la inquietud ante el momento que aguarda, por el que esencialmente vivo, y que todavía queda lejano, pero no el miedo, eso ya no...Es el desencadenante de todo lo malo...Me tranquiliza esta puntual angustia de un momento craso entre tantos cruciales que estudio, para entretenerme y recorrer mi camino, aunque en mi interior perviva esa lucha eterna, por estar con el bien...Por sentir el equilibrio, con el que sólo los seres humanos, verdaderamente soñamos...Aunque confío en que, aún siendo por tiempo limitado, gracias a ti, logre dejar todo esto atrás, porque te amo de veras...Y porque sé que, al final, tú, de alguna forma, también lo harás...¿Será esa acción la que me conduzca a un nuevo estadio en mi progreso? Quién sabe...

Verdad de un Alma Vieja

A mi querida tía Isabel Folgado, mi vecina favorita.

Por nuestra eterna amistad.

Hoy he presenciado un acontecimiento que me ha conmovido profundamente: Una gran amiga mía, a la que conozco desde hace más de veinte años, una persona buena y sensible, una auténtica mujer, ha aceptado un regalo mío de una forma que jamás imaginé...

Un par de mis últimos libros, que yo le dediqué con sencillez, y franqueza, a ella y a su pareja eterna...La impresión que le causaron mis palabras llanas, pero sinceras, seguidas de unas lágrimas contenidas, un beso y un abrazo, serán algo que nunca olvidaré...

Un día no demasiado pasado, otra buena amiga mía, me dijo que era capaz de hacer sentir especial a la gente, es lo que sintió ella, al recibir otro ejemplar de mi trabajo, pero, ello, con toda humildad, debo decir que no es totalmente objetivo, como ya le comuniqué...Sin la gente que me ama no soy nada, le dije, no por quedar bien, sino porque era totalmente cierto.

Cuando uno siente la fe, de una u otra forma, la fe que sea, porque el ser humano necesita creer en aquello auténtico que le sobrepasa, para ser mejor, para aprovechar verdaderamente su esencia, y su existencia, es cuando se percibe la verdadera realidad de la vida: "La felicidad sólo es auténtica si se comparte". Uno sólo funciona a pleno rendimiento, cuando es amado... Hace cierto tiempo, creí que podría vivir mi vida a solas, sin ayuda, pero no lo comprendí...

Necesité de la ayuda de los entes sabios, entes humanos que aman y sufren por encima de la media común, para percatarme de que podía ser mejor persona, de que la vida resulta en un constante aprendizaje, uno de luz y tinieblas, en una prueba que muy pocos superan...

Ya sé que resulto repetitivo, y cuasi pedante, al agradecer a todos aquellos que me aman, insistente y constantemente, la felicidad que siento en estos últimos dos años...Aquella que jamás sentí, porque no me sentía plenamente integrado con mis semejantes...Pero es que este es capítulo fundamental en mi vida, y de él, siento, debo dejar constancia de algún modo...

Ya que la realidad es la realidad...Os lo debo todo a vosotros, a las personas a las que dedico mi trabajo...Porque lo sois todo, porque sacáis de mi interior cadalso, de mi hermético templo interno, una esencia pura y sencilla, como todo lo auténtico e importante finalmente es, que creí perdida durante mucho tiempo, a la profunda deriva, a pesar de mi relativa juventud...

Todavía recuerdo, cada vez que pienso en aquella persona, todas las veces en que siendo pequeño hacía trastadas en su casa, y jamás me reñía...Recuerdo el día de su boda, a la que sólo yo y dos personas más asistimos, uno de los días más memorables en mi vida, y además, ello me retrotrae a otro recuerdo símil, el de aquella persona, entre muchas otras, que me salvó de la oscuridad, aquella persona que no era de mi sangre, y sin embargo, me adiestró, y lo dio todo por mí...

Cada vez que pienso, imagino, fantaseo o recuerdo, la inmensidad de la bondad que he conocido, el privilegio que me ha regalado el Padre, la vida, la suerte, o como queráis llamarlo, como fanático cinematográfico que soy, pues ello fue mi única válvula de escape durante muchos años, siempre rememoro la frase que casi inicia la adaptación bella de Los miserables de Victor Hugo, protagonizada por Liam Neeson y Geoffrey Rush, dirigida por el artista Bille August.

En ella, Neeson interpreta a Jean Valjean, un hombre de mala vida, llevado al caos por la injusticia de un régimen caduco, e insensible con el ser humano menos afortunado...Durante la antológica trama, Valjean decide robar al cura que lo acoge en su casa, sin pensar en redimirse siquiera de su pasado y condición, y le roba, además, en mitad de la noche, asestándole una leve paliza...Al día siguiente es apresado, con todo el botín de la Iglesia...

Y cuando las autoridades lo remiten al buen hombre que lo socorrió, éste dice que el botín no era tal, sino que él mismo se lo legó a Valjean, por lo que la policía lo deja libre...

Valjean, atónito, contempla el rostro del sacerdote, y le pregunta: "Por qué hace esto".

A lo que el cura responde, más o menos: "Porque puedo, porque debo...Y no olvide, que prometió convertirse en un hombre nuevo".

Valjean parte entonces, y jamás vuelve a contemplar el rostro de su salvador, pero cambia, porque, siente, debe hacerlo, porque no lo piensa, simplemente, lo siente, porque así es la verdadera fe, el brillo, y por tanto, su destino mundano se torna en el de un legítimo héroe...

Yo jamás llegaré a tanto, pero la autora de este lienzo que aquí adjunto, sabe perfectamente a lo que me refiero...Porque me conoce, y me quiere bien...

Cuando me siento frente a la gente que me une y nunca me deja de lado, encuentro mi fe, me siento limpio, veo un camino distinto, un equilibrio, aquel que trato de alcanzar cada día que salgo a caminar, hasta ese lugar secreto y sacro, cuya ubicación no compartiré con nadie...

Y en esa noesis no pienso en el pasado, pienso en cuanto el Padre me da, en cuanto el brillo me da, en cuanto mis seres queridos me dan, y me veo cambiado, porque lo estoy...Realmente, tras tantos años de penumbra, lo estoy...Y ello no sólo se debe a mi fe...

Sino a la voluntad de personas como las que crean lienzos como este...

Te amo, amiga mía, como amo a todos aquellos, pocos, pero suficientes, que me retornan, en cada nuevo encuentro, a mi mejor versión, una no encontrada hasta hace pocos años...Seres que permiten que no me aparte de la senda de la luz...Que identifique el mal y me aleje de él...

Seres únicos y dignos que me regalan el recuerdo benigno, divino, aquel que, entre las personas corrientes, y las elegidas, aquellas que sobrepasan el mal, y aún así, siguen siendo buenas tras la prueba, puede guiarme hasta mi santuario, mi refugio vital y redentor...

Sé que mientras forméis parte de mi vida, mi impulso jamás decrecerá, que mi bondad y mi relativa pureza se mantendrán, mientras el sol de la mañana brille...El vuestro, vuestro astro...

Mientras me quede gente a la que amar, que se gane mi amor por entero, sé que puedo ser quien soy, el hombre que siempre deseé ser, el que mis ancestros gustarían de ver...

Por ello, queridísima amiga mía, más tía mía que ninguna, te doy las gracias por acogerme, consolarme, hacer cuanto pudieras por entenderme...Porque así, encuentro la mejor forma de continuar siendo aquel hombre que una vez cambió, aquel que da gracias a los que lo salvan...

Y que ya sólo idea la forma de ser justo, acorde a quienes lo aprecian, deseando ser mejor...

Femineidad absoluta, sólo posible de retratar por una artista y mujer verdadera.

El "otro" posible futuro

Convicción, es una palabra que anoto en mi diario personal, uno hecho de apuntes, de cosas sueltas, uno que hace leve lo amplificado aquí, o en la red social, o en el habla con la gente con la que me topo, y acabo manteniendo amistad y conversación...Una convicción que se une al equilibrio en la vida, al Ser...No sé cómo escribir sobre lo que he sentido hace pocos días...Un sentimiento que parece querer decirme que debo luchar por ti...Sentir que se multiplica en sueños en los que veo tu rostro, inmerso en aquel mundo al que viajo fuera de mi cuerpo, tras la infancia...No puedo entender cómo es que apareces en esos sueños brillantes separados de los terrenales...Hay algo contigo, en tu historia futura, que casa con mi sentir, pero todavía no sé lo que es...Ya creía saberlo, pero he descubierto que no es así...No comprendo a qué nivel estamos funcionando, la verdad, aunque, de alguna forma, como antes se me permitió hacer, lo intuyo...Y es que hoy, en mis pesquisas, en mis paseos en busca del solitario páramo, en que poca gente, o nadie, habita, me ha sorprendido una nueva revelación, aunque quizá no fuera tal, sino tan sólo una posibilidad...Y es que me pregunto, si acaso no serás tú la madre de la criatura futura a la que debo proteger...No pensaba llegar a conocerla íntimamente antes del nacimiento de la niña, la del gran poder, pero, ¿y si realmente fueras tú, y por ese motivo, mi amor se confundiera con un enigma que, creo, tratas de ocultarme, sólo por el momento?...Por alguna razón, siento que sabes algo importante que yo desconozco completamente...No sé si se refiere a esta historia, o a algo mío, y tuyo...¿Me estás ayudando por tu cuenta y riesgo, y no quieres que yo me dé cuenta?...Por qué si no, cuando veo lo que nadie ve, tú no te sorprendes, al estar cerca de mí...Nunca te digo nada, pero, mi gesto, es siempre el mismo...Porqué no te asustas, me digo, otra nueva vez...Si de veras estás en el brillo más de lo que yo pienso, ello significaría que la línea de mi futuro puede ser bien diferente...De ahí la revelación que tuve: En ese posible futuro, tú y yo somos amigos por toda la vida...Tú sigues con el hombre con el que estás, quien se reforma, y se convierte en tu tan anhelado príncipe azul, y yo, sigo con el misterio, sigo trabajando en todo esto, y no me va mal, pero nunca encuentro mujer...No sólo porque te amo, sino porque atiendo órdenes, y cumplo los mandatos de las voces buenas, cuando los tiempos se oscurecen y cambian...Voces que hacen conservar el estatus de una luz siempre menor que la tiniebla, pero que, aún así, nos salva...Todo ello, me ha llevado a pensar en mi situación: Amo, y he amado, de alguna manera, a pesar de mi enorme odio, fundado o infundado...Siempre, ese otro lado me ha alentado a amar, y a tratar de comprender, y apoyar, a la gente pura, a la gente buena, como tú...Ha habido mujeres en mi vida, como ya dije, pero nuestra relación nunca se consumó, e incluso ellas lo aceptaron...Estar a mi lado, establecer un contacto físico total, casi suponía para mí una decepción personal y moral, una conveniencia alejada del verdadero amor, y para ellas, también significaba quemarse, arder, más allá de mi compromiso...Por razones así, me creí homosexual durante años, hasta que descubrí que tampoco lo era, como ya conté...A lo que voy es a que, quizá, mi misión, tenga más que ver con conservar una pureza que no nuble mi juicio, mi instinto y contacto, para estar cerca de aquellos que verdaderamente lo merecen...¿Es esa la respuesta que buscaba, ilustrada en esta posible vía futura?...Lo desconozco...Pero sé que si este futuro procede, mi poder crecerá, mi conocimiento será mayor, y yo lo compartiré en el mismo mundo, en el mismo medio y con la misma gente, hasta los que arribé hace tan sólo dos años, tras el retiro sacro...Y cuando llegue el momento, tú me darás a tu hija, para que la proteja...Porque no será una niña normal, será un ser de luz, y yo conoceré a la gente que la pueda enseñar...De otro modo, si la historia que comento en estos libros, la principal, avanza, yaceré contigo, y cuando lo haga, ya no volveré a ser el mismo hombre, hasta llegado un instante, de alma vieja, en que despierte...He visto que seríamos felices...Pero, para lograr eso, mi convicción debe ser la tuya, porque ya no tengo respuestas allende de lo que he visto...Todo está escrito en unas letras que no comprendo, con una tinta no hecha para ojos humanos, pero lo he sentido, y sé que es real, que existe...Creo que, por todo eso, las voces malas, y todo aquello que no está en mi mente, pero que habita la vida, y yo, y tantos otros, solemos percibir, está utilizando tu imagen intocable para dañarme...

Volviendo al orden de cosas de costumbre, mañana me habéis invitado a vuestro programa especial, y allí estaré nada menos que para hablar de la nueva *Star Wars*, casi un remake de la de 1977, que, sin embargo, nos ofrece a un Harrison Ford en su canto del cisne, encadenando *Blade Runner 2* e *Indiana Jones 5*, y a unos magníficos, mágicos, casi divinos, Daisy Ridley y John Boyega...Desde luego, esta guerra de las galaxias sí ha resucitado la fe en el fan, aunque sea lo mismo de siempre, sólo que más inspirado...En fin, antes de que todo esto suceda, yo prefiero pasar a limpio algunas notas que tomé a lo largo de la semana, porque el año está ya cerca de acabar finalmente, y hasta nuestras detestables selecciones políticas quedan prontas a pasar, para hundir todavía más nuestro país, en ese batiburrillo de partidos e ideas que, en el fondo, son casi la misma cosa...Aún regresando el radicalismo, por desgracia, seguirían siéndolo...

Y dije así: *Albergo grandes ansias del brillo, pero, entonces, mi bisabuelo, el gran Mago, parece repetirme lo mismo que me decía cuando me metía en los asuntos turbios, transcripciones de sesiones Ouija que no eran mías, y demás encuentros con la oscuridad:* **Cuidado. El ansia no es buena**...*Es curioso, de algún modo siento que siempre puedo hablar con él, que me acompaña, que vela por mí, y me hace mejor persona...Si estás ahí, como creo, te doy las gracias, aunque tú seas un Mago, y yo, un Brujo...Sé que entiendes esta escatológica broma...Y pedí más tarde, en mitad de la noche, y plena madrugada, cuando los pájaros ya cantan en San Isidoro: Padre, perdóname por hablar...Debería apartarme del resto del mundo para purificarme, pero no soy tan bueno, ni tan digno...Nací para ser otro, pero, por tu voluntad, soy mejor...Perdona mis pecados, hazme ser quien debo ser, aparta el mal de mis seres queridos, y de mí...Permíteme ser tu hijo...Dame paciencia y fuerza, no consientas que la ambición me pierda...Hazme digno del amor de todos aquellos a los que importo y me importan, a pesar de mis faltas...Mantenme en pie...Hazme perdurar, porque sé que debo, hasta completar tu mandato...El del bien...No* permitas que mi vida quede únicamente en la de un brujo loco, porque sé que puedo ser más...Hazme merecedor de tu casa, de mi niña...Conviérteme en el protector que ella necesita que sea...Y que la voz del mal, que escucho a cada segundo, sólo me sirva para emplearla en su propia contra...Si tú estás conmigo, sé que podré, no me abandones. Hazme fuerte, Dios mío...

Cerca tengo ya a un niño corrompido, por cierto, junto a una niña bella...Mi vínculo con ellos es potente, aunque no como el que tengo contigo, Alice...Aun así, sé que son importantes en mi destino cercano, y yo en el suyo...Se me hace duro enfrentarme a la vida sin ti, debo decirlo...A veces pienso que no puedo soportarlo, porque sé que habrías de salvarme...Y me debato, pensando en cosas varias, como que mis ancestros soy yo a estas alturas, en las falsas promesas que traicionan al hombre, en ti y en tus malditas dudas...El pasado viernes fue tremendo...Te hablé del trabajo que me habían ofrecido, uno con buen sueldo, pero un trabajo duro, de oficina, y con la gente, uno de los míos, sobre el que me cuesta decidir...Me invitaste a que lo hiciera, sonriente a medias...Eso te interesaba, aunque admití no querer hacerlo, sin dejar de pensarlo, pero también te dije que con una pareja y niños sería distinto...*Harías lo que fuera necesario entonces*, dijiste tú sin preguntar, admitiéndolo, toda seria...Dije que sí...Eso fue importante para ti....Hablamos de tantas cosas aquella tarde, incluso me hablaste de tu novio, criticándolo...Yo oculto muy bien mis sentimientos, pero creo que no pude disimular lo mucho que me molestaba, no me dolía, pero me molestaba, que te fijases así en él, aunque comprendía tu amor...Vi toda vuestra historia en un país extranjero, vi fracasos, cariño, vi todo lo que me contaste, la ventura que él te dio en un mal momento...Lo vi todo, fue un derrumbe y un alzamiento de sensaciones que hacía mucho no sentía, y que me provocaron un extraño placer, el mismo que siento cada vez que contemplo el mal aplicado sobre los entes malignos, la mezcolanza de enigma y nervio que siento cada vez que te miro y no sé lo que piensas, o en esas fantasías espantosas, cuando lo veo a él, y a ti, a su lado, como si fueseis dos caras de una misma moneda...Sé que cuando hablas con él ese lado es diferente, no es el que me muestras y compartes conmigo...Pienso siempre en que si de veras me vieras como amigo lo habríamos hablado más, pero tú no me ves como un amigo, entonces, qué demonios soy realmente...¿Un gurú, un apoyo, un custodio para ti?...Cómo podrías amarme, hada de ojos verdes, porque siento que deseas hacerlo...Una voz te lo dice, pero no quieres escucharla...Nos marchamos juntos del trabajo, lo hacemos delante de todos, casi para que nos vieran bien, pero tú te adelantas, quieres ir por delante de mí, para que parezca que soy yo el que te sigue, cuando no es así...Seguimos hablando durante un rato hasta que intentas marcharte, pero, a la postre, recuerdo que mis padres han venido a recogerme a los estudios...Ellos te observan desde el coche, aunque sus ventanas sean oscuras, y yo me doy cuenta de que es un momento especial, y tan descarado, te pregunto si quieres que te los presente...Te quemas, me dices que no, tan graciosa, y te vas corriendo, con una excusa dulce...No recuerdo la última palabra que nos decimos, estábamos muy nerviosos, fue la ostia...Luego, en el coche, recuerdo tu expresión de este viernes, cuando me decías que el lunes volveríamos a vernos para grabar el último programa del año...Estabas tan contenta...Más tarde, me devolviste las revistas de cine, y me recordaste que las cogiera al marcharnos, pronunciando mi nombre de esa extraña y única forma en que lo haces...Como una plegaria ahogada por la vergüenza de una niña inocente...Me vuelves loco, y tengo la necesidad de escribir cosas como estas, y en parte continuar paseando, para adiestrarme a mí mismo, para no envilecerme...Porque te necesito, sólo te necesito a ti, para no ser un brujo...

Me arde el cuerpo cada vez que pienso en ti...Miraba al sol, más allá del pequeño espacio de tierra en que se aprovecha un aparcamiento, y apareciste tú, diciéndome que me habías pillado, antes de entrar en el estudio...Siempre fumo un cigarro antes de llamar a la puerta...Y sí, me pillaste, y después, viniste a fumar conmigo...Nuestra amistad es para mí un regalo excepcional por parte de esta vida, y algún día te diré cuánto me ha ayudado...El problema, es que te amo...

*En este maldito barrio ha habido un apagón postelectoral justo cuando escribía el capítulo. Más de la mitad se borró y tuve que rehacerlo a regañadientes. Disculparéis la falta de conexión y soltura.

Atrapasueños en Venus y un gaitero escocés

Veo ahora toda mi vida, como si se tratase de un carrusel de imágenes, como el mejor tráiler-resumen de *Toro Salvaje*, aderezado con música de Mascagni de fondo, efectuando así un eclipse dramático que refuerza mi pedantería, siempre que me recreo en mis reales memorias, relatos y poemas, lo que de momento es lo mío, y quizá algún día continúe siéndolo, porque, acabado este libro, Dios mediante, en el próximo año, sé que ya nada será igual...Me da en la nariz que otro círculo, distinto al que ya anuncié, más severo, más decisivo, se cerrará en mi rueda del enigma...Un círculo que, de alguna forma, conducirá mi vida hacia distintas geometrías, a arquitecturas que, como es costumbre, quedan más allá del límite, sólo que integradas en el presente mundo...Aún así, mis hipotéticos proyectos se multiplican: *Háblame de cine*, o lo que sería *Alice 2*, *Están entre nosotros XVI: Los enemigos del hombre*, que abriría la veta para una nueva y renovada forma de saga, y quizá también quedase espacio para lo que ya he empezado a llamar **El tercero en discordia**, o ese otro modo de denominar mi elucubración como El Brujo, La Oveja Negra, El Perro Verde, El Alma Vieja...En ese libro aparecería yo mismo en la portada, en consagrado gesto de mi ego, y en actitud beligerante, entre tonos negros y blancos quemados, propios del cine mudo, señalando con mi mano derecha un punto infinito, como Denzel Washington en *The Great Debaters*, o Billy Jack en alguna de sus místicas secuelas, que jamás disfrutaremos aquí, en España...El otro día hablé con mi buen amigo Fernando Robleda, un buen hombre, de aquellos que te sorprenden, y quien siempre me ha sugerido amistades emocionantes en la red social, como aquel anciano aventurero, verdadero motero irlandés, o un amante de los desafíos de dos ruedas, casi rara especie de Indiana Jones, a quien apodan El Correcaminos...El caso es que Fernando comentó brevemente un trabajo mío que compartía en este medio, que me ha incitado en enorme parte a relacionarme más con el mundo, desde la comodidad de mi teclado y sillón...Al opinar sobre aquel artículo, me dio la enhorabuena, y me dijo: **Me alegra que puedas componer un buen guión de la película de tu vida...**Fue una frase que me encantó, tan grande que ni siquiera la encontré digna de mí, y quizá ello me hizo sentir que, de alguna forma, esta época mía tocaba a su fin...La frase no enunciaba crepúsculo alguno directamente, pero me animaba a un comienzo que, sin embargo, no había sentido, hasta hace poco, como posible...Desde que tú juegas tanto conmigo, y comienzas a pincharme, como si los dos fuésemos los niños que hace tanto no somos, ni, seguramente, volveremos a ser...Cómo juegas conmigo, querido amor, y compartes...Eres una princesa, pero yo no soy un príncipe...Sino tu brujo lobuno, situado en mitad de tu camino hacia la casa de tus ancestros...Hoy acudí temprano a televisión, para celebrar y grabar, junto a los más grandes de la cadena, el especial de Navidad...Un enorme honor para un sencillo Don Nadie como yo, que sólo puedo lograr, no gracias a mi trabajo, guste este o no, sino a la gente buena que me lo regala, porque cree que lo merezco, y eso espero...Aguardé durante largo rato, cercano a ti, en esa maravillosa y felliniana, sí, porque lo es, sala de maquillaje en que desfilan los pequeños astros de la Comunidad...Estaba nervioso, preocupado, y no dejaba de mirarme las líneas de la mano, como traté, días antes, de mirar las del Hannibal que acompaña mi vida, sin éxito...Creo que me encontraba así porque sentía que ambos queríamos hablar, y de otra parte, sentía que tú percibías algo de miedo en mí, como si desease pedirte una cosa que no me atrevía a decir, y que tampoco podía...En esa hora de espera aparecieron muchas gentes, como la magnífica Shera, un alma realmente noble, a la que hace poco conocí, o Lady Belle Wyth, con quien hablo frente a tu atenta mirada, que se torna aguda cuando ella me toca el hombro, subida al brazo del sofá fucsia, que antes sólo fue nuestro...E incluso, cuando hago hasta tres escapadas a fumar, mientras tú no paras de trabajar, engalanando a todas las damas que perpetúan este universo femenino y mediterráneo, me topo varias veces con la atalaya Natalie, que se muestra tan maravillosa como es corriente en ella, no obstante, sin jamás poder igualar a tu encanto...Sé que Natalie, como las más avispadas del microcosmos del audiovisual valenciano, que por allí reposan, piensa y conoce que sólo tengo ojos para ti, y que tú te haces igualmente la loca, pero ya sabes que eso no me importa...Mientras maquillabas a Shera, comenzaste a hablar sobre tu hermano...Lo hacías con cariño, pero, al mismo tiempo, casi parecías tratar un misterio...Te hacía gracia su actitud, pero a la vez era como si esperaras algo más de él, no por tu bien, sino por el suyo...Ese concurso para el que diseñas ropa de los ochenta se aproxima, y me da la impresión de que mis revistas de cine, esos antiguos suplementos de Fotogramas y demás, no te valieron de mucho, aunque te gustase verlos...Como modelo echaste el lazo a la novia de tu hermano, explicabas...Se lo pediste a él, cuando le cortabas el pelo, porque sabías que no se te escaparía...Algo más tarde, charlamos sobre las elecciones nefastas, de forma provocativa, aunque coincidimos bastante... Recordamos esa soberana gilipollez de los más radicales, que así dicen que *hay que llenar las urnas de sonrisas*, y yo pienso, cómo coño se puede ser tan hortera, y tan terrible...Tan radical y extremista, con esa absurda pretensión de hacer regresar a este país a la edad de Roma, proclamando que es plurinacional...Qué malditos demonios significa eso...En qué siglo vivimos...Cuando discutimos sobre política, por cierto, me dices que has votado en blanco, y que no entiendes cómo yo no he podido ir a votar jamás...Te explico que veo lógico el que uno vaya a votar en blanco, si está comprometido, pero te digo también que a mí me importa un pimiento, porque sé que me van a robar igual, esté quien esté en el poder...Van a robarnos a todos más de lo que nos podamos permitir...*Eres demasiado*...Me dices tú, creyendo que soy el único ser sobre la Tierra con esta idiosincrasia...Ojala fuese cierto, con uno como yo sería suficiente, pero, por desgracia, esto no es, ni nunca será, así...En fin, que al pasar esta mañana contigo y las demás chicas, de alguna manera entreví también ciertos guiños del destino...Comprendí porqué sólo nos veíamos por las tardes, lo cual era una suerte para mí...Y lo era porque durante las mañanas estás demasiado liada...Luego, la conversación decae, porque nos miran...Así que me decanto más hacia Belle Wyth, dado que es encantadora, aunque no sea tú...Te amo, digo de nuevo, y desde hace dos años no he podido fijarme en ninguna otra mujer, pero me apasionan las mujeres guapas y listas, no lo puedo evitar, y Lady Belle lo es, sin ninguna duda...Con ella hablo de cine, palabras que quise compartir contigo, a pesar de que no fuesen altamente trascendentales, salvo por las historias biográficas que me relata Belle Wyth, que curiosamente proviene de la misma universidad que yo...Ella dice que el cine no le llama especialmente, y si bien, cree que tendrá tiempo para aprender cosas sobre él, le da rabia no saber más, porque estudia audiovisuales, como yo lo hice...Le digo que siempre tendrá tiempo para hacer eso, tanto como de leer libros, para algo se inventó la jubilación...Ella me pregunta por la clase de películas que suelo ver yo, y le explico que el cine moderno no me interesa, pero que es lo que la gente quiere escuchar...Le cuento que poseo mi propia videoteca, y que esta no es sino un archivo de sensaciones al que acudo cada vez que quiero recuperar algo que creyera perdido...Esta frase le llama la atención, a pesar de su tan mascada expresión, y aunque ya conociera esa intelectualoide y romántica vena mía...Poco después, reconecto únicamente contigo, y tú me vuelves a hablar de tu novio, y eso me divierte, porque ahora tratas de hacerlo presente cada vez que nos vemos, y creo que es debido a que, de alguna peculiar manera, sientes morbo en mi reacción, como la niña juguetona que eres, aunque, por otro lado, también percibo en ello una necesidad en ti: Quieres decirte a ti misma que no te has equivocado al elegirlo, y qué mejor que estampármelo justo a mí, en mis oídos y morros, a mí, que soy el que más te hace dudar, y reflexionar...Pienso, para mi propia gloria y desfachatez, me atrevo a pensar, sí, que te atraigo tanto que cada vez quieres verme menos, o saber de mí. Pienso que crees que podrías volverte totalmente loca en dosis prolongadas de nuestro contacto, tanto como a mí ya me ocurre...Entro a plató finalmente, y me encuentro con una gran fan del lado Jedi, Vicky, la gran producer, siempre con esa mirada penetrante, inteligente y dulce, que me habla como si fuésemos iguales, y luego, veo a Rachel Garp y Frank Christmas dispuestos en un decorado deliciosamente construido con adornos navideños...Frank me guiña un ojo, y hasta una técnico de cámara muy guapa, a la que pocas veces antes había visto, me sonríe...En cuanto a Rachel, no pude contenerme, y me atreví a decirle que estaba preciosa con ese vestido rojo, y aquella angelical sonrisa de felicidad que nunca la abandona...Pareces un hada, le dije, y Frank agregó: *Sí que está guapa, yo también se lo he dicho*, y en tono jocoso, añadiría: *No eres el primero*...Ambos nos reímos, pero Rachel me miraba enternecida...Es una de esas bellas personalidades, y profesionales, que intuyen la real historia de la gente, y lo ven todo, aunque, en ocasiones, no sepa expresarlo claramente...Tú, Alice, conoces ya parte de mi dimensión eterna, pero Rachel me ve sólo como un hombre, que, en definitivas cuentas, es lo que soy. Una persona que verdaderamente sufre por dentro, y que, sin embargo, tiene fe, o, al menos, sí la suficiente como para condimentar la crónica sobre la nueva *Star Wars* con un comentario de fin de año, al decir que es un film que *da esperanza y esto siempre es necesario, sobre todo en estas fiestas, en las que todo es posible*...Casi sentí náuseas de mí mismo al decirlo, pero, algo, quizá alguna de aquellas voces invisibles, de las que me inspiran a hacer cosas que yo mismo no creo en un principio, me lo susurró al oído...Debes decir eso, es lo correcto, es lo que debe oírse, lo más humano, lo que gustará...En el fondo, me encantó decir esa frase, esta es la verdad, porque me devolvía al mensaje sobre el que siempre trato de escribir...Aunque para nada fuese una frase mía, sino otra de aquellas que, siento, vienen de un lugar distinto a mi propio cubículo mental, como retazos que me llegan de una conexión más noble que mi propio ser, y que, natural, o antinaturalmente, dependiendo cómo se mire, conocí al sufrir a mi modo, al sentir a mi modo, al ser adiestrado, a mi modo...Ese tipo de cosas especiales que amo, pero de las que, además, me lamento, al no ser digno de ellas, y sin embargo, conocerlas...Nos despedimos acabada la jornada. Doy gracias, grandes gracias, porque Vicky, Frank y Rachel hayan contado conmigo para este hermoso especial...Pero, algo ocurre, la duda se cierne nuevamente sobre las circunstancias, porque es posible que el programa no continúe activo, según lo esperado...Ello me entristece, y todavía me entristecen más las despedidas subsecuentes, a pesar de que todas ellas sean bellas y sinceras...En especial, me trastoca la tuya, certeramente fría, porque tú ya me sientes frío, triste, y eso te conmueve, y a la vez te repele, porque, al sentirlo, te une más a mí, y quieres hacer algo para remediar mi pesadumbre...*Felices fiestas, Diego*, me dices, aunque, sabes, que, como cada año, para mí no lo van a ser, porque odio estas festividades, las he odiado desde que era muy pequeño, por razones largas de contar que tú ya sospechas...Durante la tarde siguiente, me armaré de valor, y con tan pocas ganas, andaré hasta el montículo sacro, aunque, antes, todavía pillaré desprevenidos a unos patitos del estanque, e incluso me encontraré, en el pasaje previo y subterráneo, que separa la zona próxima, con un auténtico gaitero, en serio, digno de David Lynch y *Twin Peaks*...Pero está ahí, no sueño con él, no lo imagino, en ese pasaje hay un puto gaitero tocando una marcha de las Highlands...Y en el montículo sacro, la cúspide del día no puede ser mejor...Me siento en la línea de piedra, oculto entre los árboles, como siempre, mirando entre sus hojas la luna no del todo llena, y al bajar la mirada, contemplo cómo mágicamente las ramas de un amigo verde forman una especie de atrapasueños indio, en cuyo centro destaca una figura semejante a la de una Venus...Y es que pienso en ti, pienso en sueño, sin olvidar los letreros previos del circo Wonderland, frente al páramo que conduce al parque de cabecera, al que rara vez van niños...Sí, creo que a David Lynch le encantaría este páramo, aunque ya no vuelva a hacer ninguna película...De vuelta a casa, aún recuerdo cómo ibas vestida hoy: Con una rebeca llena de grandes estrellas blancas de cinco puntas, cómo no, mi pequeña y conmovedora bruja, que lo eres sin saberlo, y esas botas negras, ausentes de látigo, como diría mi querido Jess Franco, que te van como anillo al dedo...Y recuerdo otras cosas, como aquella tarde en que llegué hasta a ti, y estresada como te encontrabas por tanto trabajo, me dijiste: *Si llegas a venir antes te mato*, pues habían clientes y starlets esperando tus servicios por doquier, y al arribar yo, ya te encontrabas lo bastante desahogada como para salir a fumar...Luego, te reíste, y me pediste perdón, y por supuesto, me pellizcaste la camisa...Esta tarde, antes de comenzar mi peregrinaje y penitencia más allá de San Isidoro, también me miraste, como otras veces, a través del espejo de referencia frente a tu sillón de maquillaje, sólo porque sonrío cuando llamas a las otras chicas *pijas*, a modo de broma...Me miraste a través de él, y me sonreíste, no cómplice, porque era esa sonrisa que me hace arder por dentro, y que no llena falsamente las urnas...La sonrisa de mi chica favorita, que me devuelve el amor, sólo como ella cree que todavía puede permitirse hacerlo...Más tarde, al alcanzar la Fuente Santa, tengo otra visión nuestra...En ella nos hallamos aún en los estudios, la cadena no ha cerrado, el programa sigue adelante, y yo voy mejor vestido, como te gustaría, como iría vestido, si tu cariño llenase mi vida, y me hiciese cambiar, como temo y quiero...Mis atuendos no son los de un monje, y mi expresión es tan alegre y dulce...No parezco yo, pero lo soy...En esa imagen, extiendo mi brazo derecho del tercero en discordia hasta alcanzar tu suave mentón con mi mano, y tú me miras de una forma que me quema y hiela al mismo tiempo...A ella añades tu propia sonrisa, no de afinidad, de amiga o de amante mental, sino una que me habla, para decir: *Ya eres mío*...Y aún contemplo otro destello, en el que dos manos se agarran...Y de algún modo siento que son las nuestras, en mitad de un paseo hacia un lugar mucho más bello que el páramo, parecido al pueblecito en que vives...Ese que también es deseo para mí, ese que se encuentra entre las montañas de la niebla y la luna, vestigio de caducos castros y multitudes encendidas en el apogeo celta...Uno que sólo los dioses formaron, y pactaron...Y así, vuelvo a sentirme pagano, una vez más, como travieso niño que ya no soy, y sólo sería contigo, quizá, al observar a mi hada de ojos verdes y piernas largas, horas después de haberla perdido de vista...Una hermosura que un día pisa mis dominios, sí, a la que le pido que se acerque físicamente a mí, cuando ya está próxima, a la que, entonces, le digo alguna cosa especial, algo bonito, sensible, que me nazca de veras, preguntándole después si quiere darme un beso, para que siempre vuelva a mí, si es que de veras me ama...Yo soy, convertido en tu fuerte tentación...Un toma y daca, un pincho y una flor, un cadalso y un gozo, eso sería para ti, sí, un equilibrio llano, ni lo ideal, ni una decepción...Porque mi amor nunca será conveniente, mi amor pagano y verdadero...No buscará ninguna seguridad, sólo será **ese** gran amor que ninguno de los dos jamás sentimos...Y ya, para acabar, por ahora, me gustaría admitir que, a nivel de medios, este lugar del especial de hoy, es aquel donde más feliz, completo y realizado me he sentido...En este programa, en este estilo valenciano...Y si ha de terminar, por todo, por todos, por Frank, por Rachel, y claro, por ti, antes que por ninguna, ya sé que se convertirá en uno de los recuerdos más hermosos de toda mi vida...Y por eso, estas Navidades ya me gustan más, porque son mías...El Estil me salvó la vida, salvó mi fe, entre muchas otras cuestiones complejas, cuando, en septiembre, regresé a los estudios, te encontré a ti, tras aquel cristal, e intimé con tantas personas encantadoras, en una cadena en que las mujeres sensibles, agradables y talentosas predominaban...Jamás me sentí tan querido, jamás sentí que podía ser tan bueno, entre tanta buena mujer: *Las florecitas*, os llamo...Pero prevaleces tú, entre todas ellas, como la única con regio título en mi universo, en este libro que cierra el círculo, que pudiera ser último en imágenes como el atrapasueños en Venus, o el gaitero escocés...Mi diosa de piernas largas...Siempre me maravillará lo deliciosa que eres...El atrapasueños en Venus y el gaitero escocés...Me pregunto qué querrán expresar estos símbolos brillantes que he visto y oído, y que, joder, son reales, tanto como el dolor de ojos que siento tras haber trabajado en este espantoso día de invierno...Quizá el primero signifique tu situación en mí, casi en el plano astral de mi mente...Eres sueño aún, futuro por concretar, citado en medio de un óvalo natural...Y realmente, qué hago yo: Cantarte con el alma vieja...

Ventanas

Ayer, mientras los pocos integrantes de mi verdadera sangre nos arremolinábamos, como cada Navidad, alrededor de la mesa del salón, sentí una sensación que hacía tiempo no sentía. Era una de esas oberturas mentales, "las ventanas", como yo las llamo, que te llevan por un torrente de emociones ya vividas, y que uno mismo espera llegar a vivir, quizá con el instintivo objeto de que recuerdes lo mejor que has podido disfrutar en cada temporada en tu vida.

Sentarme en la mesa, cuando se alcanzan estas fiestas, para mí es todo un reto por no resultar desagradable, no sabes si estar demasiado alegre, demasiado triste, demasiado despierto, demasiado dormido...Mi interior es entonces un vaivén de emociones y recuerdos contenidos, e incontenidos, que me acompañan en otra clase de reunión paralela a la familiar. Un desafío humano y psíquico que, sin embargo, a mi peculiar modo, también cumple la función navideña.

No obstante, ocurrió algo que ya sabía iba a ocurrir...Durante esa noche, se iba a retransmitir aquel Especial de Estil Mediterrani, al que yo fui invitado por el magnífico equipo al que he conocido en el último tercio del año, y con el que me he sentido gratamente a gusto. Mirando el televisor, comprendí muy pronto que las sensaciones que yo buscaba podían reforzarse con la experiencia vivida tan sólo unos días antes, en que llegué a los estudios como cada semana, y observé a todos mis compañeros, grandes profesionales y personas, un equipo audiovisual perfectamente formado, que, todavía a riesgo de parecer excesivamente adulador, diré que siempre me ha resultado inspirador. Como todos saben, si en algo tengo experiencia en esta vida es en escribir, es lo que soy, y por mucho que termine haciendo cualquier otra cosa en mi vida, es lo que siempre seré...Ser escritor, para el que crea que sólo es un mito, implica una interioridad en la que encuentras muchas de esas ventanas de las que más arriba menciono, un espejo auténtico en que aprendes a reflejarte tú mismo, tu propia alma, aún si cabe, y la esencia de todo aquel que roza tu vida, en el estadio profesional, amistoso, íntimo y personal.

Nunca me ha resultado fácil intimar con los demás por ese mismo motivo...De algún modo, una vocecilla, la misma que me recuerda mis propios defectos, parece indicarme los de los otros...Me dice: No te fíes, cuidado, o fíate sólo hasta tal punto, toma tal camino, di tal cosa, o ni se te ocurra decir tal otra...Las relaciones humanas, las auténticas, las realizadas, a cualquier nivel, son muy complicadas...Quizá por eso empecé a escribir, no lo sé bien, la verdad...El caso es que todo cambió cuando llegué a los medios...Por una vez en mi vida, como dice el gran Stevie Wonder, supe cómo compartir con los demás lo que podía compartir con ellos alejado de mi interioridad de teclado y pantalla...Que hable de cine en mis colaboraciones, sólo es un modo de dar el mensaje que, pienso, debo compartir con todos aquellos que me enriquecen.

Comencé esa andadura en junio de 2014, en el programa Decano del mundo del Motor y Seguridad Vial Luz de

Cruce, dirigido por Vicente Herranz, y desarrollado por su inmenso equipo de colaboradores, que ya, a día de hoy, se cuentan entre mis mejores amistades. Ellos siempre serán especiales para mí, más allá de por cuanto me han enseñado, porque fueron los primeros en darme la oportunidad de volver a convivir con los otros, tras mucho tiempo...Después, tuve otra gran oportunidad, guiada igualmente por la profesionalidad, y la calidad humana intrínseca, que encontré en la persona de Carlos Ferragut, y su correspondiente equipo de enComunicación. Feliz me hizo, y me hace, esta nueva reunión, como todos los que me conocen, ya saben...Pero, con permiso de mis colegas y amigos, hoy, me gustaría dedicar unas palabras a otro medio distinto al radiofónico, que también me ha dado esa oportunidad.

Ese equipo capitaneado por Raquel García y Paco Nadal, que, al igual que los otros dos, me acogió, en esta ocasión, durante el pasado septiembre, casi llegado el temible otoño...Y deseo centrarme en ellos esta vez, porque ese Especial Navideño que grabamos juntos ha resultado ser realmente especial para mí, no a nivel laboral, sino en el terreno personal y humano. Más incluso que el día en que fue rodado, porque permanece en mi mente, y es buen recuerdo, ventana, y camino en la memoria, que durante estas fiestas me despierta las sensaciones que cualquiera desearíamos conseguir. No obstante, creo que fue porque más allá del despertar de la fuerza, más allá del comentario de la sección de cine, ese día me sentí parte de una familia nueva, y qué mejor película, que ese simbólico de la luz que es Star Wars, para completar el momento...Trabajar con vosotros es un privilegio...Me siento tan distendido, tan complacido, tan cómodo, como si alguien viniera a hablar conmigo a ese salón de casa, en que celebramos las fiestas más importantes por San Isidoro...Es algo que siento, y ya valoro con toda mi fuerza.

Hoy día parece que el respeto hay que ganárselo, y que cuando lo consigues, a la mayoría no le parece gran cosa, no le parece que la lealtad, o la fidelidad, sean suficientes para apreciar una relación...Es lo que he sentido desde hace mucho en mi vida, por la mayoría de las personas, y en la mayoría de los lugares en los que he estado...Pero con vosotros nunca ha sido así...

Por ese motivo, me gustaría dedicar, finalmente, este pequeño texto, a todas las personas que han confiado, y confían en mí, en el terreno profesional, y que además, han logrado formar parte de un pedazo de mi alma, con su correspondiente ventana. Me ponéis a prueba para bien, y lo hacéis de la mejor forma, porque estar cerca de vosotros me ayuda a arañar la vida. Pero, en especial, porque habéis hecho que estas fiestas para mí sean excepcionales, os doy las gracias a vosotros, mis compañeros del imprescindible magazine Estil Mediterrani, porque marcáis la diferencia en un mundo, y en un medio, que me resulta casi desconocido, pero que me da esperanza...Como dice la película: Ha habido un despertar...Y ese despertar, es ya común...

Felices fiestas a todos mis equipos favoritos: Luz de Cruce, enComunicación, y por supuesto, Estil Mediterrani. Os deseo lo mejor en vuestro brillante destino, e indispensable labor...Por muchos años más en que la dignidad y la pasión, nos hagan partícipes de un mismo objetivo. Una función, talento y guía, un camino, del que cualquiera sale verdaderamente enriquecido.

EnComunicación: Personal Branding en Intérpretes y Creadores de Cine

Hoy hablaremos del Personal Branding en Intérpretes y Creadores de Cine durante el transcurso de sus carreras, y de en qué casos los vimos más como ellos, realmente, eran, guiados por sus intereses e inquietudes personales, antes que por la faceta de estrellas que tanto adoramos.

Muchas veces, en las TIC, o en el mundo del Marketing empresarial, se habla de la imagen de marca, o la marca de empresa en los diversos Medios Sociales, el *branding*, uno de los pilares fundamentales, casi el rostro proyectado de una entidad comercial. Por su parte, los cineastas, o artistas del mundo del cine, también forjan este tipo de imagen, atendiendo al *personal branding*, muchas veces, de un modo un tanto involuntario, sin pensar demasiado en ello, a través de sus opiniones, o algunas de las obras en que deciden intervenir. Normalmente, su imagen corre a la par que sus gustos en los papeles y labores que les hagan obtener pingües beneficios. Sin embargo, muchas de esas veces, esta imagen sobrepasa el ámbito meramente artístico, e incluso políticamente correcto...Muchos son los actores que han llevado a la gran pantalla algunos pasajes de la historia que les despertaban especial atención, como Tom Cruise hizo con la Rebelión Satsuma de 1877 en *El último samurái*, película en la que consiguió rendir tributo a la nación nipona, y en que el actor de *Misión Imposible* dio buena muestra de su fascinación por el Japón. Tan en gracia cayó en el país del sol naciente, que incluso los propios maestros de artes marciales, contratados para adiestrar a los intérpretes, dieron lecciones al propio Cruise, y lo rebautizaron con una versión japonesa de su propio nombre: Tomu Kurûzu.

Otro caso menos conocido es el de Kristanna Loken, quien saltó a la fama al encarnar a la impresionante Terminatrix de *Terminator 3: La rebelión de las máquinas*, una mezcla letal de belleza, acero e intelecto para la guerra de guerrillas, y el combate cuerpo a cuerpo...Loken, quien, desde el principio de su carrera, destacó por su sinceridad a la hora de expresarse, y por llevar una vida en que la habitual hipocresía de ciertos sectores del espectáculo, no la rozaba, ni por asomo, no sólo encontró graves problemas al admitir su bisexualidad, sino que por admitir tal cosa, su prometedora carrera se hundiría en los abismos de la televisión de segunda categoría, y los pequeños papeles en el cine independiente. Sin embargo, como luchadora que es, no se involucraría únicamente en el espantoso conflicto de Darfur, en que todo Hollywood decidió volcarse porque sí, porque era la moda, haciendo toda clase de donativos, sino que la misma Loken llevaría a cabo, ejerciendo como productora y titular, una magnífica película simplemente llamada *Darfur*, en que, verdaderamente, logró mostrar los horrores de aquel inhumano suceso en que mujeres, hombres, niños, e incluso bebés, fueron masacrados de una forma realmente diabólica, tanto es así, que jamás se ha vuelto a hablar en profundidad sobre este hecho. Kristanna Loken fue la única que se atrevió a ir más allá, invirtiendo dinero de su propio bolsillo, para denunciar lo que consideraba inaceptable e inmoral en pleno siglo XXI. Pero, fíjense lo mal vista que estaba esta mujer, por ir tan de cara en cuanto emprendía, que sólo una persona aceptó dirigir su película, y esta persona fue nada menos que Uwe Boll, el inmerecidamente considerado como peor director de cine de la historia, que tan vilipendiado ha sido, y es, debido a sus fantasiosas adaptaciones de videojuegos, que poco, o nada, tienen que ver con los originales. Pues bien, este señor, que hasta la fecha ha llegado a rodar tres films con Loken, compartiendo ambos, su envidiable estatus de iconos del cine auto marginados, realizó un gran trabajo, tan meritorio como el de su actriz fetiche. En una obra que, por desgracia, hoy ya nadie recuerda...

Estos son sólo algunos de los casos en que la imagen que los propios actores y actrices han construido a lo largo de sus trayectorias, los ha afectado negativa o positivamente. Porque, no hablemos ya de la relación de Tom Cruise con la Cienciología, que, se supone, consiguió abandonar, pero que, de alguna forma, sigue cerniendo su atroz sombra en los proyectos que este caballero escoge...Un apunte, por cierto, para quien no lo sepa, la Cienciología es un organismo sectario basado en las creencias e historietas de un escritor de ciencia ficción, alcohólico y adicto a las drogas, que, entre otras cosas, se atreve a decir que la vida humana es el resultado de una raza extraterrestre esclavizada, y que los homosexuales, o miembros de otras etnias, especialmente, las personas negras, son un error genético derivado de la raza principal...Pueden consultarlo, no es ninguna broma...El caso es que, vean las recientes películas de Cruise: *Oblivion*, *Al filo del mañana*, y las que quedan por llegar...No son adaptaciones directas de la obra del maestro cienciólogo Ron Hubbard, pero casi como si lo fueran, por muy bien hechas que estén...Y no nos damos cuenta, porque las concebimos como un entretenimiento sin más, pero, qué hay detrás de todo ello, qué pretende realmente Tom Cruise, al recrear sus intenciones más intrínsecas con estas películas...Mejor no pensarlo...Recordemos cómo le fue a John Travolta, también famoso cienciólogo, al adaptar el magnum opus de la literatura de Hubbard *Campo de batalla: La Tierra*, film que con 44 millones de presupuesto, recaudó ocho...a nivel mundial, sumiéndolo así en la peor crisis de su carrera, de la que todavía no se ha recuperado...Ver para creer, quiénes son algunas de nuestras estrellas, en el fondo...Porque, cómo una persona decente puede creer en una religión, aunque ya resulte un pecado llamarla así, en que se aplique con pleno derecho un sistema denominado "violación correctiva" sobre las mujeres que comparten su vida con personas de su mismo sexo...En fin...

Cosas más suaves ocurren, gracias a Dios, cuando los creadores, los artistas, olvidan que su primer afán es entretener, exponer, hacer reflexionar, confundiendo el noble arte del cine, con una máquina propagandística de sus propias creencias políticas. A tal efecto, puede que no exista caso más ridículo que el del gran Errol Flynn, quien rodó en Cuba, con su amante menor de edad, eso, cuando no estaba ebrio, el film *Cuban Rebel Girls*, con el beneplácito del propio Fidel Castro, a sólo un pasito de la crisis de los misiles...Quién puede dudar, que a su regreso a Norteamérica, nadie quisiera darle trabajo, salvo Stanley Kubrick, al que no le paraba nada, como ya sabemos todos...Kubrick le ofreció nada menos que toda una resurrección con su *Lolita*, no obstante, el más famoso

Robin Hood, la rechazó debido a que el director de *La naranja mecánica*, no quiso otorgar el titular femenino a la fugaz estrella Beverly Aadland, por entonces, pareja de Flynn.

Pero, sin duda, el caso que más despierta la atención, por el despropósito que nos oferta, es el del tres veces oscarizado cineasta Oliver Stone. Un hombre que, como veterano del Vietnam, y nuevo Spielberg, al menos, como tal fue presentado, nos dio la imagen del perfecto americano moderno, para, después, cambiarla por la del heroico defensor de los derechos humanos, y finalmente, por la del cabreado con todo, al depararnos diversos films de descrédito a Nixon, Reagan, y por supuesto, George Bush. Eso sí, marchando a Cuba y Venezuela, en sus ratos libres, a rodar fastuosos documentales con su amigo Fidel Castro, y el ya desaparecido Hugo Chávez. Cuando, a fin de cuentas, entre tanta ida y venida, terminaría sólo por desacreditar lo máximo posible a su propio país, el mismo que le financió una carrera por valor de dos billones de dólares...Es decir, ya no se sabe ni quién es Oliver Stone, ni la última vez que hizo cine de verdad, al margen de sus inclinaciones políticas, naturalmente...Como resultado, tardó, pero llegó, hoy se encuentra casi completamente abocado al cine independiente, y con grandes problemas para rodar sus codiciados proyectos. Bueno, veremos si en los países extranjeros en los que ha hecho tantas amistades, lo premian de igual modo que en el de los Óscar, en que nació, y se hizo rico. Aunque la cosa esté más bien difícil, porque el genio que nos deparó maravillas como *Platoon*, *Nacido el 4 de julio*, *Wall Street* o *JFK*, pasó a mejor vida hace tiempo, y de algún modo...

Pero, estas problemáticas, por así nombrarlas, no son cosa del siglo XXI...A este respecto, podemos retrotraernos a un periodo de la historia reciente, que todos identificarán a la perfección: La ascensión del nazismo en Europa. Quizá a muchos sorprenda, que antes de la llegada de Hitler al poder, Alemania fuera el líder en la vanguardia del cine, por encima de cualquier nación. Genios como F. W. Murnau, Robert Wiene, o Georg Wilhelm Pabst, los verdaderos pilares del cine, se encontraban por allí en esos momentos, y otros geniales, como von Sternberg, o por supuesto, Fritz Lang. Nos interesan estos dos últimos en especial, porque salieron corriendo cuando, como bien es ilustrado en el film *Cabaret*, primero Berlín, y luego, Alemania entera, dejaron de ser lo que llevaban mucho tiempo siendo. A Fritz Lang, creador de mitos como *M, El vampiro de Düsseldorf, Metrópolis*, o *El doctor Mabuse*, verdaderas obras maestras del cine, entre muchas otras que realizó, se le encargó la ardua tarea de dirigir personalmente toda la cinematografía alemana con el auge del nazismo. Habría vivido mejor que nadie, habría podido realizar cuantas películas hubiese querido, y bueno, quién sabe si de haber quedado Fritz Lang, hubiese existido la documentalista Leni Riefenstahl. El caso es que Lang, como hombre de inteligencia aguda que era, aceptó sin reparos este cargo al mismísimo Adolf Hitler, pero la noche de aquel mismo día, se las ingenió para hacer mutis por el foro, dejando atrás cuanto poseía, incluso a su guionista y pareja Thea von Harbou, desembarcando primero en París, para, algo más tarde, salir pitando hasta América, con el objeto de continuar una trayectoria que resultaría ser igual de espléndida que en su añorado cine mudo...Jamás ganó un Óscar, ni siquiera fue nominado, todo un crimen, pero, eso sí, Fritz Lang, continuó siendo, siempre, Fritz Lang...Y hablábamos antes de Josef von Sternberg, autor de la maestra *El ángel azul*, quien fue nada menos que el descubridor de la gran diva Marlene Dietrich. Ambos triunfaron en los tiempos previos al nazismo, y ambos, por ende, tuvieron la inteligencia, y previsión, de marchar hasta a América, antes de que el horror y la atrocidad se desataran. Marlene siempre amó Alemania, por cierto, en especial, Berlín, porque era una berlinesa de pura cepa. De hecho, cuando su pueblo volvió a aceptarla, y a tener un pensamiento acorde a los nuevos tiempos, ausentes de radicalismo de cualquier índole, porque también tuvieron lo suyo con la temible RDA, ella tuvo todavía la intención de regresar a su tierra, arrepintiéndose finalmente, para terminar retirada en su también amado París, durante los últimos veinte años de su vida, casi en completa soledad...Tampoco ganó ningún Óscar...La sombra del oscuro periodo alemán es alargada.

Otros casos polémicos de imagen personal son los de los cineastas patrios, aunque su carrera se desarrollase particularmente fuera de nuestro país, por razones obvias, Luis Buñuel y Jesús Franco, quienes gozaron siempre de inmenso prestigio entre los más grandes del momento. Buñuel fue nada menos que el invitado de honor en una irrepetible fiesta organizada por un selecto comité, presidido por los clásicos maestros americanos, entre los que se encontraban George Cukor, William Wyler, Robert Wise, Billy Wilder, Alfred Hitchcock y muchos más, con el objeto de recibir un más que merecido homenaje, al igual que su primera nominación al Óscar. Jesús Franco, por su parte, fue la mano derecha del gran Orson Welles, en los tiempos en que transcurrieron algunos de sus más memorables rodajes por España. A Jesús Franco le debemos que el tozudo Welles terminase esa maravilla llamada *Campanas a medianoche*, y su descafeinada, aunque igualmente genial, versión del *Don Quijote* de Cervantes. Pero, a lo que vamos, ambos cineastas, destacaron siempre por mostrar lo que era imposible mostrar en los años cincuenta, sesenta, e incluso setenta. Precisamente debido a esto, el mismísimo Vaticano los consideró los realizadores más peligrosos del mundo, los más tentadores, cuando lo cierto es que su erotismo rara vez fue gratuito, especialmente, en el caso de Buñuel, aunque, no tanto, en el de Franco, que desembocaría en la sexplotation más desaforada, y el simple y llano cine porno, por razones alimenticias, ya que nunca gozó de la misma suerte y relaciones profesionales que Luis Buñuel.

*(Sentí la imperiosa necesidad de compartir aquí, al menos, uno de mis guiones favoritos para Charles IronGood, quien me dio la gran oportunidad de trascender más allá de todo lo aguardado. Gracias, amigo, por permitirme escuchar, aprender, compartir y disfrutar, **en comunicación**).*

A La Tigresa Amarilla, Parte 2

(A aquella que todo lo hace posible)

Es difícil pensar en el día, en ese día...

De alguna forma, todos creemos en él, ¿o no?

"El día, que es el día"

La jornada en que todas nuestras expectativas son satisfechas

Ese día, que permanece imperturbable en mi memoria

se debate entre miles de posibilidades,

entre miles de distintos futuros

pero su final, es siempre el mismo

trata siempre de la misma imagen sincera y emotiva

un colapso psíquico para mí

como el que debió vivir Nietzsche, pero por buen motivo

Es siempre la misma imagen, en ese sueño, en esa fantasía lúcida:

En ella, te agarro la mano, o tú me la agarras, y nos convertimos en un mismo ente

yo cubro tus necesidades, y tú cubres las mías

Somos, allí, por vez primera, uno solo

un alma, un destino, un sueño, un sexo

y movemos nuestro propio mundo a nuestro propio antojo

moldeamos las estrellas, el carácter de quienes nos son afines

la felicidad y la desgracia de cuantos nos rodean

sólo, en esa imagen, sólo en ese instante

pues basta un instante para contemplarla en su plenitud

por sencilla, por sintética, por inspirada...

Una imagen fotográfica en que nos damos la mano

En esa imagen no se contempla nuestro rostro, ni nuestro cuerpo, ni nuestros delatores ojos

sólo nuestras manos, con las líneas del destino inculcadas sobre ellas

grabadas a fuego, como únicos testigos para el hechicero y clarividente

Ya que sólo ese tipo de persona podría contemplar en esta imagen los secretos que nuestra relación oculta

una que es síntesis, una que es completa, que es palabra, que es nomenclátor...

Una que explica el porqué de un Sino, de una resolución que nunca termina, que es eterna que es vida en una isla desierta, que sólo necesita del agua del mar para enriquecerse

Ese sentimiento heredado, que nunca antes había sentido, tú me lo provocas

tiras de mí, me completas con tus sonrisas

haces que me plantee qué clase de hombre soy

cuando mi mente está calma y queda casi siempre más allá de las estrellas...

Así, me devuelves a una realidad que hasta poco antes de conocerte jamás consideré mágica

Así, me haces pensar en la esperanza del bien

Y entonces, y sólo entonces, para mí, te conviertes en cuanto Cole Porter narró

Pero en mi propia piel, indigna, pero consciente de ti

Y para cuando ese momento llega, me alcanza, nos alcanza, los dos, *somos*, por arte del psicomanteum imposible

En un preclaro reflejo del romance del Lawrence desértico y nubloso...

Tú me haces ser Cavaradossi en el Recondita Armonia, que sólo Pavarotti supo cantar

el aria en que el artista comparaba a su amor mortal con el imposible que retrataba su pintura

Eres el Canto al Ecuador que Henry Miller jamás escribió

La expresión de mi perro cuando le doy un regalo, o me acompaña cuando estoy en cama

Eres la faz de todas las mujeres a las que amé, ya completas en ti, como disímil encarnación

Una oda pop que una vez escribí para quien no me escuchaba, ni supo escucharla

una dolencia recuperada con fármacos imposibles, pero, por desgracia, reales

Una botella de whisky de falso recuerdo, sin etiqueta, sin precio posible

Cuyo efecto no es nocivo, sino divino, y contrariamente sanador...

Eres una brisa de aire que me llega desde el mismo sitial templario de las costas de Vizcaya que una vez contemplé atónito, a solas, sin mayor compañía que la de los entes brillantes,

Una colina sacra, hueca por dentro, repleta de paraíso hermético, cuya naturaleza y correcta naturalidad susurra a los atentos una melodía sacra, que sólo comprenden los sedientos de fe

Una tumba oculta, una corriente subterránea y mística, que muy pocos comparten

La sonata anhelada que Holmes escuchaba cuando Watson no estaba cerca de él, una canción autodestructiva que hace renacer poco después del Armagedón incontenible e interior

Eres el canto del ruiseñor, el mismo que dormía a los hombres de la Antigua Religión

para hacerlos despertar unas cuantas décadas más tarde, con brío, y renovado ánimo

Eres una lluvia estelar dada en luna llena, que sólo yo percibo, de forma entusiasta y sistémica

Lo que Pacino lograba sentir cuando bailaba por Gardel, en ese despertar hogareño y especial que le recobraba sus ciegos y cansados ojos, muertos de veras por una guerra imperceptible

Lo mismo que un Hannibal bueno deseando el buen aperitivo, aguardaría ante la espera maligna, repitiéndose insistentemente que "todo juego debe tener su final", porque, de lo contrario, no sería un juego de niños-hombres, no sería lo que él esperaba, por lo que él vivía...

Pero yo, no puedo...No puedo dejar de jugar contigo, ni permitir que tú lo hagas conmigo

Porque en tu afán, me mantienes vivo, haces que desee ser otro hombre, sin dejar de ser el mismo...

Me salvas, renuevas mi estándar cerebral con desconocidos impulsos, me recompones, me ayudas tanto, querida...

Muchas veces, antes, escribí sobre ti, seguro, más inspirado que en este día,

aunque, ahora, perdonarás que mi privación vacacional haga que me desespere

Pues, te deseo cuando despierto, tras haber tenido repetidos sueños contigo

Te deseo cada vez que recuerdo cuanto he perdido, y lo mucho que me cuesta, en el hoy, aceptar ganar, ganarte, quizá...

Pienso en ti cada vez que salgo a caminar, y pido, para mí y los míos, "equilibrio, ser y convicción", palabras sacras que, de algún modo, salvaguardan mi misma cordura

Pienso en ti, cada día en que, hastiado del trabajo semanal, me acurruco en mi sillón para escuchar la música que jamás compartiré con nadie, la del romántico de apariencia fría

La del corazón gélido que nunca admitiría ser rico en espíritu, y en romanticismo y ternura

Melódicos eternos que resumen mi propio canto de diferencia, mi propio rencor, o la final repercusión de la victoria rara sobre un pasado que es nuevo futuro desde que te conozco

Tu ayuda me hizo ser mejor, tu ayuda me ayudó, igualmente, a recuperar mi fe

Eres el hada sacra y enviada que me rescata de un averno que siento a cada hora, a cada día

Cuya sacra efigie y fabulación mental recupero cada vez que me encierro en el baño

y durante la ducha, espero a que el cristal se vaporice, para grabar su nombre en él

Lo borro, poco después, en una pasada de mano, casi sintiendo que te tengo allí

Que ambos hemos compartido tan íntimo momento, en que nuestros cuerpos se revitalizan con la higiene lograda por el CO_2...Momentos de amor, de compasión mutua y cariño...

Te veo en cada esquina, en cada contacto brillante, en que, creo, las voces amigas me liberan de la puntual tristeza, aquella que me devuelve a un pretérito desagradable, e inconcluso

Cuando tú ya acabas todas mis frases en este día, y en todos los demás, desde hace un par de años, en que vislumbré tu auténtica esencia, tu sexo no físico, nuestra química esencial...

Cuando comencé a aprender que tú apostillas cada nuevo capítulo en mi vida, cada última oración en mis libros, y repasas la sintaxis de un trabajo que pocos leen, pero que me liberta,

Cuando tú, ante todo, eres una expresión misteriosa, de congelado e impávido enigma

La verdadera esencia de la mujer que puede hacerme verdadera y satisfactoria sombra...

Mi reto, aquel que no sabe, todavía, que su enigma, en sí mismo, es benigno, y no traicionero

Aquel que me convierte, por tanto, en el mejor sabueso de todos los tiempos, al tratar de descubrirlo, de destaparlo, de penetrar una coraza que nunca antes fue desflorada por nadie

Eres para mí el acicate que Porter nunca obtuvo, el acertijo resuelto de la Recondita Armonia de Puccini que retrata un nuevo desafío, que me pone a prueba, como nadie puede hacerlo

Eres retrato del Padre y de la Madre, regusto de cada ulterior copa de vino que no beberé

Secreto pálido del orujo blanco, de ambrosía, o de cerveza fría, pero berlinesa, eso siempre...

Llama ausente de caridad mortal, sino etérea, que enciende cada nuevo pitillo en la resolución de lo que es, y no de lo que debe ser, en el amor legítimo, exento de cualquier conveniencia...

Eres el hada verde, cual absenta parisina, que recupera mi sueño y no me deja dormir, amablemente, incitándome a proseguir una locura sana, una que sí pueda salvarme...

Eres musa, sin saberlo, y sin querer saberlo, aunque deteste este vulgar término intelectual...

Qué demonios, lo diré por fin: Eres mía, en realidad, aunque todavía no lo sepas

Pues tu inocencia, tu falta de sentido de juventud solapada, te impide admitirlo aún...

Eres flor de un sólo día único, que en mi corazón germina, y acaba siendo huerto entero

Eres mi heroína definitiva, cumplida, cielo, mi Lara de Zhivago, mi Tara de Fleming...

Eres el Oeste de Leone, que narra el erase una vez de los ponchos y los idilios, acabados antes de comenzar, los mismos que dejan poso como la copa canalla, antes de proseguir su camino...

Un laberinto de emociones que nadie jamás ha sabido emular en mi accidentada trayectoria...

Eres la sirena que surca las prolongadas hondonadas de mi navío en adagio de Odiseo, cada vez que me lanzo a la mar sin timonel alguno, sin ron, y sin mascota inteligente que vele por mí

Recordando sola, e impíamente, que algunos hombres y mujeres de los que cruzan mi vida son artistas, otros dioses, y otros, meros exilios y desesperaciones humanas, como diría Colombini

A fin de cuentas, he de admitir ya que eres luz pura personificada en mi seno, en mi cubículo vital, en mi vacío, que yo he podido cazar como si fuese luciérnaga de una sola noche de vida,

un brillo entero y satisfecho de sí mismo, endeble, no obstante, como todo lo dorado por dentro e imperceptible por fuera lo es, e imposible de comprender para el hombre corriente

que, a pesar de todo, este perro verde, esta oveja negra, este alma vieja, logra disfrutar en cada nuevo día, para continuar siendo quien es, o lo que es...

Porque, cariño, lo desees o no, ya eres la reafirmación de un poeta con ansias de morir

Y revivir, en otra nueva y ficticia esfera metamorfoseada, indolora, ideal, romántica, feliz...

Pues, definitivamente, eres el triunfo de la victoria de Samotracia sobre la adversidad

Eres, simplemente, sí, eres, mi Tigresa Amarilla...Aquella que me hace seguir escribiendo

Cuando la monótona y gris vida se cierne sobre mí, y asustado como un niño

Huyo a la cama, escapo de mis muchos demonios, en busca de recuerdos que ya no son míos...

Y te amo, porque siento...

Y te venero, sin comprenderte...

Y soy hombre, porque tú me haces serlo...

Y soy quién soy, porque deseo tenerte...

Y también soy poeta, porque nací para describir tu duda...

Soy quién soy, porque nací para ti...

Soy, sencillamente, soy, porque te sentí, mujer...

Porque me enseñaste, que el amor truncado y satisfecho existe...

Porque qué mayor placer podrá ser hallado, que aquel que consista en rozar con la yema de los dedos la existencia profana, no perfectamente humana, aventurera, sin aprehenderla...

Y ya, por último, diré, algo que escribí hace tan sólo unos días:

Me siento como eterno testigo en zona de guerra,

Alguien que sufre pero no es completa víctima,

Un fantasma que nunca muere

Porque sigue vivo...

Qué nuevo viaje me llevará hasta ti

Si es que lo hay...

Qué nuevo sueño me permitirá sentir lo que ya sentí

Cada vez que sonríes, y me tocas, sincera, y desprejuiciada

después que el destino no nos contenga ya más, a ambos, en esta nueva fase,

esa que sólo tú y yo conocemos, y comprendemos...

Qué será ahora de mí, mi amor...

Qué será ahora de ti, en adelante...

Un mar de hielo nos separa, mi querida hada verde, mi Tigresa Amarilla...

Un hielo azul y pérfido, que bajo la superficie espectral, siempre arderá...

Pues los dos somos llama de rencor y de vida, que sólo se concretará al unirnos en un beso...

Tú eres Niebla

Ya inauguramos el nuevo año, si es que así se le puede llamar...Y en ese transcurso, en el traspaso de esas puertas doradas y oxidadas que nos invitan a la nueva vida, me planteo diversas cosas, al amparo de las varias veladas disfrutadas con mi viejo colega Dean C., que ha logrado hacer una breve escapada del viejo Berlín hasta esta otoñal nación que nos vio nacer. Aunque no vino sólo...Trajo consigo una vieja postal, fechada en la primera mitad del siglo XX, que ilustraba un paraje anónimo y antiquísimo de mi amado Brieselang, ello, junto a multitud de provisiones, entre las que destacaban copiosas cantidades de dulce, y claro, cerveza Pilsner...Mientras hablábamos, como de costumbre, él me ponía al corriente de su vida, mientras yo lo escuchaba atenta y sosegadamente complacido, pues, prácticamente, y en cierta forma, cada vez que nos reencontramos, cada cual termina siendo el puntual terapeuta del otro, quizá psicoanalista, con permiso de mis maestros...Fue a través de nuestra amistosa cura por el habla que me di cuenta de que este 2016 iba a resultar un tanto distinto, y concluyente, en las vidas de ambos, para bien o para mal. Ello me ha hecho pensar, como decía, en que espero dedicar todo este año a mis habituales ocupaciones: La tierna rivalidad de aprendizaje mutuo que me oferta el gran Ed Cash durante nuestra colaboración compartida en Luz de Cruce, la capacidad experimental de un programa creciente como el de Charles IronGood, y por supuesto, ese refuerzo a la hora de improvisar, de conectar con los otros, que me ha ofrecido la televisión. Todo ello me hace progresar, seguir adelante, junto a mis otros trabajos subalternos, como ya dije, pero empiezo a tener ganas de poseer mi propio espacio, nada ambicioso, nada grande, a pesar de vivir con mis padres como un verdadero rajá. Necesito hacerlo, preciso ya de una soledad que sólo yo pueda controlar, con el buen juicio que aquellos que me han enseñado me legaron, y es que siento que se acerca el momento de ponerme a prueba por mis propios medios. A tal efecto, estoy casi convencido de que, si este año mis labores no logran reportarme cuanto aguardo de ellas, es decir, ganarme, evidentemente, la vida, tendré que hacer un esfuerzo censitario, dejar de lado alguna, la menos provechosa, para dedicarme al trabajo del buen sueldo que ya me espera, y del que tanto hablé a Alice...Porque es el único modo de continuar viviendo la existencia a mi manera, como hace tantos años me prometí...Sí, sospecho que este año habrá de ser decisivo, de una u otra forma. Un año en que también, sé, habrá de ocurrir algo importante que nos afecte a todos, pues mejor indicador que el brillo no hay ninguno...A todos los del GD Club nos falla la visión, nos falta perspectiva, y es porque se está produciendo una gran turbación...Las personas que nos temen jamás lo notarían, porque, enfrentarse a la verdad, es aceptar el brillo, y la verdad de cada cual lo devora, lo destruye, si no la acepta poco a poco, si no lo enseñan a aceptarla desde joven...Aunque, en mi caso, esta falta de visión, según pienso, tenga más que ver con la formación en mi interior de un nuevo centro, de un nuevo equilibrio en mi vida: Mi temida infiltración en una rutina verdaderamente productiva a todos los niveles, que me reporte sustento económico. Si bien, el brillo, esa fuerza de la fe que tanto amo, y que me viene reforzada por el don maligno, que trato de emplear para hacer el bien, como siempre, volverá a mí...También pienso en los dos niños que el Padre parece querer poner en mi camino, para que, de algún modo, yo intervenga en un adiestramiento que en su futuro los formará como grandes entes. Por ínfimo que sea mi papel en sus vidas, siento ser demasiado joven, al menos, exteriormente, para afrontar tal tarea, aunque, curiosamente, no dudo, como tampoco dudo de mis aptitudes, y aún así temo que Dios me fulmine por soberbio, en cualquier instante...Tengo miedo de que mi físico no acompañe a mi mente, de sufrir una embolia, una crisis traqueal, de que me perpetren ese agujerito en el cuello por donde salgan todas mis heces y mocos, y que me coloquen un aparatito tipo Darth Vader justo encima del mismo, que me provoque un tono robótico en la voz, esa que tanto gusta a quienes apuestan por mí...En el fondo, es un miedo que siempre tuve, porque siempre sentí ciertas molestias en la garganta, incluso mucho antes de comenzar a fumar...A pesar de todo, continúo sintiéndome decidido cuando salgo a caminar para quemar las calorías navideñas, o cuando antes de arribar al montículo sacro, contemplo cómo dos ancianos dejan sorprendentemente suelto a su perro, con una especie de baliza que le rodea el cuerpo, y que despide luz de distintos colores...Me hizo tanta gracia la primera vez que lo vi, porque, a pesar de cuanto pudiera parecer, un ser desvalido continuaba estando permanentemente vigilado a ojos de sus mismos dueños, ya que lo tomaban por lo que realmente era: Un emisario de paz que el hombre jamás será...El otro día, al alcanzar el parque de cabecera, y cruzar el faraónico paso de peatones, el de los semáforos mal calibrados, también tuvo lugar un hecho que, hasta cierto punto, fue especial para mí...El circo Wonderland cerraba sus puertas finalmente, y yo terminaba el largo trecho de mi paseo, cuando los circenses se despedían de su público hasta el próximo año...Las notas radiofónicas de sus maestros de escena resonaban más allá de las carpas blancas, corroborando la extraña estampa, promulgada a la vista sus letreros de espectáculo inmemorial, dados en luces no del todo blancas, no del todo azules...Fue un momento asombroso, variopinto y adulador...No obstante, los recuerdos del pasado todavía me apresan, sin provocarme excesivos enfados o preocupaciones, todo hay que decirlo...En otra jornada, recordé mi tiempo como psicótico discotequero, que transcurrió, afortunadamente, en apenas dos noches...Por aquellos días, me medicaba para mi dolencia depresiva y demás, con dosis sinceramente altas...Quería poner tan aprueba al destino, que decidí mezclar la droga legal con el alcohol duro, a base de grandes y cargadas copas...El resultado fue explosivo, tanto que quedé cerca del coma, especialmente, la madrugada en que unos conocidos míos, a los que el grupo de aquel entonces apodábamos "los gemelos", porque lo eran, aunque recordasen al Damien de La profecía por duplicado, nos invitaron a su mansión en las afueras...Me encontraba en pleno apogeo degenerado cuando ambos decidieron regalarme un puro, porque sabían que me encantaba fumarlos. Recuerdo que días más tarde me hallé ante un auténtico quebradero de cabeza, al intentar recordar si esto fue soñado u ocurrió realmente, pero ocurrió, ya lo creo, como lo que vino después...A la medicación y al alcohol decidí añadir una nueva droga que jamás había probado, aunque me privé de la cocaína que tan ridículos momentos me había deparado en el lindante pasado...En menos de quince minutos me encontraba bailando salsa como poseso, cuando jamás la había bailado en toda mi vida, convirtiéndome a la vez en estrella y payaso de aquella gran y penosa noche...Luego, simplemente, me desvanecí...Mi cuerpo no lo aguantó...Arrastraba demasiado en el corriente sanguíneo y en mi cerebro...Mi mente entró en un período de enajenación superior incluso al que experimentase meses antes, con la marihuana más pura que fumé solo, al tiempo que perdía por completo la noción del espacio, el tiempo, el cosmos, y Dios sabe qué más...Después de caer al suelo, sólo recuerdo fundidos a negro que se abrían para alumbrar breves instantes de lucidez, en que trataba de aproximarme a un cómodo sofá situado junto a una piscina, intentado llamar a una ambulancia para que me socorriese, tiempo adelante...Por suerte, una mujer, como es grata costumbre en mi sino, me agarró de la mano, me ayudó a tumbarme, y estuvo un buen rato hablando conmigo...Era mi amiga Noia, una chica estupenda, la más bonita de toda la universidad, quien siempre había sido enormemente agradable y dulce conmigo...Me dormí mientras sujetaba su mano, notando su sedoso tacto, jamás he vuelto a tocar una mano tan fina, y cuando desperté, los renegados de la fiesta, benditos sean, tuvieron la merced de acercarme a casa...Fue la última vez que forcé mi organismo al máximo, salvo alguna recaída endeble, en que el orujo blanco, ingerido en altas dosis, recobró mi cuerpo mágicamente, y me permitió trabajar unas tres o cinco horas más, tras llevar casi 48 sin dormir...Eran otros tiempos, que de alguna manera se han filtrado hasta mi vida actual, en que me miro por dentro y no me reconozco, claro está, en el buen sentido...Cómo puede sobrevivir, me pregunto, cuando, entonces, me decía: *Por qué sigo vivo*...No sabía que podía merecer la vida hasta que me la gané, hasta que conocí a La mujer de los ojos limpios, la Fe me encontró, y el Camino de los justos y brillantes me reconoció...Sé que no tiene demasiado sentido que hable de mis pasados escarceos con la baja estofa y la adicción a estas alturas, después de haberos contado ya tanto, pero lo necesitaba, era mi último archivo secreto, para recordar que jamás seré John W. Thackery, el genio de la gran serie The Knick, la cual, deliciosamente, he podido disfrutar estas fiestas...De lo poco destacable, junto a ese par de programas a los que fui invitado, que amenizó las para mí horripilantes noches buena y vieja...Ello hace que me pregunte, como en anteriores libros, si los demás creen que simplemente escribo todo esto para escandalizarlos, o para destruir mi propia imagen, para demostrar ser más de lo que soy, o para demostrar que soy bueno, para demostrar que he vencido al mal...Lo cierto es que me importa poco lo que piense la mayoría, sólo quiero trabajar, en este 2016, y por el resto de mi vida...Sé que mientras tenga trabajo útil para el resto, mientras pueda expandir mi mente y experimentar con la posibilidad, a través de guiones cinematográficos, o si Dios quiere, libros, todo irá bien, porque mis demonios estarán contenidos, y podré, así, mantener la afirmación de que soy un hombre nuevo...Más allá de todo esto, también he tomado una decisión sobre ti, querida, y es que todo acabó...Así es, si en breve no me das muestras de mayor interés, porque la última vez que te vi fue de algún modo la mejor y la peor de todas, seguiré adelante sin ti, te echaré del tren que recorre mi vida y volverás a pertenecer al pasado, porque, tal cual parece, mi trabajo debe ser lo primero, y mi compromiso con quienes son buenos y decentes conmigo, entre ellos, tú, por supuesto, a la que siempre amaré, me guste ya o no...La última vez que te vi, olvidé decirlo, en los pocos momentos en que nos mirábamos y hablábamos casi telegráficamente, el resto de las chicas, al acercarse, nos sonreían, como creyendo conocer un secreto que todas conocíais menos yo...Recuerdo que te miré fijamente unos segundos, y en esa mirada quise decirte: *Bueno, qué les has contado, qué creen saber que yo no sé*...Porque con ninguna había hablado, ni nunca, directamente, me declaré a ti...Me sentí como un gran idiota estas Navidades, cuando nuestro mutuo silencio nos impidió comunicarnos...Me dolió, sí, y en otros tiempos hubiese tomado medidas drásticas, porque era débil, pero, ahora, sigo adelante...He tenido muchos sueños contigo últimamente, tantos que no son normales, y creía que me indicaban algo, creía que me regalaban una cierta respuesta...En uno de ellos, yo andaba por una calle desierta, subía a una especie de explanada, por unas escalerillas, y allí, una niebla inmensa rodeaba a dos figuras...Una eras tú, y la otra, tu pareja...*Tiempo*, me dije a mí mismo que se escuchaba de fondo, *más tiempo*...Que es precisamente lo que Dean C. me recomendó para este mal de amor...Pero no se escuchaba nada, en realidad...El sueño era mudo, y sólo os veía a los dos frente a mí, en una misma línea frontal, pero separados...Hace poco, también tuve otro sueño, en él me veía a mí mismo como reflejado en un espejo, pero nadie había al otro lado del mismo, que reflejase mi imagen, y sin embargo, yo la veía...Estaba prácticamente como ahora, sólo que con la piel un tanto rugosa, tenía algo menos de pelo, y sobre todo, en mí mismo destacaban unos ojos que parecían de cristal, que brillaban...Alegre no estaba, desde luego, pero algo me ocurría...Algo que no era ni bueno ni malo...Tampoco sé lo que aquella imagen trataba de decirme, y he de admitir, como lo haría Clark Gable, que, francamente, ahora mismo ya no me importa ni lo más mínimo...Tú eres niebla, yo soy reflejo anónimo, y ambos viviremos este nuevo 2016, sin más...Llevo dos años esperándote, y me he dado cuenta de que ahora ya no debes ser mi prioridad. Al menos, por ahora...Porque me envilecerías...Debo seguir mi camino allá donde este me lleve. Sólo el destino decidirá si tú debes formar parte de él...Lo siento, nena...Te están utilizando para tratar que tú me destruyas, y yo intente destruirte...Sé exactamente cómo provocarte dolor psíquico, porque vengo del mal, y no quiero hacerlo, no quiero ser malo, no quiero hacerte daño...Mi pulsión es grande para dañarte ahora, y para dejarme dañar por ti, pero mi fortaleza es aún mayor...Siempre te he amado, y siempre te amaré, pero, por ahora, ya basta, mujer, ya basta...No eres la Bérénice Bejo de The Artist, film que tanto me emocionó...Y yo tampoco seré nunca Jean Dujardin...Somos diferentes, somos otra cosa, cielo, lo más insincero que se ha parido...

Alma Vieja cumple años en físico

Quiero agradeceros a todos, familiares y amigos, que me hayáis acompañado en el día de hoy, o hayáis pensado en mí, al recordar esta fecha tan especial en mi vida. Un año más viejo por fuera...Aquellos que tengáis más experiencia vivida que yo, os reiréis cuando os diga que temo ya a esa treintena, que se acerca, cada vez más traicioneramente, hasta mí...Bromas aparte, la verdad es que llevo ya unos cuantos años, quizá demasiados, celebrando mi cumpleaños como si se tratase de un día más, un día poco especial...Quería deciros, a todos vosotros, que hoy lo habéis hecho muy especial, sin lugar a dudas. Hacía muchos años que no sentía que celebraba mi cumpleaños de verdad, y hoy he podido hacerlo, gracias a vuestro inmenso cariño. Quizá muchos no lo creáis, pero hace tan sólo unas pocas noches atrás, pensé en todos vosotros.

Sí, de alguna forma, tracé una especie de muestrario en mi cabeza, repleto de viñetas, de esas "ventanas", en que me vi a vuestro lado, compartiendo momentos, sentimientos, y vuestras propias ventanas, junto a las mías...Esos instantes, que representaron inquietudes, alegrías, angustias, tristezas, o regalos de la vida, fueron todos ellos igual de buenos para mí, porque, al contar conmigo para acompañarlos, me hicisteis parte de vuestra vida...Y no conozco mayor honor que este. No conozco mayor placer que el sentir, con, y a través de la gente a la que de veras respeto, la gente buena, gente que me resulta interesante, inteligente, y que me estimula...

Decía que pensé el otro día en vosotros, claro, tras ver una nueva película. El cine y yo, ya lo sé, siempre igual de invariable a tal efecto, pero es que el cine nos ofrece tantísimas ventanas a la propia vida, y a la vida de los otros, en cada nueva obra...La película que me hizo recordaros a todos a la vez fue *Pequeñas mentiras sin importancia*, una película francesa, que yo temía ver, porque no soy asiduo al cine francés, la verdad sea dicha, pero que terminó satisfaciéndome enormemente...Esta película desataba su acción justo cuando un hombre sufría un accidente de tráfico, pero, tranquilos, no es ningún drama, sino una celebración de humanidad. Ya que sus amistades, acuden en tropel a verlo al hospital, en cuanto se enteran de la mala suerte que ha corrido. Durante cierto tiempo, se turnan para echarle un ojo, y finalmente, aprovechando la inesperada reunión, adelantan sus vacaciones, las que todo el grupo de amigos hacen cada año juntos, para marchar a un pequeño palacete situado a orillas del mar, propiedad del más pudiente de todos ellos. Han aprovechado la fatalidad para volver a unirse, engañándose a sí mismos, constantemente, tratando de esconder sus problemas, sus delitos y sus faltas, no por egoísmo, sino para mantener un estado vital ideal, que hace tiempo cesó, porque ya no son los que eran, ya no pasan tanto tiempos juntos, y se vuelven insinceros, y por eso, se mienten unos a otros, para quitar la cera, a través de esas malditas y pequeñas mentiras sin importancia.

Sin embargo, ahí están...Son buena gente, son adultos, personas maduras con un gran fondo, y gracias a la tragedia vivida por uno de los suyos, su sinceridad acaba venciendo a su natural hipocresía, y esos días junto a la playa, puntualmente alejados de su colega malherido, les sirven para unirse más que nunca, en una nueva fase en su vida...Sólo era una película, claro, pero me hizo reflexionar muchísimo. Hasta que, en un momento de fantasía egocéntrica, me vi a mí mismo como el accidentado en la cama del hospital, mientras sus sencillos e inquietos amigos de toda la vida ocultaban sus sospechas grises, sin saber bien cómo actuar, porque el lado menos amable de su falsa vida color de rosa los había alcanzado levemente...Me vi como aquel enfermo, atado a una cama, imaginando qué harían los otros, las personas que no son de mi sangre, pero que me importan como si lo fueran. Y entendí que el sortear poco a poco esas pequeñas mentiras sin importancia, sólo nos hacía mejores, dejándonos al descubierto ante nuestros seres más queridos...Me ha costado mucho no mentirme a mí mismo en la vida, muchísimo. Pero, finalmente, logré escapar de esa cama, y poder viajar hasta orillas del mar.

Hoy, al recibir todas vuestras felicitaciones, aunque parezca excesivamente literario, me doy cuenta de lo mucho que ha valido la pena sufrir en el pasado, para alcanzar este presente. Nunca habría logrado el valor y la fortaleza de levantarme de aquel catre, si finalmente nadie me hubiese tendido la mano. Manos que no queman, ni hielan, que acompañan su gesto con una expresión noble en los ojos. Hoy, después de mucho tiempo, no me siento parte de un pequeño grupo de gente, sino de una inmensa multitud cuyos corazones y mentes son para mí una potente droga que no duele, un antídoto a la vida gris, que no será rosa, pero sí brillante.

Paralelamente, el otro día charlé con una persona a la que hacía mucho tiempo que no veía. Casi fue en mi mente, casi no la vi, fue algo extraño, aunque, a los que de veras me conozcáis, esto no os sorprenderá. Hacía mucho tiempo que no la veía, como digo, llegó, se sentó frente a mí, y comenzó a hablarme de su vida. Es una persona que siempre ha poseído un don especial para esquivar los temas que realmente quiere tratar, pero que cree no poder tratar con nadie. Así que, cuando la encontré lo suficientemente tranquila como para hacérselo notar, se enfadó conmigo...Y como en aquella serie que tanto me gusta, me dijo que parecía "un puto Buda ahí sentado" frente a ella, haciendo como que la oía, sin escucharla al mismo tiempo. Como si yo no fuera una persona, como si fuera una especie de angelito sobre su hombro, como los de los dibujos animados...Una voz de la conciencia a la que, en el fondo, ella prestaría atención...Yo chillé, ella chilló, no sé quién demonios chilló primero, pero lo importante es que ambos nos relajamos mucho...Al final, nos miramos en silencio durante un rato, y nos reímos a carcajadas. Seguro que no volveré a verla en mucho tiempo, otra vez, pero me hizo recordar lo mismo que vosotros, versión hardcore: A mi propia conciencia, que me asegura que estoy vivo, y entero.

He sido muy feliz en este año...Creí que no podría decirlo, que sólo sería un año más, pero me siento satisfecho de poder hacerlo...Tampoco imaginaba, que podría admitir haber disfrutado de estas fiestas, haberme sentido tranquilo en su transcurso...Ni triste, ni alegre, simplemente tranquilo, sin aguardar nada...Y sin embargo, puedo decirlo, aunque he encontrado más de lo que mi natural instinto desconfiado suele depararme. Vosotros habéis logrado que confíe, que me divierta, y que vuelva a sentir...Y eso, hasta hace pocos años, era francamente difícil. Este año, y este día, si merece una dedicatoria de mi parte, un buen deseo y sentimiento, es todo vuestro. Espero estar a la altura de cuanto me dais, porque, de no ser así, no me lo perdonaría.

Lo que me habéis dado hoy no lo olvidaré nunca. Porque nunca antes, tantas personas habían velado por mí. Y gracias, de nuevo, porque sois ya tantos, que no os puedo etiquetar a la vez.

Un beso para las princesas, y un gran abrazo para los caballeros. Os quiero.

(A todos mis amigos de la red social y la vida.

Vosotros sois mi familia).

La Tigresa Amarilla regresa al Alma Vieja, o viceversa

De todos los detalles desagradables del pasado año, que son ínfimos en comparación con los de los anteriores, no puedo dejar de pensar en uno solo, aquel en que me reuní con un grupo de personas de mi sangre, casi por accidente, por estar con tan sólo uno de ellos, por apoyar a alguien que lo merecía, a mi padre, el hombre que ha luchado por mí, ha mirado fijamente al espejo de Salomón, y ha admitido lo bueno y lo malo que nos une, en un pasado común. A mí no me importaba lo más mínimo la gente con la que iba a encontrarse, pero sabía que él, como buen hombre, como ser noble que es, y que yo jamás seré, necesitaba algún refuerzo, cierta perspectiva protectora, que en aquel caso concreto, mi frialdad y capacidad de acción podían potenciar...Todo salió bien, ya que bajo mi presencia ninguno de los fantasmas pasados cayó en el Tánatos, el caos de las pasadas y refulgentes eras, únicamente por una razón: Me tenían miedo...Ellos dirían que me tenían envidia o rencor, pero yo sé que les provocaba verdadero horror, dado que, al compartir la misma sangre, nuestra intuición es participada, aunque ellos no la admitieran...Esas personas sabían que yo no era como mi padre, aquel que proviene de la extraña vertiente familiar en que los hombres y mujeres, de no poder decir algo positivo sobre los otros, no decían nada...Sabían, que por sus pecados, deseaba hacerles daño en una parte de mi interior, mi propia parte infernal...Sabían que alcanzaría el placer supremo si me daban la excusa precisa para darles cuanto merecían, y por eso callaron, por eso, en momento alguno se atrevieron a abrir la maldita boca...Pero, mientras ellos sentían verdadero pavor, al conocer, o presentir, la verdadera esencia de este brujo, cuyo instinto proviene del mal, y no del poder de un benigno mago como lo era mi bisabuelo, yo sentía una inmensa tentación, una que hacía mucho no notaba tan cerca de mi corazón...El demonio cojo, el compañero de la bebida y la adicción, el mismo que desea ser mi amigo, y que aguarda un paso en falso de mi parte, estaba justo a mi lado, en todo momento, susurrándome al oído cánceres psicológicos...*Yo te daré el poder para hacerles daño ahora mismo, déjame entrar y tendrán lo que se merecen*...Decía...La tentación era fuerte, el brillo opaco me arrastraba, y tuve que hacer inmensos esfuerzos para no ceder ante su poder...Yo sabía que no iba a ceder, pero mi pulsión natural me hermanaba a este sentimiento, a dejarme llevar, a que toda la negrura colmara mi cuerpo y mi espíritu, para perjudicar a quienes yo creía lo merecían, únicamente para convertirme en un autómata, que sería, más tarde, empleado en pagar esa deuda, dañando a toda la gente que no lo mereciera...Me poseyó una angustia enorme, sentí náuseas, y finalmente, pensé en la bondad, pensé en la acción pura personificada en la gente que siempre me salvó, la luz incandescente que despide potentes rayos en mitad de la penumbra, y me rescata cada vez que, creo, voy a caer, que voy a pasar al averno como antiguamente lo hice, o estuve a punto de hacerlo...Veía la pureza, la brillantez de la persona corriente, intuitiva, perspicaz, pero ajena al verdadero poder del brillo, del Padre y el hijo bastardo que no es pródigo, aquellos que operan sobre todos nosotros y nos dirigen en el esquema final...Aprecié esa sencillez, que a veces detesto, cuando me enfado, pero que normalmente envidio...Una tranquilidad que no obtendré porque soy distinto, un alma vieja, un perro verde, un brujo genuino y probado...Todos esos instantes afortunadamente pasaron, hasta que tú, Alice, supusiste mi nueva tentación, la nueva obertura por la que se filtraron de nuevo, pero mi amor por ti es tan grande, que esa batalla se libró rápidamente, y se desvaneció...Me dije a mí mismo, como censor, que esa tentación, esa conexión que tengo contigo, se resquebrajaría, se debilitaría, por clara fortuna para los dos, por nuestra seguridad, a no ser que tú me dieras una reciente muestra de interés...Me dije, como Audrey Tautou se decía en Largo domingo de noviazgo: *Si no me felicita por mi cumpleaños, se acabó, se acabó finalmente, hasta el lejano futuro que nos unirá, si es que lo hay*...Como es cierto que mi otro abuelo descansa, si es que pudo hacerlo, algo tan ridículo, tan inocente, como esta promesa, se concretó aquel día en que cumplí los 27 años...Más de cincuenta personas de mis últimos tiempos me felicitaron sincera y cariñosamente, toda la gente de la radio, toda la gente de la televisión, en especial, la de la televisión...Fuisteis tan encantadores, tan maravillosos...Nunca me habían felicitado tantas personas, como ya hice notar...Pero, de entre todas esas muestras divinas de real importancia, yo esperaba la tuya...Me había dicho a mí mismo que no tendría lugar, pero lo tuvo...Y con mi adicción a un paso de resurgir, pero controlada, tu acción la suavizó...Me sentí tan bien, tan aliviado...Me sentí puro, tras sobrepasar esta temporada nuevamente entero, y reforzado, a pesar de penar por el dolor y el odio que fomentan las personas oscuras y de mente débil, cuyo psiquismo es tan fácil de atacar y rebatir, amargamente, hasta el punto de hacerlas llorar como si fueran niños...Porque un adulto olvida, envejece, degenera, pero un infante no olvida absolutamente nada, pues está cercano al origen de su alma y sus ascendidos ancestros...Todo este sentir que me regalas terminó de infiltrarse en mí al contemplar la serie En terapia, que, del mismo modo, me retrotrajo a los tiempos en que mi Maestra operó duraderos y casi eternos cambios sobre mí, alimentando mi luz, y cerrando mis muchas heridas y brechas mentales...Regresé sin miedo a los tiempos del tratamiento, y de su paralelo adiestramiento derivado, en que mi cerebro adolescente era poco menos que un bosque en llamas, algo bello, que amenazaba con convertirse en nada, a cada momento...Pero no sentí recelo, ni apatía, ni la frialdad me impidió recuperar la autenticidad de ese recuerdo...Me sentí a gusto viendo esa serie, y nos vi, a ti y a mí, reflejados en los personajes encarnados por Gabriel Byrne, uno de los actores favoritos de mi padre, desde Stigmata, que da vida al psicoanalista, y Melissa George, maravillosa dama, que depara una magnífica Electra en la trama...Miss George era idéntica en todos los sentidos a La joven del perrito, mi ángel de oscuridad ya tratado, no obstante, en esta ocasión, y contra toda indicación, ella me recordó a ti, sin poder evitarlo...Porque los dos creamos nuestro propio espacio seguro en ese sofá fucsia, ante la atenta mirada de Ava Gardner, o en ese sillón de maquillaje, en que las hadas cantan y los demonios callan, rodeados de espejos...Ambos creamos un útero terapéutico y embriagador, plantando una hermosa semilla en el corazón de cada cual, sin poder admitirlo, dada nuestra falsa seguridad y endémica vulnerabilidad...Dije anteriormente que el programa de Tv parecía no poder seguir, pero sigue, me lo acaban de confirmar, y esta misma semana regresaré a él con el film Steve Jobs y la correspondiente cartelera...El Cortés Caballero y la lumínica Rachel Garp están aguardándome, y ya me han vuelto a integrar en su ruedo...Me entristece la partida de Frank Christmas, y las de muchos otros, entre ellas, la de la tierna Belle Wyth, con la que, sin embargo, charlo de vez en cuando, a través de la red social...Ella sería otra placentera y bella tentación para mí, de no andar tú cerca...Y a pesar de todo, a pesar de la alegría, de un frenetismo mágico que no esperaba encontrar en esta semana de reyes, cuando mis colegas aún se encuentran desperezándose agradablemente, hay otro recuerdo de estas fiestas que me afectó...Tiene que ver con ciertas fotografías tuyas que, casualmente, contemplé a través de los medios sociales...En ellas, festejabas el nacimiento primigenio de un antiguo mesías con tus gentes de confianza...Pero la que aparecía en esas fotografías no eras tú...Estabas sexy, estabas guapa, pero interpretabas un papel, y ese papel no podía ser mi Alice, porque mi Alice es única, pura y natural...Estabas triste, en el fondo, anhelante, como si te supiera mal compartir tales fotografías, como si en tu interior, hubieran una desdicha y un vacío inenarrables que nunca antes hubieses sentido, y que no fueses capaz de explicarte...Esas fotografías me hicieron daño, porque vi en ellas que no eras feliz...Me dolieron tanto...Y no obstante, me recordaste a mí, días después, por mi cumpleaños, justo cuando volvía a repetirme que un hombre no debe adelantarse a sí mismo, sino quedar más allá de sí mismo, en la dimensión espiritual...Incluso en ese plano feérico estoy contigo, en conexión intermitente, pero firme...A través de ese plano tengo fantasías muy reales contigo, qué raro, pensarás con sorna al leer esto, como aquella en que mis padres se han marchado de viaje y vienes a casa, a mi hogar, al salón de San Isidoro que yo querría hacer útero, e invitar a él a más personas, además de a mi leal Dean C., que ya partió...En esta fantasía, eres la reina de mi palacio espectral, la dueña de la gran biblioteca de la bestia de Disney, que no encierra tomos, sino archivos mentales, listos para consultar...Claro, convivimos, claro, festejamos, claro, nos reímos, y hasta lloramos, porque sabes que conmigo puedes hacerlo todo, porque yo te quiero tal y como eres, y lo mismo haces tú, sin sentirte en momento alguno sojuzgada...Al dormir, mi perro nos observa desde las inmediaciones, le toco la cabeza, y después me giro hacia ti...Me pides que te cambie tu sitio en la cama por el mío, aquel espacio que queda cercano a la pared...Tienes mucho frío...Te abrazo, y dejo que poses tus pies sobre mis piernas, para calentarte...Señalo zonas erógenas de tu cuerpo, y te pregunto de quién son, y lo mismo me dices que son *nuestras*, o que son *mías*, mientras yo me muero de fascinación por ti, y me humedezco descontrolado, por dentro, y por fuera...Al final, desnudos, somos uno en el dormir...A la mañana siguiente, abro los ojos, y tú estás abrazada fuertemente a mí...Tu silueta se ha fundido con la mía, haciéndome bello, menos vulgar, más refinado, menos varonil...Tu piel inunda mi epidermis, tus labios posan sobre mi hombro, y tus perfectos pechos quedan sujetos firmemente contra mi pecho, reduciendo a la mitad su maravillosa redondez...Pienso en el tacto que me deparan, sanador, como símbolos de todo lo que una verdadera mujer es para mí...Pienso en que no te importa ensuciarte conmigo, no te importa que, al levantarme, esté menos aseado que de costumbre...Te encanta que tu piel sea mía, y la mía, tuya...Es el instante más feliz que he podido imaginar en la noesis...Ahora, más allá, pienso en lo último que Dean C. y yo nos dijimos realmente antes de despedirnos, en esa despedida intrauterina, post salón de Isidoro...Llegamos a la conclusión de que en la próxima temporada habría de todo, pero, que, en cualquier caso, sería divertida...Soy feliz, soy pleno, Alice...Sólo sé que te amo, porque ya temía no poder seguir escribiendo estos libros sin ti, aun conociendo ya, que, ahora, volveré a ti por tercera vez, si bien, me gustaría saber a ciencia cierta que a la tercera va la vencida...Luego, hoy, antes de acostarme, con los ojos muy cansados, siento de nuevo dudas sobre mi yo, mi ego, que debería ser sólo el Ser...Recuerdo una frase que me dijo mi amiga Amparo, esposa del gran Félix de Luz de Cruce (la Luz que me salvó cuando regresé, tiene gracia que el programa se llamará precisamente así)...Ella me dijo: **Cuando leo lo que escribes, sólo quiero ser mejor persona...**Nunca jamás harán un cumplido tan grande a mi labor, que no es mía, sino del brillo, y que no será digna, si no trato de hacerla acción...El mal me quema, pero sigo adelante, porque, tras más de veinte años, veo el bien...Lo veo, lo siento, lo vivo, y todavía no me lo creo...A pesar de que La mujer de los ojos limpios me hablase tanto de él...Pero, nena, mi tigresa favorita, mi artista, mi hada de ojos verdes, qué bonito es vivir...La esperanza existe...Puedo ser bueno...

En Terapia - Alice.

Viernes 4:30 pm (Everlasting)

Mañana regreso al programa de Charles IronGood, tras el especial navideño de Nochevieja que me salvase, tanto como el del Estil durante la buena, algo que no me canso de compartir con vosotros...Y llevo conmigo, aquel guión un tanto arriesgado sobre el Personal Branding, que ya anteriormente incluí en este Alma Vieja, a cerca de los Intérpretes y Creadores de Cine, cuya carrera e imagen se vieron delimitadas por nefastas decisiones, acordes a su ideología personal, en algunos pocos casos, certeras... Pero, sobre todo, me adelanto más en el tiempo, y pienso en el viernes, en ese *cada viernes*, que será el primero de mi tercera temporada en estos libros, y en él, nos concibo de nuevo como si fuéramos paciente y terapeuta...Pero, al mismo tiempo, me pregunto, Alice, quién es, ya a estas alturas, el paciente, y quién el terapeuta, porque ambos intercambiamos con gusto el rol, y es que esa es la vida, la verdadera vida, la ideal compenetración final, una terapia naturalmente sana...Pero, me preocupa el hecho de haber logrado recrear en esta situación, el mismo útero en el que hace tantos años me sentía seguro...Querrá decir eso que sigo estando enfermo de mis dolencias psíquicas, o sólo de nostalgia, como me ocurre con ese sentimiento que detesto, cuando ciertos familiares no me preguntan por cómo me va, porque saben que me va mejor que nunca, en comparación con lo que ha sido mi vida hasta ahora...Tu sillón es el diván en que me siento, y el sofá fucsia, es el tuyo...Y los espejos reflectores de identidad, los de ambos, aquellos que nos impiden una transferencia erótica completa que, no obstante, habrá de llegar...Así, yo revivo, y tú pruebas algo nuevo...No sé si esto es insano, o más bien inocente...No sé hasta qué punto mi subconsciente opera sobre mí, regresándome a un sitio al que quiero y no quiero ir, en busca de una aventura que desearía confirmar, y que de alguna forma, intuyo, me falta por completar, aunque, conscientemente, sienta que ya lo he hecho...No sé lo que Gisela pensaría sobre todo esto...Sólo sé que a los dos nos sienta muy bien...Pero, ¿tan bien como el efecto de una copa, o como el final de un agradable sueño?...Quizá durante este distinto 2016 lo descubramos...Espero no tener que decir como Humphrey Bogart que *más dura será la caída*...Bogart, débil externo, aunque fuerte interno, el del solitario cine negro...Ello me recuerda a Steve Jobs, interesante obra de teatro filmado, dirigida por el falsamente genial Danny Boyle, copiando el Birdman de Iñárritu en la forma, pero con contenidos más guay, molones...No está mal, debido a Fassbender y a una Winslet que se mete allá donde desea, porque ya tiene todas las puertas abiertas en Hollywood desde la embólica Titanic...Sin embargo, hay en ella una frase detonante del trauma infantil de Jobs, que me dejó francamente helado, aunque sonriente...Cuando su hija le pregunta por qué es así, por qué es tan arrogante, pretenciosamente nihilista, frío, él hace un acto de contrición, y al fin, lo admite, al fin, responde a su propio enigma: **Porque estoy mal hecho**... Dice, como si se tratase de un mero computador...Cuando simplemente debió decir: *Porque soy humano*...Más de la mitad de la población mundial debería admitir esto. Yo lo hago, porque todos somos humanos. Aunque algunos lo sean más que otros, esto es indudable...Quizá por eso me gustes tanto, pequeña bruja...Cuando me felicitaste por mi cumpleaños, me deseaste lo mejor...Fuiste tan tierna, y esto lo supe bien, a pesar de no verte la cara...Noté que me felicitabas de pleno corazón, y el detalle especial lo marcaron los tres iconos de tartitas de cumpleaños que me enviaste...Tres iconos nuevamente, de número sacro, tu número favorito, como los de aquellas tres niñas rubias semejantes a ti, que me mandaste un día anterior, en que hablamos...La misma noche que pensé en esto tuve un nuevo contacto brillante, de los que estoy ya harto de comentar...Un nuevo caso, el de una niña muerta que vagaba por una casa, y que sentía particular predilección por un catre...Hablé con ella y llegué a un acuerdo: Dejaría de molestar a la familia que habitaba en la casa, si nadie utilizaba su cama, preferiblemente, si nadie entraba en esa habitación...Intenté que se fuera aún así, entré en trance, incluso...Le dije que *mi voz era llama que debía seguir*, pero no lo logré, no tenía tanto poder como para hacerla marchar...No obstante, logramos entendernos, y ahora mismo la familia se encuentra perfectamente...Se han acostumbrado al espectro, y este se ha acostumbrado también a ellos...A veces, la muerte es tan fuerte que no la puedes sacar del plano existencial y vivo al que decide aprehenderse...Siento algo distinto en este año, de todas maneras...Algo mejor...Trabajo, tranquilo, día a día, tal y como prometí a mi abuela, sin hacer planes a largo plazo, porque no hay que ser avaricioso con nada, ni siquiera con la bondad de uno...Y me veo a mí mismo como el Gabriel Byrne de En terapia, casi como si el mundo entero fuese mi sujeto de estudio, después de mí mismo...No es de extrañar, siempre quise tener ese poder, o creer tenerlo, el del psicoanalista perfecto, aunque en la serie digan que es psiquiatra, cuando se comporta como un psicoanalista a todo efecto...Tener su poder, el de mi Maestra, que era talmente Byrne pero en mujer, significaría haber superado a quien me enseñó, alguien que está dentro de mí, y al que, a la vez, echo de menos, aunque todo sea una ilusión, una fantasía psíquica,ególatra, obtenida por mi ser corrupto para afrontar mi propia y autocomplaciente existencia, mi máscara, mi fortaleza ante Alice, ante ti, cariño, ante tu dolor, y ante los graves delitos y faltas de cuantos nos rodean...Últimamente, siento una sensación extraña, como si deseara decir algo, pero no supiera el qué, como si no conociera el modo de sacarlo de mi interior...Y esto me ha ocurrido siempre, en algún instante flojo, hasta fue mi única sensación prescindible cuando me encontraba en terapia. Creo que tú podrás ayudarme a superar esa sensación, cuando creas que soy yo mismo quien nuevamente te motive, quien te ayude, sin esperar nada a cambio, porque, en el fondo, sé que tienes tantas ganas de verme como yo a ti...Sé que quieres contarme todo lo que has sentido estas vacaciones, dado que, como a mí mismo suele ocurrirme, no puedes contárselo a tus seres queridos, porque ello implicaría dañarlos, y es que, siendo sinceros con nosotros mismos, para encontrar nuestro camino y nuestra propia luz, es imposible no hacer daño a los otros, porque de esta forma nos diferenciamos de ellos, para crecer personalmente, para crecer, sin sangre de por medio, sin taras, ni círculos perfectos que nos envuelvan, cuando los crearon otros y no nosotros, no nuestra casi inalterable psique joven, que nunca desaparece, y que sólo se esconde en la niebla de Avalon, oculta hasta llegado el final de la vida...Por cierto, empiezo también a no querer recordar ciertas cosas que ya sobrepasé. ¿Será que me hago verdaderamente adulto, y así, finalmente, puedo olvidar, con corrección? Porque, de un tiempo hasta aquí, en especial, en estos libros, por fin empiezo a sentir que no soy un niño...Contestada queda así la duda final que cerró el anterior Green Dog, por ende...Luego, me lanzó en mis paseos de falso Jedi, a plantearme toda suerte de cuestiones, molestas pero muy interesantes, desafíos absolutos para mi propio intelecto y moralidad. Pienso en que algunos dicen que *sé* cuando no se percatan de que en esta época casi nadie sabe...Así es fácil destacar, me digo...Pienso también que desempeño las labores que se me permiten desempeñar, y que me encantan, sólo porque me gustan, por cuanto conllevan, dado que tras las imágenes vivas, tras la voz, se halla el auténtico Medio, aquel que se disfruta durante el rodaje del film, y no más tarde, cuando sólo queda la exhibición que todos recuerdan...Pero, quién disfrutó del viaje, del rodaje...Sólo unos pocos realmente, entre ellos, tú y yo...Así nos conocimos, y vivimos, así nos analizamos, y tratamos de llegar al acertijo deseablemente resuelto que nos permita un conocimiento profundo y secreto sobre cada cual...Después de todo esto, nena, me relajo...Pienso en tus ojos, el día que te abrí la puerta para que entrases en los estudios...En la expresión de tigresa, de felina total, que tenías, aquella que me puso tan caliente...No me enterneció más que otras veces, pero me puso al rojo vivo...Tus ojos, melódicos, verdes o azules, qué más me da ya como sean, en realidad...Cómo siento el amor que estos momentos me dan, como el que todos aquellos que me felicitaron en mi pasado cumpleaños, más gente que en toda mi vida, en una especie de reunión a distancia que nunca había tenido el placer de disfrutar, me depararon, como regalo infinito, al formar parte de sus vidas, de sus respectivas terapias, internas y externas...Y de la misma forma siento la obra del Padre, la de su hijo bastardo, sí, siento el odio que mis enemigos lanzan contra mí, especialmente en estas jodidas fechas. El odio de todos aquellos que me detestan por ser como soy, frente al amor de todos aquellos que me aman por ser el perro verde, por ser yo...Es duro, aunque sé bien que esto nos ocurre a todos...El ser humano y su influencia psíquica suelen ser, por lo corriente, así de ruines...Aunque, al regresar a casa de algún paseo, mi perro mágico viene a verme, me olfatea la cara y las manos, y me mira con expresión mistérica, como queriendo decirme: *¿Dónde has estado, en el montículo sacro otra vez?*...Y eso me salva, me hace volver a pensar en todos mis pacientes, qué risa, ¿no?, y en todas las terapias a las que yo asisto como tal...Después, recuerdo que, de cachorro, mi perro tenía bigotes blancos y negros, a un lado blancos, y al otro negros, componiendo una perfecta y curiosa dicotomía, cuando, hoy, ya viejo, y casi en la cincuentena, los tiene completamente blancos...Me encanta peinárselos con mis dedos, porque así es suficiente, así de pequeño es, y él se deja, si bien, como mucho, gira su cabeza hacia a mí, para dejarme ver sus ojos igualmente azules, de chihuahua casi albino...Su proceder es tan intenso como el de tu sonrisa permanente, de luz, que resiste mi crepúsculo y me hace renacer...Cómo puedes ser tan cándida, cuestiono al Sino, y pura, y a la vez, tan adulta, y mujer...Más tarde, me aíslo en el salón de Isidoro para empacharme de dulces y de la serie que me asiste tras el Knick...Pienso de nuevo en Gabriel Byrne, y veo que es tan gran terapeuta porque sus problemas presentes y pasados superan con creces a los de sus propios pacientes, por eso mismo los entiende tan bien, y puede ayudarlos...De esta manera transgrede la terapia convencional, implicándose conscientemente, y desde un primer instante, en que, sabe, casi nada más verlos, que terminará apreciándolos por todo cuanto le reportarán....Temerario es, y pierde, porque no es Dios, sino demiurgo, pero, cuánto bien hizo mientras el chiste duró...Y es que en el intenso sufrimiento encontramos la verdad, esencia, espíritu, pero, ¿esa verdad nos conducirá acaso por un llano realmente accidentado, o bien, por un preclaro sendero?...La cura por el habla nos arrastra por ambos, aunque su finalidad consista en enseñarnos a optar por la segunda opción...Hoy, día de reyes, olvidé decir que me he encontrado con Tony Barrow, su esposa, Rose Murch, y sus benignos hijos, en un restaurante del todo encantador...Todo ha sido genial, hasta que he visto algo que me ha distraído del familiar grupo: Una mujer madura, guapa, con pelo precioso, extraordinariamente recogido, tipo escultural y un vestido rojo sangre...Me miraba sentada, desde la distancia, luego, alzó el vuelo, y al llegar a mi altura, contoneó ligeramente una de sus negras trenzas, levantó su vista de mí, y continuó su camino...Eso me encantó. Era obvio que el hombre con el que estaba comiendo la aburría, y sentí inmensos deseos de perseguirla hasta el baño, pero logré contenerme...Al regresar a su mesa, a pesar de todo, siguió mirándome, de un modo enteramente descarado y provocador...Al final, inicié una conversación nueva con mis tíos, y cuando quise darme cuenta, ella ya no estaba...Me quedé mirando su sitial en la distancia, en el que sólo quedaba una copa de vino con vaho y la sombra de su pintalabios manchando el cristal...Al notar que quedaba tan pasmado como Felipe

IV, Tony Barrow me preguntó: *Qué estas mirando, hijo*...Y yo contesté: Nada. Aunque, a decir verdad, pensé, no sé porqué: **Veo el final**...Para mí, ella había sido la irrebatible hada de la Navidad...El último guiño mágico de una época bella y extraña...El año había acabado, finalmente...No obstante, de vuelta a casa, todavía tomé algunas notas:

Temo como la posibilidad de que mi reloj vital se retrase, como castigo, o como advertencia...Siempre lo he temido, al tener lugar el mayor de los progresos...Creo que esa es la sensación que no había podido describir, una de las de siempre, y me ocurre especialmente contigo, cada vez que nos separamos cada viernes, tras cada nueva sesión...Un sentir idéntico al que ahora mismo contemplo en la serie de Byrne, y sólo de Byrne, cada vez que despide a un paciente, abriéndole la puerta que da al porche de su hogar, y contemplando cómo se marcha, mientras suena la música de piano que cierra los más conflictivos, duros y tristes episodios...Y sin embargo, es sólo ahora cuando me percato verdaderamente de que, cuando siento esto, a pesar de todo sigo sabiendo que te quiero, y que esperaré toda la semana para volver a verte, de modo masoquista.

Mi inseguridad no oculta nada, en realidad, porque es parte de la verdad de mi propia vida...Ahora lo sé, ni fue cobardía, ni sólo adiestramiento, sino resultado lógico y humano de un medio para controlar el destructible ego que me apartó del mundo...Fue el mismo ego que me convirtió en El Brujo. Alguien necesario, pero equivocado, porque creyó que jamás podría volver a ayudar, o amar.

Me aburre la mayoría de la gente, muchísimo, y eso me duele, muchísimo...Me duele sentirlo siquiera, pero no puedo evitarlo, como me ocurría antes, en el colegio, o en la universidad...No soportaba a nadie allí...Muchos creen saber, pero no saben una puta mierda...La mayoría es así...Aburren al resto, hacen perder el tiempo a los demás, y encima no soportan que compartas con ellos todo lo que sabes, aunque les toque los cojones que no les escuches. Eso sí les parece una falta de respeto. **Que se jodan todos.**

Tras tanto tiempo, siento que los seres queridos de mi sangre, sólo cuatro personas, de verdad me comprenden más allá de mi casi indescifrable interioridad, que, sé, tú tienes miedo de no poder penetrar, pues soy un *"experto en el oscurecimiento de la vista"*, ¿o no es eso lo que crees?...Temes no ser lo bastante lista para mí, y lo odias, pero, ocurre, nena, que tú eres demasiado buena para mí...¿Somos o no el contraste perfecto, esos cómplices relativos, que colman al otro en la amputación sensitiva con la que nació?...Siempre digo esto porque es cierto, y pienso que cuanto más lo diga, y que cuanto más alto lo haga, más fácil será que de una vez lo entiendas, porque, de lo contrario, no serías tú...No serías la carne del libro.

Y así, se cierra otro capítulo más en este Alma Vieja que ama...Cuando vuelva a escribir, te habré visto de nuevo...

Son ambas cosas: Gracias, Alice

Hoy he regresado por tercera vez a televisión, pero, para mi sorpresa, no a mi Alice...He conocido al nuevo equipo, muy prometedor, aunque no es como el de antes...Los técnicos seguían allí, entre ellos, el gran Serge, recién y felizmente casado, o el varonil Chris...La bella Shey seguía allí, y por supuesto, también Alice, y mi admirada Rachel Garp seguían allí, siempre al pie del cañón...Pero Vicky no estaba, Belle Wyth no estaba, Frank tampoco, e incluso el decorado y la distribución del plató habían cambiado, a la espera de un casi imposible resurgimiento de esta familia, de este maravilloso equipo, al que debo tanto, a pesar de haber pasado tan poco tiempo a su brillante lado...Me conmovió especialmente la conversación con Rachel...No me hablaba como la persona que más me motiva, con esa gran sonrisa, y esos gestos dulces y tranquilos que regalan serenidad, sino que me habló en confidencia, como si ya fuese un colega, como si fuese un amigo, sinceramente...Y como tal, sentí, que del mismo modo en que todos ellos habían calado en mí, yo también lo había hecho en sus sugestivas vidas, prácticamente sin darme cuenta...Rachel me demostró lo fuerte que era por dentro y por fuera, aún sintiéndose quebrada por la partida de tantos grandes amigos...Me hizo sentir exactamente lo mismo que ella había sentido, cuando la crítica reestructuración tuvo lugar justamente pocos días después de la emisión del especial de Nochebuena...Al llegar hoy a los estudios, yo me encontraba al borde de una ansiedad auténtica, pero no por el cambio, no por ver de nuevo a Alice, sino porque sentía, inconscientemente, que de algún modo, una etapa de mi vida se cerraba definitivamente, la adolescencia, que curiosamente fue titular de mi primer libro...Entendí entonces, que la madurez había sido el verdadero tema de *Black Sheep*, y de *Green Dog*, y de este *Happenings*, o el *Alma Vieja*. Y así, alcancé a observar en mi mente, como si una extraña voz me lo transmitiera desde el viejo reino a través de una nítida imagen, el título del libro que reuniría estos tres peculiares trabajos...No sería *Alice*, a secas, sino **Alétheia**, del griego...**Alétheia, o La inquieta madurez**, porque era título e imagen que resumía a la perfección el contenido de estos tres actos, que, por otra parte, nadie identificaría con la ficticia realidad que ellos describen...*La verdad*, comentada también con la bella Shey, a quien de veras comienzo a valorar como mujer, a partir del día de hoy, en que apenas vi a Alice...Charlé con Shey sobre esta verdad, sobre mi vida, y en ese instante, estaba reclinado en el sofá fucsia, y ella aparecía ante mí como lo que verdaderamente era, una amiga que me escuchaba, quizá incluso más que Alice, sí, extrañamente...Allí sentada, en el sillón de cuero blanco barato, retomando sus apuntes de cara a los exámenes de la carrera...Conversar con ella me hizo sentir bien...Y para mi sorpresa, ni siquiera eché de menos a Alice, porque finalmente había entendido lo que ella había supuesto en mi vida actual...Quizá os sintáis engañados, o decepcionados, al leer esto, pero os aseguro que no lo escribo por despecho, simplemente, ha sido una revelación...Y lo cierto es que a estas alturas ya no puedo engañaros, a ninguno de vosotros, porque ya sólo escribo como vivo, día a día, temiendo que esto me lleve a ese fin de los folios del que siempre hablo...Quizá así sea, empecé mi carrera con *Por la cándida adolescencia*, y la terminaría con *La inquieta madurez*...Tras ya cuarenta y cinco libros, siento que, al fin, comienzo a conocerme. Aunque, porqué no habría de significar esto un nuevo principio, a pesar de resultar ello en un flojísimo cliché...Esta vez, finalmente, el único protagonista final, el único poso que queda, soy yo, inmerso en mi propia temporada de serial televisivo. Y me siento a gusto con esta serie, pero, a la vez, me da miedo, ya lo creo...Y es que, si mi existencia acabase resultando poco interesante, seguro que dejaría de escribir, me digo a mí mismo, repasando algunas notas...La ficción total no es una opción ya, la ficción real, como suelo llamarla, sí, porque así lo ha sido en estos tres últimos libros, y ya no conozco nada más...Pero necesito parar, que no pagar, sí, necesito desesperadamente detener el influjo del eremita de San Isidoro...Este terror me acompaña a cada segundo, porque, si dejase de escribir, qué haría...No valgo para nada más, esencialmente...Incluso mis intervenciones en los medios son parte de mí, y mis libros son la mejor parte que puedo compartir, en las ondas, o en el audiovisual... Aunque, con su apoyo, haya podido hacer ya muchas más cosas, eso es cierto...Y amar, mientras escribo, seguro, es la mejor de ellas...Desearía que este libro, que ya empieza a ser tomo, fuera lo mejor de mí. No un *Alice* para mi Alice, porque también ella se desvanece, como mi carrera literaria lo haría en el futuro, sino, sencillamente, lo mejor de DCB. Pero, si mi final mental no se corresponde con el real durante este año 2016, con aquel que se me reveló, qué haré, me pregunto...Porque ya no toca contarlo aquí, de veras, lo admito, ya no toca...Este es el mayor enigma que afronto y dejo en este Alma Vieja...Sólo Alice tendría su respuesta, hubiese pensado antes...Es curioso, alguien casi ajeno a estos libros, conoce su final, y ni siquiera lo sabe...Lo conocía antes de que yo mismo lo escribiera...Y aún así, no lo tiene en su poder, si bien, internamente, lo conoce de sobra...Eso es brillar, y es el último cumplido que te haré, querida...Creo que sufrir ha sido hasta ahora mi única y mejor forma de crear, de escribir, y que cuando me apartaba de ello, o lo intentaba, me decepcionaba a mí mismo...Creo que siento miedo, al pensar que si de veras logro dejar de sufrir en mi vida, no sabré cómo seguir escribiendo...Quizá perdería el sentido para mí, de la misma manera en que, siento, estando prácticamente convencido, que conquistar a Alice implicaría no necesitar a ninguna otra mujer, porque, tener una relación con ella, una entera, eliminaría el pasado daño que las mujeres de mi vida me hicieron...Eso me haría superar el trauma del desprecio femenino que siempre sentí...Quiero acabar un libro del que poder decir esto: **Si lo lees, ése seré yo**. Y me gustaría que fuese este, ciertamente, pero eso sólo podéis decidirlo vosotros...De ser el último, con más motivo...Si es que realmente acaba por serlo...Sé que contigo podría ser exactamente la persona que deseo ser, mi amor, y lo mismo te ocurriría a ti...Creo que ambos lo hemos visto, como aquel día en que salimos juntos de los estudios como si fuéramos una pareja, ante la atenta mirada del resto...Cuánto lo recuerdo, cuánto lo escribo y lo vuelvo a escribir...Yo estaba encantado, pero tú tardaste en darte cuenta de lo que aquello parecía, antes de escapar otra vez, sólo porque, en el fondo, también lo deseabas...Qué complicada es la psique humana cuando enfrenta la vida, ¿verdad?...Las personas no logramos ser verdaderamente felices porque nunca afrontamos la realidad de nuestros pensamientos y deseos...Antes pensé que esa era la historia de mi vida, pero ahora veo que es la historia de todos...Creo sinceramente que nunca pasaremos de aquel momento...Pero, ¿y si ocurriera, y si realmente en este 2016 llegásemos a más?...No tendría sentido alguno este final que trato de enunciar ahora...Pero, ¿por qué pienso que, de ocurrir nuestra colisión sentimental, en el paso final me bloquearía, al comprobar que ambos llegamos a nuestras respectivas vidas, porque el brillo lo quiso, sólo para ayudarnos puntualmente, tal y como lo hemos hecho hasta ahora, sin más?...Creí que debía esperarte, pero, ¿y si realmente llegué a ti para mostrarte lo que en realidad eras, y tú hiciste lo propio conmigo, no sólo para darme esperanza, sino para demostrarme que ya he superado mis traumas, y por tanto, también mi terapia, al recrearla contigo, cual simulacro, como última vez, antes de pasar página, tras el perpetuo adiestramiento, que experimenté en mi místico retiro de tres años?...¿Y si al conocerte, en estas condiciones, lo que he logrado ha sido matar al fantasma de la única mujer que me comprendió antes de ti, para colocarlo definitivamente en el lugar que merece, lejos de la diaria, y no siempre admitida, añoranza?...¿Y si me he equivocado al creer que yo soy tu prueba, antes de pensar que tú hayas sido ya la mía?...¿Y si, realmente, este libro debe terminar aquí, para que yo pueda empezar a vivir?...Creí que nuestro próximo encuentro me daría la respuesta, o al menos, una clara señal...Y así ha sido...No he sentido nada...Nada nuevo...Porque sólo Shey se interesó por mí en este día...Shey, a la que siempre he visto y jamás he valorado...Ya sé que no quiere decir nada en especial...Pero hoy he sentido como si un pequeño muro hubiese desaparecido de mi mente, y así fue como comencé a hablar con ella, sin pensar en ti...Y no me sentí mal, de veras lo digo...Este ha sido el primer viernes en que no te he necesitado...Y justo he sentido esto tras mi pasada reflexión, tras todas las preguntas que más arriba me fui anotando...El comenzar a planteármelas, durante toda la jornada, fue lo que me permitió superar el nervio, y hablar un tanto del psiquismo de Steve Jobs con Rachel, mientras hacía una de mis jaimitadas a lo Woody Allen, al sentarme en un nuevo sillón de mástil, desde el que no llegaba a tocar el suelo, ni mecerme de cara a ella para hablarle, al tiempo que mi encantadora colega se reía sin parar, quizá por vez primera en toda la jornada...Así sentí que todo pasaba, que sí, que quizá estaba mal hecho, como Jobs, que quizá mis traumas familiares e infantiles, adictivos o sexuales, jamás desaparecerían, pero, sabes qué, Alétheia, ya me importaba una mierda, esa es La verdad...Sentí seguridad, placer y fortaleza, como si algún nuevo sentido se hubiese despertado en mi alma vieja tras mucho tiempo, y también sentí que esto te lo debía a ti...Creo que ya nunca sabré hasta qué punto te he amado, o hasta qué punto te he idealizado, como lo hice con La mujer de los ojos limpios, quien, a pesar de todo, fue poco menos que mi nueva madre...Quedan muchas dudas por resolver, mi amor interno, mi Alice Foster, pero, por vez primera, no tengo miedo de afrontar este camino...Me he mirado al espejo, encontrando en él recovecos que hacía mucho no rebuscaba, pero que todavía existían...Me he analizado nuevamente, y he pensado tanto en ti...Quizá más que en estos últimos dos años...Lo cierto es que ya no me importa ser el perro verde, o la oveja negra, o el bicho raro...Como le decía a Shey, desde el diván fucsia, todos deberíamos buscar nuestra propia verdad, pero a todos nos da miedo...Si lo intentáramos más a menudo, la terapia no existiría...Y después, pienso en la frase que decía Carl Jung, que *era la relación, y no la terapia, la que sanaba*...A estas alturas, tras tantos vaivenes de antiguos roles retomados, tras tantos sueños fallidos, pérdidas y amores pasados, creo, Alice, que son ambas cosas...Y por ello, debo darte las gracias, mi querida Tigresa Amarilla...

www.ingramcontent.com/pod-product-compliance
Lightning Source LLC
Chambersburg PA
CBHW021953160426
43197CB00007B/113